【国学精粹珍藏版】

鬼谷子

李志敏⊙主编

◎尽览中国古典文化的博大精深 ◎读传世典籍，赢智慧人生

——受益终生的传世经典

卷一

民主与建设出版社

图书在版编目（CIP）数据

鬼谷子 / 李志敏编著；郑琦绘. ——北京：民主与建设出版社，2015. 12
ISBN 978-7-5139-0924-2

Ⅰ. ①鬼… Ⅱ. ①李… ②郑… Ⅲ. ①纵横家 Ⅳ. ①B228. 01

中国版本图书馆 CIP 数据核字（2015）第 275498 号

鬼谷子

总 策 划： 董治国
出版统筹： 王 辉
主　　编： 李志敏
责任编辑： 程 旭
审读编辑： 陈雪涛
装帧设计： 王洪文
出版发行： 民主与建设出版社有限责任公司
地　　址： 北京朝阳区阜通东大街融科望京中心 B 座 601 室
电　　话： 010-59419778 59417747
印　　刷： 永清县晔盛亚胶印有限公司
开　　本： 787 mm×1092 mm 1/16
字　　数： 460 千字
印　　张： 32
版　　次： 2016 年 1 月第 1 版 2016 年 7 月第 2 次印刷
印　　数： 1-5000
标准书号： ISBN 978-7-5139-0924-2
定　　价： 280.00 元（全四卷）

前 言

春秋战国时期，诸侯割据，群雄并起，社会巨变顷刻发生，非统一的客观环境催生出多种文化和思潮，一些军事、政治、纵横等方面的学者应运而生，他们纷纷著书立说，自成学派，到处宣传自己的主张，因而出现了百家争鸣的局面。这些学说涉及天文、测算、地理、军事、政治、阴阳、法、农等方面，成为中国历史上宝贵的文化遗产，其中许多思想精髓也被人们沿用至今。

在儒、墨、道、法、阴阳、名、纵横、兵、小说等众多学派中，前四大家被人们所熟悉，而纵横家则鲜为人知。但是论其历史影响力，纵横家并不弱于前者，而鬼谷子就是纵横家的代表人物。

鬼谷子，姓王名诩(或利)，又名王禅，号玄微子，春秋时卫国朝歌人。常入云梦山采药修道，因隐居周阳城清溪之鬼谷，故自称鬼谷先生。“王禅老祖”是后人对鬼谷子的称呼。鬼谷子为纵横家之鼻祖，苏秦与张仪为其最杰出的两个弟子(见《战国策》)。另有孙膑与庞涓亦为其弟子之说(见《孙庞演义》)。最早记载鬼谷子的是司马迁的《史记》。《史记·苏秦列传》中说:“苏秦者，东周洛阳人也。东事师于齐，而习之于鬼谷先生。”他通天彻地，兼顾数家学问，人不能及。他的纵横捭阖之策在政治、外交等方面有突出的作用，在春秋战国时期有极强的影响力。

《鬼谷子》一书是由鬼谷子讲授，而后经苏秦、张仪等人的补充、修改、整理而成的一部谋略之作，它也集中了兵家、道家等几家之长。与儒家所推崇的仁义之道不同的是，纵横家崇尚权谋策略，侧重言辩技巧，并在军事、政治、外交、处世上都凸显了谋略的优势。这本书也被人们称为“智慧之禁果，旷世之奇书”。它讲求名利和公德，主张变通和顺势而为，反对软弱地屈从意志，因此在那个崇尚儒道的时代它并未得到广泛的认同。但是它的精髓被不少军事家和政治家所研究并推崇。

对于这部经典之作，我们要本着“善于借鉴，取其精华”的原则来学习和使用。只有汲取它在谋权、外交和处世上的精华，才能使这一古代珍宝更好地闪烁其光辉。

本书选取了国内外历史中的代表人物，述说了他们的典型事迹，分析了其性格表现和谋略思想，全面再现了纵横捭阖策略在战争和生活中的具体运用，为后人充分了解这一理论起到了抛砖引玉的作用，从而能更好地指导人们的实践活动。

目录

卷一

第一部分 内篇

第一章 捭阖篇

第二章 反应篇

第三章 内楗篇

卷 二

第四章 抵巇篇

第五章　飞钳篇

第六篇　忤合篇

卷 三

第七篇 揣篇

第八章　摩篇

第九章　权篇

第十章　谋篇

卷　四

第十一章　决篇

第十二章　符言

第二部分 外篇

第十三章 本经阴符七篇

第一部分

内篇

鬼谷子这个人,在中国古代历史人物中,是一个真实而又最具有神秘光环的人物。他的著作《鬼谷子》,是一部有独特价值而又最富于神奇色彩的书。其内容十分丰富,涉及政治、军事、外交等领域,主要讲述有关谋略的理论。该书主要分内篇与外篇两部分,内篇12篇。

第一章 捭阖①篇

“捭阖”是《鬼谷子》的开篇，其思想基础与当时中国的阴阳观是一致的。捭阖本是就门户而言，捭指开启，阖指闭藏，两者是对门户施加的一组相互对立的动作。在鬼谷子的思想体系中，“捭阖”是一对极为重要的哲学概念，既是万事万物发展变化的规律，也是纵横家进行游说活动的根本方法。鬼谷子关于捭阖之道的要旨告诉人们：何时应敞开心扉，直言陈词；何时应冷静观察，沉默不语。通过捭与阖的密切配合，不难洞悉对方的虚实真相，从而达到知人、御人的目的。

【原文】

粤若稽古②，圣人之在天地间也，为众生之先③。观阴阳④之开阖以命物⑤。知存亡之门户⑥，筹策⑦万类⑧之终始，达人心之理，见变化之朕⑨焉，而守司⑩其门户。故圣人之在天下也，自古至今，其道一也⑪。变化无穷，各有所归⑫。或阴或阳，或柔或刚，或开或闭，或弛或张。

【注释】

①捭阖：捭，敞开的意思。阖，关闭的意思。《周易·系辞》：“一阖一闭谓之变”。捭阖，在这里指纵横驰骋，大开大合，是事物生存变化的普遍规律。

②粤若稽古：粤若，语首助词；稽，考察。粤若稽古，意思是按照一定的规律考察历史。

③先：先知。意为指导者、先驱者。

④阴阳：阴气与阳气的合称。《易经》上的用语，源自古代中国人民的自然观。被引申为事物普遍存在的相互对立的两种属性，是事物发生、发展、变化的规律和根源。

⑤命物：辨别事物。

⑥存亡之门户：明白通晓生死之理。

⑦筹策：计算、策划之意。

⑧万类：指万事万物。

⑨朕：指征兆，迹象。

⑩守司：看守并加以管理。

⑪其道一也：道，大自然的规律。本句指圣人的"道"始终是相同的。

⑫各有所归：世界上一切事物皆有归宿。

【译文】

纵观古今历史，可知圣人生活在天地间，就是要成为众人的先导。通过观察阴阳变化可对事物作出判断，并进一步把握事物存亡之理。测算万物的发展变化过程，通晓人类思维的规律，揭示事物变化的征兆，从而控制事物发展变化的关键。所以，圣人在世界上始终是奉守大自然阴阳一道的变化规律，并以此驾驭万物的。因为事物的变化虽然无穷无尽，然而都各有自己的归宿：或者属阴，或者归阳，或者柔弱，或者刚强；或者开放，或者封闭；或者松弛，或者紧张。

【原文】

是故圣人一守司其门户，审察其所先后①，度权量能②，校其伎巧短长。夫贤、不肖、智、愚、勇、怯，有差③。乃可捭，乃可阖；乃可进；乃可退；乃可贱；乃可贵；无为以牧④之。审定有无，以其实⑤虚，随其嗜欲⑥，以见其志意，微排其所言，而捭反之，以求其实，实得其指⑦，阖而捭之⑧，以求其利⑨。或开而示之，或阖而闭之。开而示之者，同其情也；阖而闭之者，异其诚也。可与不可，明审其计谋，以原其同异⑩。离合⑪有守⑫，先从其志。

【注释】

①审察其所先后：谨慎地考察事情的轻重缓急。

②度权量能：指测度权衡、比较才能。

③有差：指各有特点，各有不同。

④以牧：用于看守，管理。

⑤实：指实际情形。

⑥嗜欲：喜欢，特殊的爱好。

⑦指：意同宗旨。

⑧阖而捭之：先封闭，然后再打开。

⑨求其利：检讨对方的善恶利害。

⑩以原其同异：弄清楚事物间的异同优劣。

⑪离合：离，不相同，不一致。合，合拢，一致。

⑫有守：信守自己的观点。

【译文】

所以，圣人要始终把握万物发展变化的关键。审察它的变化顺序，揣度它的权谋，测量它的能力，再比较技巧方面的优劣。至于贤良和不肖，智慧和愚蠢，勇敢和怯懦，都是有区别的。所有这些，可以开放，也可以封闭；可以晋升，也可以辞退；可以轻视，也可以敬重，要靠无为来掌握这些。考察他们的有无与虚实，通过对他们嗜好和欲望的分析来揭示他们的志向和意愿。适当贬抑对方所说的话，当他们开放以后再反复考察，以便探察实情，切实把握对方言行的宗旨，让对方先封闭而后开放，以便抓住有利时机。或者开放，使之显现；或者封闭，使之隐藏。开放使其显现，是因为情趣相同；封闭使之隐藏，是因为诚意不一样。至于什么可行，什么不可行，就要把那些计谋研究清楚，要明白对方计谋有与自己不相同的，有与自己相同的，必须有主见，同时要注意按照对方的思想志向，区别对待。

【原文】

即欲捭之，贵周①，即欲阖之贵密。周密之贵微②，而与道相追③。捭之者，料其情④也；阖之者，结其诚⑤也。皆见其权衡轻重⑥，乃为之度数⑦，圣人因而为之虑。其不中权衡度数，圣人因而自为之虑。故捭者，或捭而出之，或捭而内之⑧；阖者，或阖而取之，或阖而去之。捭阖者，天地之道。捭阖者，以变动阴阳，四时开闭以化万物⑨。纵横⑩，反出、反复、反忤⑪必由此⑫矣。

【注释】

①即欲捭之，贵周：周，不遗漏。意思是要采取行动时，必须作周全的思考。

②贵微：贵在微妙。

③与道相追：道，道理、规律。这里指符合真理。

④料其情：检验真伪。

⑤结其诚：诚意真挚并且坚定。

⑥权衡轻重：对事物的轻重进行比较衡量。

⑦为之度数：测量重量与长度的数值。

⑧或捭而出之，或捭而内之：出之，指出去。内之：收容、接纳。意思是或开放，让自己出去；或开放，使别人进来。

⑨以化万物：万物犹如春、夏、秋、冬四季的更替一样，都存在着变化。

⑩纵横：指上下左右各种各样的变化。

⑪反出、反复、反忤：或离开，或返回、或复归，或反抗。

⑫必由此：必须根据捭阖的原则。

【译文】

如果要开放，最重要的是考虑周详；如果要封闭，最重要的是处事慎密。周密最重要的是要精细，要合乎规律和道理。让对方放开，是为了侦察他的真情；让对方封闭，是为了坚定他的诚心。所有这些都是为了让对方的实力和计谋全部暴露出来，以便探测出对方的各方面实力表现。圣人要为此而用心思索，假如不能探测出对方现有实力的程度和数量，圣人会为此而焦虑。因此，所谓开放，或者是要自己出去；或是让别人进来。所谓封闭，或者是通过封闭来自我约束；或者是通过封闭使别人被迫离开。开放与封闭是世界上各种事物发展变化的规律。开放和封闭都是为了使事物阴阳对立的各方面发生变化，一年四季的轮转运行使万物发生变化。由此可知万物纵横变化，无论是离开、归复、反抗，都必须通过开放或封闭来实现。

【原文】

捭阖者，道之大化，说之变①也；必豫审其变化，吉凶大命系鄢。口者，心之门户也，心者，神之主也。志意、喜欲、思虑、智谋，此皆由门户出入，故关之以捭阖，制之以出入。捭之者，开也、言也、阳也；阖之者，闭也、默也、阴也。阴阳其和，终始其义②。故言长生、安乐、富贵、尊荣、显名、爱好、财利、得意、喜欲为阳，曰“始”。故言死亡、忧患、贫贱、苦辱、弃损、亡利、失意、有害、刑戮、诛罚为阴，曰“终”。诸言③法阳之类者，皆曰“始”，言善以始其事；诸言法阴之类者，皆曰“终”，言恶以终其谋。

【注释】

①道之大化，说之变：大化，即变化；说之变，采取灵活游说的原则。

②始其义：指万事万物始终保持阴阳变化之理。

③言：指各种言论。

【译文】

开放和封闭是万物运行规律的一种体现，是游说活动的一种形态。人们必须首先慎重地考察这些变化，事情的吉凶，人们的命运都系于此。口是心灵的门面和窗户，心灵是精神的主宰。意志、情欲、思想和智谋都要由这个门窗出入。因此，用开放和封闭来把守这个关口，以控制出入。所谓捭之，就是开放、发言、公开；所谓"阖之"，就是封闭、缄默、隐匿。阴阳两方相协调，开放与封闭才能有节度，才能善始善终。所以说长生、安乐、富贵、尊荣、显名、嗜好、财货、得意、情欲等，属于"阳"的一类事物，叫做"开始"。而死亡、忧患、贫贱、羞辱、毁弃、损伤、失意、灾害、刑戮、诛罚等，属于"阴"的一类事物，叫作"终止"。凡是那些遵循"阳道"的一派，都可以称为"新生派"，他们以谈论"善"来开始游说；凡是那些遵循"阴道"的一派，都可以称为"没落派"，他们以谈论"恶"来终止施展计谋。

【原文】

捭阖之道，以阴阳试之①，故与阳言者，依崇高②，与阴言者依卑小。以下求小，以高求大。由此言之，无所不出，无所不入，无所不可③。可以说人，可以说家，可以说国，可以说天下④。为小无内，为大无外⑤。益损、去就、倍反⑥，皆以阴阳御其事。阳动而行，阴止而藏；阳动而出，阴随而入。阳还终始，阴极反阳⑦。以阳动者，德相生也；以阴静者，形相成也⑧。以阳求阴，苞以德也；以阴结阳，施以力也⑨；阴阳相求，由捭阖也。此天地阴阳之道，而说人之法也，为万事之先，是谓"圆方之门户"。

【注释】

①以阴阳试之：或开放或关闭，都以阴阳之道试行。

②故与阳言者，依崇高：和情之阳者交谈时，就谈论崇高的话题并对之加以试行。

③无所不可：没有什么不可以的。

④可以说天下：可以说服天下。意思是游说人，游说家、游说国、游说天下，都是可以的。

⑤为小无内，为大无外：做小事不尽其小，做大事无限其大。

⑥倍反：背叛或复归。

⑦阳还终始，阴极反阳：意为阴阳运行，彼此相生，互相转化。

⑧以阳动者，德相生也；以阴静者，形相成也：意思是说，只要是阳，是活动的，那么道德就会与之相生；只要是阴，是静止的，那么行为表现就会与之相成。

⑨以阳求阴，苞以德也；以阴结阳，施以力也：以阳求阴，就要用道德去包容对方，就是以德服人；以阴求阳，就是行为举止要变得积极行动起来，这样才能表达对阳的追求。

【译文】

关于开放和封闭的规律都要从阴阳两方面来试行。因此，给从阳的方面来游说的人按崇高的原则引导对方，而给从阴的方面来游说的人按卑下的原则引导对方。用卑下来求索微小，以崇高来求索博大。从这方面来说，没有什么不能出去，没有什么不能进来，没有什么办不成的。用这个道理可以游说人，可以游说家，可以游说国，可以游说天下。要做小事的时候没有"内"的界限；要做大事的时候没有"外"的疆界。所有的损害和补益，离去和接近，背叛和归附等等行为，都是在阴、阳的变化中运行的。阳的方面，运动、前进；阴的方面，静止、隐藏。阳的方面，活动显出；阴的方面，随行潜入。阳的方面，环行于终点和开端；阴的方面，到了极点就反归为阳。凭阳气行动的人，道德就与之相生；凭阴气而运动的人，在安静中，有力相助，自有形势。所以，用"阳"来求得"阴"，就要靠道德来包容；用阳气结纳阳气，要用外力来约束。阴阳之气相追求，是依据并启和关闭的原则，这是天地阴阳之道理，又是说服人的方法。可以说，捭阖阴阳之道是万事万物的根本原理，是天地间解决一切问题的关键所在。

纵横谋略

1. 顺应时势的发展就能立足稳健

捭阖的本义是开合，一开一合是事物生存变化的普遍规律，《鬼谷子》作为谋略策划之书，用捭阖来总领其中的理论，其思想基础与当时中国的阴阳观是一致的。在鬼谷子看来，圣人之所以为圣人，最根本的就是要“守司其门户”。用现代话来说，就是善于分析并顺应时代发展的趋势。

商汤征伐夏桀之前，曾做了一篇“汤誓”，以鼓舞军队的士气。这篇短文后来收录在《尚书》一书中。在文中，商汤说：“来吧，你们各位！都来听我说。不是我敢于冒然进攻夏朝！实在是因为夏王犯下大罪，上天命令我去讨伐他。现在你们大家会说：‘我们的国君不体贴我们，不让我们种庄稼，却去攻打夏王？’这样的话我早就听过。夏王剥削他的人民，大家都说：‘这个太阳什么时候才能落下？我们宁可和你一起灭亡。’夏桀的德行败坏到这种程度，现在我一定要去讨伐他。”

果然，商汤打败了人民恨不得与其同归于尽的夏桀，建立了商朝。商朝末年，王位落到了纣王的手中，政治黑暗，民不聊生，而西边的周族逐渐兴起，在周文王的领导下，实力已足以与商相抗衡。然而，深通易理的文王没有冒然兴兵东进，而是对内施以仁政，对外翦除商纣的帮凶，同时扩大自己的势力范围。武王即位后，认为伐商的准备工作尚未完成，仍然韬光养晦，耐心地等待时机。据司马迁在《史记·周本纪》中所说，武王曾率兵东进至孟津，天下诸侯纷纷响应，但

武王认为商朝气数未尽，于是果断退兵。在吕尚等一班贤臣良将的辅佐之下，周族的实力得以迅速增长。与此同时，商朝统治集团内部的矛盾却呈现白炽化，商纣王饰过拒谏，肆意胡为，残杀王族重臣比干，囚禁箕子，逼走微子。武王、吕尚等人遂把握这一有利战机，决定大举伐纣，经过牧野之战，一役而胜，结束了商朝的统治。

商汤伐桀和武王伐纣都充分展现了知势顺势之道，在中国古代政治、军事史上，具有开创性的意义。后来世人企图推翻一个政权的时候，也都标榜自己是在行“汤武之事”。然而由于不同的动机和方式，往往产生不同的结果。

近代，孙中山先生领导辛亥革命，推翻了在中国延续两千多年的封建帝制，但胜利的果实最终被袁世凯篡夺。袁世凯表面上支持革命，其实是别有用心。等他一朝大权在握，就不顾革命派的一致反对，大搞复辟帝制的活动，结果仅仅当了 83 天的皇帝，就在举国上下的唾骂声中被迫下台，最后抑郁而死。

从上述例子可以看出，所谓“分析形势”的势就是历史的大势，“顺势而为”的顺就是民心的向背，这里的“势”和“顺”再加上领导的贤惠，直接决定着战争以及一切事业的成败。

在现代商业领域，同样也要遵循这一道理。一个企业，如果能顺应时代发展的需要，立足于服务社会，坚持自己的品牌战略，并由一个卓越的领袖带领，就大有可能迈向辉煌。以电脑软件业巨头——微软公司为例，该公司引领着全球信息化的浪潮，倾力发展小型家用电脑，给人们的生产和生活带来了巨大便利。至于这艘商业巨轮的舵手比尔·盖茨，即便除去“世界首富”的炫目光环，我们依然能感受到他那份难得的执着与睿智。在一次接受《金融时报》采访时，比尔·盖茨诚恳地说：“我有过颓废和虚怯。微软公司在起飞过程中遇到的困难和阻力一次比一次大，从技术难关、竞争对手的围攻到政府的指控，如果我不是最终以勇气和毅力战胜颓废和虚怯，把难关变成发展的机会，恐怕早就被市场竞争的浪潮淹没了。”

由此可见，只有冷静分析并善于顺应时代发展的大趋势，才能立足主动，从而获得理想的硕果。

2. 周详慎密，攻守兼备

鬼谷子强调应用捭阖之术要确保周详缜密，攻守兼备。若捭阖得不好，反而会让自己门户大开，一败涂地。明成祖朱棣就曾以周密的捭阖之策而反败为胜，纵横天下。

明太祖朱元璋死后，皇太孙朱允炆即位，称为建文帝。建文帝鉴于藩王势力太大，威胁君权，因此决意削藩，燕王朱棣自然成为他的眼中钉。朱棣是明太祖的第四个儿子，一向带兵驻守在北平一带，战功赫赫，在朝廷上下都很有威望。为了麻痹建文帝，朱棣假装得了精神病。建文帝派使臣去探病，那时候正是大热天，燕王却坐在火炉边烤火，嘴里还不停地叫冷。建文帝也就相信燕王真的病了，但是他的心腹大臣齐泰和黄子澄却怀疑朱棣装病，他们想秘密逮捕朱棣。朱棣得到这个消息，立刻借清除奸臣黄子澄、齐泰的名义举兵南下。这场内战打了三年多，最后燕军攻占了都城应天府。建文帝下令放火烧宫，最后和皇后一起跳到大火里自杀了。朱棣如愿以偿地登上了皇位。

可见，捭阖之术用于政治斗争，能使强弱形势相互转化。弱者通过自守门户，能使强者不自觉地打开门户，放松警惕，从而达到以弱胜强的效果。在国家间的外交中，捭阖之术更能产生巨大的威力。

西夏的开国君主元昊是一位杰出的政治家、军事家，他统治着地少人稀的小国，周旋于辽、宋两个大国之间，却能安然生存，这都得益于元昊采取了灵活多变的外交政策，即根据宋辽实力的消长，不断调整与两国的亲疏关系。元昊即位伊始，宋朝在与辽朝的斗争中落于下风，被迫议和纳贡。于是元昊采取了“联辽抗宋”的方针，同辽国联姻，同时也接受宋朝的封号，却对宋使怠慢不恭。当时，宋夏边境小规模冲突不断。元昊依靠与辽朝的联盟，不时出兵骚扰，使宋朝难于应付。当西夏几次大败宋朝，自身实力也受损的时候，辽朝乘虚而入，在边境上收留了党项族叛民。元昊不甘示弱，也诱降了辽国边境部族，导致了辽夏关系的恶化。辽朝打算举兵问罪，元昊为避免两线作战，立即见风使舵，同宋朝签订了和约，在一些虚名的问题上作了让步。同时，他派人入辽破坏，焚毁了辽军粮草，延缓了辽朝的出兵计划。后来，元昊在贺兰山一战中大败辽军，却高姿态地同辽议和，照常纳贡。就这样，元昊以外交为主，军事为辅，多次在胜后议和，使宋、辽、夏三国长期处于鼎立之势，充分证明了他纵横捭阖的能力。

在现代商业领域，一个成熟而有谋略的企业，当它在面临同行的竞争时，往往能采取有效的措施加以应付，在加强自身实力的同时又能削弱对方。这也是捭阖之术可以发挥作用的地方。

某市有一家大型眼镜批零店，曾一度垄断着当地的眼镜销售市场。很快，在其周围冒出众多个体眼镜店，对批零店的生意造成很大影响。面对“围攻”，眼镜店冷静地分析了市场形势，认为个体户的优势是本小灵活、进退自如,但他们一般缺乏过硬的技术,配镜质量无保证,也无力造成经营上的声势。针对这些情况,该店制订和实施了"扬长避短、强化服务"的战略。他们缩减了低档眼镜的销售量,增加了中、高档眼镜的花色、品种,以避开个体户定价灵活的优势。他们还在报纸、电视上展开了宣传攻势,一是宣传配镜的基本知识,使顾客了解到配镜不适给眼睛造成的损害;二是宣传本企业的信誉及提供的优质服务。此外,他们还聘请了三位眼科专家全天候门诊,为儿童提供免费的配镜咨询,保证儿童配上适宜的眼镜。这一系列措施,安排得细致、周密,一环紧扣着一环,让其他个体眼镜店根本无力招架,只好一个个另谋出路。该眼镜批零店不但扩大了知名度,提高了销售量,还培养了一批未来的顾客——儿童,在这场突围之战中大获全胜。可见,古往今来的胜者,不仅要有开创大局的雄伟气魄,也要有处理细节的缜密心思。自诩"力拔山兮气盖世"的楚霸王,注定能成为名垂后世的英雄,但不能成为最后的胜者,因为他不懂得"欲捭之贵周,欲阖之贵密"的道理。真正能成就大事业的人,既要胆大,也要心细,两者互补,缺一不可。

3. 要善于变通

捭阖是世间万物变化发展的规律。捭阖是事物发展的动力,使事物阴阳对立的各方面发生变化,决定春、夏、秋、冬四时的交替,促使万物发生变化。世间出现的纵横、反出、反复、反忤等现象,都是通过捭阖来实现的。

哲人说:"人不能两次踏入同一条河流"。在奔腾不息的历史长河之中,那些拘泥于传统、不求变革的人,就显得很可笑了。

先说两则古代的笑话:

有个叫卜子的人,让他的妻子做一条新裤子。他的妻子说:"把新裤子做成什么样呢?"卜子说:"就像我的旧裤子一样。"于是,妻子把新裤子弄脏,让它和旧的一样破旧。

有个小孩向老师学认字。老师第一天教他认"一"字,第二天教他认"二"字,第三天教他认"三"字。于是,这个小孩就说:"哈!认字这么容易,我已经学会认字了。"过了几天,他父亲要请一位姓万的客人吃饭,就叫儿子写张请帖。小孩满口答应,就跑到书房去写,他父亲等了老半天,还没见儿子出来,走到书房一看,只见儿子正满头大汗地划着横。他看见父亲来了,就说:"这个客人真是的,怎么非姓万呀,我才写到几百!"

显然,这两则笑话讽刺的都是那些因循守旧、不肯变通的人。这些人片面地凭着老经验去办事,费了很大的力气,结果却只能是失败。世界是不断变化的,如果仅以一时一地的经验作为行动的指南,或者总以过时的经验作为行动的依据,那就不符合鬼谷子所说的捭阖之道。

古代能够做出巨大业绩的,是那些深明变通之道而不拘泥于祖先之法的人,商王盘庚正是这样的人。盘庚是商朝的第二十代王,他是个有才干的君主,为了改变当时王族内部的混乱及社会不安定局面,决心迁都于殷。但是,大多数贵族都因循守旧或贪图安逸,反对迁都。一些贵族甚至还煽动平民起来反对,闹得人心惶惶。在困难面前,盘庚没有动摇迁都的决心,最终冲破了反对势力的阻挠,带着平民和奴隶渡过黄河,迁都到殷(今河南安阳小屯村)。在那里,盘庚整顿朝政,人民生活逐渐殷实起来。"盘庚迁都"是一项备受称赞的壮举;也被视为中国最早的改革行动。

世界上没有什么东西是一成不变的,商汤开了以武力夺得天下的先例,打破了天子不可变的定律,是中国政治史上的一次变革。而盘庚迁殷也是商朝历史上的一次重大变革,通过这次变革,商朝从衰落走向复兴,创造了辉煌灿烂的文化。可见,在人类社会发展的过程中,变革是不可避免的,也是非常必要的。

提到勇于变革的例子,不能不提赵武灵王的"胡服骑射"。春秋战国时期,中原的军队作战一般使用兵车,人们都不习惯于骑马,在善于骑射的游牧民族骑兵面前,车战有着不够灵活机动的明显缺陷。赵武灵王目光远大,为了达到北御匈奴、南防秦国的目的,决定实行"胡服骑射"的改革,以增强国家的军事实力。这个改革想法一传开去,就有不少大臣反对。赵武灵王有个叔叔公子成,是赵国很有影响的老臣，但是头脑十分顽固，他听说赵武灵王要让大家都改穿胡服，就干脆装病不上朝了。赵武灵王知道，要推行改革，首先要说服公子成，于是亲自上门找公子成，反复地讲穿胡服、学骑射的好处，终于使公子成同意穿胡服。大臣们一见公子成都穿胡服了，没有办法，也只好跟着改了。赵武灵王见条件成熟，就正式下令在全国范围内改变服装样式，让所有的人都穿胡服。有的人刚开始觉得不习惯，后来觉得穿了胡服，做事行动实在方便得多。接着，赵武灵王又命令大家学习骑马射箭。不到一年，赵国就训练了一支强大的骑兵队伍。到实行胡服骑射的第七年，赵国就已收服了中山、林胡、楼烦等北方游牧民族，向北方开辟了上千里的疆域，成为当时的“七雄”之一。

赵武灵王可以说是中国历史上军事改革的第一人，他没有以中原大国自居，而是勇于学习胡人先进的东西，为我所用，所以才成就了独霸一方的大业。

人们都知道，物极必反是事物变化发展的普遍规律，困则思变是一种积极、科学的态度。困到极点，势必就会走向困的反面，但是这个过程并不是一帆风顺的，而往往是在克服了重重困难之后获得的。受困之后，应该十分冷静地分析自己为什么受困，这个分析过程就是“有悔”即觉悟。通过吸取教训，谨慎从事，重新制定行动方案，并认真地实施，便能摆脱困境，进入“山重水复疑无路，柳暗花明又一村”的境界。

斯巴昆说：“有许多人一生之伟大，来自他们所经历的大困难。”精良的斧头，锋利的斧刃是从炉火的锻炼与磨削中得来的。很多人，具备“大有作为”之才质，由于一生中没有同“困境”搏斗的机会，没有充分的“困难”磨炼刺激其内在的潜伏能力的发挥，而终生默默无闻。

困境不是我们的仇敌，而是恩人。因为困境可以锻炼我们“克服逆境”的种种能力。森林中的大树，不同暴风猛雨搏过千百回，树干不会长得十分结实。人不遭遇种种困境，他的人格、本领，也不会得到升华。一切的磨难、忧苦与悲哀，都是足以助长我们、锻炼我们的。

在格里米战役的一次战事中，一颗炮弹把战区中的一座美丽的花园炸毁。但在那为炮火所炸开的泥缝中，却忽然发现一道泉水在喷射。从此以后，这儿就成了一个永久不息的喷泉。

困境与忧苦，能将我们的心灵炸破：在那炸开的裂缝中，会有丰盛的经验、新鲜的欢愉不息地喷射出来！有许多人不到穷途潦倒，不会发现他自己的力量。灾祸的折磨，足以助我们发现“自己”。困苦、逆境，仿佛是将他的生命炼成“美好”的铁锤与斧头。唯有逆境、困难，才能使一个人变得坚强、变得无敌。

塞万提斯写他的《唐·吉诃德》是在他困处马瑞德狱中的时候。那时他贫困不堪，甚至无钱买纸，在即将完稿时，把皮革当作纸张。有人劝一位西班牙成功人士去接济他，那位成功人士回答说：“上天不允许我去接济他的生活，因为唯有他的贫困，才能使得世界丰富！”

人们常说“人生不如意事，十之八九”。处于困境，要有所行动，不可坐以待毙。要认真的考虑一下，究竟是自身哪里出现的问题造成了目前的困难，考虑清楚之后要立即付诸行动。不可光想不做，也不可光做不想，只有两者相结合，事业才有希望。什么是成功者？那些总能将不如意化解为如意，由困境进入顺境的人，便是成功者。

须知，艰难、困境不是永久不可超越的障碍，反而是心灵的刺激品，可以锻炼我们的身心，使得身心更坚毅、更强固。钻石愈硬，则它的光彩愈耀眼；要将其光彩显出来时所需的磨擦也愈多。只有磨擦，才能使钻石显示出它全部的美丽。火石不经磨擦，不会发出火花；人不经历坎坷，生命火焰不会燃烧！

4. 能屈能伸才是真龙

能屈能伸，其意思就是能忍能让，能收能放，能进能退。古今中外，凡成大事者都有忍耐的品质。忍耐是强者的心态，这是一种不达目的誓不罢休的坚韧。它要求一个人必须看得长远，看得透彻，只有这样，其决策能力和行为能力才能提高到超过常人的水平。而善于忍耐、伺机而动正是“捭阖术”的运用。

隋朝末年，由于隋炀帝的暴政，引起了各地的农民起义，天下陷于一片混乱之中，各路豪杰纷纷而起，北方的突厥也趁势南下抢掠。李渊作为隋朝的官员镇守太原，奉朝廷的命令剿除盗贼。这个时候，突厥用数万骑兵攻打太原，李渊遣部将率军出战，几乎全军覆没。后来还是巧使疑兵之计，才勉强令突厥退兵。而寇盗刘武周又在李渊分身无术的情况下，抢占了他所防守的隋炀帝的离宫汾阳宫，掳走了其中的美女珠宝，献给了突厥可汗。突厥可汗大喜，就封刘武周为定杨可汗。其他各路强贼看到可以取得突厥的支持，就纷纷起兵闹事，使李渊防不胜防，腹背受敌，随时都有被隋炀帝处罚的危险。

这个时候，手下人都劝李渊和突厥决一死战。可李渊没有同意。他经过深思熟虑，知道现在天下大乱，隋朝已经失去了人心，他也有了进兵中原，取代隋朝的念头。如果要起兵，太原虽然是军事重镇，但毕竟地处一隅，并非理想的根据地。所以，还应该西下进入关中。为了达到这个目的，太原也是万万不能失去的。可自己手下兵将不多，又要防备盗贼，又要应付突厥，想守住太原根本不可能，只有先想办法，稳住突厥，才能保证太原的稳固，为自己的西进打下坚实的基础。

因此，李渊决定暂时对突厥采取低调的态度。他向突厥称臣，还主动向突厥提出了和亲的建议。又向突厥可汗献上了大量的美女珠宝，还和他约定，将来攻克中原之后，自己只要土地，美女珠宝尽归突厥可汗。他与突厥可汗书信来往的时候用的都是臣下身份的“启”而不是平等身份的“书”，甚至对突厥可汗派遣的普通使者都能够纳头礼拜，丝毫没有面子上的顾虑，完完全全地表现出了臣下的身份。唯利是图的突厥可汗十分高兴，果然与李渊修好，这样就斩断了刘武周的臂助，让李渊西进长安的时候不至于后方起火，失去太原。在李渊从太原进入长安这最艰难的一段日子里，他只需要留下三子李元吉率领少量的兵马留守太原，不用再担心突厥前来进犯，使李元吉能够治理好太原，为前线提供充分的后勤保障。后来刘武周虽然攻下了太原，但是李渊在长安的根基已固，再没有初起兵时的后顾之忧了。不但如此，突厥可汗还把大量的骑兵、粮草提供给他，这使得李渊能够组建起一支强大的骑兵部队进行西征，而力量强大起来的李渊很快夺下了不少地盘。

李渊的势力变得强大起来，这时，有人劝他结束与突厥的屈辱之盟，但李渊没有答应。他知道自己的力量虽然有所提高，但还没有完成统一，现在和突厥决裂为时过早，于是他依然和突厥交好，一直保障了北方的安宁。

后来，李渊建立了唐朝，唐朝的国力不断强大，到了他的儿子李世民为帝的时候，终于生擒了突厥的颉利可汗，洗刷了当年的耻辱。

如果李渊在战败的时候和突厥决一死战，以他微弱的兵力，肯定会被打得大败，也许连身家性命也保不住。如果他刚刚强盛起来，就急着起兵向突厥复仇，那北方地区定会陷入一片战火之中，自己的力量也会在不断厮杀中变得衰败，无力出兵平定南方，唐朝的统一还要晚上许多年。如果他在国家初步安定的时候，就废除与突厥的盟约，则会使好不容易稳定下来的社会又卷入战乱的纷扰，不可能有后来的大唐盛世了。李渊正是深深地明白低调的重要性，在力量不足的时候选择了屈服，不计较一时的区区名利，才能成就长久的帝业。后来国力强盛，一举洗刷了当年臣服突厥的羞辱。所以，能屈能伸才是真龙，并且能屈能伸其实正是捭阖术的一种谋略和一种重要手段。

5. 坚忍是一种大智慧

任何一条成功之路都不会是笔直平坦的，总会伴随着崎崎岖岖，沟沟坎坎，想成功攀达顶峰的人，必须要面对横亘的障碍和天然的险阻。在这些面前，只有当忍则忍、当进则进，才能从容地跨越过去。这也是鬼谷子捭阖术的要旨所在。

人生活在社会上，往往要参与有形或无形的竞争。人的一生，总是在不断的竞争中度过的。而竞争就有实力的较量，当自己实力不如人之时，如果有坚无忍，逞一时之勇，必会遭到致命打击，元气大伤，永无还手之力。坚忍者，在实力不如人之际，会选择后退。后退，看似失败，而并非真败。

必要的忍让和后退，是留给自己充分积蓄力量的空间，做更完善的准备，从而更快地进步，更加有把握地击败竞争对手。坚忍中的后退，是为了前进的后退，为了更有力地进攻而后退。暂时退一步，日后可以进两步或者更多步，甚至可以为以后的快速前进奠定基础。

明成祖朱棣是中国历史上著名的皇帝，他之所以能够登上皇位，便是由于他坚忍的性格，善于审时度势，韬光养晦。他本为燕王，靠装疯这一招赢得了时间，最终发动了叛乱，打败了建文帝，登上了皇位，成为中国历史上著名的君主。

明朝的开国皇帝朱元璋有许多儿子，其中朱棣为人沉鸷老辣，很像朱元璋。在太子朱标病死以后，朱元璋曾想立朱棣为太子，但许多大臣表示反对，理由有二：一是如立朱棣为太子，对朱棣的兄弟则无法交代，二是不合正统习惯。

朱元璋无奈，只得立朱标的次子（长子已病死）为皇太孙。朱元璋死后，皇太孙即位，是为建文帝。建文帝年龄既小，又生性仁慈懦弱，他的叔叔们各霸一方，并不把他看在眼里。原来，朱元璋把自己的子侄分到各处，称作亲王，目的是为了监视各地带兵将军的动静，以防他们叛乱，后来就分封各地，成为藩王。这样，许多藩王就拥有重兵，如宁王拥有8万精兵，燕王朱棣的军队更为强悍了。

这样一来，建文帝的皇权受到了严重的威胁，在一些大臣的鼓动之下，建文帝开始削藩。在削藩的过程中，杀了许多亲王，其中当然也有冤杀者。

燕王朱棣听了，十分着急。好在燕王朱棣封在燕地，离当时的都城金陵很远，又兼地广兵多，一时尚可无虞。僧人道衍是朱棣的谋士，他对朱棣说："我一见殿下，便知当为天子。"相士袁珙也对朱棣说："殿下已年近40了，一过40，长须过脐，必为天子，如有不准，愿剜双目。"在这些人的怂恿下，朱棣便积极操练兵马。

道衍唯恐练兵走漏消息，就在殿中挖了一个地道，通往后苑，修筑地下室，围绕重墙，在内督造兵器。又在墙外的室中养了无数的鹅鸭，日夕鸣叫，声浪如潮，以不使外人听到里面的声音。

但消息还是走漏出去了，不久就传到朝廷，大臣齐泰、黄子澄两人十分重视此事，黄子澄主张立即讨燕，齐泰以为应先密布兵马，剪除党羽，然后再兴兵讨之。

建文帝听从了齐泰的建议，便命工部侍郎张为北平布政使，都指挥谢贵、张信，掌北平都司事，又命都督宋忠屯兵北平，再命其他各路兵马守山海关，保卫金陵。部署已定，建文帝便又分封诸王。

朱棣知道建文帝已对他十分怀疑，为了打消他的疑忌，便派自己的三个儿子朱高炽、朱高煦和朱高燧前往金陵，祭奠太祖朱元璋。建文帝正在疑惑不定，忽报三人前来，就立即召见，言谈之下，建文帝觉得除朱高煦有骄矜之色外，其他两人执礼甚恭，便稍稍安心。等祭奠完了朱元璋，建文帝便想把这三人留下，作为人质。朱棣早已料到这一招，在建文帝迟疑不决之际，飞马来报，说他病危，要三子速归。建文帝无奈，只得放三人归去。

魏国公徐辉祖听说了，连忙来见，要建文帝留下朱高煦。徐辉祖是徐达之子，是朱棣三子的亲舅舅。他对建文帝说："臣的三个外甥之中，唯有高煦最为勇悍无赖，不但不忠，还将叛父，他日必为后患，不如留在京中，以免日后胡行。”建文帝仍迟疑不决，再问别的人，别人都替朱高煦担保，于是，建文帝决定放行。朱高煦深恐建文帝后悔，临行时偷了徐辉祖的一匹名马，加鞭而去。一路上杀了许多驿丞官吏，返见朱棣。朱棣见朱高煦归来，十分高兴，对他们说：“我们父子四人今又重逢，真是天助我也！”

过了几天，建文帝的朝旨到来，对朱高煦沿路杀人痛加斥责，责令朱棣拿问，朱棣当然置之不理。又过了几天，朱棣的得力校尉于谅、周铎两人被建文帝派来监视朱棣的北平都司事谢贵等人设计骗去，送往京师处斩了。两人被斩以后，建文帝又发朝旨，严厉责备朱棣，说朱棣私练兵马，图谋不轨。朱棣见事已紧迫，起事的准备又未就绪，就想出了一条缓兵之计：装疯。

朱棣披散着头发，在街道上奔跑发狂，大喊大叫，不知所云。有时在街头上夺取别人的食物，狼吞虎咽，有时又昏沉沉地躺在街边的沟渠之中，数日不起。谢贵等人听说朱棣病了，前往探视。当时正值盛夏时节，烈日炎炎，酷热难耐，但见燕王府内摆着一座火炉，烈火熊熊，朱棣坐在旁边，身穿羊皮袄，还冻得瑟瑟发抖，连声呼冷。两人与他交谈时，朱棣更是满口胡言，让人不知所以。谢贵等人见状，相互对视了一下，就告辞了。

谢贵把这些情况暗暗地报告给了朝廷，建文帝有些相信，便不再成天琢磨着该怎样对付燕国了。但朱棣的长史葛诚与张、谢二人关系极好，告诉他们燕王是诈疯，要小心在意，谢贵二人还不大相信。过了许久，燕王派一个叫邓庸的百户到朝廷去汇报一些事情，大臣齐泰便把他抓了起来，严加拷问，邓庸熬不住酷刑，就把朱棣谋反的事从头至尾说了一遍，建文帝知道后大惊，便立即发符遣使，并密令谢贵等人设法图燕，再命原为朱棣亲信的北平都指挥张信设法逮捕朱棣。

张信犹豫不决，回家告诉母亲，母亲说："万万不可，我听说燕王应当据有天下，王者不死，难道是你一人所能逮捕的吗？"张信便不再想法逮捕朱棣，可朝廷的密旨又到了，催他行事，张信举棋不定，便来见朱棣，想看个究竟。

而朱棣托病不见，三请三辞，张信无奈，就换了衣服前往，说有密事求见，朱棣才召见了他。进了燕王府，但见朱棣躺在床上，他就拜倒在床下。朱棣以手指口，迷糊而言，不知所云。张信便说："殿下不必如此，有事尽可以告诉我。"

朱棣问道："你说什么？"张信说："臣有心归服殿下，殿下却瞒着我，令臣不解。我实话告诉你，朝廷密旨让我逮你入京，如果你确实有病，我就把你逮送入京，皇上也不会把你怎么样；如果你是无病装病，还要及早打算。"

朱棣听了此话，猛然起床下拜道："恩张恩张！生我一家，全仗足下。"张信见朱棣果然是装病，大喜过望，便密与商议。朱棣又召来道衍等人，一同谋划，觉得事不宜迟，可以起事了。这时，天忽然刮起了大风，下起了暴雨，殿檐上的一片瓦被吹落下来，朱棣显得很不高兴。道衍进言说："这是上天示瑞，殿下为何不高兴呢？"朱棣谩骂道："秃奴纯系胡说，疾风暴雨，还说是祥瑞吗？"道衍笑道："飞龙在天，哪得不有风雨？檐瓦交堕，就是将易黄屋的预兆，为什么说不祥呢？"朱棣听了，转怒为喜。于是，朱棣设计杀死了张信、谢贵两人，冲散了指挥使彭二的军马，安定了北平城，改用洪武三十二年（1368）的年号，部署官吏，建制法令，公然造反了。经过3年的反复苦战，朱棣终于打败了建文帝，登上皇位，并迁都北平，成为中国历史上较有作为的皇帝。

在竞争中，成大事者在自己的实力大于对方时，就会主动出击，以秋风扫落叶之势奠定胜局；如果实力大不如人，便能坚忍，审时度势，以退为进，避其锋芒，退而积蓄自己的力量，并诱敌深入窥其缺点，然后主动出击，后发制人，挽回局面。

可以说，朱棣的成功正是得益于他捭阖术的精妙运用。

6. 志向决定一个人的成就

“志之所趋，无远勿届，穷山复海不能限也；志之所向，无坚不摧。”可见，志向对一个人的人生有着多么大的影响。一个人若要成功，关键是确立志向，并以此为动力，一路披荆斩棘，克服艰难险阻，并坚持不懈，直至成功。

人生应该有远大的目标，干轰轰烈烈的事业。目标的大小，决定人生的质量。志气节操是人生的方向，没有远大的目标，生命就会荒疏。从古到今，年少立志，终成大事的英雄豪杰数不胜数。而又有多少人因为没有树立人生目标，致使终生荒嬉，大事无成？

关于捭阖之道，要从阴阳两方面（即说之以利或说之以害）来试探对方。因此，对于积极进取者，应谈论崇高奋进之事来加以引导；而对消极保守者，应谈论卑微求全之事来加以引导。卑微求全之事，易得到志小者采纳；崇高奋进之事，易得到志大者采纳。若能从人物心理出发去游说，则无所不出，无所不入，无所不可，达到无往而不胜的境界。这种游说方法，可以游说人，可以游说家，可以游说国，可以游说天下。做小事，可进入无限微妙的境界；做大事，可进入无限广大的境界。

在这里，鬼谷子把人笼统地分为两类，一类是“阳言者”，即积极进取者；一类是“阴言者”，即消极保守者。这就是他提出的“与阳言者依崇高，与阴言者依卑小”的论点。由此，我们也可以从中借鉴其分类方法，在与他人共事和交谈时,先按照这两类标准分类,再采取合适的方式对待他人。

《庄子·秋水》讲述了一个故事:庄子的朋友惠施当梁惠王宰相的时候,庄子前去看望他,有人在惠施面前挑唆,说庄子到梁国,是夺你的宰相之位来了。惠施慌忙派人在城里四处搜寻庄子。庄子无奈,只好坦然去见惠施。他给惠施讲了一个寓言:“南方有一种鸟,名叫宛刍,你知道吗?宛刍从南海飞往北海,途中非梧桐树不栖,非竹子的果实不吃,非甜美的泉水不饮。有一只猫头鹰找到一只死耗子,宛刍刚好从空中飞过,猫头鹰便仰起头喊道:‘啊,不要抢走我的死耗子啊’。”最后,庄子问惠施,现在你也想用梁国这只死老鼠来吓我吗?庄子借此表明:你惠施虽身居宰相的高位,但在我的眼中,也不过是那只找到死耗子的猫头鹰罢了,你就不要以小人之心度君子之腹了。对于庄子来说,他的志向乃是“独与天地精神往来”,相比之下,浮名与富贵对他而言都如粪土一样不屑。因此,他曾拒绝为楚王宰相,并表明自己宁肯做一只活龟,在泥水里自由曳尾,也不愿成为死龟,被供奉在庙堂上。

其实,一个人能否取得成就,很大程度上取决于他的志向。有人问鹰:“你为什么到高空去教育你的孩子?”鹰回答说:“如果我贴着地面去教育它们,那么它们长大了,哪有勇气去接近太阳呢?”一个有所作为的人,不会惮于把自己置身险境。而且,他们在胸怀上博大宽厚,光明磊落;细节上点滴积累,大事上眼光长远;加上坚强的意志,完善的人格,他们才可以为自己事业的成功奠定厚实的基石。

项羽是楚国名将项燕的后代,他的叔父项梁从小就培养他,希望他将来能够成为栋梁之才。项羽最初学习诗书,但不久就厌倦了,后来又学习剑术,但也半途而废。项梁看侄子学无所成,非常生气,就严厉地训斥他。可是项羽理直气壮地说:“读书不过是记个名姓罢了,剑术学得再好,也只能对抗一个人。我不愿学习这些,我要学习的是领兵打仗的本领!”项梁听了,觉得这个孩子有大志,就教他学习兵法。

一次,秦始皇南巡会稽,当他的车马仪仗浩浩荡荡地经过时,人们都在大路两旁驻足观看,项羽和项梁也在其中。就在这时,项羽忽然指着威风凛凛的秦始皇对他的叔父说:“我可以取代他的地位!”项梁听了,急忙捂住项羽的嘴,心里

却也暗暗赞赏侄子的胆识。自从这件事情之后，项梁就更加用心地栽培项羽。后来，陈胜、吴广在大泽乡揭竿而起，项梁和项羽也在会稽杀死当地太守，举旗响应。最后，项羽自立为西楚霸王，真的取代了秦始皇的地位。

项羽是将门之后，生性勇敢顽强，而且立志成为“万人之敌”，对诗书、剑术不感兴趣，唯独喜欢学习兵法。倘若当年项梁不了解项羽之志，而照着书生的标准培养他，恐怕整个中国历史都得改写。与志大者论小，就不可能契合其意，而与志小者论大，却很可能带来灾难性的后果。

就在当年项梁、项羽起兵会稽的时候，东阳县的一些年轻人也杀掉县官，扯起了反秦的大旗，很快聚集了数千民众。他们推选曾经做过县长史的陈婴为首领，因为陈婴是县里最德高望重的人。在陈婴的带领下，这支人马很快扩展到了3万人。义军们在自己的头上戴一圈黑巾，自称为“苍头军”，并商量着要立陈婴为王。陈婴此时犹豫不决，他母亲站出来劝阻他说：“自从我嫁到陈家，从没听到你家祖先有过什么达官贵人，现在你突然当了3万多人的首领，这可不是什么好事。你不如率众归顺于其他实力雄厚的义军首领，将来起义成功，还可封王封侯。万一起义失败，也没人会责怪你。”陈婴本来就是个安贫乐道的人，现在又听了母亲的这番话，便下定决心不称王，他对部下说：“我这个人才疏学浅，也没什么声望，不便称王。如今起义的项梁是楚将项燕的后代，很有声望，将来率兵灭秦的一定非他莫属，所以我决定带大家去投奔他，你们意下如何呢？”将士们听陈婴说得有理，就都听从了他的建议。这时，正好项梁率兵过江，陈婴便率众归顺了他。遵从母亲的建议，陈婴未能像项羽一样成就开国建制的伟业，但是却能在乱世之中保全性命，得以生存。夺取天下固然需要大智大勇，但抗拒权力的诱惑，做出谨慎明智的决定，也是一种难得的智慧。设想出身寒微的陈婴若接受称王的建议，肯定会引起一些人的不满和妒忌，进而成为众矢之的。陈婴母子深明此义，得免后来的无穷灾祸。

在当今社会，我们更应该提倡树立远大志向，努力奋斗，以求更好地实现社会价值和自我价值。但是，不同的人生追求、不同的价值取向，带来的很可能是完全不同的结果。下面的这则故事，便形象地说明了这一点：

有一个年轻的小提琴手叫谭顿，他背井离乡来到美国，寻求更好的发展。初到美国时，为了解决生计问题，他就在街头拉小提琴赚钱。事实上，在街头卖艺也要争个人流量大的好地盘才会赚到钱。一个幸运的机会，谭顿认识了一个黑人琴手，并与他一起争到一个最能赚钱的好地盘，那里的人流非常大。谭顿赚了一些钱以后，就告别了黑人琴手。他进入大学，将全部的精力投入到提升音乐素养和琴艺之中。在大学里，他只打一些小零工维持生活所需，不像以前在街头拉琴卖艺一样能赚到很多钱，但他一直没有放弃自己的理想。

十年之后，谭顿有一次在街上碰到了昔日一起卖艺的黑人琴手，那位黑人琴手仍然在“最赚钱的地盘”拉琴，他跟以前一样陶醉于自己的琴艺，对于自己争到的好地盘感到得意。黑人琴手看见谭顿，高兴地招呼道：“兄弟，很久没见啦，你现在在哪里拉琴啊？”谭顿回答了一个有名的音乐厅的名字。黑人琴手就说：“那家音乐厅门前确实是个好地盘，你能抢到真是不错！”其实，黑人琴手不知道的是，如今的谭顿已是一位国际知名的音乐家，早就不在门口拉琴卖艺了。

上面的故事中，两位琴手的技艺都很高超，但是他们对生活的要求不同：一个沉湎于现状，另一个却不忘追求，不忘理想。追求不同，结果自然也会不同。而黑人琴手自己没有大志，也不了解谭顿的志向，难免遭遇曲高和寡的悲凉，或对牛弹琴的尴尬。正如鬼谷子所言：“与阳言者依崇高，与阴言者依卑小”，这实在是亘古不变的交际法则。

7. 以历史和他人为鉴

古人云:以铜为鉴,可以正衣冠;以人为鉴,可以明得失;以史为鉴,可以知兴替。意思是说用铜做镜子,可以整理好一个人的穿戴;用历史做镜子,可以知道历史上的兴盛衰亡;用别人作自己的镜子,可以知道自己每一天的得失。可见,以人为鉴的重要性。

在这里,鬼谷子以一个纵横家的视角,阐明了“反以观往,覆以验来;反以知古,覆以知今;反以知彼,覆以知己”的方法论。

有一则寓言,说狮子、驴子和狐狸决定共同去打猎,它们收获很丰富。狮子要求驴子分配猎物,驴子把猎物平均分成三份,请狮子自己挑选一份。狮子恼怒了,它觉得自己得到的太少了。于是,它突然过去把驴子吃掉了。这回,狮子又让狐狸来分配猎物。狐狸把所有的猎物放在一起,请狮子来拿,自己仅留下很少的一点点。狮子问狐狸,是谁教它这样分配的。狐狸回答:“是驴子的不幸。”

“他山之石,可以攻玉”,他人的实践经验可以成为自己的借鉴。生命有涯而知无涯,有限的生命不可能体验所有的事物。直接经验是有限的,即使它很宝贵。而能借助思维从间接经验中获得智慧,这也是人的伟大之处。借鉴别人成功的经验和失败的教训,是自己获得智慧的另一佳径。

秦末农民起义中,刘邦领兵攻破武关以后,长驱直入,歼灭了秦朝的主要兵力。秦王子婴迫不得已,只好捧着传国玉玺,开城投降。刘邦入咸阳城,进了秦宫,见宫室帷帐富丽堂皇,美女珍宝不计其数,顿起羡慕之意,想全部留下自己享受。武将樊哙极力劝阻,使刘邦很不高兴。谋臣张良对他说:“只因秦王残暴,不得人心,您才能得到今天的胜利。我们既然为天下除去暴君,就该改变奢侈淫逸之风,提倡俭朴风气。现在您刚入秦宫,就想像秦王一样享乐,岂不等于‘助纣为虐’?樊哙将军的话虽然说得有一点激烈,但是他总是为了您着想,所以还是希望您能接受樊将军的建议。”刘邦认为张良的话有道理，于是撤出咸阳，把军队驻扎在灞上。张良对刘邦的劝说，巧妙地点出了秦朝奢侈淫逸导致灭亡的教训，使刘邦认识到了自己的错误，避免重蹈秦国的覆辙。

《鬼谷子》中曰：“事有反而得覆者，圣人之意也，不可不察。”意思是说有些事情要反复探索才能把握，这是圣人的见解，不可不认真研究。

“以史为鉴，可以知兴替”。一般情况下，借用历史人物和事件去劝说别人，更能令对方肃然警醒，收到良好的效果。中外历史上不乏这样巧妙溯艮的例子，如美国最早决定研制原子弹，就是罗斯福总统“以史为鉴”的结果。

1937年，爱因斯坦等科学家委托美国总统罗斯福的私人顾问萨克斯约见罗斯福，要求美国抢在纳粹德国之前造出原子弹。不料，罗斯福听了萨克斯的建议，冷淡地说：“我听不懂什么核裂变的理论，现在政府无力投巨资研制这种新炸弹，你最好不要管这件事情了！”事后，罗斯福觉得自己的态度有点过火，为表歉意，他邀请萨克斯共进一次早餐。萨克斯冥思苦想，准备利用这个机会说服总统。第二天清晨，萨克斯与罗斯福一起来到餐厅。刚一落座，罗斯福便说：“那天我的态度不好，抱歉！科学家们老爱异想天开。今天可不许你再提原子弹的事了！”“那我就谈一点历史，好吗？”萨克斯平心静气地讲了起来，“当年拿破仑横扫欧洲，不可一世。但是他虽然在陆地作战时总是旗开得胜，在海战中却不尽如人意。有一次，一个叫富尔顿的美国人来见他，建议他砍断法国战舰的桅杆，安装上蒸汽机，把船板换上钢板，并说这样就会所向无敌，很快占领英伦三岛。拿破仑心想：船没了帆就无法行驶，船板换上钢板肯定会沉没。他认为富尔顿是个疯子,竟然把他赶走了。今天的历史学家们说:如果拿破仑当时采用了富尔顿的建议,那么整个欧洲的历史就会被改写。”罗斯福听罢,脸色变得严肃起来,他沉思片刻,然后对萨克斯说:“你赢了,我们马上着手研制原子弹!”

聪明的萨克斯不直接对罗斯福总统谈原子弹的问题,而是以拿破仑拒绝技术革新的重大失误为例,使自称听不懂核裂变理论的罗斯福总统很快接受了科学家们的建议,作出了研制原子弹的重大决定,在反法西斯的战争中占据了先机,也改变了整个世界现代史的进程。

“以人为鉴,可以明得失”。借用自己或别人过往的经验,方能以更稳健的步子走过今天,迈向未来。“老马识途”的故事,就充分证明了这一点。

春秋时代,齐桓公亲率大军进攻山戎,将其击溃。当齐军要返回时,却在深山中迷了路。当时已是冬天,白雪皑皑,山路弯曲多变,走着走着就辨不清方向了。这时,管仲说:“不要紧,老马可以作我们的向导,它们认得路。”齐桓公立刻让人挑选了几匹老马,放开缰绳,让它们在前面随意地走,军队跟在马的后边。没多久,在几匹老马的带领下,齐军果然走出了山谷,找到了回齐国的路。管仲知道老马识途,得益于他早年的经历。年轻时候,管仲家里很穷,经常和鲍叔牙一起跑生意,两人乘骑的都是宝马。一次,两人住在一家客店,遭遇盗贼,两匹马都被偷了。两人报了官,然而等了两天,毫无音讯。到了第三天,管仲、鲍叔牙正闷坐店中,忽听附近有“咴、咴”的马叫声,两人出门一看,竟是被盗的马自己回来了。管仲、鲍叔牙回到家中,就把宝马失而复得的事告诉了鲍父,并问是何原因。老人见多识广,对他俩说:“这有什么奇怪的,俗话说:‘猫记千,狗记万,老母鸡还记二里半’,何况是匹宝马良驹。”

说齐桓公幸运,是因为他有了管仲。说管仲幸运,是因为他有一段坎坷的人生经历,成为他那无穷智慧

的源泉。老马识途，短短四个字道出了经验的重要性。在实际的摸爬滚打中所学到的东西要比从书本上学到的东西强上几百倍。光学书本知识是没有用的，赵括纸上谈兵就是很好的教训。人们经常说“失败乃成功之母”，失败并不一定是坏事，从失败中我们能积累经验和教训，这就是失败的好处。

人的一生不可能是一帆风顺的，多少总会有一些坎坷和波折。聪明人经历过坎坷之后，总能“吃一堑长一智”，得到一些经验和启示，不会再犯同样的错误。但是，在现实生活中，被狗咬过的人又被狗咬，这也不是什么新鲜的事情！被狗咬过，再次看到狗的时候，第一种人采取大呼小叫、拔腿逃跑的办法，结果适得其反，助长了狗的嚣张气焰，再次被狗咬就在所难免；第二种人看见狗来了，只是弯了弯腰，装出从地上拾块砖头的样子，狗马上夹着尾巴溜之大吉了。第一种人曾经付出过代价，但他没有从付出的代价中得到什么启示和有益的东西。而第二种人则从第一次被狗咬的经历中吸取了教训，完善了自己，避免了再次被狗咬到。

曾经为坎坷付出的辛酸和代价，是人生的一笔财富，正视艰难困苦，从前人那里吸取经验和教训，理智地去分析，努力地去奋斗，会让我们的人生之路越走越宽，越走越顺。

8. 把握关键才能从容行动

中国有句俗话：“牵牛要牵牛鼻子”。意思是说一头硕大的水牛，怎样驱使它去耕田？方法就是刺穿它的鼻子，系上鼻环，用绳子牵着鼻环，牛因鼻痛，就不得不乖乖地听人使唤。西方哲人阿基米德也说过：“给我一个支点，我可以撬动地球。”这些话的意思相同，即万事万物都存在着起决定作用的一个点，即关键点。这就像鬼谷子说的“圣人一守司其门户，审察其所先后，度权量能，校其伎巧短长”。

我们可以牵懒牛的鼻子使之顺从,然而犟驴我们又该如何制服?驴子的犟世人皆知,常常是拉它不动,打它不走。其实,驴子之所以很难被制服,是因为驴子的“死穴”很少有人知道。因此,找不到要害,一般的抽打根本起不了多大的作用。常干农活的人却有不少人知道驯服犟驴的妙法,也就是找到了它的死穴。这个“死穴”的具体位置不太好描述,通俗地说,就是在驴子肚皮中点至脊柱中点这条弧线的左侧方约五分之一处,农村的人称之为“肚绷子”。在驴子不听话时,你只要对准它的“肚绷子”踢上一脚,它立刻如触电般僵在那里,什么脾气都没有了,乖乖地任你摆布。

我们在做事的时候,常常也是不知从何处下手。其实,事物都有各自的特点,这就是所谓的突破口,我们应该学会寻找这个突破口,把握其关键再行事,这样解决事情就会变得容易多了。我们来看看下面这个例子。

刘邦得了天下,定都于洛阳。这时也到了论功行赏的时候,文臣武将议论纷纷,都希望自己有个好结果。而且不少人已等不及了,早就开始争论功劳大小了。

可是,分封毕竟是大事,功劳的大小和赏赐的多少都难以把握。刘邦先从功劳比较大的文臣武将开始封侯,对接下来如何进行分封还在考虑之中。

一天,刘邦在洛阳南宫边走边观望,只见一群武将在宫内不远的水池边,有的坐着,有的站着,交头接耳,在议论些什么,见到他都不吭声了。刘邦很奇怪,就把张良找来问道:“你知道他们在谈论些什么吗?”张良答道:“他们这是要聚众谋反呢!”刘邦大吃一惊:“他们为什么要谋反呢?”张良平静地说:“陛下从一个布衣平民起家,与众将共取天下,现在所封的都是以前的老朋友和自家的亲族,所诛杀的是平生自己最恨的

人，这怎么不令人望而生畏呢？若是不得受封，以后难免被杀，朝不保夕，患得患失，当然要头脑发热，聚众谋反了。”刘邦大吃一惊说：“那怎么办呢？”张良想了一阵子对刘邦说：“陛下平日在众将中有没有造成过对谁特别心中不满的？”刘邦说：“我最恨的就是雍齿。我起兵时，他无故降魏，以后又自魏降赵，再自赵投降张耳。张耳来投降我时，顺便也带了他。现在灭楚不久，像这种朝三暮四的家伙又不能无故杀他，真让人憋气。”张良一听，立即就说：“好！立即把他封为侯，才可能解眼下的人心浮动。”张良的话令刘邦猛然大悟，他经过一番思索，虽极不情愿，但为求局面稳定，只好同意张良的建议。

没过几天，刘邦在南宫设宴招待群臣。在宴席快散时，传出诏令：“封雍齿为甚邡侯。”雍齿听到宣诏后，简直不敢相信自己的耳朵，当他确信无疑后，才上前拜谢。雍齿被告封为侯后，立刻在众将领中产生了轰动，一个个喜出望外：“雍齿都能封侯，我们还能有什么好顾虑的？”

这一事件在分封中开始，也在分封中结束，显示了张良这一计谋的高明。因为这一做法抓住了关键，找到了问题的症结所在，以对一个人的册封就解决了所有人心中的疑虑。假使刘邦还继续执迷不悟，发现不了问题的严重性，找不到正确的突破口，恐怕再分封十几人也达不到稳定人心的目的。

因此，我们在做事情时，不能盲目地毫无头绪地去做，这样浪费许多精力不说，也难以奏效。其实，事物本身自有其特性和规律，只有抓住关键点，集中精力击破这个点，才能最大成效地获得成功。

9. 测得风向好使舵

树上没有两片完全相同的树叶，同样，世界上也不可能存在两个完全相同的人。据此，鬼谷子认为，我们说话办事都要因人而异，对待事物的态度也应不同，只有全面而深刻地了解别人，才能“得其指”，更好地实现“求其利”的目标。

柯达公司的老板伊斯特曼发明了胶片,使摄制电影成为了可能,为此他获得了一笔可观的财富,并且成为世界最著名的商人。为了纪念他的母亲,伊斯特曼在洛加斯达城出资捐建了"伊斯特曼"音乐学校及"凯伯恩"剧院。纽约某座椅制造公司的经理艾特森,想谋取该剧院座椅的合同,于是他就和伊斯特曼约会见面。艾特森到了那里,一位工程师对他说道:"我晓得你是想得到座椅的合同,但是我要告诉你,伊斯特曼的工作非常忙,你若是打搅他的时间超过5分钟,便不会有好处,他的脾气很大,事情很多,所以我劝你赶快说完你的来意后就赶快出来。"事实上,艾特森也准备那样做。

等了一会儿,艾特森被引进总裁办公室时,伊斯特曼正埋头于桌上堆积的文件之中,伊斯特曼听见有人进来,抬起头,取下眼镜,向工程师及艾特森走来的方向说道:"早安,先生,我可以帮你做点什么?"

这时,艾特森忽然打算改变原来想的那样,用别的方法试试看。工程师介绍了之后,艾特森便说道:"伊斯特曼先生,当我在外边等着见你的时候,我很羡慕你的办公室,假如我有这样的办公室,我一定也很高兴的在里面工作,你知道我是一个本分商人,从来不曾见过这么漂亮的办公室。"

伊斯特曼答道:"你使我想起一件几乎忘记了的事。这房子很漂亮是不是?当初才盖好的时候我极喜爱它,但是现在,因为有许多事忙得我甚至几个星期坐在这里也无暇看它一眼。"

艾特森走过去用手摸摸壁板,说道:"这是英国橡木做的,不对吗?和意大利橡木稍有不同。"

伊斯特曼答道:"对了,那是从英国运来的橡木。我的一个朋友懂得木料的好坏,他为我挑选的。"随后伊斯特曼领了艾特森参观他自己当初帮助设计的房间配置、油漆颜色及雕刻工等等。

当他们在室内夸奖木工时,伊斯特曼走到窗前站住了脚,然后亲切地表明要捐助洛加斯达大学及市立医院等机关一些钱,以尽点心意,艾特森热诚地称许他这种慈善义举的古道热肠,伊斯特曼随后又走过去打开一个玻璃匣,取出他从前买的第一架摄影机——是从一位英国发明人手中买来的。

艾特森又问他当初是怎样开始在商业上奋斗,伊斯特曼很感慨的述说他幼年的困苦。

艾特森从上午十点一刻走进伊斯特曼的办公室，那位工程师曾警告他最多只能停留五分钟：但是一点钟、两点钟都过去了，他们还在滔滔不绝地谈着。

最后伊斯特曼对艾特森说："上次我去日本，在那里买了几张椅子回来，我把它们放在阳台上。日子一久阳光就把漆给晒退了，于是我到商店买了漆回家自己动手油漆那椅子，你想看我自己油漆的成绩吗？好极了，就同我到舍下去吃中饭吧，我给你看看。"

饭后，伊斯特曼把从日本带回来的椅子指给艾特森看。那椅子每把不过一点5美元，但是伊斯特曼虽富有千万，对那椅子却异常满意，因为那是他自己动手油漆的。

凯伯恩剧院的座椅定货价额共计9万美元，最后你猜是谁得到了合同？

在这场简短的谈判之中，艾特森先是初步了解他的对手，从伊斯曼的经历入手，赞扬他取得的成就，并做他忠实的倾听者，在某种程度上与他产生共鸣，从而使伊斯曼的自尊心得到了极大的满足，引艾特森为自己的知己。

这笔生意也当然非艾特森莫属了。

与人谈话，要先揣摩、审查他的心意，知道他喜欢什么、讨厌什么，然后再投其所好，说他最为喜欢的话以把他捧得心花怒放；或抨击他最为厌恶的事，以便让他把你引为知己。当二者在共同拥有谈话乐趣时，在充分获得对方信任时，再适时地提出自己的要求，以达成一致意见，实现自己的目的，这也就是我们常说的"测得风向好使舵"。

10. 变通之中能化腐朽为神奇

“捭阖者,天地之道”。鬼谷子认为,捭阖普遍存在于世间,促进万物发生变化。春生、夏长、秋收、冬藏,在这个不断发展变化的世界里,没有永恒不变的事物,这也是事物发展的客观规律。

在一定的情况下,变通就是一种精明,一种灵巧,一种最成熟的思考。它能打开闭塞的通道,挖掘出丰富的矿藏。有时,只要我们放弃了盲目的执着,选择了理智的改变,就可以化腐朽为神奇。大凡高效能的成功人士,踏上成功之途总是从变通思维开始的。

美国的两位饮料界巨人——可口可乐与百事可乐,从 1902 年百事可乐问世以来,彼此缠斗了 88 年。因为可口可乐比百事可乐先上市 13 年,因此,百事可乐几十年来一直处于被动的地位。到了 20 世纪 50 年代,可口可乐仍以 2:1 的优势领先百事可乐。然而到了 80 年代,双方的差距缩小,可以说势均力敌,彼此厮杀得非常激烈。

在这短兵相接的市场争夺战中,美国百事可乐现任总裁罗杰·恩瑞可总是拿《两个和尚过河》的故事来勉励自己。故事说到:

有两个和尚决定从一座庙走到另一座庙。他们走了一段路之后,遇到了一条河。由于一场暴雨,河上的桥被冲走了,但河水已退,他们知道可以涉水而过。

这时,一位漂亮的妇人正好走到河边。她说有急事必须过河,但她怕被河水冲走。

第一个和尚立刻背人,涉水过河,把她安全送到对岸。第二个和尚接着也顺利渡到对岸。

两个和尚默不作声地走了好几里路。

第二个和尚突然对第一个和尚说:“我们和尚是绝对不能近女色的,刚才你为何犯戒背那个妇人过河呢？”

第一个和尚淡淡地回答：“我在好几里路之前就把她放下了，可是你到现在还背着她呢！”这是中国古籍《菜根谭》中的一个故事。恩瑞可在他所写的《百事称王》一书中，不断地告诫自己，要学习第一个和尚勇于任事的行为，而不要像第二个和尚那样，轻易地就被一个成规束缚住了。

善于变通就是要求人们不要被习惯套牢，不要受缚于传统的思维定势中，而是要针对不同的情形、环境行事。

有道是：“变则通，通则久。”思考与应变的能力是一个人的素质问题，同时也是现代社会办事能力高下的一个很重要的考察标准。

美国辛辛那提大学的乔治·古纳教授，在他讲授秘书学时提供了这样一个案例：

有一天，一家公司的经理突然收到一封非常无礼的信，信是一位与公司交往很深的代理商写来的。

经理怒气冲冲地把秘书叫到自己的办公室，向秘书口述了这样一封信：“我没有想到你会这样给我写信，你的做法深深伤害了我的感情。尽管我们之间存在一些交易，但是按照惯例，我还是要把这件事情公布出来。”

经理叫秘书立即将信打印出来并马上寄出。

对于经理的命令，这位秘书可以采用以下四种方法：

第一种是“照办法”。也就是秘书按照老板的指示，遵命执行，马上回到自己的办公室把信打印出来并寄出去。

第二种是“建议法”。如果秘书认为把信寄走对公司和经理本人都非常不利，那么秘书应该想到自己是经理的助手有责任提醒经理，为了公司的利益，哪怕是得罪了经理也值得。于是秘书可以这样对经理说：“经理，这封信别理他，撕了算了。何必生这样的气呢？”

第三种是“批评法”。秘书不仅没有按照经理的意见办理，反而向经理提出批评说：“经理，请您冷静一点，回一封这样的信，后果会怎样呢？在这件事情上，难道我们不应该反省反省？”

第四种是“缓冲法”。就在事情发生的当天下班时，秘书把打印出来的信递给已经心平气和的经理说:“经理,您看是不是可以把信寄走了?”

乔治·古纳教授在教学中选择了第四种“缓冲法”。

他的理由是:第一种“照办法”,对于经理的命令忠实地执行,作为秘书确实需要这种品质,但是“忠实照办”,仍然可能是失职。第二种“建议法”,这是从整个公司利益出发的;对于秘书来说,这种富于自我牺牲的精神是难能可贵的,可是,这种行为超越了秘书应有的权限。第三种“批评法”,这种方法的结果是秘书干预经理的最后决定,是一种越权行为。而第四种“缓冲法”,则是一种最折中的、于三方都有利的方法,这是善于变通在工作中的体现,反映了一个下属机敏灵活的处事头脑和审时度势的工作能力。

灵活变通还表现在细分工作上,懂得如何选择工作,统筹兼顾。

有人认为,既然计划的实现要靠勤奋的工作,就义无反顾地投入到工作中去。结果工作一件接一件,也来不及分辨,整天埋没于工作中,出不了头。记住,工作是手段、是工具而不是最终目的。不被工作役使的人才真正具有成长的潜力。又如:

美国一出版商有一批滞销书久久不能脱手。他灵机一动,给总统送去一本。忙于政务的总统不愿与他多纠缠,便回了一句:“这本书不错。”出版商便大做广告:“现在有总统喜欢的书出售。”于是,这些书被人一抢而空。不久,这个出版商又有书卖不出去,就又送一本给总统,总统上过一次当,就说:“这本书糟透了。”出版商又做广告:“现在有总统讨厌的书出售。”不少人出于好奇争先抢购。当出版商第三次送书给总统时,总统接受了前两次的教训,便不做任何答复。出版商却大做广告:“现在有令总统难以下结论的书,欲购从速。"居然又被一抢而空。

从这个故事中,我们可以领悟到变通之中能化腐朽为神奇,并能为你铺就一条财源滚滚的黄金路。

11. 说话要讲究分寸与技巧

《捭阖篇》中说道:"口者,心之门户也。心者,神之主也。志意、喜欲、思虑、智谋,此皆由门户出入。"意思是口是心灵的门窗,心是精神的主宰。意志、情欲、思想和智谋都要由口出入。从这几句话中可以看出说话是多么的重要。对此,掌握分寸是最值得关注的焦点。生活中,总有人掌握不好说话的分寸,不该说的话说个没完,该说的话反倒惜语如金。鬼谷子认为,嘴巴是一个人宣泄情感的门户,要注意开合,把有益的话放出来,把有害的话、得罪人的话关在肚子里。否则,轻者会得罪人,重者弄得不好还会搭上性命。

西汉有一位将军叫灌夫,他勇猛善战,很受大将军窦婴的赏识。但是,灌夫性格过于急躁,做事鲁莽。有一次,丞相田蚡举办婚宴,满朝大臣都去贺喜。宴会上,灌夫向田蚡敬酒,田蚡不喝。灌夫忍着气,又向灌贤敬酒,灌贤正跟将军程不识交头接耳地说话。灌夫的怒火正无处发泄,便大骂道:"我平日看程不识一钱不值,你居然还咬着他的耳朵说话!"田蚡见灌夫骂人,立即下令把他逮捕。有人劝灌夫向田蚡磕头赔罪,他不肯,反而大骂田蚡。田蚡是皇帝的舅舅,岂能善罢甘休。不久,灌夫就被他罗织罪名处死了。

灌夫"醉而生嗔",痛骂小人田蚡,确实是图了一时之快,但也因此遭遇杀身之祸,实在值得反思!

又如,不善言辞、过于直率的人,在人际关系中会越来越陷于被动,乃至沦落到孤立无援的境地。

金小姐在职场上已经"浮沉"了好些年了,也遇到各种各样的人和事,本来应该也算是一个“交际能手”，但不知为什么，她总是很容易得罪人。她心里总搁不住事儿，有什么就说什么，从来不会隐瞒自己的观点。有的同事把茶水倒在纸篓里，弄得一地是水，她会叫他不要这样做；有的人在办公室里抽烟，她会请他出去抽；有的人爱没完没了地打电话，她就告诉她不要随便浪费公司的资源……她这样做是好心，因为如果让经理看见了，不是一顿责骂，就是被扣奖金。

可是，好心没好报，她这样做的后果是把同事们都得罪了。每个人都对她有一大堆意见，甚至大伙一起去郊外也故意不叫上她。有一次她实在气不过，就向经理反映，没想到经理也不怎么支持她，并没有批评有错误的，反倒弄得她在公司里更加被动。她非常想不通，明明我是实话实说，为什么结局是这样的？难道做人就一定要虚伪做作吗？

金小姐的这种情况其实是很普遍也很能理解的。人们的日常生活离不开与人打交道，如果与自己的同事关系处不好，又要天天见面，的确叫人难受。

从上述事例来看，实话实说本身并没有错，心胸坦荡、为人正直这是许多人都赞赏的美德。但问题在于，实话实说也要考虑时间、地点、对象以及他人的接受能力。

如果说话过于直率，言辞过于生硬或激烈，则只会产生不良效果，不但达不到善意的初衷，而且有时会走向极端，给自己带来不必要的麻烦。

因此，在指出对方错误的同时，也可以反省自己是否说话不得体，如果是因为没有讲究方式方法，而造成同事关系的紧张，就要考虑自我调整，克服过于直率的毛病了。有话当面说，不在背后说长道短，这无疑是对的，但也不能因此而忽视了人与人之间的复杂性：只求敢说，不讲效果，这根本就无助于问题的解决。

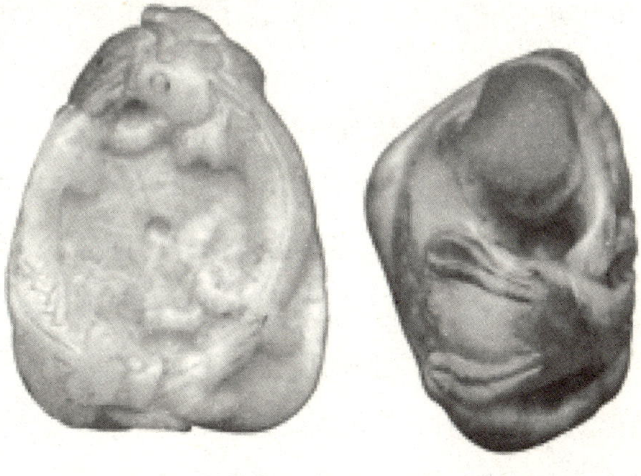

人们一般都爱面子，爱听赞扬的话，不妨为对方想想，不要只管自己说得痛

快,尽管你是善意的,也会伤害对方,有可能造成对方的误解和怨恨。如果找一个恰当的机会,比如大家一起吃饭或聊天的时候,婉转地说出自己的想法,与当事人个别交换意见,也许更会得到对方的理解;或者用一个幽默来表达自己的看法,肯定有利于问题的解决。

可以说,语言是人与人之间重要的沟通工具,说话水平和说话方式不同,给对方带来的感受也会有所不同,沟通所获得的效果和回报也会不同。因此,正确的运用这一工具也显得极为重要。

听说过这样一个故事:理发师傅带了个徒弟。徒弟学艺3个月后,这天正式上岗,他给第一位顾客理完发,顾客照照镜子说:“头发留得太长。”徒弟不语。师傅在一旁笑着解释:“头发长,使您显得含蓄,这叫藏而不露,很符合您的身份。”顾客听罢,高兴而去。

徒弟给第二位顾客理完发,顾客照照镜子说:“头发剪得太短。”徒弟无语。师傅笑着解释:“头发短,使您显得精神、朴实、厚道,让人感到亲切。”顾客听了,欣喜而去。

徒弟给第三位顾客理完发,顾客一边交钱一边笑道:“花时间挺长的。”徒弟无言。师傅笑着解释:“为‘首脑’多花点时间很有必要,您没听说,进门苍头秀士,出门白面书生?”顾客听罢,大笑而去。

徒弟给第四位顾客理完发,顾客一边付款一边笑道:“动作挺利索,20分钟就解决问题。”徒弟不知所措,沉默不语。师傅笑着抢答:“如今,时间就是金钱,‘顶上功夫’速战速决,为您赢得了时间和金钱,您何乐而不为?”顾客听了,欢笑告辞。

晚上打烊,徒弟怯怯地问师傅:“您为什么处处替我说话?反过来,我没一次做对过。”师傅宽厚地笑道:“不错,每一件事都包含着两重性,有对有错,有利有弊。我之所以在顾客面前鼓励你,作用有二:对顾客来说,是讨人家喜欢,因为谁都爱听吉言;对你而言,既是鼓励又是鞭策,因为万事开头难,我希望你以后把活做得更加漂亮。”师傅的话让徒弟深受感动,他领悟了师傅的良苦用心,从此他越发刻苦学艺,其技艺日益精湛。

掌握好说话技巧,注意一些细节,学会说话得体,能够为你赢得更好的人缘和更多的机会，让你感受到更多的轻松和愉悦，相信一定会让你的事业如虎添翼。

12. 阴阳相结合方能成功

《鬼谷子》中说："以阳求阴，苞以德也；以阴结阳，施以力也；阴阳相求，由捭阖也。"就是说用阳气来追求阴气，要靠道德来包容；用阴气结纳阳气，要施用力量。阴阳之气相追求，是依据开启和关闭的原则。

东汉末年，魏、蜀、吴三分天下。蜀丞相诸葛亮受昭烈帝刘备托孤遗诏，立志北伐，以重兴汉室。就在这时，蜀南方之南蛮又来犯蜀，诸葛亮当即点兵南征。到了南蛮之地，双方首战诸葛亮就大获全胜，擒住了南蛮的首领孟获。但孟获却不服气，说什么胜败乃兵家常事。孔明得知一笑下令放了孟获。放走孟获后，孔明找来他的副将，故意说孟获将此次叛乱的罪名都推到了他的头上。副将听了十分生气，大声喊冤，于是孔明将他也放了回去。副将回营后，心里一直愤愤不平。一天，他将孟获请入自己帐内，将孟获捆绑后送至了汉营。孔明用计二次擒获了孟获，孟获却还是不服，诸葛亮便又放了他。这次，汉营大将们都有些想不通。他们认为大家远涉而来，这么轻易地放走敌人简直是像开玩笑一样。孔明却自有道理：只有以德服人才能真的让人心服；以力服人将必有后患。孟获再次回到洞中，他的弟弟孟优给他献了个计谋。半夜时分，孟优带人来到汉营诈降，孔明一眼就识破了他，于是下令赏了大量的美酒给南蛮之兵，使孟优带来的人喝得酩酊大醉。这时孟获按计划前来劫营，却不料自投罗网，被再次擒获。这回孟获却仍是不甘心，孔明便第三次放虎归山。孟获回到大营，立即着手整顿军队，待机而发。一天，忽有探子来报：孔明正独自在阵前察看地形。孟获听后大喜，立即带了人赶去捉拿诸葛亮。不料这次他又中了诸葛亮的圈套，第四次成了瓮中之鳖。孔明知他这次肯定还是不会服气，再次放了他。孟获带兵回到营中。

他营中一员大将带来洞主杨峰,因跟随孟获亦数次被擒数次被放,心里十分感激诸葛亮。为了报恩,他与夫人一起将孟获灌醉后押到汉营。孟获五次被擒仍是不服,大呼是内贼陷害。孔明便第五次放了他,命他再来战。这次,孟获回去后不敢大意,蜀军大举南征,孔明用计挑拨离间,使高定杀了雍闿、朱褒,提着两人首级来降,永昌之危遂解。太守王伉迎孔明入城,守将吕伉献上"平蛮指掌图",孔明大喜,以吕凯为向导官,深入蛮境。正待出兵,忽报天子差使者前来犒军,乃为马谡。

孔明问马谡怎样才能平定南蛮造反。马谡说蛮人反复无常,必须令其心服才行。孔明觉得这话很有道理。

孔明大败南蛮的三洞元帅后,又布下伏兵,让王平、关索诱敌。二人假装战败,引南蛮王孟获入峡谷,再由张嶷、张翼两路追赶,王平、关索回马夹攻。孟获抵挡不住,被魏延生擒活捉。

孟获不服,要与孔明再战,若再被擒才服。孔明便放他回去。

孟获在泸水扎寨,请两洞元帅相助,他怕中孔明计谋,只守不战,要等天热后让蜀军自行退兵。

孔明令军士在树林中扎寨以避暑热,又令马岱领三千兵从沙河口渡河,绕到蛮兵后方,断蛮兵粮草,还招降了两洞元帅作为内应。

孟获坚守泸江天险,以为万无一失,每天饮酒取乐。蜀将马岱半夜渡泸水,夺了元帅董荼那的粮草,绝断了夹山粮道,孟获得报大怒,令武士重打董荼那一百大棍,免其一死。

董荼那心怀怨恨,趁孟获大醉,纠集手下将孟获绑了见孔明。孟获仍是不服,孔明让孟获看过蜀营的精兵粮草后,孟获仍是不服,便又将他释回。

孟获对弟弟孟优说,我们已知蜀军军情,你领百余精兵去向孔明献宝,借机杀了孔明。

孔明问马谡是否知道孟获的阴谋,马谡笑着将孟获的阴谋写于纸上。孔明看后大笑,命人在酒内下药,让孟优等蛮人吃喝。

当夜,孟获带三万兵冲入军中要捉孔明,进帐才知上当,孟优等蛮兵全部烂醉如泥。魏延、王平、赵云又分兵三路杀来,蛮兵大败,孟获一人逃往泸水。

孟获在泸水被马岱扮成蛮兵的士兵截获,押见孔明。孟获说这次是弟弟孟优饮酒误事,仍不服气。于是孔明第三次放了他。

孟获为了报仇,借了十万牌刀獠丁军,来战蜀兵。孟获穿犀皮甲,骑赤毛牛。牌丁兵赤身裸体,涂着鬼脸,披头散发,像野人般朝蜀营扑来。孔明却下令关闭寨门不战,等待时机。

等到蛮兵威势已减,孔明出奇兵夹击,孟获大败,逃到一棵树下,见孔明坐在车上,冲过去便要捉拿,不料却掉入陷坑里反被擒获。孟获仍然不服,孔明又一次放他回去。

孟获躲入秃龙洞求援,银冶洞洞主杨锋感激日前孔明不杀其族人之恩,在秃龙洞捉了孟获,送给孔明。孟获当然不服,要再与孔明于银坑洞决战,孔明又放了他。

孟获在银坑洞召集千余人,又叫妻弟去请能驱赶毒蛇猛兽的木鹿大王助战,正在安排要与蜀军决战之时,蜀军已到洞前。孟获大惊,妻子祝融氏便领兵出战。

祝融氏用飞刀伤了蜀将张嶷,活捉了去,又用绊马索绊倒马忠一起捉了去。第二天,孔明也用计捉了祝融氏,用她换回了张嶷、马忠二将。

孟获要木鹿大王出战。木鹿骑着白象,口念咒语,手里摇着铃铛,赶着一群毒蛇猛兽向蜀军走去。

孔明取出早已准备好的木制巨兽,口里喷火,鼻里冒烟,吓退了蛮兵的怪兽,占了孟获的银坑洞。

第二天,孔明正要分兵缉擒孟获忽得报,说孟获的妻弟将孟获带往孔明寨中投降,孔明知道是假降,一声令下全部拿下,并搜出每人身上的兵器。孟获不服,说假如能擒他七次,他才真服。孔明于是又放了他。

孟获又请来乌戈国的藤甲军,与孔明决战。孔明用油车火药烧死了无数蛮兵,孟获第七次被擒,才真心投降。

孔明见蛮地已平,班师回国。行至泸水,狂风暴雨大作,兵马不能过河。当地土人说是鬼怪冤魂作怪。孔明在泸水边祭祀亡灵,放声大哭。泸水才变得平静,大军方能渡河而回。大军回到成都,后主刘禅出城30里迎接。刘禅与孔明并车而行,设太平筵,重赏三军。从此每年有三百多个邻邦向蜀国进贡。

我们以一个小小的太极图表现得最为形象。在一个圆圈中有一条白色的阳鱼和一条黑色的阴鱼,阳鱼头抱阴鱼尾,阴鱼头抱阳鱼尾,互相纠结,浑融婉转,恰成一圆形,无始无终,无头无尾,无前无后,无高无下。最妙的是阴鱼当中有阳眼,阳鱼当中有阴眼,相互包容,相互蕴含,相互激发,相互转化而又相互促生。这正是阴阳的哲理。

13. 委婉办事,方法可寻

鬼谷子告诉人们,掌握了捭阖之术,无论是小事还是大事,你都能掌握好自己的心态,掌握好自己的方法,做到当方则方,当圆则圆,方圆结合,以圆求方。委婉办事,实际上也是捭阖之术的一种运用。

在日常交际中,总会有一些使人们不便、不忍或者语境不允许直说的东西。于是,“遁辞以隐意,谲譬以指事”,说话人故意说些与本意相关或相似的事物,来含蓄本来要直说的意思。这是语言中的一种“缓冲”方法。尽管这仅仅“只是一种治标剂”,但它能使本来也许是困难的交往变得顺利起来,让听者(或看者)在比较舒适的氛围中接受信息。因此,有人称“委婉”是公关语言中的“软化”艺术。

委婉法是动用迂回曲折的含蓄语言表达本意的方法。例如：

林肯一直以具有视觉效果的词句来说话。当他对每天送到他白宫办公桌上的那些冗长、复杂的官式报告感到厌倦时，他提出了反对的意见，但是他不是以那种平淡的词句来表示反对，而是以一种几乎不可能被人遗忘的图画式字句说出。“当我派一个人出去买马时，”他说，“我并不希望这个人告诉我这匹马的尾巴有多少根毛。我只希望知道它的特点何在。”这里，林肯运用了一种以甲喻乙，但又不明说乙的暗喻，婉转地表达自己的本意——不愿意批阅冗长复杂、毫无重点的报告，应该像买马人报告马的特点那样，抓住重点即可。林肯这种拐弯抹角的表达方式就是委婉法。

唐肃宗想请隐士李泌做自己的辅国大臣，但他知道李泌生性倔强，不会欣然从命，所以，就想出了一套委婉巧妙的方法。首先，唐肃宗特地命人去请李泌，但并不说是让他来为官，只是会面叙旧。李泌当然应召前来。唐肃宗见到李泌之后，却当即想任李泌为右丞相。李泌赶紧推辞道：“陛下屈尊来待我，视我为宾友，实际上比宰相显贵得多了。我可以在陛下身边多住些时日，有了想法，都当及时相告，何必定要授官呢？”唐肃宗一听这些话，表面上装出无可奈何的样子，心里却暗暗高兴：李泌接受下山会面的要求之后，又接受了答应参谋军国大事的要求，这样事情就好办多了。从此以后，唐肃宗对李泌待以客礼，出门并骑，晚上同床，事事请教，有劝必从。这期间，李泌还为肃宗起草了颁发各地的诏书，甚至连立谁为天下兵马元帅、处理肃宗的长子与次子之间的关系等重大事件上也提出了自己独到的意见，唐肃宗

一一欣然接受了。

当然,唐肃宗的最后要求是希望李泌正儿八经地穿上官服,名正言顺地成为他的臣下,从制度上保证这一大谋略家永远侍候在自己身边。因而他继续在"登门槛"。

不久,依李泌的意见,唐肃宗诏令长子广平王李叔为天下兵马元帅,统帅诸将东征安禄山。李叔受命,请求给他一个谋臣。唐肃宗清楚,这事关国家兴亡的大谋臣非李泌莫属,于是故意对李泌说:"先生白衣事朕,志节高尚,朕亦深深佩服。只是前几日朕与先生一同去检阅军队时,曾有军士窃窃私语说,黄衣为圣人,白衣为山人,怎么会混在一起?我需先生决谋定策,但也不能使军士滋生疑团,是不是请先生勉强穿上紫袍(五品以上官服为紫色),以免除大家的非议呢?"李泌心想,身着百姓衣服,夹杂在冠戴整齐的军人和朝官当中,也的确令人瞩目,不如披件朝服倒能省却众人注目,也就同意了唐肃宗的请求。唐肃宗急忙命人赐给最高级别的金紫色的官服。李泌穿了官服笑着再来见唐肃宗。不料唐肃宗紧接着又提出了更高的要求,笑着对李泌说:"既然已经穿上了官服,又岂能没有官位?"说着把一纸敕文递给了李泌。李泌一看,自己已被授职"军国元帅府行军长史",敕文上盖着镇国大印,要想抗旨拒绝,显然太不顾情面了。再说自己已心甘情愿地穿上了官服,又何妨再加个官名呢?

从此李泌便在朝为官,为平定"安史之乱"出谋划策,做出了巨大贡献。

第二章　反应篇

反应篇阐释了一种回环反复的思考方法。这种方法能使人更接近事物的客体，获得真知灼见。鬼谷子认为，在辩论或游说时，要“重之、袭之、反之、复之”，这样才能更准确地把握对方的真实意图，从而说服对方，使之听从自己。反应篇的关键是对比。这就是说运用反应的前提是要有相当的阅历和经验，如此我们就可以度权量能，通过对比从而立势制事。

【原文】

古之大化者①，乃与无形俱生。反以观往②，覆以验来③反以知古，覆以知今；反以知彼，覆以知己。动静④虚实⑤之理，不合来今⑥，反古而求之。事有反而得覆⑦者，圣人之意也，不可不察⑧。人言者，动也⑨；己默者，静也。因其言，听其辞⑩。言有不合⑪者，反而求之，其应⑫必出。言有象，事有比。其有象比⑬，以观其次。

【注释】

①古之大化者：化是指教化。大化者指教化众生的圣人。

②反以观往：反指返回之意。

③覆以验来：覆，意思是翻过去。

④动静：指移动与静止。

⑤虚实：真与假的意思。

⑥来今：将来与现在。

⑦反而得覆：调查过去，反复研究现在与将来的对策，以掌握其中的道理。

⑧圣人之意也，不可不察：察，认真观察研究，此句是说对圣人的见解不可不悉心思考。

⑨人言者，动也：别人发言就是动。

⑩辞：倾诉、主张。

⑪言有不合：所说的话不合理由。

⑫应：答应。

⑬象比：象，法象、仿效之意。比：比较。指按照形象进行比较。

【译文】

在古代能以“大道”来化育万物的圣人，其所作所为都能与自然的发展变化相吻合。反顾以追溯既往，再回首以察验未来；反顾以考察历史，再回首以了解当今；反顾以洞察对方，再回首以认识自我。动静、虚实的原则，如果在未来和今天都得不到应用，那就要到过去的历史中去考察前人的经验。有些事情是要反复探索才能把握的，这是圣人的见解，不可不认真研究。人家说话，是活动；自己缄默，是静止。要根据别人的言谈来听他的辞意。如果其言辞有矛盾之处，就反复诘难，其应对之辞就要出现。语言有可以模拟的形态，事物有可以类比的规范。既有“象”和“比”存在，就可以预见其下一步的言行。

【原文】

象者，象其事；比者，比其辞也。以无形求有声，其钓语①合事，得人实也。其张网②而取兽也，多张其会③而司之。道合其事，彼自出之，此钓人之网也。常持其网驱之，其言无比④，乃为之变⑤，以象动之，以报其心，见其情，随而牧之⑥。已反往，彼复来，言有象比，因而定基。重之袭之，反之复之，万事不失其辞，圣人所诱愚智⑦，事皆不疑。

【注释】

①钓语：好比是钓鱼投饵一样，在交谈时给对方以诱饵，以引出对方的话题。

②张网：是捕兔子等野兽的网。网是捕鱼等水产品的网。

③会：聚会的意思。

④其言无比：指言辞不能进行比较。

⑤乃为之变：意思是改变方法。

⑥牧之：进行调查加以阐明。

⑦愚智：愚者和智者。

【译文】

所谓“象”，就是模仿事物，所谓“比”，就是类比言辞。然后以无形的规律来探求有声的言辞。引诱对方说出的言辞，如果与事实相一致，就可以刺探到对方的实情。这就像张开网捕野兽一样，要多设一些网，汇集在一起来等待野兽落入。如果把捕野兽的这个办法也能应用到人事上,那么对方也会自己出来的,这是钓人的“网”。但是,如果经常拿着“网”去追逐对方,其言辞就不再有平常的规范,这时就要变换方法,用“法象”来使对手感动,进而考察对方的思想,使其暴露出实情,进而控制对手。自己返过去,使对手返回来,所说的话可以比较类推了,心里就有了底数。向对手一再袭击,反反复复,所有的事情都可以通过说话反映出来,圣人可以诱惑愚者和智者,这些不必再怀疑。

【原文】

古善反听者,乃变鬼神①以得其情。其变当也,而牧之审也。牧之不审,得情不明;得情不明,定基不审。变象比,必有反辞,以还听之。欲闻其声反默,欲张反敛②,欲高反下,欲取反与。欲开情③者,象而比之,以牧其辞④,同声相呼,实理同归。或因此,或因彼⑤,或以事上,或以牧下⑥。此听真伪、知同异,得其情诈⑦也。动作言默,与此出入,喜怒由此以见其式⑧。

【注释】

①鬼神:鬼,隐密不测。鬼神是指死者的灵魂和山川的神明。也指天地间一种精气的聚散变化。

②敛:收敛,制止。

③开情:敞开心灵的大门。

④象而比之,以牧其辞:象,模仿。比,类比。指用比喻的方法来驾驭言辞。

⑤或因此,或因彼:因,原因。此,这里。彼,那里。从种种事情发端。

⑥或以事上,或以牧下:或者侍奉君主,或者视察民情,加以领导。

⑦情诈:真情和虚伪。

⑧式:定式,形态。

【译文】

古人善于从反面听别人言论,这可以改变鬼神,而刺探到实情。他们随机应变,很得当,对对手的控制,也很周密。如果控制不周密,得到的情况就不明了;得到的情况不明了,心里底数就不实。要把形象和类比,灵活运用,就要会说反话,以便观察对方的反映。想要听别人讲话,自己就要沉默;想要敞开,就要先收敛;想要升高,就要先下降;想要获取,就要先给与。要想了解对方的内情,就要运用模仿和类比的方法,以便把握对方的言辞。同类的声音可以彼此呼应,合乎实际的道理会有共同的结果。或者由于这个原因,或者由于那个原因;或者用来侍奉君主,或者用来管理下属。这就要分辨真伪,了解异同,以分辨对手是真实情报还是诡诈骗术。活动、停止、言说、沉默都要通过这些表现出来,喜怒哀乐也都要借助这些模式,都在事先确定法则。

【原文】

皆以先定,为之法则。以反求覆,观其所托①。故用此者,己欲平静,以听其辞,察其事,论万物,别雄雌。虽非其事,见微知类②。若探人而居其内,量其能射其意③也。符应不失④,如螣蛇⑤之所指,若羿⑥之引矢。

【注释】

①观其所托:观,观察。托,寄托。指观察其所寄托之处。

②见微知类:从细微的事情上观察出种种事物的变化。

③射其意:此处指如弓之发矢,准确猜中对方意图。

④符应不失:如同合于符节一样来响应,没有失误。

⑤螣蛇:意指飞龙。

⑥羿:即后羿,传说中的神射手。

【译文】

用反向形式来得到对方的回应,以观察其寄托。所以用这种反向思维的方法,自己要平静,以便听取对方的言辞,考察事理,论说万物,辨别雄雌。虽然没有论及事情本身,但是可以根据细微的征兆,探索出同类的大事。就像刺探敌情就要深居敌境,估计敌人的能力,再摸清敌人的意图,像验合符契一样可靠,像飞龙一样神速,像后羿张弓射箭一样准确。

【原文】

故知之始己,自知而后知人①也。其相知也,若比目之鱼②。其伺言也,若声与之响;其见形也,若光之与影。其察言也,不失若磁石之取针,舌之取燔骨③。其与人也微,其见情也疾。如阴与阳,如阳与阴;如圆与方,如方与圆。未见形圆以道之,既见形方以事之。进退左右,以是司之。己不先定,牧人不正④,事用不巧,是谓"忘情失道";己审先定以牧人,策而无形容⑤,莫见其门,是谓"天神"。

【注释】

①知之始己,自知而后知人:想要知道他人,就必须先从了解自己开始;了解

自己以后才能知人。

②比目之鱼：一双眼睛生于身体一侧的鱼，经常是两鱼协同并游，这里比喻恩爱夫妻。

③燔骨：燃烧骨头上所带的肉。

④牧人不正：不能公正地驾驭他人。

⑤形容：形态、容貌。

【译文】

所以要想掌握情况，要先从自己开始，只有了解了自己，然后才能了解别人。了解别人，就像比目鱼一样形影相随；掌握对方的言论就像声响与回音一样相符；明了对方的情形，就像光和影子一样不走样；侦察对方的言辞，就像用磁石来吸引钢针，应用舌头来剥取焦骨上的肉一样万无一失。自己暴露给对方的微乎其微，而侦察对手的行动要十分迅速。就像由阴变阳、又像由阳转阴、像圆变方、又像方转圆一样自如。在情况还未明朗以前就用圆略来诱惑对手，在情况明朗以后就要用方略来战胜对方。无论是向前，还是向后，无论是向左，还是向右，都可用这个方法来对待。如果自己不事先确定策略，统帅别人也无法步调一致。做事没有技巧，叫做“忘情失道”，自己首先确定斗争策略，再以此来统领众人，策略要不暴露意图，让旁人看不到其门道所在，就可以称为“天神”。

纵横谋略

1. 孔明设伏擒张任

《鬼谷子·反应篇》中指出："己不先定，牧人不正，事用不巧，是谓忘情失道。"这句话的意思是说如果自己不事先确定策略，就不能正确管理别人，做事也就没有合适的技巧，这叫做"忘情失道"。因此，只有知己知彼结合起来才能达到反应术应用的最高境界——"天神"。运用"反应术"的高手要属三国时期的诸葛亮。

孔明闻听庞统被蜀将张任射杀十分震惊，便亲自统兵前往四川。孔明派张飞先行。张飞所到之处，蜀兵望风归顺。张飞到达雒城后，见到了刘备。刘备、张飞几次与雒城守将张任交锋，各有胜败，但雒城依旧在张任手中。

正在这时，孔明率人马来到雒城，询问了雒城的情况。降将吴懿说："守将张任，是蜀郡人，很有胆略，不可轻敌。"孔明决定先捉张任，然后攻取雒城。

孔明骑马到雒城东一座叫"金雁桥"的桥边绕河看了一遍。回到寨中，对黄忠、魏延说："离金雁桥南五六里，两岸都是芦苇丛，可以埋伏。魏延带领一千枪手伏在左面，单戮马上的敌兵；黄忠率一千刀手伏在右边，单砍敌兵的坐骑。杀散了敌军，张任必定从东面小路逃走。张飞率一千人马，埋伏在这条路边，擒捉张任。"接着，又令赵云埋伏在金雁桥北："等我诱引张任过桥后，你就把桥拆断，然后列兵在桥北，使张任不敢往北走，逼他向南撤退，进我们的埋伏圈。"孔明在调兵遣将完毕后亲自去诱敌。

孔明前来攻城，张任得知后，与卓膺分别率领前队和后队，出城退敌，而叫张

翼等人守城。孔明带着一支不整不齐的队伍，过金雁桥与张任对阵。孔明乘坐四轮车，头戴纶巾，手摇羽扇。两边有一百多骑兵簇拥着，远远地指着张任说："曹操仗着百万军队，听到我的名声，吓得望风而逃。你是什么人，敢不投降？"

张任见孔明军伍不齐整，在马上冷笑道："人说诸葛亮用兵如神，原来是有名无实。"说完，把枪一摆，率军一齐杀过来。孔明丢了四轮车，上马向桥后退走。张任从背后追赶过来，一直追过金雁桥。正在这时，只听一阵大喝，刘备从左边，严颜从右边，一齐冲杀过来。张任知道自己中计，急忙回军，却见金雁桥已被拆断。正想朝北退却，只见赵云率军隔岸摆开，于是不敢北去，直往南绕河逃走。

走了不到几里，到了芦苇丛杂的地方。魏延一军从芦苇丛中忽然出现，用长枪乱戳；黄忠一军伏在芦苇里，用长刀只剁马蹄。张任的骑军纷纷摔倒被俘。步兵见势不好，哪敢再来？张任只带着几十个骑兵往山路而退，正撞着等候在那里的张飞。张任正想夺路而逃，张飞大喊一声，众军齐上，把张任活捉了。部将卓膺见张任中计，也早就投降了赵云。张任被张飞押到刘备的帐中，孔明也在刘备身旁坐着。刘备对张任说："蜀中的各位将领，纷纷望风而降，你为什么不早点投降呢？"张任怒目而视，叫喊说："忠臣怎能事从两个主人呢？"刘备说："你不识时务啊！投降即可避免一死。"张任说："今日就是投降了，日后也会变节的。你快把我杀了吧！"张任在刘备表示不忍杀他后对刘备破口大骂。于是孔明为保全张任的名节令人斩杀他。刘备叹惋不已，为表彰他的忠诚，让人收敛张任的尸首，葬在金雁桥旁。在这场战争当中，诸葛亮先是摸透了张任的品性，抓住了他性格上的弱点，紧接着又利用地形特点，在知己知彼的情况下，巧妙设下计谋致胜。在诱敌出兵的过程中，诸葛亮用言辞刺激张任，又示以其不整齐的队伍，让张任放松警惕、轻敌实力，贸然出击。事实果如诸葛亮所料，张任跳进了诸葛亮所设之网,兵败被擒。

在历史战争中,强大的军事力量固然重要,但是通过外交、政治、战略、计谋使敌人不战自退,这是战争中的最好方法,这样既完成了战争的目的,又达到了战争的效果,而且不费一兵一卒,使敌人的战争企图完全落空,能以最小的损失和消耗获得最大的胜利。

2. 听话要听音,说话要有据

鬼谷子教导我们,要耐心倾听别人说话,在别人话里有话时,要搞清楚隐含的意思。同时要抓住机会提问,从对方的回答中了解真情。

有一则寓言说一只青蛙对所有的野兽宣称:"我是一个医生,医术高明、见多识广,什么病都能治好!"野兽听了都非常高兴。只有一只狐狸疑惑地问到:"你连自己的跛足和皱皮都没有办法,怎么还说能给别人治病呢?"青蛙听后不知如何辩解,只能在一边气的呱呱直叫。

空话、大话对一个聪明人来说是不起作用的。即使别人说得天花乱坠,我们也要保持理智,绝不轻信。有时,可以通过有效的诘难,了解事情的真相。轮到自己说话的时候,则尽量做到简洁有力,最好带有生动的形象。

一次,齐国靖郭君田婴准备在薛地筑城,谋士们都来劝阻。田婴对通报的下人说:"那些人来了不要通报。"有个人前来拜见,说:"在下就说三个字,多一个字,甘愿受烹煮之刑。"田婴很好奇,于是接见了他。那人进来说:"海大鱼!"说完掉头就走。田婴说:"你先留下把话说完!"那人说:"我可不敢拿性命当儿戏!"田婴说:"不碍事,先生请讲!"客人这才回答道:"你没听说过海里的大鱼吗?渔网钓钩对它无能为力,但一旦因为得意忘形离开了水域,那么蝼蚁也能随意摆布它。以此相比,齐国也就像殿下的'水',如果你永远拥有齐国,要了薛地有什么用呢?而你如果失去了齐国,即使将薛地的城墙筑得跟天一样高,又有什么用呢?"田婴称赞说:"对。"于是停止了筑城的事。

齐人为勾起田婴的好奇心，诱使他继续听下去，用富有诱惑力的惊人之语制造悬念，然后用“海大鱼”这样一个形象的比喻，表达了“龙游浅滩遭鱼戏”的意思，使田婴立刻认识到自己思虑不周的错误。

还有一个例子，战国时，魏文侯吞并了中山国，把它分封给自己的儿子。一天，魏文侯问群臣：“我是个怎样的君主？”众臣答道：“仁君。”唯独大臣任座表示异议，说：“您得了中山国后，不封给您的弟弟，而封给您的儿子，这哪里是仁君所为呢？”魏文侯听罢大怒，任座见状离座而去。魏文侯又问翟璜。翟璜答：“您是仁君。”魏文侯问：“你为什么这样认为？”翟璜说：“我听说先有仁君，而后才有耿直的大臣。任座是耿直的大臣，所以我认为您是仁君。”文侯听了又心喜又惭愧，赶快让人把任座请了回来，并将他奉为上宾。

在现实生活中人们的说话方式不同，有些人说话喜欢直截了当，而有些人说话就很委婉。虽然这都无所谓对错，但有时候，当直截了当地说不太方便或抹不开面子的时候，为起到很好的效果，就需要使用一些隐语。不过，使用这种方式，一定要确保对方能够听明白，否则就是空费心思。

北宋文学家范仲淹任杭州知府时，提拔了许多过去的手下，只要是有才能的都得到了重用。只有一个叫苏麟的，当时正好被派到外县巡察去了，所以没有得到什么照顾。等他回来以后，看到自己的一些朋友都升官了，他又不好意思直接向范仲淹求官，于是就写了一首诗，托人送给范仲淹。诗中写道：“近水楼台先得月，向阳花木易为春。”范仲淹一看，心中会意，又觉得苏麟确实是个人才，于是马上为苏麟写了一封推荐信。没多久，苏麟就升官了。

看一个人是善良还是邪恶，要看他的眼神；而要看一个人是智慧还是愚蠢，则要听他的言语。会说话对于个人而言是一笔财富，现今社会的各个方面都需要沟通,需要交流。出色的语言表达,可以使熟识的人之间产生深厚的情谊,一个会听话也会说话的人,在人生的博弈中将获得更多的机会。

3. 声情并茂引起共鸣

鬼谷子认为说话要声情并茂,要善于借助象形、比喻的修辞方法,引起对方内心的共鸣。这就是迅速俘获人心的基本原则,这样,才更容易了解对方的真心,以决定下一步的行动。

有一年,楚国进犯齐国,当时在位的是齐威王。他自知不是楚国的对手,只好拿出黄金100两,车马10辆作为礼物,派使者前往赵国求救。使者看着这些礼物,忽然大笑起来。齐威王很奇怪,就问他为什么笑。使者回答说:“今天一早,我看到一个农夫在路旁祷告。他面前摆着一小盅酒,祈求说,‘老天爷啊,请您保佑我好运,让我五谷满仓,金银满箱,长命百岁,儿孙满堂。’我见他的祭品微薄,却对老天爷提出这么多要求,不由得越想越好笑。”齐威王听了恍然大悟,他立即把送给赵王的礼物增加了十倍。赵王接到齐国使者送来的礼物后很高兴,马上派出精兵增援齐国。楚国得知赵国出兵的消息,就撤兵回国了。

齐威王太不理智了,他企图用微薄的礼物去换取赵国的救兵,这是不可能的。使者巧妙借一个农夫的吝啬行为加以暗示,首先引起了齐威王的共鸣,使他也直观地感觉到农夫的愚蠢,继而对比思索自己的行为,切实意识到自己的错误。使者没有直接指出齐威王的错误,他所使用的,无疑是一种高明的说服方法。

游说的一种极高境界就是言辞能引起对方内心的共鸣。而只有达到这种境界的人,才有可能完成不可能完成的任务,达到不战而屈人之兵的游说效果。

东汉顺帝时,外戚专权,政治黑暗,百姓生活艰难。广陵人张婴不堪忍受暴政,聚众起义,劫富济贫,纵横扬州、徐州一带几十年,朝廷屡剿无功,深感头疼。当时朝中有一名叫张纲的御史,此人廉洁刚正,得罪不少权贵。于是,掌权的外戚梁冀便上奏顺帝，任张纲为广陵太守，让他平息暴动，企图借刀杀人。张纲到了广陵，单车独行直入张婴大营。张婴十分惊讶，便出来相见。张婴冷冷地问道："太守大人屈尊来到贼营，不知有何见教？"张纲站起身来，施礼说："将军何出此言？下官办事不周，不恤民情，以至陷民于水火之中。俗话说，'官逼民反'，将军清廉自律，行侠仗义之举，实令下官敬佩不已。"张纲这番话出乎张婴的意料，他急忙站起来赔礼，激动地说："太守早来十年，我张婴何至于此？我是个草莽之人，不知礼仪，更无法结交朝廷，我也知道自己是釜底游鱼，苟延残喘而已，哪里活得长久？今天大人到此，就给我指点迷津吧！"就这样，张纲用安抚的办法，不动一兵一卒，经过与张婴反复协商，妥善处置，终于平息了广陵的暴乱。

张纲采取攻心之法说服张婴，而不是靠威压，也不是靠利诱。他首先承认自己的失职，将责任揽到自己身上，然后称赞张婴为民赴险，成功地打动了张婴，也攻破了张婴的心理防线。这正符合古人所说的"攻心为上"的原则，因而才能不费一兵一卒就平息暴乱。

"共鸣法"对于规谏失足之人也同样受用，因为人的心中都有善念，只是有些人的善念已经沉睡，需要用别人的善行去唤醒。对于那些看似冥顽不化的人，我们也要以诚相待，尽力去感化他们，来启发他们的良知。《孙子兵法》云："不战而屈人之兵，善之善者也。"能让失足之人主动去弃恶从善，那是最好的。

大文豪雨果的《悲惨世界》中，主人公冉·阿让半夜偷走了米礼爱主教家的一只银烛台，不料半途被警察抓到。在对质时，主教却说是自己赠送给他的。当冉·阿让跪着求主教原谅他的恶行的时候，主教却只要他宣誓将灵魂交付上帝，自此重新做人，并将另一只烛台也送给他。冉·阿让从此事中感受到爱的力量，从此弃恶从善，经过努力奋斗，终于成为了市长和工厂主。他捐助慈善事业，一心行善，甚至舍弃名利救人于危难。冉·阿让因主教的爱和宽容而改变了，从一个危害社会的罪犯，转变成了造福社会的君子！他的改变都是主教感化的结果。

为了让我们的生活多一些宽容和谅解，少一些纠纷和矛盾，就必须要有心与心的共鸣。对于不讲理的小人，我们不能光靠揭露、斥责这些外力来制服，要想真正挽救这些人，最好的办法是让他们自己内心受到震动，得到感化，使他们充分认识到自己的错误。这样，他们才能抛弃侥幸之心，从而改邪归正。

从前，有两个相邻的村子，两村的村民都靠种植西瓜为生。甲村的村民很勤劳，他们经常挑水浇瓜，所以西瓜长得又快又好。乙村的村民很懒惰，很少给西瓜浇水，所以他们的瓜长得不好。乙村的村民很嫉妒甲村的瓜长得好。于是，每天晚上，他们就轮流跑到甲村的瓜田里，扯掉一些西瓜藤。甲村村民发现后很气愤，他们也打算晚上去破坏乙村的瓜田。一位老瓜农劝阻说："你们要这么做的话，只会让两村结怨越来越深，我看不如帮帮他们，每天晚上，咱们就去帮他们浇水。"甲村的村民依照他的话去做了，乙村的瓜一天天好了起来。乙村村民发现真相后，不由得大受感动，他们赶紧去甲村道歉。从此，两村村民变得亲如一家。

俗话说：将心比心，凭凭良心。其实，心灵感化的力量比严酷的刑罚更为强大。如果多一个人懂得这个道理并付诸行动，人世间的纷争就会少一点，世界就会变得更美好一点。"将心比心"，是厚道者朴素的处世原则。在人与人缺少沟通时，这种将心比心有利于互相谅解；在法治水平不高的时代，它也会有化解争端的作用。只有善待别人，宽容他人的错误，给犯错者改过自新的机会，才能拥有和谐的人际关系，才会减少矛盾与斗争。

4. 赵高巧言成其谋

"巧言"就是表面上好听而实际上虚伪的话。《诗·小雅·雨无正》："哿矣能言，巧言如流，俾躬处休。"而在历史上，通过巧言施展谋略获得利益的事例也有不少。

秦始皇三十七年（前210年），统一中国后的秦始皇开始了他的第五次出巡活动，丞相李斯、中车府令赵高以及"百官"随行出巡。

李斯年轻时曾向荀子学习辅王治国之道，他在告别老师荀卿时说："我听说机会出现就要把握住，千万不可轻易放过，当今正是千军万马争天下的时候，只有出去游历各个国家，向君王们游说陈述自己的主张，才有可能实施学到的治国方法，现在秦王想吞并各国，统一天下，这正是像我这样的布衣老百姓纵横驰骋、大显身手、建功立业、成就功名的绝好时机，所以我准备西去，游说秦王，开始我的功业。"

李斯告别荀子后到了秦国，先是投到了当时的丞相吕不韦的门下做舍人，并深得吕不韦的赏识。后被任命为秦王的侍郎，从此开始了他的政治生涯。而赵高的身世则比较复杂，据说出身，"诸赵疏远属"，可以说是沾点赵贵族的边，有几分之一的贵族血统吧！他的父母都是秦国统一战争中灭赵时的俘虏，是秦国的罪人，他父亲受了宫刑惩罚，母亲则做了宫中的奴婢。赵高兄弟几人都是在秦宫中出生的"私生子"，生而为奴，世世卑贱，饱受轻视。后来由于赵高身强力壮，并且还懂得些"狱法"，秦始皇听说后提拔他做了中车府令，就是专门负责管理宫廷内乘舆车和印信、墨书的太监头子，还让自己的小儿子胡亥跟着赵高学习法律。到了秦始皇出巡的时候，赵高已开始负责执掌传达皇帝命令和调兵的凭证"符"和"玺"了，事情虽不多，但非常机要、关键。

秦始皇这次出游，一路游山玩水，自然是舟车劳顿，到了平原津病倒了。赵高奉命写遗书给当时在河套监军的秦始皇长子扶苏："与丧会咸阳而葬。"信写好，也盖好了封印，还没有送出，秦始皇就死在沙丘行宫。当时两个公子一个在外监军，一个随秦始皇出巡，为了政局的稳定，丞相李斯认为此时不便马上立太子，决定对外秘不发丧，照常行事，知道事情真相的只有五六人。

秦始皇赐给长子扶苏的玉玺和书信被赵高扣留，他去和胡亥商量对策，两人有了如下的对话："皇上已经驾崩了，生前没有封诸子为王，唯独在身前赐给了长子扶苏一封长信。扶苏接信后一到咸阳，就将被立为皇帝，而你可就一点地位也没有啦，你看该怎么办呢？"

胡亥回答说："这是理所当然的事，我听说明君知臣，明父知子，父皇既然已经死了。就该封长为王，我还能说什么呢！"赵高说："不能这么说，当今天下生死存亡的大权掌握在你、我和丞相李斯手中，希望你好好想一想，况且别人向你称臣与你向别人称臣，统治别人与被别人统治，是大不一样的，怎么可以同日而语哩!”

胡亥说:“自古以来,废除兄长而立弟为皇,就是不义的行为;不服从父亲的诏书而怕死,是不孝的表现;能差力弱,才疏学浅,勉强靠别人的力量做了皇帝,是无能的做法,三条都是违背道德的,这样做天下不服,只会落得自身倾危,社稷颠覆。”

赵高说:“臣听说以前汤、武各杀其主,天下却都称赞他们的行为是仁义之举,并不认为这是不忠的行为;卫君杀了他的父亲,卫国的人将它作为德行记载下来。就连圣人孔子也将此事写在书上,也不认为是不孝的行为。做大事要不拘泥于小节,积大德就不要在小事上谦让。乡曲间各有所宜,就是百官的标准与要求也不可用同一个功勋来衡量,因此顾小而忘大,将来一定是祸害;犹豫不决,以后必定要后悔的。只要你决断而果敢地干,就连鬼神也要躲避你,尔后就必定成功,希望公子你如愿以偿。”

胡亥长长地叹息道:“现在父皇棺木未葬,正在大行期间(还没有发丧),这个时候打扰丞相不太合适吧?”

赵高说:“现在时间太紧了,来不及详细谋划了!正如两军打仗,用马驮着粮食往前赶,还唯恐来不及,怎么能再犹豫不决哩!”

胡亥经此一番对话后接受了赵高的意见。赵高又说:“此事不跟丞相商量,恐怕大事难成,我去替你找李斯。”

赵高找到丞相李斯,对李斯说:“皇上驾崩之前,曾经赐给长子扶苏一封信,要他回咸阳参加丧礼,并立他为皇帝,书信还在我这里没有送出去。现在皇上死了的消息,外面还都不知道,给扶苏的书信和符玺,也在我们这里。确定谁立为太子,全凭您、我之口,你说到底应该怎么办呢?”

李斯听赵高这么说吓了一跳,“你怎么能说这种亡国的话呢?这可不是我们这些当臣子的应该议论的”。

赵高并不害怕,他对李斯说:“您自己估量一下,与扶苏身旁的大将蒙恬相比,你们俩的才能谁强?功劳谁大?谋划谁更深远、精确?谁更得天下老百姓的人心?与将要立为皇帝的长子扶苏的关系谁时间更长,更能得到信任?”

李斯说:“我这五个方面都不如蒙恬,但是你为什么要如此刻薄地责问我呢?”

赵高说："我赵高原本就是一个内宫的厮役，只不过懂得一些文墨，才得当了这么个管舆车与印信之类的中车府令，进宫二十多年了，我还从未见过秦国罢免丞相，功臣的赏封能够传及下一代的，他们的结局都是被诛死。皇帝有二十多个儿子，这你是一清二楚的，长子扶苏刚毅武勇，讲究信义而喜欢用旧人，他即位后必定要用蒙恬做丞相，你最终可能连一个列侯的印都留不住，到时被遣归乡里，还不是一目了然的事吗！我受先皇之诏教胡亥学法律，胡亥仁慈笃厚，轻财重士，秦国的其他公子都不如他，他可以做皇帝，你想个计策，争取把这件事定下来。"

李斯说："我李斯本是上蔡闾巷中的一个布衣。有幸被皇上看中，升我做了丞相，皇上本来就是要将国家存亡的安危重任交给我，我还有什么可以说的呢？是忠臣就不会怕死，虽然是孝子，但不勤劳的话也会有危险，请你不再说了。"

赵高却说："我听说圣人迁徙无常，像龙一样因时而变，是因为他们能够见末而知本，观察人所指就能知道其意图所在，事物是不断变化的，这是固然的，怎么可以有常法呢？现在天下的权力和命运，悬在胡亥手里。赵高我是肯定能够得志了。从外制中采用的是迷惑众人耳目的方法，而从下制上则用的是欺君窃国之计。所以秋霜降而草枯花落，春水动则万物复苏，这是世间运行的必然效果。您为何到现在还不明白这个道理呢？"

李斯说："我听说晋国因换立太子，三世不得安宁；齐桓公兄弟之间争夺帝位，他的兄弟公子纠被戮身死；殷纣王残亲害戚，不听谏言，他的国家后来也化为荒丘废墟。以上三人都是违逆天行，结果也都落得宗庙不保，祖宗不安的下场。我李斯也是个人，怎么能和你们合谋干这伤天害理的事！"

赵高说："上下同心合力，就可以长久，里外一致，也就分不出表里了，您若听了我的计策，保您可以长久封侯，世世为官，一定会像古代仙人王子乔、赤松子那样高寿；有圣人孔子、墨子那样的智慧。如果今天放弃了这个机会，不仅你自己自身难保，恐怕还会危及你的子孙，这还不够让您感到寒心吗！善于变化的人能够转祸为福，您将选择哪一条路呢？"

李斯听到这里，无话可说，仰天长叹。流着眼泪说："我既然不能以身殉死，还能把我的生命寄托到哪里去哩！"

赵高的计策最后得到了李斯的认同，他与赵高、胡亥密谋，决定一面由李斯出面,假传命令,宣布立胡亥为太子;一面伪造秦始皇给扶苏的信,严诩谴责,赐剑自裁,令他自杀。最后胡亥在咸阳继位,成为“二世皇帝”。

在这场继位纠葛中,胡亥出于良心和孝心,不愿意做抢兄皇位的不孝不义之徒,同时又恐自己能力不足,难以兴大业,这时赵高便用“象比”的游说术,列举了一些弑主继位,反受称颂的例子,使胡亥终于下定了决心。赵高在说服李斯时,李斯对赵高之举表示强烈反对,赵高同样运用了“象比”的游说术,从正反两面引诱和压迫李斯,李斯也被说服,最终胡亥继位便成了事实。可见,巧言施计,省去一切军事战争的威胁和斗争,最终不同一兵一卒便能说服对方与之合作,这就是巧言的妙用。

5. 蜘蛛捕虫 张网以待

鬼谷子对如何在说话中“钓”到自己需要的东西有一段精彩论述:“钓语”就是要用巧妙无形的方法引诱对方说话,若合乎人情事理,就能轻易地从其话语中窥测内心的实情。以张网逮兽为例:若多张置一些网,并加以密切关注,就能多捕获一些野兽。

第二次世界大战期间,法国反间谍机关收审了一位流浪汉,他自称来自比利时北部农村,而法国反间谍军官吉姆斯虽然还缺少有力的证据来证明,但是依然认定他是德国纳粹间谍。审讯开始了,吉姆斯用法语提问:“会数数吗?”对于这个简单的问题,流浪汉用法语流利地回答,一丝儿破绽也没有露出,甚至在说德语的人员容易说漏嘴的地方，他也能说得极其熟练。于是，他被押回小屋去了。过了一会儿，有人在屋外燃起火来，哨兵用德语大声喊：“着火啦！”流浪汉照样睡他的觉，对外面发生的一切无动于衷。后来，吉姆斯又找来一位农民，和流浪汉谈论种庄稼的事，他谈的居然也不外行。看来吉姆斯凭外观判断的第一印象是不能成立的。第二天，吉姆斯正在审阅一份文件，这时流浪汉被押进审讯室，吉姆斯在文件上面签完字，抬起头来突然对流浪汉说：“好啦，你可以走了，你自由了。”流浪汉长长地松了一口气，愉快地呼吸着自由的空气。然而，他刚想转身，忽然发现吉姆斯的脸上露出了胜利者的微笑，顿时恍然大悟，自己德国纳粹间谍的真实身份已经暴露。原来，吉姆斯在说上面那句话时用的是德语，而他表示听懂了，这样就露出了破绽。

吉姆斯之前使用的一系列方法，表面上看都是失败的，其实不然。这些就像张开了一张大网，为最后的收网做好了准备。德国间谍百密一疏，最终还是露出了狐狸尾巴。

兰天贸易公司拖欠曙光机床厂一笔货款，众多讨债人员轮番进攻也没有讨回债来。没办法，后来厂长亲自点将，派本厂讨债大王胡莎莎出马。

近年来，债务纠纷增多，厂里张榜公开招讨债人员组建讨债队伍，胡莎莎勇敢就聘，在讨债活动中大显身手，名声大振。这胡莎莎原本只是车间的一名车工，长得美若天仙，高挑身材，人称曙光机床厂的“厂花”。接受任务后，胡莎莎来到了兰天贸易公司，直奔总经理赵大林的办公室。忙碌的赵大林见一个美女飘然走进他的办公室，两眼一亮，不由得挺了挺身。胡莎莎来到赵大林的面前，赵大林感到一股香气扑面而来。“您就是赵总经理吧，我是曙光机床厂的胡莎莎，你们兰天公司欠我们厂一笔货款，我今天来就是看看什么时候能还款。”说完胡莎莎坐下，拿出一支摩尔烟点着。赵大林说：“不是和你们厂的同志讲过了吗，我们现在有困难，等我们有了钱，一定会尽快还你们厂的款。”胡莎莎优雅地吐一口烟圈，问赵大林：“他们都说我是用色讨债，你看我是那样吗？”“不，不是！”赵大林赶快否认。“你不用否认，我是靠这张脸来讨债的。知道这是为什么吗？为了从车间里调出来，为了不干那又脏又累的活，我干了 8 年钳工，眼看着有门路的一个个调走，我心里能不急吗，正巧厂里组建讨债队，我只有这一条路。”“这个工作也不错么。”赵大林说。“这根本不是女人干的工作，你要不来钱,他们说你没能耐,你要来钱,他们又说你是靠出卖色相讨债,碰上要占你便宜的人你只能忍,真难呐。”胡莎莎说着落下泪来。赵大林见胡莎莎真的伤心了,动了怜香惜玉的念头,他头脑一热,张口说道:“你别难过,我们公司现在也很困难,全部还清你们厂的货款不可能,不过我们可以先还30万元,我这就叫人来给你办手续。”送走胡莎莎,赵大林感到他做了一件好事,但自己的公司又要过一段紧日子了。

胡莎莎运用的这种讨债方式,其中的度很难掌握,切忌过火。她充分运用女性的优势,开门见山,道出自己的难处,博得同情,又使你无法再有非分的想法。这张“网”张好以后,赵经理自然而然的就被网住了。

需要说明的是,后人一度对鬼谷子用“钓人之网”这样的字眼产生怀疑,以为这位“智圣”在鼓励行奸使诈的行为,其实这是一种误解。我们可以把所谓的“钓人之网”理解为一种交际之法,并从中借鉴为己所用。

6. 反弹琵琶 逆道而行

鬼谷子曾说:“欲闻其声反默,欲张反敛,欲高反下,欲取反与”。这样反其道而行往往能够收到良好的效果。所谓“反弹琵琶,逆道而行”是利用一种非常规的思维,指导自己的言谈和行动,在做事情时,走一走与目标相反的道路,这和鬼谷子的话有相通的道理。

这一方法在《三国演义》诸葛亮智激孙权的故事中得到充分体现。三国时,曹操吞并荆州,打败刘备,然后企图一举吞并江东。诸葛亮为推行联吴抗曹的战略,来到东吴面见孙权。舌战群儒一番之后,由鲁肃带着他去见孙权。鲁肃叮嘱他,千万不能和孙权说曹操兵多势大,诸葛亮微笑着答应了。不料见了孙权,诸葛亮即大谈曹军的兵力之雄,他说:“曹军骑兵、步兵、水军,合起来不下百万之多!”孙权大吃一惊,忙问:“这里有诈吧?”鲁肃在旁边一个劲给诸葛亮使眼色,诸葛亮装作没看见,又具体分析了一番,得出的结果是曹兵超过了百万,最后他说："我只讲百万，是怕吓到江东人士呀！"孙权又问："那么我是战还是不战，请先生帮我决断吧！"诸葛亮说："您应根据自己的力量来决断，如果自认为能与曹操抗衡，那就该及早和他断绝往来；如果自认为敌不过，不如听从众谋士的意见，投降曹操。"孙权有点生气地反问："照您这么说，刘皇叔为什么不投降呢？"诸葛亮等的就是这句话，他说："田横，齐国的一个壮士而已，尚且能守节不辱，何况刘皇叔是皇室后代，盖世英才，怎么能甘心投降呢！"诸葛亮这句话显然小看了孙权，孙权立刻脸色大变，怒道："刘皇叔败军尚不投降，我堂堂东吴怎肯受人控制呢！"至此，心有不服的孙权被诸葛亮的反话"激"了起来，他下定决心抵抗。不久，就正式形成了孙、刘联盟共同抗曹的局面。

孙权是个有为之主，诸葛亮深知这一点，所以故意把曹操说得十分强大，然后一步步激起孙权的斗志，最终达到了联吴抗曹的目的。

"反弹琵琶，逆道而行"的谋略，在现代商业竞争中更是屡见不鲜。

甲市某橡胶厂进口了一整套现代化胶鞋生产设备，由于技术力量跟不上，搁置三年仍无法使用。后来，新任厂长决定转卖给乙市的一家橡胶厂。

正式谈判前，甲方了解到乙方两个重要情况：一是该厂经济实力雄厚，但基本上都投入了再生产，要马上挪用200万元添置设备，困难很大；二是该厂厂长年轻气盛，几乎在任何情况下都不甘示弱，甚至经常以拿破仑自喻。对乙方的内情有所了解后，甲方厂长决定亲自与乙方厂长谈判。

甲方厂长："昨天在贵厂转了一整天，详细了解了贵厂的生产情况。你们的管理水平确实令人信服。你年轻有为，能力非凡，真使我钦佩。可以断言，贵厂在您这位精明厂长的领导下，不久一定可以成为我国橡胶行业的一颗明星！"

乙方厂长："哪里哪里，老兄过奖了！我年轻无知，恳切希望得到老兄的指教!"

甲方厂长:"我向来不会奉承人,实事求是嘛。贵厂今天办得好,我就说好;明天办得不好,就会说不好。"

乙方厂长:"老兄对我厂的设备印象如何?不是说打算把你们进口的那套现代化胶鞋生产设备卖给我们吗?"

甲方厂长:"贵厂现有生产设备,在国内看,是可以的,至少三五年不会有什么大的问题。关于转卖设备之事,昨天透露过这个想法,在贵厂转了一天后,想法有所改变了。"

乙方厂长:"有何高见?"

甲方厂长:"高见谈不上。只是有两个疑问:第一,我怀疑贵厂是否真有经济实力购买这样的设备;第二,我怀疑贵厂是否有或者说能否招聘到管理操作这套设备的技术力量。所以,我并不像原先考虑的那样,确信将设备转卖给贵厂,能使贵厂三年之内青云直上。"甲方厂长的话让乙方厂长觉得受到了轻视,十分不悦。于是,他为表明本厂有能力购进并操作管理这套价值 200 万元的设备,不无炫耀地向甲方厂长介绍了本厂的经济实力和技术力量。经过一番周旋,甲方成功地将"休养"了三年的设备转卖给了乙方。

还有一则故事是说,一个富商约瑟夫 1835 年投资了一家保火灾险的保险公司,这种投资并不需要马上出钱,需要的是投资者的承诺。然而不久,纽约发生了一场大火灾。不少投资者慌了,觉得这种投资亏大了,纷纷愿意以低价转让自己的股份。这时候,约瑟夫却反其道而行之,把其他股东的股份统统买下。为此他把自己经营的旅馆卖了,算是一场大赌。随后,约瑟夫派代理人去纽约,如数赔偿了客户,因此而信誉大增。虽然约瑟夫把保险金额提高了一倍,但还是有很多新的客户投保,因此出现了这样的"怪事":这次火灾让约瑟夫净赚了 15 万美元,因为他从纽约带回来的钱比他带去赔付的钱还要多。这个故事告诉我们,逆道而行,往往可以把危机转化为良机。

在现代社会中,企业为博取消费者的信任总是习惯于把自己的产品夸耀得完美无缺。可是,有一些企业却"自曝家丑",逆道而行,最后获得了超乎想象的成功。

一天,日本各大报刊同时刊出了明治糕点股份公司的"致歉声明",大意是这样:因操作疏忽,本公司最近生产的一批巧克力豆中,碳酸钙的含量超过规定标准,请购买者向销售点退货,公司将统一收回处理,特表歉意。据这家公司事后统计,为区区这点小事来公司或向公司各销售点退货的顾客并不多,但明治公司却因此而声誉鹊起,顾客更愿意购买它的产品了。其实许多人都知道,碳酸钙多一点对人体并没有多大影响,所以顾客都不愿为此劳神。明治公司对这件事如此认真,兴师动众,无非是在表白企业对待产品的求实态度,并借此提高产品的可信度。

发生在日本的美津浓体育用品公司的身上的事与此相类似。在该公司生产的运动衣口袋里,无一例外都有一张这样的说明书:"这件运动衣在日本是用最优秀的染料、最优秀的技术染色,但是我们仍觉得遗憾的是,茶色的染色还没达到完全不褪色的程度,还是会稍微褪色的。"在日本,"美津浓"一度成为体育用品的代名词,可想而知该公司是享有怎样的盛名了。

上述两家日本公司在铺天盖地的产品广告都在大肆宣扬产品优点的时候,他们却自曝缺点,反而赢得了顾客对产品的信赖,使企业的产品市场不断扩大,大幅度地提高了经济效益。

记得有一则令人印象深刻的广告词是这样的:左、左,向左,当世界都向右的时候,向左……为什么世界都向右的时候,我却偏偏要向左呢?这看起来是多么荒唐、多么不合情理的做法。而实际上,这种"反弹琵琶,逆道而行"的思想,富含辩证法的精神,就像事物矛盾的双方在一定条件下相互转化的道理一样,这样做在现实中往往取得出奇制胜的效果。

7. 欲擒故纵,纵擒并用

欲擒故纵是兵法三十六计中的重要计谋,这种智慧在鬼谷子的谋略中也有精彩的表述。"欲闻其声,反默;欲张,反敛;欲高,反下;欲取,反与。欲开情者,象而比之,以牧其辞。"也就是说,想要倾听对方讲话,自己反而要先保持沉默;

想要对方敞开心扉,自己反而要先闭声收敛;想要升高,自己反而得先下降;想要从对方获取好处,自己反而先得付出利益。

就纵擒而言,“纵”只是手段,“擒”才是目的。面对对方难以攻破的心理,不妨采用欲擒故纵、纵擒并用的手法,往往能取得绝妙的效果。

美国著名的成人教育家卡耐基在纽约举办训练班时,用的是一家大饭店的礼堂。训练班办到一半,他突然接到要求他付出比原来多三倍的租金的通知。原来是饭店经理为了赚更多的钱,打算把场地出租给另外的人举办晚会。

卡耐基找到了饭店经理,对他说:“假如我处在你的位置,或许也会写出同样的通知。因为你是这家饭店的经理,你的责任是让饭店尽可能多地盈利……大礼堂不出租给讲课的,而出租给办晚会的,你的确是获大利了,因为举行这类活动的时间不长,他们能一次付出很高的租金,比我给的租金当然多得多。租给我,显然你吃亏了。”

卡耐基松弛了对方的戒备情绪,缓和了气氛之后,继续说:“但是,你要增加我的租金,结果将会是降低收入。因为,实际上等于是你把我赶跑了。由于我付不起你所要的租金,我势必再找别的地方举办训练班。要知道,这个训练班吸引了成千的有文化的、受过教育的中上层管理人员,这些人要到你的饭店来听课,实际上起了免费为饭店做活广告的作用。可以这么说,你即使花 5000 元在报纸上登广告,也不能邀请到这么多人亲自到你的饭店来参观,可我的训练班给你邀请来了,这难道不合算吗?”

饭店经理在卡耐基的说服下放弃了增加租金的要求,并让训练班继续办下去。

卡耐基辩说的成功,就在于采用了欲擒故纵术。先纵,给予认同,以取得彼此心理相容,使对方放松戒备。“但是”一转,直陈利害,比较得失,使其放弃了原来“增加租金的要求”。

“欲擒故纵法”既需要智慧和耐心,更需要善于把握战机——当纵则纵,当擒则擒,这也是机智和敏锐的表现。最能说明这方面问题的例子,是发生在英国关于惠斯勒名画的法庭辩论。

美国画家惠斯勒的一幅题为“黑色和金色夜曲”的画在英国伦敦展销。这幅画画的是流星在夜空中爆炸的情景,定价 200 美元。这幅画同惠斯勒的其他作品一样，落墨简洁，风格独特，不落俗套。

但是在一般人看来，这似乎是“毫不费力”画成的，因此在标价上，遭到了许多人的非议。评论家约翰·拉斯金攻击说：“……根本不应该准许近乎有意欺诈、缺乏修养而夜郎自大的艺术家之作品入选。以前我看见过，也听说过许多伦敦人的厚颜无耻，却从来没有想到会听说一个花花公子向观众脸上扔了一罐颜色而讨价200美元。”这位评论家毫不客气地点出了惠斯勒的名字。

惠斯勒十分愤慨。一怒之下，他向法庭起诉，控告拉斯金犯了诽谤罪。

在法庭中，检察长、被告的辩护人都瞧不起惠斯勒的画，他们百般替拉斯金辩护，这给惠斯勒带来了麻烦。惠斯勒心中明白，自己能否胜诉同检察长的关系极大。不能硬顶，只能智斗，以理服人，使检察长改变态度。

检察长挑衅地问惠斯勒：“你完成那幅‘夜曲’要多长时间，能告诉我吗？”

惠斯勒完全可以用“与本案无关”为由拒绝回答检察长的提问，但他仍心平气和地说：“检察长先生，请再讲一遍。”听了惠斯勒平淡的回答，检察长立刻意识到自己提问的唐突，因此他有点不好意思地说：“我怕我是用了一个也许更适用于我自己职业的术语……”惠斯勒看出了检察长的窘态，索性给他一个台阶下：

“我记得，大约一天，要是第二天画没有干，就再补几笔。因此我该说，是工作了大约两天。”

检察长终于按捺不住了，说：“两天的工作，要索价200美元吗？”他这种观点赤裸裸地表白了自己的无知可笑。

惠斯勒早料到检察长会像其他庸人一样，提出这样愚蠢的问题。他提高了声音，一字一句斩钉截铁地说：

“不，我要的是终生学识价。”

检察长顿时语塞，这才明白惠斯勒的真正意图，他从心里钦佩惠斯勒的机智和正直。

最后法官判拉斯金向惠斯勒致歉。惠斯勒打赢了官司，取得了道义上的胜利。

“终生学识价。”回答得多好！

终生学识价，该有多少呢？1923年，美国福特公司的一台大型电梯发生故障，请侨居美国的德国专家施坦敏茨解疑。施坦敏茨在大型电梯旁走走、看看、敲敲、算算，整整两天过去了。最后施坦敏茨在电梯上画了一条线，减了16圈，故障排除了。他在付款单上写道："用粉笔画了一条线，一美元；知道在哪里画线，9999美元。"

惠斯勒机智的"纵"体现在让检察长提"与本案无关"的问题，并且给他台阶下，还有就是回答了这个检察长不该提问的问题。

"不，我要的是终生学识价。"两天的劳动成果是终生学识的运用，是终生常识的结晶。而终生学识价，200美元哪会多？道理明确，理由充分，逼得对方没有退路，无言以对。这是惠斯勒把握时机，及时出击的"擒"。

欲擒故纵，终于胜辩。"终生学识价"也终在中外法庭论辩史上留下了脍炙人口的名篇。

运筹于帷幄之中，决胜于千里之外，胸有成竹方能欲擒故纵。如果纵之难擒，则不免后悔莫及。古人有"穷寇莫追"的说法。实际上，不是不追，而是看怎样去追。把敌人逼急了，它只得集中全力，拼命反扑。不如暂时放松一步，使敌人丧失警惕，斗志松懈，然后再伺机而动，歼灭敌人。

8. 注重细节，去除急躁

鬼谷子告诉我们，言说谋略都要提前设计细节。我们不应该把急中生智作为一种追求，即使它是一种难得的智慧。为了最大限度地提升进言成功的可能性，我们应努力做到的，是控制谈话中的细节。

优孟是春秋时深得楚庄王宠爱的一名戏子。楚国贤相孙叔敖死后不久，优孟在郊外遇见孙叔敖的儿子，发现他竟沦落到砍柴为生的地步。优孟决心帮他渡过难关。经过一番思考之后，他特制了一套孙叔敖生前常穿的官服，细心模仿孙叔敖的一举一动。一天，楚庄王在宫中大宴群臣，优孟穿着孙叔敖的官服走了过来。楚庄王远远一望，误以为孙叔敖复活，惊讶不已。及至近前，才看出是优孟所扮。楚庄王想起孙叔敖，感慨地对优孟说："你若有孙叔敖的才干，我愿意拜你为相。"优孟不以为然地说："那又有什么好处，死后连后代的生计都保障不了！"接着，他把孙叔敖儿子的状况如实告诉了楚庄王。楚庄王听后，幡然醒悟，下令召孙叔敖的儿子入朝，加官晋爵。从此，孙叔敖的儿子过上了富裕的生活。

优孟为吸引楚庄王的注意，做了大量准备模仿孙叔敖的言行举止，并对楚庄王进行旁敲侧击，使楚庄王明白了"人走茶凉"这一做法的危害性。倘若优孟不是采用上述的方式，而是凭着一股义气，向楚庄王慷慨陈词，直接劝谏，恐怕很难收到帮助孙叔敖的儿子改善了生活条件这样的效果。可见，要达到说服别人的目的，首先要做到鬼谷子所说的"己欲平静"，万万不可产生急躁的心理。尤其在危机重重的时候，当事人更要平心静气，关注细节。

春秋时期，有一年鲁国遭到严重灾荒，齐孝公乘人之危，亲率大军讨伐鲁国。鲁僖公得知消息，非常害怕。这时，手下有一谋臣建议说：为今之计，应该马上派人带上礼物去问候齐孝公。这样做一是表示友好，二是显示鲁国也有所准备，让他们有所顾忌。鲁僖公觉得有理，便派大夫展喜带着牛羊、酒食去犒劳齐军。展喜日夜兼程，在齐鲁边界上堵住了齐孝公。展喜对齐孝公说："我们君王听说大王亲自到我国来，特地派我前来慰劳贵军。""你们鲁国人害怕了吧？"齐孝公傲慢地说。展喜不卑不亢地回答："那些没有见识的人可能害怕，但我们鲁国的君臣却一点也不害怕。"齐孝公听了，轻蔑地说："你们鲁国国库空虚，老百姓家中缺粮，地里没有庄稼，连青草也看不到，你们凭什么和我们齐军交战？又怎么会不害怕？"展喜胸有成竹，不慌不忙地说："我们的军队的确没有齐军强大，但我们并不害怕，因为我们依仗的是周成王的遗命。当初，鲁国的祖先周公和齐国的祖先姜太公，同心协力地辅助成王，废寝忘食地治理国事，终于使天下大治。成王对他俩十分感激，让他俩立下盟誓，告诫后代的子子孙孙，要世代友好，不要互相侵害，这都是有案可查的。我们的祖先是那样友好，大王您又怎么会冒然废弃祖先盟约，进攻我们鲁国呢？我们正是依仗着这一点，才不害怕。"齐孝公听了，觉得展喜的话很有道理，而且展喜态度从容，齐孝公觉得鲁国已经做好了迎战的准备，于是就打消了伐鲁的念头，班师回国了。

能言善辩的展喜临危受命，凭借三寸不烂之舌智退齐军。他之所以能够态度从容，胸有成竹，就是因为他有所准备，坚信凭借自己的满腹才华一定可以应付得了。

人生有一大敌那就是急躁。急躁之人急于求成，说话、做事前没有制定周密的计划，结果往往欲速而不达；急躁之人往往容易灰心，当事情遭到挫折时，他们往往不能冷静地分析原因，而是带着更加急躁的情绪，不冷静地进行下一步的活动；急躁之人容易树敌，因为他在处理与他人的矛盾时，有时会没有理智，爱发脾气。若人如此行事，往往不会得到令人满意的结果，时间长了，他对自己的信心就会丧失。

能立即控制情绪，迅速对所发生的事情进行分析并采取正确的对策，这是一

个人有涵养的表现。具备了这种素质的人，方能做出大的事业来。刘备能成功地做到三分天下居其一的原因就是他平日有涵养。刘备寄身曹营的时候，曹操邀他青梅煮酒并趁机试探说："天下英雄，惟使君与操耳！"这时刘备趁着天空一声炸雷的机会，假装把筷子掉在了地上，并说是听到天上的响雷吓的，因为他已经意识到曹操是在试探他。刘备故意借此向曹操示弱，以显示自己没有争雄天下的宏大志愿。如此一来，曹操大为放心，刘备也度过了他寄身曹营那段最艰难的岁月，为日后的发展积攒了实力。

对细节的重视程度最深的要属古往今来的杰出人士，尤其是领袖人物，他们无不具有高深的个人涵养。二战英雄、英国首相丘吉尔是闻名于世的政治家、外交家，他在应付大场面时的谈吐、风度令人倾倒。可谁又知道，丘吉尔每次接待外宾，都要提前几天就开始准备材料，为了设计每一句话，甚至睡觉时都在琢磨。我们往往只了解他风光、潇洒的一面，却很难想象他为此所付出的艰辛努力。

只有加强内在涵养，才能做到从容不迫，因为这种内在的东西决定了人在遇到事情时的行为。这种涵养往往不是生来就有的，它来自人们日常的修为。人若是平日不严格要求自己，遇事急躁，鲁莽冲动，没有思想准备，当震雷炸响时就会恐惧不已，不知所措，以致招来祸患；但若是平日里谦虚谨慎，不骄不躁，修己省过，当震雷炸响时反倒能镇定自若、谈笑风生了。

9. 巧用欲取先与之策

巧用欲取，先与之策是《鬼谷子·反应篇》中的重要谋略之一。在这里，我们以"欲取，先与"为例说明。欲取先与可以有多种不同的运用。战国时的张仪破坏了齐楚之盟，又获得了楚国的城邑，他就是抓住了楚怀王的贪婪之心，虚与实取。

张仪和苏秦同以三寸不烂之舌著称，他在外交上的成功是我们所熟知的。

话说秦国在威服东邻魏、韩之后，便进一步走出国门之外，大踏步东进。当时，齐、楚两国是除秦国以外的大国，两国为了防患于秦国的吞并，缔结了共同抗秦的盟约。显而易见，秦国要想收服这两个国家，拆散这个同盟是当务之急。

秦惠王听从张仪免掉自己相国一职的建议，将张仪免相。于是，张仪于周赧王二年（前313年）又假装委屈地跑到了楚国。

当时楚国的衰弱表现在，它虽然地广兵多，但大而无实，尤其政治上极其腐败，守旧势力盘根错节，张仪早已认识到了这一点。他一来到楚国，使用重财厚礼收买靳尚，使他感恩于己。靳尚受人之物，自然乐意效劳，极尽溢美之词向楚怀王推荐了张仪。楚怀王听说张仪声名赫赫，颇有韬略，特地把他安置在高级馆舍，并谦恭地问："先生辱临敝国，将有何见教？"张仪先对楚怀王的感情深表谢意，继而对怀王的虚怀若谷恭维了一番，然后不胜惋惜地说："秦王派我前来，意在和贵国修好。很可惜，我来迟了。"楚怀王对秦国本来就望而生畏，万没想到秦王会主动派使者前来修好，不胜惊讶，忙问："怎么来迟了呢？"张仪长叹一声道："大王不是已经和齐王结成同盟了吗？"楚王一怔，沉吟半晌，说："楚国之所以和齐国结成同盟，无非是为了防范被人攻打而已。难道你不认为存在这种危险吗？"张仪软中带硬地说："这种危险当然存在，而且由于楚国和齐国缔约结盟，这种危险就更大了。很明显，齐楚联盟是用来对付秦国的。秦王本想与天下诸侯交好，可一旦有人故意要与秦王为敌，秦王恐怕不会等闲视之。"

张仪见楚怀王面露疑虑之色，继续说道："齐王一向野心勃勃，欲与秦王争高下，他与大王联盟，无非是想利用大王而已。试想，如果秦、楚两国一旦交战，齐国会不惜损兵折将前来救援吗？肯定不会。齐王巴不得秦、楚两败俱伤，他好坐收渔利，以图霸业。请大王想想，到那时候楚国的处境会怎样呢？"楚怀王一时拿不定主意，试探着问："依先生之见呢？"

张仪说："其实，秦王和我最喜爱的是楚王而最恨的是齐王。大王如果能闭关绝齐，废除盟约，我愿请秦王将商於之地六百里献给楚国，并使秦女做大王箕帚之妾。秦、楚娶妇嫁女，结为兄弟之国。这样，楚国北弱齐国，西交强秦，可谓一举而三利俱全。"昏庸贪婪的楚怀王一听此言，顿时眉开眼笑，深恐夜长梦多，当即拍案而定："好，就照你的意见办！"

楚国的庸碌之臣纷纷上前恭贺楚王，唯有谋臣陈轸满面愁容，忧心忡忡。他竭力规劝楚怀王道："由于楚国有齐国结为外援，秦国才看重楚国。倘若闭关绝齐,楚必孤立。秦岂能爱楚国,而予之商於之地。一旦张仪骗楚,大王必再次结怨于秦国。此则一举而树东西两敌,后果将不堪设想。依臣之见,不如跟齐国假意断交而暗地合作,同时立即派人跟张仪去秦国。如果秦国真的把商於之地交给我们,那时候再与齐国彻底断交也不迟;一旦是个骗局,我们也有备无患。"

利令智昏的楚怀王早就听得不耐烦了,断然道:"请你不要再说了,你就等着我得到商於一带的六百里土地吧。"陈轸无奈,只好默默长叹。

楚怀王害怕失去这样一个千载难逢的好机会,也怕张仪产生疑虑,于是他给了张仪丰厚的馈赠,并把楚国的相印授给了这个不速之客。并且当即宣布,与齐国废除盟约,断绝往来。然后,派将军逢丑父随张仪至秦,讨取土地。

张仪回到秦国,假装失足坠车,摔伤了脚,卧病不朝。逢丑父一直等了三个月,仍未讨到土地。于是,逢丑父便投书秦王,申明前约。秦王说:"如果真有前言,须待齐、楚绝交之后,才可践约。"逢丑父无奈,只好派人将消息转告楚怀王。怀王深恐绝齐不深,惹得秦国不满,便挑选了一位强悍的勇士,手持楚国符节,匆匆赶赴齐国去辱骂齐王。齐宣王见楚怀王如此背信弃义,而且派人骂上门来,不禁愤怒至极,于是,他决定报复楚国。不过,齐宣王非常清楚,光凭齐国的力量,不足以战胜楚国。尽管齐宣王极不情愿与秦国联盟,但目前只能走这条路了。他要抢在楚国前面,率先与秦国交好,并约秦国一同进攻楚国。

张仪见大功告成,这才上朝理事,并对焦急万分的逢丑父说:"你为什么还呆在这里,不去取土地呢?"逢丑父莫名其妙:"地在哪里?"张仪故作诧异道:"我有奉邑六里,不是答应献给楚王了吗?"逢丑父闻之愕然,情知不妙,但仍据理力争道:"我奉楚王之命,前来接管商於之地六百里,这可是您对我楚王的亲口承诺,言犹在耳,怎么短短三个月的工夫竟变成奉邑六里了呢?"

张仪坦然地微微一笑,道:"那肯定是你的楚王听错了。我说的是我的封地六里。秦王的土地,别说是六百里,就是六十里,我也没有权力馈赠于他人呀!"

此时,逢丑父明知被欺,却已无可奈何,只得归报楚王。楚怀王正迷醉于扩大疆土六百里的美梦中,闻逢丑父空手而回,细说原委,怒不可遏,恨不能将张仪碎尸万段,踏平秦国。盛怒之下,已失去理智,根本听不进陈轸"伐秦非计"的谏阻,命大将屈匄率精兵十万,向秦国发动了声势浩大的进攻。次年,楚、秦两国交战于丹阳。楚国与秦国刚一交战,齐国便从侧翼向楚国发动猛攻。秦齐两面夹击，楚国腹背受敌，死伤八万余人，楚将屈句被俘。秦国还趁机夺取了丹阳、汉中等地。怀王且羞且恼，又举倾国之师，复战于蓝田，结果又遭败绩。此时，韩、魏两国也趁火打劫，南袭楚国。连遭重创，楚国已无力再战，只好以割让两个城邑为妥协条件，忍气吞声地与秦国讲和。

张仪只凭一人出使楚国，不费吹灰之力就使令秦王忧心忡忡的齐楚联盟土崩瓦解，使两国互相残杀，并趁机夺取了楚国的土地。

楚怀王愚昧无远见，贪婪之心使他迷失了理智，张仪就是合理利用了对方这种贪婪心理，以六百里的封地为诱惑，使楚怀王毅然决定解除与齐国的盟约。张仪的办法虽然不合君子之道，他口头上答应给楚国六百里封地，而最后却矢口否认，但却有效地瓦解了齐楚之盟，让秦国坐收渔利。想要从对方之处获取利益，就先得与己相诱，真给也好，假与也罢，只要是达到自己的目的，得到自己想要的东西，这就是成功。在各种斗争中，欲取先与这一招还真的灵验。

10. 要自知自明，忌不自量力

孙子有言曰："知己知彼，百战不殆"。而鬼谷子在这里提出的"知之始己，自知而后知人"，也含有"知己知彼"的要求。自知之明是人的一种重要品质。因此，他更强调自知，把自知作为知人的前提，这是很有见地的。

公元前262年，秦昭襄王派大将白起进攻韩国，占领了野王（今河南沁阳）。截断了上党郡（治所在今山西长治）和韩都的联系，上党形势危急。上党的韩军将领不愿意投降秦国，打发使者带着地图把上党贡给赵国。

赵孝成王（赵惠文王的儿子）派军队接收了上党。过了两年，秦国又派王龁围住上党。

赵孝成王听到消息，急忙派廉颇率领二十多万大军去救上党。他们才到长平（今山西高平县西北），上党已经被秦军攻占了。

王龁还想向长平进攻。廉颇只好守住阵地，叫兵士们修筑堡垒，深挖壕沟，跟远来的秦军对峙，准备作长期抵抗的打算。

王龁几次三番向赵军挑战，廉颇就是不跟他交战。王龁想不出什么法子，只好派人回报秦昭襄王，说："廉颇是个富有经验的老将，不轻易出来交战。我军老远到这儿，长期下去，就怕粮草不够用呀，怎么好呢？"

秦昭襄王请范雎出主意。范雎说："要打败赵国，必须先叫赵国把廉颇调回去。"

秦昭襄王说："那怎样才可以办到呢？"

范雎说："我自有办法。"

过了几天，赵孝成王听到左右纷纷议论，说："秦国就是怕让年轻力壮有勇有谋的赵括带兵，廉颇不中用，眼看就快投降啦！"

他们所说的赵括，是赵国名将赵奢的儿子。赵括小时爱学兵法，谈起用兵的道理来，头头是道，自以为天下无敌，连父亲也不放在眼里。

赵王听信了左右的议论，立刻把赵括找来，问他能不能打退秦军。赵括说："要是秦国派白起来，我还得考虑怎么对付他。现如今来的是王龁，他不过是廉颇的对手。要是换上我，打败他不在话下。"

赵王听了非常高兴，就拜赵括为大将，去接替廉颇。

蔺相如对赵王说："赵括只懂得读父亲的兵书，用套路，临场应变能力不行，不是将才。"可是赵王对蔺相如的劝告听不进去。

赵括的母亲也向赵王上了一道奏章，请求赵王别派他儿子去。赵王召见其母并问其原因。赵母说："他父亲临终的时候再三嘱咐我说，'赵括这孩子把用兵打仗看作儿戏似的，谈起兵法来，就不可一世，目中无人。将来大王不用他还好,如果用他为大将的话,只怕赵军会断送在他手里。’所以我请求大王千万别让他当大将。”

赵王说:“我已经决定了,你就别管吧。”

公元前260年,赵括领兵20万到了长平。廉颇验过兵符,办了移交,回邯郸去了。

40万大车由赵括统率前来作战,气势相当壮观。赵括来后,廉颇规定的一套制度全部被他废除,他还下命令说:“秦国再来挑战,必须迎头把他们打回去。敌人败了,就得追下去,非杀得他们片甲不留不算完。”

范雎得知赵括已替换廉颇,自己施用的反间计成功,就秘密派白起为上将军,去指挥秦军。白起带军到长平,设置好埋伏,故意打了几个败仗。赵括不知是计,拼命追赶,于是被白起引到预先埋伏好的地区,白起派出精兵两万五千人,切断赵军的后路;另派五千骑兵,直冲赵军大营,把40万赵军切成两段。赵括这才知道中了秦军的计,只好筑起营垒坚守,等待救兵。秦国又发兵把赵国救兵和运粮的道路切断了。

赵括的军队在内无粮草、外无救兵的情况下,苦守四十多天,兵士都叫苦连天,无心作战。随后,秦军的弓箭手射死了带兵想杀出去的赵括。赵军听到主将被杀,也纷纷扔了武器投降。40万赵军,就因为主帅赵括纸上谈兵、缺乏作战经验而全军覆没了。

还有一个故事就是讲马谡。诸葛亮到祁山后,想把街亭作为据点,于是决定派出一支人马去占领它。可是这支人马让谁来带领呢?当时他身边还有几个身经百战的老将,可是他都没有用,单单看中参军马谡。

马谡这个人读过不少兵书,喜欢谈论军事。诸葛亮找他商量起打仗的事来,他就谈个没完,也出过一些好主意,因此诸葛亮很信任他。但是刘备在世的时候早已看出马谡不大踏实的缺点。他在生前特地叮嘱诸葛亮,说:“马谡这个人言过其实,不能派他干大事,还得好好考察一下。”但是诸葛亮没有把这番话放在心上。这一回,他派马谡当先锋,王平做副将。

马谡和王平带领人马到了街亭,张郃的魏军也正从东面开过来。马谡看了地形,对王平说:“这一带地形险要,街亭旁边有座山,正好在山上扎营,布置埋伏。”

王平提醒他说:“丞相临走的时候嘱咐过,要坚守城池,稳扎营垒。在山上扎营太冒险。”

马谡自以为熟读兵书,决策正确,坚持要在山上扎营,根本不听王平的劝告。王平为安全起见,想在山下临近的地方驻扎,只好央求马谡拨给他一千人马。

张郃率领魏军赶到街亭,看到马谡放弃现成的城池不守,却把人马驻扎在山上,暗暗高兴,马上吩咐手下将士,在山下筑好营垒,把马谡扎营的那座山围困起来。

马谡几次命令兵士冲下山去,但是由于张郃坚守住营垒,蜀军没法攻破,反而被魏军乱箭射死了不少人。

魏军切断了山上的水源。蜀军在山上断了水,连饭都做不成,时间一长,自己先乱了起来。张郃看准时机,发起总攻。蜀军兵士纷纷逃散,马谡要禁也禁不了,最后,只好自己杀出重围,往西逃跑。

王平带领一千人马,稳守营盘。他得知马谡失败,就叫兵士拼命打鼓,装出进攻的样子。张郃怀疑蜀军有埋伏,不敢逼近他们。王平整理好队伍,不慌不忙地向后撤退,不但一千人马一个也没损失,还收容了不少马谡手下的散兵。

蜀军失去了街亭这个重要的据点,又丧失了不少人马。为避免遭受更大损失,诸葛亮决定把人马全部撤退到汉中。

诸葛亮回到汉中,经过详细查问,知道街亭失守完全是由于马谡违反了他的作战部署。马谡也承认了他的过错。诸葛亮按照军法,把马谡下了监狱,定了死罪。

马谡知道自己难逃一死,就在监狱里给诸葛亮写了封信,说:“丞相平日待我像待自己的儿子一样,我也把丞相当作自己父亲。这次我犯了死罪,希望我死以后,丞相能够像舜杀了鲧还用禹一样,对待我的儿子,我死了也没牵挂了。”

诸葛亮想起他和马谡平时的情谊，在斩杀马谡时，心里难过地流下了眼泪。以后，他真的把马谡的儿子照顾得很好。

历史上无自知之明、不自量力的典型人物要属赵括和马谡。他们本身并非愚钝之人，但缺乏实践经验、不会灵活作战而又自恃高明。他们的才干或许在军营中为主帅出谋划策还能发挥。或者，他们可以先通过参加一些小的战斗来逐渐培养实战经验，然后将理论与实践相结合，没准也能成为一代良将。可惜，他们当时并不具备将帅之才，却傲视一切，自诩高人，硬着头皮肩负起了重要的军事任务。马谡出征前甚至还信誓旦旦地立下了军令状。诸葛亮曾叮嘱他：要在平地上扎营，阻击魏军。可马谡却不顾王平劝阻硬要在山上屯兵。结果被魏兵围困，街亭失守，大军溃败，最后连性命也搭上了。不了解自己的真正水平，冒险而为，历史上和现实中许多惨痛的悲剧和沉重的代价就是这样造成的。

11. 投其所好，对症下药

南齐开国皇帝齐高帝萧道成，字绍伯，小名斗将，是汉代名臣萧何的后裔。他是个喜爱争强好胜虚荣心极强的皇帝。长得仪表英异，宽额方脸，声如洪钟，身高七尺五寸，遍体有鱼鳞纹。他少有大志，喜怒不形于色，常常喜欢一个人静默，博学善文，工草隶书。

萧道成16岁从军领暴，历任刘宋建康令、散骑常侍、平南将军等职。后刘宋皇族内内讧，他乘机而起并推立顺帝刘准，被授相国，封为齐王，掌握军政大权。

升明三年(479年)，卜顺帝逊位，萧自立即位，史称齐高帝，改年号为建元，建立南齐政权。

萧道成本是禁军的将领，不知怎的却爱上了书法，戎马倥偬中勤学苦练，到登位称帝时居然能写得一手好字了。他常常写字赐给臣下，一些奸佞小人总是极力吹捧他的字写得好，天下无双。久而久之，高帝真的以为自己的书法天下第一了。于是，他就想和被誉为“天下第一”的书法大家王僧虔比个高低。

这个王僧虔，是王羲之的四世族孙，官至侍中。工正、行书，继承祖法，他的书法为当时所推崇，影响及于唐宋，是南朝齐的著名书法家。他不仅才学极高，而且十分幽默机警，很会处理与君王相伴时的关系，他先后侍奉过三位皇帝，深受他们的赞赏。

宋文帝刘义隆对王僧虔的书法比较欣赏，经常召他写字侍书。王僧虔则是宠辱不惊，不卑不亢，因而更加受到刘义隆的器重。

有一次，王僧虔在白绢扇面上作书，宋文帝看后非常高兴，赞叹说："你不仅书法直追王献之，就是才气和雅量也比王献之有过之而无不及呀！"

王僧虔听后，心中也很高兴，作为一个臣子，能受到皇上这样的赏识也算是莫大的荣耀了，可王僧虔并没有飘飘然，他深知"伴君如伴虎"的道理，忙接上说：

"皇上圣明，大宋江山固若金汤千秋万代，如果没有国泰民安的社会环境，臣纵然有些涂鸦的喜好也要丧于战乱了。"

一席话把刘义隆说得心花怒放，命库吏重重地赏赐了王僧虔。

后来孝武帝刘骏即位，王僧虔一改前辙，很少显露自己的书法才能。原来，这个刘骏不仅在政治上专权，在书法上他也想独占鳌头。他知道王僧虔的书法名气很大，便总想找茬灭一灭王僧虔的威风。这王僧虔绝不是看不出眉眼高低的呆子，便夹起"尾巴"做人，不让孝武帝难堪。

有一次，孝武帝召集一群儒生雅士，设案挥毫，王僧虔当然也在其中。他故意露出败笔，使自己的书法任人评头论足。到后来，他干脆专门用坏笔写字，结果这一时期他的字既无"二王"之风，又不合章法。这样一来，刘骏的书法真的比他胜上一筹了。孝武帝见王僧虔也不过如此，有他在还能给自己当衬托，便容纳了他，不再对他冷言冷语旁敲侧击了。

到了齐高帝萧道成的时候，王僧虔可以说是人书俱老，书法更加遒劲古朴。这个萧道成比孝武帝开明得多。但是，谁知这天，高帝突然宣布，他要在皇宫里进行一场书法比赛。大臣们当然知道皇帝要和谁比赛了。

齐高帝萧道成降旨一道，传王僧虔进宫，与他比赛书法。王僧虔虽然心里不愿意，但嘴上还是应承下来。

这下可急坏了王夫人，她责备丈夫糊涂，怎好答应与陛下比赛？你要赢了，就会大祸临头。她见丈夫已经答应了皇帝,便为丈夫出主意,让他故意写得差些,认输算了。

王僧虔不同意,既然是比赛,就应该全力投入,若是弄虚作假巴结主上,不是有丧人格了吗?他见夫人忧心忡忡,便安慰夫人,说他自有办法应对。

比赛这天,文臣武将都到齐了。金銮殿正中案上,已摆好了文房四宝。比赛开始,自然是万乘之主的皇帝先出场,只见他趋步案前,右手提笔左手挽起袍袖,屏息凝神挥洒起来。刚搁下笔,群臣叩拜于地,三呼万岁,齐声叫好。听着臣下的欢呼,高帝非常得意,目视王僧虔说:"王爱卿,请吧。"

王僧虔饱蘸浓墨,欣然落笔,龙飞蛇走,一气呵成。围观的大臣,又发出由衷的赞叹,只是碍着高帝的面,音量压低了许多。高帝端坐龙椅,以威严的口气发问:"众卿都来评一评,是朕写得好,还是王爱卿写得好?"

大臣们忙不迭道:"陛下写得好,陛下第一。"

高帝满脸得意之色,瞥了王僧虔一眼:"王爱卿,你说呢?"

王僧虔不假思索,朗声回答说:"是臣书第一。"

此言一出,满殿皆惊:王僧虔呀王僧虔,你这不是触怒龙颜自讨苦吃吗?

果然,高帝的脸色由晴转阴,他怪王僧虔在大庭广众下宣称胜过自己,没了皇帝的面子,不由得心中火起。正要发作,听见王僧虔又说:"不过陛下也是第一。"

"此话怎讲?怎么会有两个第一?"高帝疑惑不解。

王僧虔答道:"自古君有君纪,臣有臣纲,君臣怎可相提并论。臣的书法,在文武大臣中可称第一。陛下写的字,自古以来没有哪个帝王可以胜过,所以陛下的书法,是皇帝中的第一。"

一席话说得齐高帝频频点头,说:“言之有理,历代帝王是没有一个比朕写得好的,朕就当仁不让了。”

他见王僧虔给了自己面子,顺水落篷,虚荣心得到了满足。这场前所未有的书法比赛圆满结束。王僧虔还因此而得到高帝的赏识,做了一个文官。

王僧虔安然无恙地回到家里。妻子听完后,直夸他,并问是怎么想出这么一个对付皇帝的好主意?王僧虔笑道:“这还不容易?因为我知道皇帝心里是怎么想的,他想要的是什么呀。这世间无论什么人,只要你抓住他的心,就等于抓住了他的人,就没有办不成的事。”

王僧虔知道齐高帝的心里所想,所以,他才顺利地通过这场危险的比赛而交完答卷。一个人的内心想法,决定其行为举止。交人处事时刻要留意对方的兴趣、爱好,明白其意图,理解其心思,这样才能投其所好,对症下药,掌握其心。因此,控制他人的有效手段之一就是“攻心”,从心里掌握并控制对方,使其心悦诚服地自愿跟随,为你出力。人的内心总是千变万化的,但即使再变,也是有迹可循的。只要用心揣摩,就能掌握住人内心的变化,掌握其心就等于掌握了其人。这是一种灵活反应、高明驭人的重要之术。

12. 将“方略”和“圆略”统一运用

在情况还未明朗以前以圆略来诱惑对手,在情况明朗以后就用方略来战胜对方,这就是鬼谷子提出的观点。无论是向前还是向后,无论是向左还是向右,都可用这个方法来对待。北宋真宗年间,晏殊和蔡伯俙这两名神童被地方上举荐给朝廷。真宗很高兴,让他俩陪皇太子读书。皇太子年纪很小,十分贪玩。晏殊总是规劝他,惹得太子生厌,而蔡伯俙则处处讨太子的欢心。有一次,真宗皇帝要检查太子的学业,太子要晏殊代做一篇,晏殊不肯。太子又叫蔡伯俙写,蔡伯俙马上代写了一篇。真宗皇帝发觉有假,追问下来,晏殊如实禀告了。这下太子气坏了,他恶狠狠地对晏殊说:“我将来当了皇帝,要杀你的头!”晏殊毫无惧色地回答："就是杀我的头，我也不弄虚作假。"后来，太子即位，当了仁宗皇帝，晏殊被他任命为宰相，而蔡伯俙反而被疏远了。

晏殊不弄虚作假，以方略对待皇太子，结果在太子即位后被委以重任。而蔡伯俙阿谀奉承，一味采取圆略，反而遭到疏远。不过，晏殊也有"圆"的一面。在晏殊当上宰相之前，有一次，皇帝称赞晏殊说："别人都纵情声色，只有晏殊生活勤勉俭朴。"晏殊赶紧在私下里告诉皇帝："我也想像他们那么做，只是官职低，没有钱，而且事务太忙。"后来，当晏殊位尊势隆后，他果真也像别人一样享乐。晏殊的这一做法，与老子倡导的"和其光、同其尘"的思想十分吻合。我们知道，宋朝文化繁盛，崇尚享乐，整个社会风气都是如此。倘若晏殊一味自命清高，总是采取"方略"，难免拒人于千里之外，这样不利于诸多事务的开展。

晏殊曾告诫初入仕途的王安石"能容物者，物乃能容"这样的一句话，这可以说是人生至理。不管你的品德多么高尚、你的观点多么正确，对别人轻微的过错责难，对他人生活中的隐私随便揭发，对别人十分苛刻，他就会把你当成他的敌人。只有修养高的人才可能做到不念人旧恶，其实人际间的矛盾往往因时因事而转移，总把思路放到过去的恩怨上属于不智之举。王安石后来的仕途经历也证明了这一点。王安石生性聪明、学识渊博，但却口下无德。郑毅夫写诗引用李白诗句，他就嘲笑："此人不识字。"王安石成名前，舅舅曾讽刺他的蛇皮身，等他科举得中，他就立刻寄诗给舅舅报此仇。尽管他领导的变法利国利民，但攻击四起，终于夭折。如果他能宽厚待人，也许会是另一种结局。

与人相处既不可对人苛刻，也不可过于亲近，一定要掌握分寸。我们常常说对人要真诚友好，这并不是说要没有选择地和任何人做朋友。我们一定要先对别人有所了解再向他掏心窝。一个人不设防地对待他人，而且成了习惯。当他自己感觉累了，或觉得彼此志向不同时再抽身，对双方都没好处。生活中，由这个原因而引起的矛盾并不在少数。

如何对待别人的错误是学习圆方之略需要解决的一个重要问题。倘若别人违背了你的心愿，无意地打乱了你的计划。这时，你的第一反应可能是气愤，接下来可能会大发雷霆。很多人都会如此。然而这样做其结果往往是加剧了对方的恐惧，使事情越来越糟，根本于事无补。其实，如果能够忍住一时的怒火，学会宽容别人，结局就会不同。

美国空军著名的战斗机飞行员胡佛在一次驾机行动中,飞机险些失事,后来检查发现原来是负责加油的机械师加错了油。问题查出后,那个机械师吓得面如土色,然而胡佛不但没有追究这件事,还让他专门做自己所负责的飞机的维修工作。后来,这个机械师一直跟着胡佛,而且干得十分出色。由此看来,做人圆润一点,宽容别人的过错,给予他人理解和尊重,这样于人于己都有好处。

在现代激烈的商业竞争中,对于一些有意的欺骗或侵犯,又该如何处理呢?让我们来看下面这个例子。

一天,一批日本客商正在参观法国的一家著名的照相器材厂。给他们当向导的实验室主任一边热情地回答客人们提出的各种问题,一边暗暗地注意客人们的一举一动,十分细心。他注意到一个日本客商被一种新的显影溶液深深吸引。他戴着领带,当他俯身观察显影溶液时,领带末端恰好浸入了溶液中。日本客商这一极平常的动作没有逃过实验室主任的眼睛。你看,日本人多么狡猾!他只需回去将领带末端的溶液化验一下,便可以轻而易举地获得这种显影剂的配方了。我们绝不能让日本人得知本厂最核心的机密。实验室主任急忙叫来一位公关小姐,对她吩咐了一番。不一会儿,公关小姐拿着一条崭新的领带出现在这位日本客商面前,用她那甜润的嗓音说道:“先生,您的领带弄脏了,我们给您洗洗,您先换上这条新领带,好吗?”“噢——好吧,谢谢你!”日本客商知道自己露馅了,他只好边道谢边解下领带。他对自己的失败有点沮丧,但很感激法国方面没有当面戳穿他。

俗话说“兵不厌诈”, 商场如战场。法国方面在察觉日本人有“诈”时,对对方的意图没有当面揭露,而是不露声色地抢先一步巧妙地解决难题,这样既维持了表面上的和谐关系,又避免了天机泄露,这确实是十分高明的做法,达到了鬼谷子所赞许的“与人也微,见情也疾”的境界。

有人据此把“兵不厌诈”引申为“商不厌诈”。但是商场里的“诈”是机智、谋略,不应是欺骗、糊弄。它应用于市场竞争,通过机智在竞争中达到“你无我有,你有我优,你优我廉,你一般经营我优质服务”以达到在竞争中取胜。

13. 随机应变，相机行事

《反应篇》阐述的是一种回环往复的思考方法，它要求人们善于对事物进行分析、衡量、谋划。所谓相机行事中的“相”是“看和观察”。相机行事就是观察情况的发展变化，根据不同的时机，灵活地处理事情。

北魏时，葛荣举兵向京师进发，军队号称百万人。北魏太原王尔朱荣率7000精锐骑兵阻击叛军。葛荣的军队排列成几十里长的战阵，像大鹏展开的翅膀似的向前推进。尔朱荣把队伍隐蔽在山谷中，准备出奇兵。接着，他又把将领按三人一组分作几处，每处带几百名兵卒，在所在地扬灰尘，大声喧哗，以张声势。同时，尔朱荣认为，人马近战，用刀不如用棒灵活，于是，他秘密命令将士们每人准备一根可以暗藏于袖中的木棒，并改变按首级记功晋级的办法，让将士只要用棒打死敌人就记功。由于尔朱荣策略精到，号令严明，且亲自带头冲锋陷阵，将士们奋勇向前，把葛荣军队打得大败。葛荣被活捉，其余叛军投降。对于这支庞大的投降队伍，尔朱荣也灵活处置。先让各自自由组合，然后听取本人的意见进行安置，对俘虏的将帅，量才录用，使新归附的人都安心称心。人们都佩服尔朱荣处理此事的灵活机敏。

审时度势，相机行事，灵活应变，也是经济活动中的一种重要策略。19世纪中叶，美国加利福尼亚州发现了金矿，消息传开，掀起了一股淘金热。

一个17岁的农夫亚默尔也准备去碰碰运气。找金子的地方是荒无人烟的小山谷，气候干燥，水源奇缺，人们苦于没有水喝。许多人一面找金子，一面抱怨：“谁要是让我饮一顿凉水，老子送给他金币也干。”找矿的人们抱怨的话，使年轻的亚默尔受到启发，他想，如果卖水给这些人喝，也许比找金子赚钱更快。于是，他毅然放弃了挖金，开始挖水池，再把远处的河水引进来，装进桶或壶里，卖给找金矿的人们。当时有人讥笑他，亚默尔全不在意。结果，许多人因没挖到金子而饥寒交迫，而亚默尔却卖水赚了六千多美元，成为当时的一个小小富翁。

我国改革开放以来，不少个体经营者也注意相机行事，随机应变，走上了致富之路。沈阳刘锡贵，1978 年开始在自由市场卖豆腐，随着生意的扩大，办起了一个养猪场。之后，他用积蓄的钱买了一台拖拉机，再后，又用获得的收入买了几辆卡车，到 1985 年成立了锡贵运输公司。此后，锡贵公司不断拓宽业务路子，开始时从事拆卸工作，后来参与市区电缆铺设工程，其业务已扩大到全国。从卖豆腐到养猪，再到搞运输，最后又参与其他业务，刘锡贵随机应变走致富之路，这对于那些不看行情、墨守成规的人，不是很有启迪意义吗？

相机行事术在人们的言语应变中也常被运用。相传，乾隆皇帝在委托纪昀为《四库全书》主编官之前，想考考纪昀。考试的方式是出对联句。乾隆先出“两碟豆”，纪昀答“一瓶油”。乾隆又说：“林中两蝶斗”，纪昀紧接“水上一鸥游”。乾隆见纪昀联得天衣无缝，无懈可击，便立即转移主题，出联道：“人云‘南方多山多水多才子’。”纪昀是南方人，乾隆出这一联，实际上是夸纪昀的学问，同时也暗含纪昀求饶的意味。纪昀也体味到了皇上的语意，于是，他便相机行事，迅速转舵，顺意接道：“我说‘北国一天一地一圣人’。”纪昀所联的这一句，既对仗工整，又巧妙地拍了皇上的马屁。乾隆听后，哈哈大笑，立即授职于纪昀。

第三章　内楗[1]篇

所谓“内楗”，指人的内心清静自守，不受外物所困的一种状态。本篇论述在内楗的前提下，人与人之间（尤其是上下级之间）维持正常关系的目标与原则。“内楗”的核心是一个“情”字。以“情”为中心，以“德”为辅，以“谋”为变通之法，这是鬼谷子的主导思想。在现代的人际关系中，亦可借鉴内楗之法，创造出一种和谐的工作环境。

【原文】

君臣上下之事，有远而亲[2]，近而疏[3]，就之不用，去之反求[4]。日进前而不御[5]，遥闻声而相思[6]。事皆有内楗，素结本始[7]。或结以道德，或结以党友，或结以财货，或结以采色[8]。用其意[9]，欲入则入，欲出则出，欲亲则亲，欲疏则疏，欲就则就，欲去则去，欲求则求，欲思则思。若稚蜘母[10]之从其子也，出无间，入无朕，独往独来，莫之能止。

【注释】

①内楗：内，纳的意思；楗，通键，本义为门闩，有坚持、承担、关闭、堵塞之意。这里指要从内心与君主沟通关系，以达到情投意合、楗开任意的目的。

②远而亲：看上去疏远，其实很亲密。

③近而疏：看上去亲密，其实很疏远。

④就之不用，去之反求：就，靠近；去，离开。在身边却不任用，离去以后还受聘请。

⑤日进前而不御：日进前，每天都在皇帝的跟前；御，驾驭马车，这里指“用”的意思。

⑥遥闻声而相思：遥闻声，听到很遥远的地方声音。

⑦素结本始：素，平常。本始，根本。指在君臣之间内心紧密相连。

⑧采色：这里指艺术和娱乐。

⑨用其意：推行某种主张。

⑩蜘母：就是土蜘蛛。这种蜘蛛的母爱极强，每当出入巢穴时，都要把穴口加盖以防外敌。

【译文】

君臣上下之间的事情，有的距离很远却很亲密，有的距离很近却很疏远。有的留任在身边却不使用他，有的离任以后反受聘请。有的天天都能见到君主却不被信任，有的离君主十分遥远却被思念。凡是事物内部都有规律，任何平常的东西都与本源相结合。或者用道德相结合，或者用朋党相结合，或者靠钱物相结合，或者靠封土相结合。要想推行一种主张，就要做到想进来就进来，想出去就出去；想亲近就亲近，想疏远就疏远；想接近就接近，想离去就离去，想聘用就聘用，想思念就思念。就好像母蜘蛛率领小蜘蛛一样，出来时不留痕迹，进去时不留痕迹，独自前往，独自返回，谁也没法制止它。

【原文】

内者，进说辞，楗者，楗所谋①也。欲说者，务隐度②；计事者，务循顺③。阴虑可否，明言得失，以御④其志。方⑤来应时，以合其谋。详思来楗，往应适当也。夫内有不合者，不可施行也。乃揣切时宜，从便所为，以求其变。以变求内者，若管取楗。言往来，先顺辞也。善变者，审知地势，乃通于天，以化四时使鬼神合于阴阳而牧人民，见其谋事，知其志意。事有不合者，有所未知也。合而不结者，阳亲而阴疏。事有不合者，圣人不为谋也。

【注释】

①楗所谋：进献计策。

②隐度：暗中观察、揣测、估量。

③循顺：顺着畅通的途径，遵循固有规律。

④御：统御、驾驭。

⑤方：方法。

【译文】

所谓“内”就是采纳意见；所谓“楗”就是进献计策。想要说服他人，务必要先悄悄地揣测；度量、策划事情，务必要循沿顺畅的途径。暗中分析是可是否，透彻辨明所得所失，以便影响君主的意向。以道术来进言当应合时宜。以便与君主的谋划相合。详细地思考后再来进言,去适应形势。凡是内情有不合时宜的,就不可以实行。就要揣量切摩形势,从便利处入手,来改变策略。用善于变化来争取被采纳,就像以门管来接纳门楗一样顺当。是谈论过去的事情,要先有顺畅的言辞,凡是谈论未来的事情要采用容易、变通的言辞。善于变化的人,要详细了解地理形势,只有这样,才能沟通天道,化育四时,驱使鬼神,附合阴阳,牧养人民。要了解君主谋划的事情,要知晓君主的意图。所办的事情凡有不合君主之意的,是因为对君主的意图还有不了解的地方。意见一致了,而不能密切结合是因为只停留于表面亲近,而背地里还有距离。如果与君主的意见没有吻合的可能,圣人是不会为其谋划的。

【原文】

故远而亲者,有阴德①也;近而疏者,志不合也;就而不用者,策不得也;去而反求者,事中来也;日进前而不御者,施不合也;遥闻声而相思者,合于谋待决事②也。故曰:“不见其类③而为之者见逆④,不得其情而说之者见非⑤。得其情,乃制其术⑥。此用可出可入,可楗可开。”

【注释】

①阴德:心意暗合。

②决事:谋大事,指参与决断国家大事。

③类:类似,相同点。

④见逆:违逆,与愿望相背。

⑤见非:遭到非议。

⑥术:技能、手段方法等。

【译文】

所以,与君主相距很远却被亲近的人,是因为能与君主心意暗合;距离君主很近却被疏远的人,是因为与君主志向不一;就职上任而不被重用的人,是因为他的计策没有实际效果;革职离去而能再被返聘的人,是因为他的主张被现实证明可行;每天都能出入君主面前,却不被信任的人,是因为他行为不得体;距君遥远却被思念的人,是因为其主张正与决策者相合,正等他参加决断大事。所以说,在没有看清对方之前就去游说的人,定会事与愿违,在不掌握实情的时候就去游说,定然没有好结果。只有了解情况,依据实际确定方法,去推行自己的主张,才可以出去,可以进来;可以进谏君主,坚持己见;又可以放弃自己的主张,随机应变。

【原文】

故圣人立事[1],以此先知而楗万物。由夫道德、仁义、礼乐、计谋,先取《诗》、《书》,混说损益[2],议论去就[3]。欲合者,用内,欲去者,用外[4]。外内者必明道数[5],揣策来事[6],见疑决之,策无失计,立功建德。治民入产业[7],曰“楗而内合”。

【注释】

①立事:建立事业。

②先取《诗》、《书》,混说损益:引用《诗经》和《尚书》来验证自己的观点,加以褒贬。

③议论去就:通过讨论,最终决定是否应该做。

④欲合者,用内;欲去者,用外:指根据想法,来运用力量。

⑤外内者必明道数:在决定内外大事时,必须明确道理和方法。

⑥揣策来事:推断将来的事情。

⑦产业:产,谋生,财产;业,事情,经营,功绩。

【译文】

圣人立身处世,就是依据此理而有先见之明,议论万事万物。其先见之明来源于道德、仁义、礼乐和计谋。首先是《诗经》和《书经》的教诲,再综合分析利弊得失,最后讨论是就任还是离职。要想与人合作,就要在内部努力,要想离开现职,就要把力量用在外面。处理内外大事,必须先明确理论和方法,会预测未来,并善于在各种疑难处,当机立断。在运用策略时没有失误,从而建立功业和积累德政。管理百姓,要使他们从事生产事业,这叫做内部安定,团结一致。

【原文】

上暗不治[1],下乱不悟[2],楗而反之[3]。内自得[4],而外不留说[5],而飞[6]之。若命自来己,迎而御之;若欲去之,因危与之,环转因化,莫知所为,退[7]为大仪[8]。

【注释】

①上暗不治:暗,昏暗之意。是说君主昏庸,就不能推行善政。

②下乱不悟:乱,昏乱。百姓掀起叛乱而不能明辨事理。

③楗而反之：固执己见，会使事物走向反面。

④自得：君主自以为自己贤明。

⑤不留说：不接受他人的意见。

⑥飞之：褒奖、表扬之意。

⑦退：保全、完成的意思。

⑧大仪：好办法，大原则，秘诀。

【译文】

如果国君昏庸不理国家政务，基层纷乱不明，为臣理事，各执己见，事事抵触，还自鸣得意；不接受外面的新思想，还自以为是。在这种情况下，如果朝廷诏命自己，虽然也要迎接，但有所防备。如果要拒绝诏命时，也要设法给人一种错觉。就像圆环旋转往复一样。就不如急流勇退，乃是最好的。

纵横谋略

1. 委婉进言效果好

大多数人都对如何向上司进言这个问题感到犯难。对此，揣摩要切中时宜，这样才能方便自己，以灵活变化求得君主采纳意见，并求得事情的改变，进献谋策就会变得容易，这就是鬼谷子向我们介绍的好办法。的确，每个下属都有向上司或者决策者贡献自己好的建议与计划的职责。然而，下属们常常为献计策不受重视、不被采纳而苦恼，特别是在上司断然拒绝自己潜心研究、周密思考后提出的优秀建议或计划的时候尤为苦恼。这些问题的产生在于人们通常会以“我”而不是“我们”的角度来陈述事情或者观点。这样做的弊病在于往往会引起听者对自我观点的防御性保护，即使他的那个观点是根本错误的。尤其是那些手中握有权力的领导人物，他们中的大多数都是“恃才傲物”的。没有任何一位上司愿意提携与他一样自负的家伙，所以作为下属，应该永远记住的一点是：发言权并不等于决策权。

上司手中常常把持着下属们的“命运”，特别是在那些制度不够健全的机构中，人际关系时常影响着低级职员。所以，低调就是向上司建议或者是说服他改变主意最有效的方法，千万别过分渲染“我”在这个观点中的地置，可以选择另一种表述方法，比如：“我有这样一个想法，不一定正确……”、“现在出现了一个新情况，我需要您帮我拿主意……”

但同时需要注意的是，只是运用“口才”一味地奉承和附和上司，也不可能给他留下良好的印象。所以，要保持自己独立的人格，千万不要用降低身份来争取得到上司的重视与尊敬。

许多跟在英国首相丘吉尔身边的人给了他一个很有趣的绰号——“一架老的B－2轰炸机”。因为这种轰炸机的最大特点是，任何优质燃料只要进入它的发动机，都会被毫无例外地检测为不合格的油品而禁止进入燃烧室。与之相似的是，拥有卓越的才能的丘吉尔相当自负，对于别人的意见或建议常常看不起，要么不采纳，要么根本不予理睬。

不过，他的助理史蒂文斯的意见总能得到丘吉尔的特殊惠顾。史蒂文斯明知首相不容易接受别人的建议，但他自认为经过苦心研究的这个方案相当可行，所以说得理直气壮，十分自信。

但这一次他没有得到幸运之神的惠顾，结果是，丘吉尔听完他的话，尖刻地说：“在我愿意听废话的时候，欢迎你再次光临。”

令史蒂文斯吃惊的是，在数天之后的一次宴会上，他听到丘吉尔正在把那天他的建议当作自己的见解发表。这件事使史蒂文斯“大彻大悟”，原来并非是他的建议本身不好，而是他提出建议的表达方式不够完美。

好方法：低调建议，不再强调某个计划是他想到的，就好像那是首相自己的想法一样。在首相不知不觉地感兴趣以后，再将这个计划作为首相自己的“天才构思”公之于众。这样，这个计划就被“移植”到首相的头脑中了，他就会坚定不移地相信这是一个好主意。

史蒂文斯决定，为了使一个好计划得以实现，他甘愿牺牲自己的功劳。

后来史蒂文斯奉命到美国做外交上的接洽，这一次他已经掌握了提出建议的最好方式。出发前，丘吉尔虽然在原则上同意了史蒂文斯的计划，不过态度却相当谨慎，看起来这个计划短期内很难被批准。

史蒂文斯到纽约以后不久，向丘吉尔寄回了他同美国国务卿的谈话记录。在谈话中，史蒂文斯把自己想出的那个只是首相谨慎同意的计划说成是“首相的创见”，并且对这个“天才、勇气、先见之明”的主张热情赞扬。

结果丘吉尔看了这个记录后,毫不犹豫地正式批准了这个计划。

委婉语是人们在社会交际过程中,为了实现预期的交际效果而创造出的一种有效的言语表达方式。委婉语的使用是一种普遍存在的现象,它广泛应用于社会各阶层以及各个领域,它不仅是人们在社交的需要,更是言语交际中协调人际关系和社会关系的重要手段。它具有的社交功能使人们更能自如地表达思想,使交流轻松愉快地进行。

2. 思维敏捷,随机应变

经常与居上位者接触,不但一言一行要小心谨慎,头脑还必须要灵活,在应付突然事件时,要有随机应变的能力。这就是鬼谷子的观点。

在春秋时期发生了这样一个故事。晋文公的管家给他上了一盘烤肉。文公正要吃,发现有毛发缠绕在上面,便把管家叫来训斥道:“烤肉上怎么绕着毛发,你想让寡人噎着吗?”管家见状一惊,立即磕头请罪道:“我有三条死罪:用磨刀石磨刀,磨得非常锋利,切肉切得断毛却切不断,这是我的第一条罪;用木棍穿肉块却看不见毛发,这是我的第二条罪;用炽烈的炉子、通红的炭火烤熟了肉,但是毛发却没有烧掉,这是我的第三条罪。”听到这里,文公明白了,是有人在暗中陷害管家。于是召集堂下的所有人来盘问,真的找到了这个人,于是重重责罚了他。

管家无端被晋文公责骂,自知受冤,但他很快就冷静下来,自列罪状,向晋文公申诉自己的冤屈,让听者觉得合情合理。这种方式,显然要比直接喊冤效果好得多。

有人将居上位者形容为老虎的屁股——摸不得,事实上的确如此,因为他们都带有一定的傲气和霸气。但话说回来:智者千虑,必有一失。若不慎触怒了居上位者,真摸了老虎的屁股,就该设法予以补救。这需要智慧,而且是“急智”。

某日纪晓岚在翰林院校理《四库全书》时,因时逢盛夏,天气炎热,纪晓岚觉得汗流浃背，便脱下衣服光着膀子读起书来，谁知正在这时候乾隆皇帝大驾光临，纪晓岚来不及穿衣服，又不能光着身子去迎驾，只好躲在书橱后面。乾隆皇帝早已看见纪晓岚，故作不知。示意群臣坐下，自己随意翻书。纪晓岚躲在书橱后面没有听见动静，便伸出头问："老头子走了没有？"一时众人大惊失色，不敢言语。纪晓岚从书橱后面走出来，发现气氛不对，才看清乾隆帝手里拿着扇子正在煽凉，不觉得惊骇得浑身颤抖，连忙跪下求皇上饶命。乾隆帝暴跳如雷，非要纪晓岚讲出"老头子"是什么意思。纪晓岚急中生智，娓娓道来：这个'老'是指是万寿无疆之意，'头'是一国之主，万民之首；至于'子'是昊天之子为子，'老头子'是特殊之称，是尊敬之意"。乾隆听后，转怒为喜。

还有一例是说刘邦称帝后，一天他把韩信召进宫中，要他评论一下各将领的才能，韩信一一说了。当然，那些人韩信根本就不放在眼里。刘邦听了，便笑着问他："依你看来，像我这样的能带多少人马？"韩信回答："陛下能带十万。"刘邦又问："那你呢？""对我来说，当然是越多越好了！"刘邦心里不快，但还是笑着问道："你带兵多多益善，怎么为我所用呢？"韩信知道自己说错了话，忙掩饰说："陛下虽然带兵不多，但您'善将将'，驾驭将领的能力无人能比啊！"刘邦一听这话，心里顿时舒坦了许多。

由于韩信自认功高震主、不知收敛，后来他死于非命。但在这里，刘邦十分欣喜地戴上'善将将'这顶高帽子。韩信虽然不以舌辩见长，但随机应变的本事还是很高强的。

当自己不被居上位者看好，甚至遭到打击和羞辱的时候该怎么办呢？是据理力争，还是忍气吞声？这两种态度我们都不能轻易表露，但一般情况下，都是需要有"忍"的功夫的。晋代人杜锡曾任太子司马通的近侍官，由于他多次劝诫太子的不端行为，太子很怨恨他，很想找机会惩罚他。但是杜锡一向奉公守法，没法随便给他安个罪名。于是太子想来想去，终于想出一招。一天，太子让人把针放在杜锡常坐的毡子下，杜锡来见太子的时候，一坐上去就挨了针扎，弄得很是狼狈，但很快他就忍住疼痛，又泰然自若起来。太子问他："你坐上什么了？"杜锡知道太子在捣鬼，心里很气愤，转念一想：人家是太子，也就是将来的皇帝，自己得罪不起啊！于是就回答说："我什么也不知道啊！"太子听他这么说，就若有所思地说："我还以为你只喜欢跟我过不去呢，没想到你也跟自己过不去！"以后就再也没有戏弄过杜锡。

对于杜锡，太子肆意挑衅报复，而他全然装作不知，不予理会，也不公然与太子敌对。在与太子的矛盾冲突中，他能够随机应变，处之泰然，因为他深知君臣之间，君要臣死，臣不得不死的道理。古代臣子的一大课题就是如何才能消灾免祸，摆脱"不得不死"的悲剧。

晋朝时候，尚书令乐广的女儿嫁给大将军成都王司马颖。成都王的哥哥长沙王在洛阳专权，成都王于是出兵夺权。长沙王平素亲近小人，疏远君子；凡是在朝为官的，无不怀着恐惧的心情。乐广在朝廷中享有盛誉，又和成都王有姻亲关系，一些小人就在长沙王跟前说他的坏话。长沙王就问乐广是否在暗通成都王，乐广神色自若地回答说："我家五个儿子都在洛阳，我怎么会拿五个儿子去换一个女儿呢？"长沙王从此释然，对他不再有疑虑。

以上所举的这几个例子中，主人公都遇到了灾祸，而他们却依靠自己的随机应变成功地躲过了灾祸。在向上司提建议或遭到上司责问时，如何让事情回归到你要控制的范围内呢？对此，随机应变很重要，就像说话表达一样，想办法把你想要说的事情，想要办的事情，找准机会表达出来，灵活地控制局面，才能使事情朝自己有利的方向发展。

3. 情理相生，通情达理

以情动人、以理动人是使用“内楗术”时最值得注意的一点。这一点不仅适合于古时游说帝王，也适合于现代的交际、交流。

卡耐基在《怎样使你的谈吐更动人》中说：“言出心声，动之以情，是任何消极对立的观点都难以招架的。”接着他谈了自己的切身经历和深刻感受。有一次，他应邀担任哥伦比亚大学柯蒂斯演讲金奖赛评审委员。竞争者是六名受过一系列有计划的训练的本科生。其中除了一人之外，其他人的目的都单纯是为了赢得奖章，他们压根儿就不曾想到要通过演讲使别人信服。他们选择话题只是根据演讲技巧的需要，对自己所提出的论点原本并无多大兴趣，争取演讲的成功在他们看来也仅仅是演讲技巧的一次练习而已。

可那位例外者，祖鲁部族首领的儿子，他选择的题目是《非洲对现代文明的贡献》。他把深厚的感情注入到自己的每一句话，他是在代表他的人民和美国对话。他以自己杰出的智慧、高尚的人格和美好的向往，表达了非洲人民的追求和愿望。

卡耐基等评委们把奖章给了祖鲁王子，虽然他在技巧上可能难以胜过对手。但是，与其他的演讲者普遍华而不实相比，他的话语中燃烧着真诚的火焰，给人以强烈的感染力。

这位祖鲁王子以他自己的方式，在那遥远的土地上领悟到：同别人谈话，光用理性往往难以使别人信服，还必须让人知道，对自己所说的话是如何深信不疑。

他的成功昭示着：无论成功的演讲，还是成功的辩论，都必须有明确的目的和深厚的感情；对辩题的选择和论辩的内容，既要使人信服，更要让自己深信不疑；要通过情理相生的手段，达到通情达理的目的。

情感是理论的激活素，是辩论的原动力。这道理我们还是通过具体的故事来阐释。

法国企业家拉梯哀专程来到新德里，找拉尔将军谈一桩飞机销售的大买卖。

拉梯哀到了新德里，几次约将军洽谈，都没能如愿。

最后总算逮着通话机会了，可他只字不提飞机合同的事，只是说："我将到加尔各答去，这只是专程到新德里以私人名义来拜访将军阁下，只要十分钟，我就满足了。"拉尔勉强地答应了。

秘书引着拉梯哀走进将军办公室，板着脸嘱咐说："将军很忙！请勿多占时间！"拉梯衷心想，太冷漠了，看来生意十有八九要告吹了。

"您好！拉梯哀先生！"将军出于礼貌伸出了手，想三言两语把客人打发走。

"将军阁下！您好！"拉梯哀表情真挚、坦率地说："我衷心向您表示谢意……"

……

将军一时莫名其妙。

"因为您使我得到一个十分幸运的机会，在我过生日的这一天，终于又回到了自己的出生地。"

"先生！您出生在印度吗？"将军微笑了。

"是的！"拉梯哀打开了话匣子，"1929 年 3 月 4 日，我出生在贵国名城加尔各答。当时，我的父亲是法国歇尔公司驻印度代表。印度人民是好客的，我们全家的生活得到很好的照顾……"

拉梯哀娓娓动情地谈了他对童年生活的美好记忆："在我过 3 岁生日的时候，邻居的一位印度老大妈送我一件可爱的小玩具，我和印度小朋友一起坐在大象背上，度过了我一生中最幸福的一天……"

拉尔将军被深深感动了，当即提出邀请说："您能来印度过生日真是太好了，今天我想请您共进午餐，表示对您生日的祝贺。"

汽车驶往餐厅途中，拉梯哀打开公文包，取出一张颜色已经泛黄的照片，双手捧着，恭恭敬敬地展示在将军面前："将军阁下，您看这个人是谁？"

"这不是圣雄甘地吗？"

"是呀！您再瞧瞧左边那个小孩，那就是我。4 岁时，我和父母一道回国，途中，十分幸运地和圣雄甘地同乘一艘轮船，这张合影照就是那次在船上拍的，我

父亲一直把它当作最珍贵的礼物珍藏着。这次,我要去拜谒圣雄甘地的陵墓……"

"我非常感谢你对圣雄甘地和印度人民的友好感情!"拉尔说。

自然,午餐是在极为亲切融洽的气氛中进行的。当拉梯哀告别将军时,这宗大买卖已经成交了。

试想,如果拉梯哀一见拉尔将军,就义正词严地批评将军仙踪难见,秘书态度冷漠,尽管将飞机销售的大道理讲得再头头是道,结果能成交这笔大买卖吗?

绝对不能!可能那些"批判"的话没有讲完,拉梯哀就已经被拒之于大门之外了。

拉梯哀用的就是"情理交融法":

先是"只要十分钟",专程拜访将军,不占多少时间,将军是无法拒绝的;而这十分钟的专程拜访所为何来呢?这就制造了引导谈话深入的悬念。

接着谈自己的出生地与生日,口里讲的是印度人民对自己的友好,眼里盯的还是将军:作为印度人民的儿子和代表的你呢?

将军果然被感动了,请他共进午餐,就有了更多的"十分钟"的洽谈机会。

去餐厅途中,又拿出自己和圣雄甘地的合影,表明自己对印度人民的英雄和领袖的崇敬,于是与将军有了更多的共同语言,直至签订飞机销售协议。

在谈话中找到突破口,寻找有意义的话题引起对方的兴趣和共鸣,在互相了解的基础上做感情的交流,就有了心理共容的基础,话就能够说到对方心里——通过"通情"而"达理"了。

4. 网罗人才，获取信息

《鬼谷子·内楗篇》中提到："得其情，乃制其术。"即掌握了信息或情报，便有利于制定对策，展开行动。这一点不仅适合于古代谋士的游说活动，对于现代商战也同样有极高的使用价值。

当今，商场就是战场，要想在经商活动中获胜，就必须做到了解情报，获取信息。而要做到如此，就必须注意收集经济信息，了解市场需求，掌握商业行情，探知竞争或谈判对手的意图等。这是商场经营活动的重要谋略。

获取信息的途径有多种方面，其中最重要的就网罗人才，可以说，收拢和网罗人才，是获取经济情报的重要高招。

1996 年 3 月，美国汽车工业巨头——通用公司的环球采购部总管何塞·伊格纳齐奥·洛佩斯携带该公司大量秘密资料跳槽加盟德国大众汽车公司。这些资料包括：通用公司汽车工业图纸、计算机软盘、计划研究报告以及 2003 年前的销售战略等商业机密。这一事件在世界汽车制造业中像是引爆了一枚炸弹，立刻引起了巨大震动。一场世界汽车工业史上前所未有的间谍案也由此开始了旷日持久的诉讼。

洛佩斯历来善于同供应商讨价还价，并设法把公司 1994 年底前的零件开支砍掉 40 亿美元，因此，他获得一个著名绰号——"成本杀手"。很快，洛佩斯成了公司内外炙手可热的人物，而且随着对通用汽车公司与欧洲业务的了解，洛佩斯的影响已远超出了他所负责的采购范围。

1992 年夏末，大众汽车公司总裁皮埃希和公司其他董事到美国汽车城——底特律参加一个经营管理会议，会上曾有人提到洛佩斯可以担任大众公司制造部门的负责人。于是，皮埃希便将拉拢洛佩斯的任务交给了负责北美业务的董廷斯·诺伊曼。

诺伊曼是个和蔼可亲的人。开始他几乎每天都给洛佩斯打电话、写信，建议洛佩斯会见皮埃希,洛佩斯迟迟没有答复。但诺伊曼并不气馁,他数次拜访,力尽亲近之能事。终于,洛佩斯心动了,答应会见皮埃希。

皮埃希如期赴约,会晤洛佩斯,并许以百万马克的报酬,极力劝说洛佩斯改换门庭。也许是巨额高薪的诱惑,也许是洛佩斯认为找到了足以施展个人才干的天地,双方心存灵犀,一拍即合。洛佩斯还就有关合作事宜同大众方面交换了看法。不难看出,此时的洛佩斯已是身在曹营心在汉了。

从这次午餐以后,洛佩斯便开始为自己的“跳槽”做准备了。他从自己助手中选出7人,各人都掌握一套技术。其中一个是电脑专家,另一个了解工厂,第三个知道怎样采购原材料,洛佩斯的女婿也在其中。

这帮人选确定以后,就开始收集资料,洛佩斯不用遮遮掩掩,没有人告诉他不能拿他要的东西;同时,由于洛佩斯对通用汽车公司业务了如指掌,使得他不用费多大力气便可获得大量通用公司的商业秘密。如通用公司的采购新型V-6发动机的研究报告。据说,这些资料共计数百万页,装了几十箱,有的还被输入了电脑软盘。这些机密一旦被大众公司掌握,大众公司将有充分的时间适应对手的政策,在期限、市场趋势和价格方面与通用公司竞争。

纸是包不住火的。洛佩斯的行径很快被通用公司发觉,但为了留住洛佩斯,通用公司并没有给他难堪,而且在1993年2月提升他为公司副总经理,以期回心转意。

然而,大众汽车公司则准备为把洛佩斯挖走做更大努力,同年3月5日,大众汽车公司董事长克劳斯·利森向洛佩斯提出同他签约,让其出任仅次子皮埃希的第二把手——公司董事。这使洛佩斯的年薪可达160万美元,是他在通用汽车公司的四倍,甚至比总裁史密斯还高。

1993年3月11日,星期四,通用汽车公司宣布洛佩斯辞职,但是公司的高级经理们仍试图说服洛佩斯留下来。公司提出让他担任北美业务部总经理,这是特地为他新设的一个职位,仅次于史密斯。洛佩斯表示愿意留在通用汽车公司。

消息灵通的皮埃希得知后,马上从德国“大众”总部打电话给洛佩斯。据知情人说,甚至西班牙国王卡洛斯也给他去了电话,希望大众汽车公司在西班牙建厂。三天后,通用公司举行记者招待会,总裁史密斯在会上宣布提升洛佩斯的消息,然而为时已晚,洛佩斯已携带数百公斤的资料,不辞而别,人去楼空……

皮埃希不遗余力地把通用汽车公司的洛佩斯挖走,从而大大加速了发展。

在这里,虽然洛佩斯将公司商业机密大量带走是有悖职业道德的行为,但从大众公司不遗余力地挖人才的行为来看,能够得到一流的人才,能够探得更多竞争对手的情报,的确是加速发展,提高竞争力的有效手段。由此来看,人才的重要性也不言而喻。

5. 锁定目标,采取行动

鬼谷子认为,我们平时说话、办事要想达到预期的效果,就要根据情形,制定策略,即必须通过调查研究,掌握实情,然后根据实情锁定目标,采取行动。如果在掌握实情之前就盲目行动,必然遭遇失败。

有一只狐狸,不小心掉进井里,爬不出来了。正好一只山羊口渴了,来到井边。它发现了狐狸,便问:“狐狸,井水好喝吗?”狐狸说:“这井水清澈甘甜,你赶紧跳下来,咱们一起喝吧。”山羊相信了狐狸的话,“扑通”跳了下来。当它喝完水后,才发现上不去了。狐狸对他说:“我有个好办法。你用前脚扒在井墙上,我踩着你跳上井去,再拉你出来,我们就都得救了。”山羊同意了。狐狸跳出井

口以后，就不再管山羊了。山羊生气地骂狐狸不守信用。狐狸对井下的山羊说："喂，伙计，如果你的头脑和你的胡须一样完美，就决不会在没想到上来的办法前就跳下去。"

事先不经过调查研究就盲目行动，这样的人就像那只被狐狸骗得团团转的愚蠢的山羊一样，在陷入困境时深陷其中无法自救。与此相反，一个聪明人在行动之前就会把情况调查清楚，并预见到事情的结果。

人与人之间是相互依存、相互关联的，既存在着广泛的矛盾，也存在着广泛的利益。怎样才能做到你知我知，相当重要。这就是说，只有看透对方，才能不至于陷入误区，才能行之有效地处理棘手的问题。

刘邦西进后，进展还算比较顺利。部众也由原来的数千人，发展到了近十万人，他踌躇满志地向武关进军。当年，楚怀王轻信秦国谎言，不听屈原等忠臣义士的劝告，亲赴武关与秦言和，结果被扣为人质，押解囚禁于秦都咸阳，最后客死他乡，酿成千古遗恨。唐代大诗人杜牧经过此地，忆起这段史迹，触景生情，写了一首《题武关》的诗：

碧溪留我武关东，一笑怀王迹自穷。
郑袖娇娆酣似醉，屈原憔悴去如蓬。
山墙谷堑依然在，弱叶强吞尽已空。
今日圣神家四海，戍旗长卷夕阳中。

刘邦率军来到武关，想起怀王的这段往事，也百感交集，慨然长叹。他环顾四周，但见崖高壑深，路窄难行，易守难攻。关上秦军，居高临下，虎视眈眈。刘邦心里盘算：如若驱兵强攻，势必造成惨重伤亡，一定要想另外的办法，以计取胜。这时，营外通报：秦军丞相赵高派使者来与刘邦讲和，声称，只要沛公答应与丞相合作，丞相愿意献出咸阳，二人平分关中，共同称王。刘邦很了解赵高的为人。赵高出身于原赵国一个贵族之家，后来家境没落，随父母流亡到秦国，因父母触犯了秦律，受到严惩，他也受牵连而被处以宫刑，沦为官奴，在秦王宫廷里服杂役。赵高对自己的“卑贱”地位一直耿耿于怀，总想千方百计出人头地，改换门庭，凭着他的小聪明，又通晓狱律法令，不久就赢得崇法尚刑的秦王政的欢心。秦王政灭掉六国，更名为“始皇帝”，赵高亦被任为“中车府令”，管理宫廷车马辇舆，同时执掌秦朝的印符玉玺，为皇帝起草诏书命令，还兼任公子胡亥的师傅，给胡亥讲授法律。为了取悦胡亥，赵高常常把宫廷机密要闻透露给胡亥，胡亥因而把赵高当作知己。

秦始皇为求得长生不老之术，带着丞相李斯、中车府令赵高和幼子胡亥，进行第五次巡游。他祭祀完大禹又去寻找神仙乞求长生不老仙丹。百般折腾了好几天，仍然一无所获。秦始皇三十七年（前210年），秦始皇在南巡途中一病不起，知道自己大限将至，于是连忙召见丞相李斯，要李斯草拟密诏，立扶苏为太子。当时，掌管玉玺和诏书的是宦官赵高。赵高早有野心，看准了这是一次难得的机会，就故意扣压了密诏。几天后，秦始皇驾崩。李斯怕太子回来之前，政局动荡，所以秘不发丧。赵高特意去找李斯，告诉他，皇上赐给扶苏的信，还扣在我这里。现在，立谁为太子，我和你就可以决定。狡猾的赵高知道李斯是个权力欲很强的人，又了解到他与大将军蒙恬不和，于是就借机对他讲明利害：如果扶苏做了皇帝，一定会重用蒙恬，到那个时候，宰相的位置你能坐得稳吗？一席话，果然把李斯说动心了，于是二人合谋，制造假诏书，赐死扶苏，杀了蒙恬。把昏庸无能的胡亥扶为秦二世。

整个秦朝易主之事全由赵高一人的私心而发生历史性巨变，可见，赵高为人飞扬跋扈、奸佞无比。尽管他能控制秦二世和朝中大臣，可对迅猛发展的农民起义军，却毫无办法。刘邦率军向武关挺进的时候，派了一个叫宁昌的人"使秦",以和平谈判为掩护,目的是打探秦统治集团内部的消息。刘邦的军队打到关中的南大门了,咸阳城里一夕数惊。赵高也沉不住气了,想了个以退为进的办法,派亲信人物代表自己赴武关与刘邦谈判,企图保住手中的权力。刘邦虽然急于入关,早点做"关中王",却不肯与赵高这样阴险的人物同流合污,但他觉得可以对赵高的阴谋加以利用。于是他十分热情地接待了赵高派来的使者,并煞有介事地与其谈判,同时故意把谈判的情况四处张扬,大造和谈将成的舆论。武关守将初见大兵压境,惊恐万分,又是增派岗哨,又是加固城防,厉兵秣马,日夜警惕。如今看着朝廷派来的使者与刘邦谈判,双方置酒把盏,握手言欢,一颗高悬的心落了地,对部下的管束也不严了,派出去的岗哨也撤回来了。第二天天色未明,刘邦出其不意,挥军进攻,一举攻占了武关。武关守将睡梦未醒,便束手就擒。赵高的使者见势不妙,慌忙逃回咸阳报信。刘邦看透赵高的人心,表面上与朝廷和解友善,使敌人放松警惕,暗中却布阵寻找机会打击敌人,然后一举攻城夺地,如此巧妙地将敌人制服真是高明。

在现代商业领域,鬼谷子的话同样适用。

王先生是某个公司的所有人,经过银行介绍,他想以200万元的代价把他的公司卖给张先生。为了尽快完成交易,王先生把经营这家公司的前景大肆吹嘘了一番。但是张先生没有轻信他的话,经过多方仔细调查,他发现这家企业其实已摇摇欲坠,而且欠银行一大笔钱,如果公司卖不成,银行也势必跟着倒霉。因此,张先生决定让银行做媒介,给王先生施加压力。于是张先生跑去对银行负责人说:"看目前的情况,这家公司顶多值50万元,但王先生不会接受这个价格,所以您必须帮助我和他好好谈谈,否则公司破产,您也会跟着遭受损失。"银行方面也认为50万元价格是十分公平合理的,于是从中撮和,最后生意谈成,双方以50万元价格成交。

在收购公司的过程中,张先生并没有被王先生的吹嘘之词所迷惑,而是做了大量实际调查工作,估算该公司的实际价值,然后利用银行的利益关系巧借银行来压价,终于以较低的价格完成了收购。

搞好调查研究,是进行正确决策的基础和前提。调查研究是科学决策的基础,是掌握全局和指导工作的重要手段。每天面对的是纷繁复杂的人群和具体的工作任务,能否做好该做的事,离不开调查研究的手段。因此说,通过调查研究,可使我们的思想认识得到丰富和发展。

在现代商业领域,企业或个人在做出某种买卖或投资之前,也要进行充分的调查研究,在掌握正确信息的基础上做出决策,以最大限度地获取经济效益。可见,做任何事情之前,调查研究都是不可缺少的。

6. 团结就是力量

“欲合者用因,欲去者用处。处因者,必明道数,揣策来事,见疑决之。策无失计,立功建德。治民入产业,曰:楗而内合。”这句话中鬼谷子所强调的是如何加强内部团结的问题。简而言之,就是一个企业,如何做到内部团结的问题。

为创造和谐的团队气氛,营造良好的工作氛围,提高工作效率,现在的企业都应该树立团结就是力量的思想,加强同事之间相互配合,鼓励他们相互帮助,不断强调团队合作的重要性。如果同事彼此间勾心斗角,相处不融洽,这样时间久了,心情就会压抑,工作就会受到影响。良好的同事关系对个人的发展至关重要。对每一位职场人士来说,与同事的关系是和则双赢,闹则两败。

只有经常相互沟通,才能在同事之间建立良好融洽的人际关系。而要做到这一点,除了相互帮助、相互谅解之外,得体恰当的语言也是非常重要的。许多争吵,甚至发生在平素关系非常密切的同事之间,很大一部分原因就是说话不讲艺术,使对方误解,以致造成同事间的隔阂。

在佳佳食品公司里面,销售部经理冯阳与宣传部的张港经理就是冤家对头,每逢冯阳找张港,就会被皮球砸得“鼻青脸肿”。张港为人热情,表面看很支持冯阳的工作,但却总在不经意间把自己的任务踢给冯阳:“你是掌握财权的领导,这事还是你负责吧?”或“如果这件事由你而不是我去联系,对方可能会更重视。”甚至说:“明天吧,今天我还有紧急的私事处理!”而冯阳刚进入这个公司,正急于出精彩成绩,最近两周总遭遇这个瓶颈,让他苦恼甚至愤恨不已。长此下去,无功的自己只有走人了。

此时,冯阳突然想起一句话"把脚放进别人的鞋子里"。于是他自己仔细观察后,发现张港不是有意地折磨他,而是家里的孩子高考后分数低找不到好的学校,于是他托大学的一个同学,很快的解决了张港的后顾之忧,结果两个人很快的成了一个好的搭档。

在同事之间出现不和睦的时候,不要急于去批评别人的错误,要先想想自己的不足,然后明确态度,寻找正确的方法去改善不和谐的同事关系。首先,要学会从他人的角度来考虑问题,设身处地地替他人着想。在当他人遭到困难和挫折时,要伸出援助之手,给予帮助,在必要时作出适当的自我牺牲。良好的人际关系往往是双向互利的,您给别人的种种关心和帮助,当自己需要帮助的时候也会得到回报。在群体生活中,我们都是相互依存的个体,在面对共同的任务时,要拧成一股绳,加强团结,将工作做到更好。

7. 要洞察先机,勿明珠暗投

儒家把"忠"作为人臣的第一信条,我们今天则把"忠"分成忠烈和愚忠。鬼谷子显然是反对愚忠的。他认为,遇到"上暗不治,下乱不寤"的情形,就要"反";自己不被重视,就要"飞"。这一"反"、一"飞",充分表明鬼谷子对"明珠暗投"持激烈的批判态度。

"明珠暗投"的典故出于西汉。当时,汉景帝的弟弟、梁孝王刘武有位门客叫邹阳,他才华出众,颇受重用。邹阳知道梁孝王觊觎皇位,于是极力劝告梁孝王去除非分之想,惹得梁孝王不高兴,最后竟被打入监牢。邹阳不甘心含冤死去,他在狱中写了封信给梁孝王,信中说:"珠玉本是众人至爱的珍宝,可若是在黑夜里将它抛掷在路人的身上,人们就会按着剑对它怒目而视,怪它砸了自己……"邹阳用"明珠暗投"的比喻,深深打动了梁孝王,不久即获释出狱。不仅如此,梁孝王还把邹阳敬为上宾,以表明自己是爱惜人才的主子。

末世无英才,贤者或隐于市,或已被奸人陷害。一个朝代的君主贤明,满朝才会人才济济。因为治世之君能识正直的忠臣,并对他们加以保护。唐太宗时十分赞赏敢于当面对他提出批评的谏议大夫魏征。有一次,唐太宗问魏征:“历史上的君主,为什么有的人明智,有的人昏庸呢?”魏征说:“能够听取各方面意见的君主,就是明智的;片面听取个别人的话,就是昏庸的。在历史上,尧、舜属于明智的君主,而秦二世、隋炀帝这样的就属于昏庸的君主。君主要是广泛听取臣民的意见,就能了解下面的情况,不会被小人所蒙蔽。”唐太宗点头称是。

在治世明君面前,一个人的正直可博得功业、名望。相反,在乱世昏君面前,这种正直就是找死,而且不会给任何人带来好处。

有一则寓言说,一天风暴来了,一个农夫被困在家里。到了晚上,他饥饿难忍,可家里什么食物也没有了。他想来想去,只好把家里的绵羊给吃掉了。第二天和第三天,风暴没有停止。他靠着这只绵羊维持着生活。然而又过了几天,风暴还没有停止,农夫又把家里的山羊吃掉了。后来,风暴仍然没有减弱,他又吃掉了那耕田的牛。守门的两只狗看见农夫干的事,互相说道:“我们快离开吧,主人连辛勤耕作的牛都吃了,又怎么能放过我们呢?”

当面对朝政的黑暗,动乱形势又不可逆转时,为防止自身深陷其中,有识之士就应该当机立断,该退即退,远离黑暗,隐身自保。若偏想要逆流而上,最终自身会受到损害。但是,在那个“君要臣死,臣不得不死”的年代,君王就是国家,忠君就是爱国。赶上好时机摊上个明主是臣子们的福气。如果生不逢时,摊上个很愚蠢的君王,那么做忠臣

就需要时时做好要死谏的准备。“人生自古谁无死,留取丹心照汗青。”人固有一死,死得值不值,那就看个人价值观和后人的评价了。

商纣王的叔叔比干就是一个鲜明的例子。在商王朝病入膏肓、不可救药之时,正直的比干还是不停地向纣王进谏,希望他回头是岸,最终却被商纣王残忍

杀害。其他的许多近臣,了解到纣王暴虐、覆亡在即之后,纷纷出逃。有的逃于荒野,如纣王的兄弟微子;有的携带商王的祭器和乐器投奔周族,如商纣王的太师疵、少师疆等。箕子虽然因未逃走而遭纣王囚禁,但他仍端正其心志,未与纣王同流合污。我们无法说哪种做法、哪种价值观是正确的,只能说更敬佩哪种价值观。有些时候,那些比生命、比现实价值更重要的东西,往往更值得我们敬佩。的确,人生于世,就应该有点精神,就应该承担时代所赋予的责任。

总之,君子应该有洞察先机之明,在事情还未发展成恶果时就该有所觉察,并能果断决策,急速离去。这与傍晚时归巢的鸟十分相似,当太阳开始落山,尚未收尽余晖之时,鸟类已开始归巢。它们并不是等到黑之后才开始归巢。可见,连鸟儿都懂得这样的道理,我们人类更应该吸取教训,洞察先机,及时行动,以求自保。鬼谷子用一个“飞”字,也使人感到君子的离去就像鸟儿那样迅速。

8. 学会克制自我,避免非分之想

鬼谷子认为,英雄一旦找到了用武之地,就要积极进取,建功立业。而在政治动荡或不适于从政时,该放手时就要果断放手,学会急流勇退,以免引起灾祸,切不可痴迷于权力或富贵,存在非分之想。

春秋时期,吴王夫差打败了越王勾践,并俘获勾践为吴国的奴隶。后来,勾践在范蠡、文种等人才的辅佐下,励精图治,壮大国家,最终复仇成功,夫差也被逼得拔剑自杀。吴国被消灭以后,范蠡辞掉官职,到北方做陶器生意,后来成了当时有名的大富翁。直到今天,人们还称他为“陶朱公”。据说,范蠡在离开越国以后,写了一封信给好朋友文种,劝他舍弃功名富贵,做一个快乐、自由的人。他在信中写道:“鸟儿们都被射杀光了,再好的弓也要收藏起来;狡猾的兔子死了,猎狗也会被主人杀掉,煮来吃呢!”文种认为越王对自己十分优待,不会那么绝情,所以没有听从范蠡的建议。不久,越王听信谗言,怀疑文种对他不忠,真的逼他自杀了。范蠡和文种对待名禄的态度不同,他们的结局也大相径庭。这对现代的人们，应该有很深的借鉴意义。

越王勾践忍辱负重，卧薪尝胆十年，终报大仇，值得称道。但令人心寒的是他心胸狭窄，连与自己一起同生死、共患难的大臣文种都不放过。范蠡富有先见之明，他深知勾践的为人，懂得急流勇退的道理，才得以在残酷的政治斗争中保全自己。相比之下，文种的想法就未免太过天真了。

人是会思想的动物。人的思想有正常和非分之别，正常的思想使人生活愉悦，精神充实，推动社会的发展和进步。非分之想是一种非理性的思维活动，企盼本来不属于自己的东西，是人思想道德修养的大敌。思想是行动的先导，如果不善于克制心中的非分之想，就很容易走入歧途。

古代有一则寓言：从前，海边住着一个人，他非常喜欢海鸥。每天一大早他就来到海边，跟海鸥一起玩耍嬉戏。时间一长，他跟海鸥成了朋友。每天，只要他一出现，成群的海鸥就接连不断地向他飞来，有些还停在他的肩头，和他非常亲热。有一天，这个人的父亲对他说："听说海鸥都不怕你，喜欢跟你一块玩耍，明天，你捉一只回来，给我解解闷吧！"那人不敢违抗父亲的命令，只好答应下来。第二天一早，这个人又来到海边，他等着海鸥落在他的肩头，好抓上一只带给父亲。可是，奇怪的是，海鸥们只在他的头顶上飞翔，再也不肯落下来跟他一块玩了。这个人在海边呆了半天，一只海鸥也没有抓到。一个人存有非分之想，做不善之举，心里自不免急躁，就连鸟儿都蒙骗不了。

可以说，非分之想是人性的致命弱点，如果不常加以祛除，听之任之，势必会给事业、生活造成不应有的损失，也会葬送个人的前程。

有一个懒汉，跟邻居去学钓鱼。到了河边，懒汉放下诱饵，头脑里便开始想入非非："要是这次我钓上了一条金鱼多好，金鱼又生很多小金鱼，我拿到市场上去换来很多银两，然后我不用干活，我去买洋房，还有我要娶三个老婆……”懒汉这样想着，不时地做着钓上鱼的动作，可惜，鱼竿一点动静都没有，只是在他的行动下泛起了涟漪。没过一会儿，邻居钓上了一条一尺来长的大草鱼，懒汉心生妒意，把鱼竿一甩，去向邻居学钓鱼的经验：“我们是一样的诱饵，同样的河流，为什么我钓不上鱼而你却能呢？”邻居笑着说：“我能钓上鱼儿因为我头脑里有目标，所以我心静如水地等鱼儿上钩，你钓不上是因为你头脑里只有钓鱼的愿望，反而心浮气躁。”

做事情时要全神贯注，要有耐性。若有非分之想，心术不正，即使是能钓到的鱼儿也不会上钩，能做到的事情也会变得很艰难。

从古至今，非分之想最主要的表现是“贪”。李崇和王元融都是北魏的高官。一次他们随太后视察左藏库，太后下令赐随行人员布匹且让他们自己挑选。李、王二人唯恐拿得少，结果由于背得太重，一个闪坏了腰，一个摔断了腿。爱贪小利使得他们成为了千古笑柄。在当今的商业社会里，赚钱发财似乎是每个人的目标。更多的得到利益，而且嫌少不嫌多，这是人们共同的心理。但是君子爱财，取之有道，人切不可有贪心。居家过日子的人如果过于贪，他就很难开心起来；身为官员如果过于贪，那么他将会丧失政治前途；生意场中如果过于贪，那么他就会失去许多合作伙伴，生意惨淡。

现今社会，物欲横流，到处都是诱惑的陷阱。因此，要学会克制自己的非分之想，忍住自己的贪心，这样才不会迷失自己。

9. 揣测心意，有效说服

鬼谷子说：“欲说者务稳度，计事者务循顺。”也就是说，要想说服他人，务必要暗中揣测对方的心意，顺势而为，顺其自然。

齐宣王一心想称霸，有次他向孟轲请教一个问题：“怎样才能统一天下，像我这样的人能不能统一天下？”所有的国君都爱听颂扬的话，孟轲就说：“能。”他略沉思了一下，接着说：“我听说，有一次新钟铸成，准备杀头牛祭钟，您因为看见无罪而被杀的牛在发抖，感到不忍，不让杀那头牛，是有这么回事吧？”

齐宣王想不到自己的善举连孟老夫子也知道，十分高兴，赶紧回答说：“是啊，有。”孟子说：“大王，凭您这种恻隐之心，就可以行王道，统一天下。”齐宣王越发高兴起来，急于听下面的话，孟子接着说：“问题是您肯干不肯干罢了。比如有人说，‘我的气力能举起千斤的东西，但却举不起一根羽毛，我的眼睛能看得清鸟兽毛的尖端，却看不见满车的木柴。’您相信这话是真的吗？”齐宣王答道：“我当然不相信这种话。”孟子继续说，“现在大王的恩惠足以推到禽兽的身上，但这样的功德却推不到百姓的身上，这就和不肯举一根羽毛和看不见一车木柴一样，也同样叫人不能相信。如今老百姓所以不能安居乐业，这是因为您根本不去关心的缘故，而不是能不能做到的问题。所以我说，您能行王道，能统一天下，问题是您不愿意去做，而不是做不到。”齐宣王说：“不愿意做和做不到有什么区别呢？”孟子说：“要一个人把泰山夹在胳膊下跳过北海，这人说：‘我做不到。’这是真的做不到。要一个人为老年人折一根树枝，这个人说：‘我做不到。’这是不愿意做，而不是做不到。大王您没有做到用道德来统一天下，不是属于把泰山夹在胳膊下跳过北海的一类，而是属于为老年人折树枝的一类。‘老吾老以及人之老，幼吾幼以及人之幼’，做到了这一点，整个天下便会像在自己的手掌心里运转一样容易治理了。古代的圣贤之所以能远远超过一般人，不过是善于推广他们的好行为罢了。如今大王您的恩惠能够施及动物，却不能够施及老百姓，这是为什么呢？”

孟子对齐宣王的回答，宣扬保民而王，施行王道，他列举生动形象地比喻，运用一些论辩技巧，在不伤齐宣王颜面的前提下使齐宣王深刻领悟其中的道理，并使他心服口服。孟子知彼知己，善于揣摩听者之心，懂得取悦于对方，以便使谈话继续。然后，又从不同角度提出问题，问题有正反夹杂，有明知故问，变化多端；一接一问，使谈话内容层层深入，说服力极强。

【国学精粹珍藏版】

鬼谷子

李志敏⊙主编

卷二

◎尽览中国古典文化的博大精深

◎读传世典籍，赢智慧人生

——受益终生的传世经典

民主与建设出版社

10. 进献计谋，巧言连横

“内楗术”主张拉近与游说者对象的距离，找准对方的心理契合点，在心理上让对方对自己有认同感，从内心上去打动对方，然后再向对方提出自己的建议和谋略，进而影响对方的决策。这就是《鬼谷子》提倡的进献计谋的方法。战国时的张仪可算是运用“内楗术”的又一高手。

战国末期，秦惠王任用张仪做国相，用连横政策对付诸侯的合纵政策，取得巨大成功。

张仪先后去魏国四次，终于劝说魏哀王尊秦王为帝。接着，张仪以商於之地欺骗楚怀王，引起秦、楚两国在蓝田大战，结果楚军惨败，被迫与秦国结为盟邦。

张仪又趁势去威胁韩王，他说：“韩国的地势险恶，百姓都居住在山区，赶上一年粮食歉收，就得吃糠度日。土地方圆不满 900 里，国库没有积存两年的粮食。大王的军队加上那些砍柴煮饭的杂役，还不足 30 万。要是再除去防守驿站边防的兵卒，现有的军队只不过20万罢了。然而，秦国的军队装备精良，上千辆战车、上万匹战马，还有一百多万的能弯弓射箭、挥戈上阵的勇猛战士。秦国的士兵曾赤膊打败山东六国披甲戴盔的兵士，秦军气势之勇猛让人敬畏。他们攻击弱小的国家，就像千钧的力量砸在鸡蛋上面，没有不胜利的。许多诸侯国土地狭小、军队怯弱，还听信小人的谗言，说什么'听从我的计策，可以称霸天下'。这种不顾及长远利益的意见只会贻误国君您。假如大王不臣服于秦国，秦国会派军队占领宜阳，断绝韩国通往上党地区的道路，然后再向东取得成皋、荥阳，大王的国家便被分裂了。服从秦国，便能得到安定；不服从秦国，便遭受危险。如果顺从楚国，背叛秦国，就会招来仇怨，要想国家不灭亡，是不可能的。秦国最希望的事，是削弱楚国。如果，大王西面侍奉秦国，而攻打楚国，秦王必定高兴，大王也能从楚国那里得到土地，实在没有比这计策更好的了。"韩王听从了张仪的建议。张仪返回，秦惠王封赏给张仪5个都邑，封他为武信君。

秦王又派张仪去劝说齐王。张仪到了齐国见到齐王，对他说："当今天下论富足没有能够超过齐国的，朝中的大臣都是同姓父兄，人民众多，富足安乐。但是，为大王出计策的人，都是只求暂时的愉快，而不顾国家长远的利益。那些主张合纵的人游说大王，必定会说齐国西面有强大的赵国，南面有韩国和魏国。齐国是背靠大海的国家，土地广大，人民众多，兵卒强健，战士勇敢，秦国再强大也对齐国毫无办法。大王赞许他们的说法，却不衡量实际情况。我听说，齐国和鲁国打了三次仗，三次都是鲁国胜利，但是鲁国却因此而衰弱，随之而灭亡了。名义上虽战胜，而实际上却亡国，这是什么原因呢？那是因为齐国大而鲁国小啊！如

今秦国和赵国相比，就同齐国同鲁国相比一样。秦、赵两国在漳水边上交战，打了两次，赵国都战胜了秦国。但是等到第四次交战后，赵国损失了几十万军队，最后仅存下都城邯郸。赵国虽然名义上取胜了，但国家却破烂不堪，这是为什么呢？还是因为秦国强大而赵国衰弱啊。"

"如今，秦、楚两国已经联姻，结为兄弟之邦。韩国向秦国献上宜阳、魏国向秦国献上河外，赵国也在渑池与秦国会盟，割让河间一代地方侍奉秦国。假如大王不臣服秦国，秦国必将让韩、魏两国攻打齐国南边，让赵国的军队全力渡过清河，齐国想臣服也来不及了。望大王考虑一下吧！"

齐王说："齐国地处偏僻，远在东海边上，从来就不曾考虑过国家的长远利益，多亏您为我们打算。"于是，他答应了张仪的服从秦国的要求。

张仪便离开齐国，到赵国去劝赵王："秦国派遣我这个使臣，来给大王您献上一个计策。大王率领天下诸侯来共同抗拒秦国，使得秦兵15年之久不敢走出函谷关，大王在山东各国声名远扬，秦国非常畏惧和佩服。这期间，秦国只能修治战车，磨砺兵器，练兵习武；努力种田，积存粮食，防守边境。不敢稍微有所行动，唯恐大王责备我们的过失。如今依靠大王的督促，秦国已经攻下巴、蜀，兼并了汉中，占领了东、西二周，得到了传国的九鼎，防守着黄河南岸的白马津。秦国虽处在偏僻荒远的地方，但心怀愤懑的日子已经很久了。"

"现在，秦国有一支不算精良的军队，驻扎在渑池，正准备渡过黄河，越过漳水，进占番吾，聚集到邯郸城下，并准备效法武王伐纣的做法，在甲子这一天，与赵国交战。秦王因而慎重地派遣我为使臣，来敬告大王。"

张仪接着说："算来大王最相信的，而且依靠他来推行合纵政策的人,就是苏秦。苏秦蛊惑诸侯,颠倒黑白,混淆是非。他想暗中颠覆齐国,却使自己被车裂在刑场上。现在各国诸侯无法再联合为一体,已经是显而易见的事了。如今,秦、楚结为兄弟之邦,韩、魏都已经向秦国称臣,成了秦国东边的藩属国。齐国也献上生产鱼盐的地方给秦国,这就等于斩断了赵国的右臂。断去右臂而和人争斗,失去同党而孤立,赵国的危险是迫在眉睫啊!"

"现在假设秦国联合四国军队共同攻打赵国,赵国将不得不将土地分成四份给参战的四国。我私下里为大王着想,最好的办法是和秦王在渑池会谈,互相见面,在口头上做个约定,请求军队不要进攻。希望大王早做决定。"

赵王听了,急忙解释说:"先王在世的时候,奉阳君专权,蒙蔽欺压先王,那时我还身居在宫内,跟随师傅读书,不参与国事。等先王去世后,我年纪还小,继承王位的时间还不长。后来,我也暗自揣摩,诸侯联合而不服从秦国,不是国家的长远之计。所以,我将改变以往的做法,准备割让土地给秦国,以赎回以前的过错。我正在预备车辆,前去请罪,正好接到使者您明智的劝告。"

赵王答应了张仪的建议。于是张仪又动身北去燕国,去劝燕王,成功地说服燕王献上五座城池,亲秦弃赵,实现了连横策略。

张仪劝韩王时刻意对比韩国的弱小和秦国的强大;劝赵国则利用外交方面的优势,从全局分析。另外,紧抓住和纵联盟的失败对各国君主造成的心理影响,能恰到好处地找到各国君主最担心之处,也是游说成功的基础。张仪运用语言的艺术,巧施计策说服六国,令人叹服。他一一揣测各国君主的心思,根据不同的国家采取不同的突破口来劝说,最后全部成功。

知己知彼,方能百战不殆。游说的目的是让对方听从自己的建议,使局势为我所控制。这就要知道对方怎么想,再从对方的利益出发,是对方认同自己的观点。这也是"内楗术"运用中的关键之处。

11. 善于发挥感情效应

以“情”为中心，以“谋”为变通之法，这是鬼谷子的主导思想，也是“内楗”的核心。发挥情感效应的方法很多，比如，赞美、关心、理解、帮助等。可以说，这一方法普遍适用于人际交往以及方方面面的管理之中。

常言道：“赞美不蚀本，舌头打个滚。”赞美并不是一件难事，有时只需片刻思索去找到别人的优点，就能得到意想不到的回报。平时，人们总是习惯赞美领导、同事、客户，却总是遗忘了为自己创造企业价值的员工。其实，赞美是管理者与员工理解沟通的最佳方式，更是一种有效的推动力量，它可以鼓舞员工的斗志，激励员工创造出更大的利润。

你可能会觉得身为领导就要时刻维护领导的尊严和地位，但为了企业的发展，放下架子，适当地赞美员工也是值得的。当然，赞美要出于真心，让员工看出你的真诚，这样才会得到员工的信任。《新唐书·李勉传》中说：“其在朝廷，鲠亮廉介，这宗臣表，礼贤下士有始终，尝引李巡、张参在幕府。”古人尚如此，何况今人乎？

在《三国演义》中生动地叙述了刘备的一个非常感人的故事：刘备被曹操打得一败涂地，但他不听众将的劝说，冒着被曹操追上的危险，扶老携幼带着全城的百姓出逃，甚至看着百姓落难的痛苦情景时，还惭愧地掉下了眼泪。这一次，刘备虽然大败，但却赢得了民心。同样，在论述帝王之术的经典著作《贞观政要》的开篇就记载着李世民的这样一段话：“为君之道，必须先存百姓，若损百姓举其身，犹割股以换腹，腹饱而身毙。”无论是刘备也好，还是唐太宗也罢，他们无不是在用自己的言行来验证一个简单的道理：“得人心者得天下。”

日本麦当劳名誉社长藤田田也是一个非常善于感情投资的人。他每年支付巨资给医院，作为保留病床的基金。如职工或家属生病、发生意外，即能立刻住院接受治疗，即使在星期天也能马上送入指定的医院，避免在多次转院的途中因来不及施救而丧命。对此，有人曾经问过藤田田，如果他的员工几年不生病，那这笔钱岂不是白花了？藤田田回答简单而有力："只要能让职工安心工作，对麦当劳来说就没有白花钱。"

此外，藤田田还把员工的生日定为个人的公休日，使得每位职工在自己生日当天和家人一同庆祝。对麦当劳的员工来说，生日即喜日，也是休息的日子。生日当天，该名员工和家人尽情欢度美好的一天，以百倍的精神投入到工作当中。不仅麦当劳的员工可以在生日这天受到优待，即便是其太太和小孩过生日，社长藤田田都会送一束鲜花表示祝贺，鲜花的价钱并不昂贵，但是通常会让这些太太们十分高兴，连说"我先生都忘了我的生日，想不到社长却记得送束花，实在太感谢了"。

"太座奖金"制度也由藤田田首创的，"太座奖金"就是对优秀员工的太太发奖金，并附上短函："公司能有这么好的业绩，都是各位太太的协助，虽然直接参与工作的是先生们，可是如果没有你们这些贤内助，先生们的工作成绩将大打折扣，所以这笔奖金是你们应得的。"

不言而喻，他的麦当劳里的每一位员工都是以最大的热情投入到工作中，由此可验证藤田田的这种策略是十分高明的，他只用了较少的花费，就换来了员工的积极性。

人人都有爱的需要，当你通过某人办成一件事情的时候，就一定要关注他的需要，然后满足其需要，这也可以说成是一种投资，但又不比物质投资。感情是慢慢培养起来的，是先予后得。凡是擅长此道的人，对于投资回报率的期望值，都有一个精明的打算。天下没有免费的午餐，同样，商界中也不会有人毫无缘由的给你好处，所以，每一次好处中都包裹着一种叫做"利益"的馅儿。因此，任何一位想要成功的企业家，都要学会这种取利方式，如此定能得到极为可观的经济效益。

在自我意识越来越觉醒的今天，权威性或强制性的领导越来越不受欢迎，在事实上也愈来愈成为不可能。所以领导必须进行情感投入，用真情打动下属的心，通过攻心来达到忠心。这也正是鬼谷子在“内楗篇”中所倡导的以“情”为中心的重要所在。

12. 情感激励不可少

在鬼谷子关于“内楗术”的运用中，最关键的是要把握对方的心理，“得其情，乃制其术”。即只有了解对方的真实意向，才能根据实际情况确定方法。就管理实践而言，在了解对方意愿的基础上，采取一定的策略，施行一定的情感激励，不失为一种有效的管理方式，所以说情感激励不可少。

“情感激励”即从员工的感情需要出发，通过情感上的关心、尊重、信任等手段来满足员工这种精神上的需求，从而激发员工的工作热情，为企业创造更高的利润。从实质上来讲，强调更多地利用情感的方式激励员工是对传统的单一物质激励所存在的弊端的一种弥补，使得管理者的激励手段更完善，使激励的效果更有效。

在很多情况下，人们都有一种维持现状或想再增加收入的情绪和欲望，但万一奖励消失，就会使人产生受挫折的心理。可以说，物质激励更多的是一种商业上的交易，这难以在员工的内心深处形成持久的动力。而且只是单纯地强调物质激励，也会削弱员工对工作的意义和兴趣的追求。

更为严重的是，单纯的物质激励还会损害人的基本道德，很难想象企业在面对困境时员工是否还会对工作有一种责任感。所以，以单纯的物质奖励套住员工的方法有待商榷。

春秋战国时期，商人们一般都不愿雇用头脑灵活的人做事，而齐国有一位商人叫刀闲，他却与众不同，专门使用头脑聪明的人，并给予丰厚的报酬和充分的信任，放手大胆地让他们去干。这些雇工干得十分卖力，也非常出色。明朝时候，苏州有个叫孙春阳的杂货店，其店分为南北货房、海货房、腌腊房、酱货房、蜡烛房，他也靠着灵活的经营方式赢得了万千顾客，有记载说："售者由柜上取下一票，自往各房发货，而管总者掌其纲。一日一小结，一年一大结。自明代至清乾隆年间二百多年，子孙尚食其利，无他姓顶代者。"

如今，当你走在大街上，闯入视线的那些形形色色的银行几乎随处可见，它们的存在几乎垄断了现代金融流通领域的全部，而在此之前很长一段时间里，在金融流通领域中发挥重要作用的是一种叫做票号的行庄。它的存在虽然仅仅百余年时间，然而在当时却曾一度控制了整个大清国的金融流通。如果说票号的产生是中国金融史上的一个传奇，那么创造这个传奇的则是晋商中大名鼎鼎的人物雷履泰。

雷履泰，生于清乾隆三十五年(1770 年)，卒于道光二十九年(1849 年)，山西平遥县洪保村人，中国金融业泰斗，山西票号创始人，对我国金融业发展贡献颇大。

雷履泰创办"日升昌"后，业务不断繁荣，分庄不断增加，用人也越来越多。

后来，票号继起者甚多，但没有一家敢与之匹敌。日升昌始得"天下第一号"、"汇通天下"之称。由于雷履泰在号中日夜操劳，功绩显赫，同仁在祝其七十大寿时特赠金字牌匾一块，上书"拔乎其萃"四个大字，以雷的才华业绩实为当之无愧。

这里要特别提一下雷履泰在用人方面的策略。他对每个入号的伙计都要进行数年的观察和培训。这种观察和培训方法被后代商人概括起来就是："远则易欺，远使以观其忠；近则易狎，近使以观其敬；烦则难理，烦使以观其能；卒则难办，卒使以观其智；急则易夹，急使以观其信；财则易贪，委财以观其仁；危则易变，告危以观其节；杂处易淫，派往繁华以观其色。"大意是说，总号把伙计分派到远近、繁华、贫富不同的票号所在地，通过让伙计处理繁杂、危机的事情，以考察他们的做事能力和做人原则。

雷履泰对用人、择人的重视收到了成效，正是由于他的知人善任，“日升昌”票号才走上了辉煌的发展之路。在此后100多年时间里，这条准则也作为票号最珍贵的传统，一代又一代地传递着。

贺达庭，清朝嘉庆年间陕西渭南县赫赫有名的大当铺主，他在关中各处都拥有当铺，共有30多处，分布在渭南、蓝田、长安等地。他经商成功有许多要诀，其中的要诀之一就是善于用人。他曾经总结出用人三法：用人之长，以理服人，及时监控。其中，用人之长是他用人最大的特点。

贺达庭向来不计人才的短处，只看其有没有长处。他认为，一个人若有一技之长，即使其他的小毛病不断，也可以为己所用。俗话说：金无足赤，人无完人。如果用求全责备的态度来要求每个人，那么未免过于苛刻，事情肯定会适得其反。

有一个叫刘才的人，原来是一个赌棍。每天不务正业，经常通宵达旦地与人赌博，父母给他遗留下的殷实家产很快就被他败坏没了。贺达庭了解他的事情后，并没有看轻他，且在收服他之前，就已经决定让他充当一名特殊的“公关”角色，专门让他和社会上层的达官阔少们打交道。在贺达庭的不断督促下，刘才终于改掉了许多恶习，而且不负所望，为贺达庭赢得了很多朋友。

一次，贺达庭让刘才去拉拢成阳官僚赵大。刘才充分显示了他“以赌会友”的交际手段。他首先请成阳商会会长张太爷出面邀约赵大和另外两位商界朋友。大家都知道请客的目的无非是在牌桌上“小会”一次。因商会会长出面，赵大欣然而来。在张太爷的安排下，刘才与大家见了面，吃了饭，然后大家开始打牌。刘才怀里揣着贺达庭准备好的40000两银票，心里十分踏实。他开始并不急于和牌，而是认真地研究其他三位牌友的打法与牌路。几圈下来，他逐渐发觉赵大的牌打得极其老练，但过于谨慎，通常一副好牌都被他在手中捏死了。而另外两位则是见牌就和，偶尔做起大牌来，又打得很草率，显得经验不足。待前四圈打下来，成了三“捆”的局势，赵大牌风十分不利，输了两万多银票。他嘴里虽没说什么，但心里还是很不痛快。哪位赌客不想在赌桌上狂捞一把呢？吃了夜宵后，四人又继续挑灯夜战。这时，刘才开始尽量压住另外两位，并极力帮助赵大和牌，很快挽回了之前的败局。赵大的牌风顿时顺了起来，乱吃乱碰都有理，直打得另外两位商界朋友额头直冒汗。

这种形势下，那两位企图做大牌来挽回败局，刘才看出了破绽，就以和小牌的方式来阻止他们，要不就宁愿合“身”，放炮给赵大。结果，那两位是越和不了牌，打得就越急躁，失去了章法，最终惨败而归。赵大则在后面的打牌中大获全胜，赢了30000多两银票，刘才也赢了10000多两。

刘才在牌桌上的暗中大力相助，老练的赵大早已心知肚明。牌局散后，赵大走近刘才身边，低声称赞道：“刘兄牌德不错。”大家稍事休息后，便各自回府。离开之前，赵大说他后天要请客吃饭，再找几位朋友来好好玩一场。于是他们即席约定，这次的牌友后天都会准时赴赵大的约。告辞时，赵大一再叮嘱刘才，后天务必光临，刘才自然从命。

两天后，刘才如法炮制，再次暗中协助赵大，使赵大得以再度大获全胜。趁这个时机，他才把贺达庭准备在当地开店铺的事向他说了，赵大慨然应允，并答应可以帮忙保护。于是，贺达庭马上在赵大的县里开了两家当铺。

当今社会发展较之过去完全不能同日而语，社会之大、行业之广、学科之繁都不是一个人能够应付的。商战现在涉及的领域、范围及纵深度不断扩大，亟须方方面面的优秀人才，所以应破除狭隘观念，开阔视野，发现人才后要合理使用，否则就会出现如韩愈所说的“千里马常有，而伯乐不常有”的尴尬局面。另外，还应为员工提供合理的工作条件及生活环境，使他们有归属感、安全感和舒适感。在古代典籍中，类似燕昭王对郭隗“筑宫师事”的例子很多，如《史记》记述孟尝君养客三千，鸡鸣狗盗皆有效力的机会，如《三国演义》记述刘备为孔明三顾茅庐，终成三国鼎立、雄踞西蜀之大业等，这些均说明了这一问题。

处在商品经济发达、高科技发展迅猛的当前社会，我们应充分相信自己所任用的人才，“不问其行而遣之”，让人才在其领域内有充分活动的天地，就会有丰硕的成果。

苏寿南，现任上海三枪集团公司董事长兼上海针织九厂厂长，自1977年出任上海针织九厂厂长以来，他呕心沥血铸“三枪”，以优势产品竞争市场，通过兼并扩大规模，使“三枪”成为上海纺织第一著名品牌、中国纺织行业的一面旗帜，曾被评为全国劳动模范、全国纺织行业优秀企业家。

细说他的管理之道,可能会令太多的人为之倾倒。“仁莫大于爱人,知莫大于知人。”苏寿南在经营三枪内衣近30年的发展道路上,大力推广人力资源发展,增强企业凝聚力,为三枪内衣集团培养出一批将才。苏寿南坚信,“市场的竞争,企业的竞争,关键是人才的竞争。”他觉得人才是企业最宝贵的财富,谁拥有人才,谁就能赢得明天。苏寿南任人唯贤,唯才是用,他的标准是不论出身,不重学历、资历,而重实绩,不拘一格启用人才。所以在他旗下,良将如云,新人辈出。

在世纪之交,苏寿南为21世纪三枪发展战略提出了总目标。即管理创新,技术创新,机制创新,产品一流,质量一流,人才一流,使三枪成为中国针织行业规模最大、实力最强、信誉最高、效益最好的世界名牌大型企业集团。他拥有着使企业发展壮大的资本,那就是独特的管理方式,这应该不仅是梦想。

情感激励是一种管理方式,它不仅能调节人的认知方向,调动人的行为,而且当人们的情感有了更多的一致时,即人们有了共同的心理体验和表达方式时,集体凝聚力、向心力即成为不可抗拒的精神力量,维护集体的责任感,甚至使命感也就成了每个员工的自觉立场。由此可见,情感激励对人、对集体是多么的重要。但在选择人才的时候也要慎重。孙子曰:“计利以听,乃为之势,以佐其外。势者,因利而制权也。故善战者,必求之于势,不责于人,故能择人而势。”顾名思义,这其中的“择人”就是选拔人才。孙子经常强调将帅在战争中的突出作用,比如在《孙子兵法·作战篇》中指出:“知兵之将,生民之司命,国家安危之主也”,其在《地形篇》中也说:“兵无选锋曰北”。所以,战争中选择将帅和士兵的重要性不容忽视。虽然是兵法,但也适用于商谋,因为早在两千多年前的战国初期,魏国大商人白圭就说过:“吾治生产(做生意)犹(如)孙、吴用兵”。总之,在商业竞争中也要选择优秀的管理人才和营销人员,才能决策有方,提高效益。

第四章　抵巇[1]篇

本篇所说的"巇",本以为缝隙,可引申为矛盾、漏洞,或者困扰人们的问题。鬼谷子认为,"物有自然,事有合离",在事物"合离"运动的过程中,不可避免有"巇"的存在。在"巇"的萌芽时期,能预测到它的发展,及时消除负面的因素,这就是"抵巇"。领略抵巇之道的人,往往能审时度势,准确抓住"抵巇"的时机,实施谋略,使矛盾迎刃而解。

【原文】

物有自然[2],事有合离[3]。有近而不可见,远而可知。近而不可见者,不察其辞也;远而可知者,反往[4]以验来[5]也。巇者,罅也。罅[6]者,涧也,涧者,成大隙也。巇始有朕,可抵而塞,可抵而却,可抵而息,可抵而匿,可抵而得,此谓抵巇之理也。

【注释】

①抵巇:抵,抵塞,对抗;巇,同隙,是虚的意思。柳宗元《乞巧文》:"变情徇势,射利抵巇。"抵巇,在这里指弥补不足、堵塞漏洞。

② 物有自然:物,天地间的一切事物;自然,非人所为的,天然的。

③事有合离:聚合与分离。

④往:既往,过去。

⑤来:将来的意思。

⑥罅:裂痕,间隙。

【译文】

万事万物都有它们自然存在的规律和自然离合的道理。有的距离很近却看不见,有的距离很远却能知其然;距离近的所以看不见,那是由于习而不察对方虚实的缘故;距离远的所以能知道,那是因为经常来往互相体察的缘故。所谓

“巇”就是“瑕罅”，而罅就是裂痕，小裂痕会变成大瑕罅。当裂痕刚出现时，常有预兆，就应该设法加以对付堵塞，使其变小，使其不再扩展，使其消失，并从而有所获，这就是抵巇的原理。

【原文】

事之危①也，圣人知之，独保其用。因化②说事，通达计谋，以识细微，经起秋毫之末③，挥之于太山④之本。其施外，兆萌芽蘖⑤之谋，皆由抵巇。抵巇隙，为道术。

【注释】

①事之危：事物有危机征兆的表现。

②因化：顺应变化。

③秋毫之末：指秋季所生出的动物细毛。

④太山：也作泰山，是壮丽又宏伟的名山。

⑤兆萌芽蘖：兆萌是微小的征候，芽蘖是伐木后从根部所生的新芽。

【译文】

当事物出现危机之初，只有圣人才能知道，而且能独自维护其功用。按着事物的变化来说明事理，了解各种计谋，以便观察对手的细微举动。万事万物在开始时都像秋毫之末一样微小，一旦发展起来就像泰山的根基一样宏大。当这种圣人的德政推行外方后，那么奸邪小人一切阴谋诡计，都被排斥，乃至于消灭。可见抵巇敌人就是一种道术。

【原文】

天下分错①，上无明主；公侯无道德，则小人谗贼②；贤人不用，圣人窜匿③；贪利④诈伪者作，君臣相惑，土崩瓦解⑤，而相伐射⑥。父子离散，乖乱反目，是谓“萌芽巇罅”。圣人见萌芽巇罅，则抵之以法。世可以治则抵而塞之，不可治则抵而得之。或抵如此，或抵如彼；或抵反之⑦，或抵覆之⑧。五帝⑨之政，抵而塞之，三王⑩之事，抵而得之。诸侯相抵⑪，不可胜数。当此之时，能抵为右⑫。

【注释】

①分错：错，混乱、骚乱；分错是四分五裂之意。

②谗贼：指进谗言的小人。

③窜匿：逃跑隐匿。

④贪利：贪图利禄。

⑤土崩瓦解：像土一样崩开，像瓦一样裂开。比喻溃败得不可收拾。

⑥伐射：互相残杀。

⑦反之：帮助其恢复原状。

⑧覆之：颠覆对手。

⑨五帝：中国古代五位帝天子，即黄帝、颛顼、帝喾、尧帝、舜帝。也有的说为：伏羲、神龙、黄帝、尧帝、舜帝。

⑩三王：古代三位帝王，即夏禹王、商汤王、周文王。

⑪诸侯相抵：这里指春秋五霸，即齐桓公、晋文公、宋襄公、楚庄公、秦穆公五个霸主互相抵制和对抗。

⑫右：上位。

【译文】

天下纷乱，朝廷无明君，公侯无道德，小人嚣张狂妄，贤能之人不被任用，圣人逃匿，贪赃枉法者兴风作浪，君主和大臣之间互相怀疑，君臣关系土崩瓦解，互相征伐，父子离散，骨肉反目，就叫做"轻微的裂痕"。当圣人看到轻微的裂痕时，就设法治理。当世道可以治理时，就要采取弥补的"抵"法，使其"巇"得到弥合继续保持它的完整，继续让它存在下去；如果世道已坏到不可治理时，就用破坏的"抵"法（彻底把它打破），占有它并重新塑造它。或者这样"抵"，或者那样"抵"；或者通过"抵"使其恢复原状，或者通过"抵"将其重新塑造。五帝时代的政治，是对敌手进行抵抗进而消除以维护、巩固政权；三王时代的政治，是对敌手进行抵制、消灭而取得政权。诸侯之间互相征伐，斗争频繁，不可胜数，在这个混乱的时代，善于斗争的诸侯才是强者。

【原文】

自天地之合离、终始，必有巇隙，不可不察也。察之以捭阖，能用此道，圣人也。圣人者，天地之使①也。世无可抵②，则深隐而待时③；时有可抵④，则为之谋⑤。可以上合⑥，可以检下⑦。能因能循，为天地守神⑧。

【注释】

①天地之使：天地的使者。

②世无可抵：世，这里指乱世；无可抵，指无可补救。

③深隐而待时：隐，隐藏。深藏起来等待时机。

④时有可抵：有补救的机会。

⑤为之谋：为治理乱世而筹划的计谋。

⑥可以上合：对上层可以合作。

⑦检下：对下级可以督促检查。

⑧为天地守神：守神，守护神。意思是成为天地的守护神。

【译文】

自从天地之间有了“合离”、“终始”以来，万事万物就必然存在着裂痕，这是不可不研究的问题。要想研究这个问题就要用“捭阖”的方法。能用这种方法的人，就是圣人，圣人是天地的使者。假如世间没有可“抵”之事时，就隐形匿行等待时机，假如世间有可“抵”之事，就挺身而出，为国家谋策。对上可以跟君主合作，对下可以治理百姓。既有所根据，又有所遵循，就是天地的守护神啊。

纵横谋略

1. 注重小节有助于成大事

鬼谷子说得好："有近而不可见，远而可知。"为什么在近处的反而看不见呢？因为近处的东西太平常了，不足以引起我们的重视。同样，我们生活中有很多事情也是如此。但是有句古话说："不积跬步，无以致千里"。对于想干成大事的人，必须要注重小节。

有个富家子弟特别爱吃饺子，每天都要吃。但他只吃馅，吃完了就将饺子皮丢到屋子后面的小河里。好景不长，在他16岁那年，一把大火烧了他的家，父母也相继病逝。这下子他身无分文，又不好意思要饭。邻居家大嫂是个好人，每顿送给他一碗面糊糊吃。他则洗心革面，发奋读书，发誓3年后考取官位回来，好好感谢大嫂。3年后，他果真中了魁，做了官，于是就衣锦还乡去见大嫂。大嫂什么礼物也不愿意接受，而是对他说："你不要感谢我，我没给你什么，3年来你吃的饭都是当年你丢下的饺子皮，我收集晒干后装了好几麻袋，本来是想备不时之需的，正好你有需要，就还给你了。"大官愣住了，继而思考良久……

任何事物都要经历一个由量变到质变的不断积累和变化的过程。"勿以善小而不为，勿以恶小而为之。"即使一个人的本性是善的，但是如果不注意修养自身，积善成德，日后也可能逐渐地变坏。

周武王灭掉商朝自立为王，远方的西戎国派使臣送来西戎的特产——一条名贵的大狗。召公担心武王痴迷于玩乐和享受，就劝谏他。武王觉得不过是收下一条狗，没什么大不了的。召公说："贤明的君主应该给百官做出表率，随时注意积累自己的德行，哪怕是小细节也应该注意。大德是由小德积累而来的，就好像用土去堆一座很高的山。山很快就要堆成了，只差一筐土的高度。如果这时你停止了，就不能成功，这不是太可惜了吗？您是一个贤明的君主，可不能犯这种错误啊！”武王听了召公的劝告，就专心治理朝政，最终成为一位贤明的君主。

正如召公所说，越是干大事业的人，越应该注意小节。俗话说“千里之堤，溃于蚁穴”，一只小小的蚂蚁也可能使千里之堤毁于废墟。即使一个人再强大，但他身上任何一个微小的弱点都可能成为敌人集中火力攻击的目标。荷马史诗中的著名英雄阿喀硫斯刀剑不入，但他的脚后跟却是他的致命之处。太阳神就是抓住了这一点，才将他置于死地。

在别人都能看到的时候，言行有节，这是很容易的；但是在别人看不到的时候，依然能不改操守，注重生活小节，就不是人人都能做到的了。蘧伯玉“不欺暗室”的故事，就证明了这一点。

蘧伯玉是卫灵公时著名的贤大夫。一次，卫灵公与夫人南子在宫中夜坐，先听到辚辚的车声，可到宫门时就消失了，过了一会儿，辚辚的车声又响起来。卫灵公就问夫人说：“你知道刚才过去的人是谁吗？”夫人说：“应该是蘧伯玉。”灵公问：“你怎么知道呢？”南子说：“君子是非常注意自己的生活细节的，车走到宫门口时没了声音，那是车的主人让车夫下车，用手扶着车辕慢行，为的是怕车声打扰国君。能这样做的人，除了蘧伯玉还有谁？”灵公派人去看，果然是蘧伯玉。只有像蘧伯玉这种“不欺暗室”的人，才是真正的君子，因为他们做事不是为了赢得美名，而是为了坚持自己的信念。对自己诚实，有时比对他人诚实还要难。

看一个人在处理小事时的态度和做法，也是检测一个人能不能干成大事的方法。

明朝抗倭名将戚继光出身于将门世家，他的父亲戚景通对他管教很严格。戚继光12岁的时候，有一次，有人送给他一双很漂亮的丝织鞋子。戚继光很喜欢这双鞋，就穿着它跑来跑去。戚景通一见，十分恼火，立刻将儿子叫住，斥责道：“你有吃有穿，还不知道满足，小小年纪就穿这样的鞋子，长大后，你就会去追求荣华富贵。要是你今后当了军官，说不定还会侵吞士兵的粮饷，后果不堪设想啊！”戚继光听了父亲的教诲，感到很惭愧，他立刻弯腰脱掉丝鞋，换上了布鞋。从此,他再也不追求奢侈了,当上将军以后,他也依然过着俭朴的生活。

有两个年轻人一起找工作。一个是英国人,一个是中国人。一枚硬币躺在地上,英国青年看也不看地走了过去,中国青年却激动地将它捡起来。英国青年对中国青年的举动露出鄙夷之色:“一枚硬币也捡,真没出息!”中国青年望着远去的英国青年心生感慨:“让钱白白地从身边溜走,真没出息!”后来,两个人同时走进一家公司。公司很小,工作很累,工资也低。英国青年不屑一顾地走了,而中国青年却高兴地留了下来。两年后,英国青年还在寻找一份自己满意的工作,面试他的老板正是那位中国青年。英国青年对此很不理解,他问:“为什么你能这么快成功呢?”中国青年说:“因为我没有像你那样从一枚硬币上迈过去。你连一枚硬币都不要,怎么会发大财呢?”

在对一枚硬币的态度中,英国青年以他的绅士风度选择了藐视,最终一无所获;而精明的中国青年却不放过任何一个积累财富的机会,终于成为了大富翁。这里边,难道没有值得我们深思的东西吗?

细节决定成败,小节影响大事。古人所说的“一屋不扫,何以扫天下”,也正是这个意思。

2. 防微杜渐 防患未然

《鬼谷子》中曰:“事之危也,圣人知之,独保其用,因化说事,通达计谋,以识细微,经起秋毫之末,挥之于太山之本。”意思是当危机征兆出现时,圣人就敏锐地察知到了,他们总是密切注意危机的征兆,利用事物变化的原理进行具体分析,提出计谋,进一步认识征兆的细微变化。利用秋毫之末,可动摇泰山之根基。

在这里,防微杜渐就是鬼谷子分析出的古代圣贤应对社会危机的办法,意思就是在危机刚刚露出苗头的时候,就要采取办法解决,防止危机继续扩大。

有一只燕子,它在飞行途中学到了不少知识。播种的季节里,燕子对小鸟说:“你们看,人类撒下的种子,用不了多久就会毁掉你们!你们得赶快把种子吃掉。”小鸟对燕子说:“燕子,你在说傻话吧!大田里可吃的东西太多了,小小的种子值得一吃吗?”转眼间,大田里长出了绿油油的苗,燕子着急地对小鸟说:“趁还没有结出可恶的果实,赶紧把这些苗统统拔掉,不然的话,你们就会遭殃。”小鸟不耐烦地说:“你这个预言灾祸的丧门星,别整天瞎唠叨!”庄稼就要成熟了,燕子说:“可怕的日子就要来到。一旦人们收割完庄稼,秋闲下来的农民将拿你们开刀,到处都是捕鸟的夹子和罗网。你们最好呆在家里别乱跑,要么跟着我飞到温暖的南方吧。”小鸟把燕子的忠告全当了耳边风,根本不理它。秋天到了,庄稼熟了。燕子飞到了南方,过着舒服的日子。而大田里的小鸟们不是被关进了鸟笼,就是被吃掉了。

智者由于其敏感性,总能敏锐地察知危机,而愚者却往往相反,有时还对智者的忠告不屑一顾。古代圣贤明君能把国家治理得很好,就因为他们能及时发现问题,在危机还处于萌芽状态的时候就加以消除。反过来,那些亡国之君,像秦二世、隋炀帝之流,则对天大的危机视而不见,最终使大好江山在自己手里败落。

天下刚刚安定,需要和平安宁、休养生息,更需要好好维护这个良好的局面,否则就会沉渣浮起,搅浑一池春水。所以为政者要明白,休养生息不等于“刀枪入库,马放南山”,无事可做了,而更要居安思危。危机和危难往往蕴藏于太平盛世、安定祥和之中。而危机和危难的爆发,肯定有其最初的细微诱因和苗头。我们要时刻将这些诱因和苗头消灭在萌芽之中,切不可酿成大乱再去处理。

上海解放之初,百废待兴。经济萎缩、商品短缺、物价上涨、市场失控是当时最紧迫最严重的的问题。此时,投机商人及不法资本家仍不断制造混乱,妄图颠覆人民政权。他们把陈毅市长“赶快洗手不干,否则勿谓言之不预”的警告置之不理，大肆囤积物资、哄抬物价，甚至策划掀起投机狂潮。然而，他们低估了人民政府的能力。当不法资本家和投机商在新年市场上大量购进和囤积商品时，在陈毅市长的领导下，上海市人民政府却储备了大量物资，使投机商和不法资本家的如意算盘落了空，有的还受到致命的打击。从此，上海市场物价趋于稳定。上海的稳定在全国产生了良好影响，使新中国“天下大定”。

“防微杜渐”这四个字，既适用于国，也适用于家。家庭是社会的细胞，家庭美满、幸福，社会才能稳定、发展，要做治国平天下这样的大事，先要从日常居家小事做起，从一言一行做起。老子说过：“千里之行，始于足下。”若小节不修，言行不信，虽是小事也能酿成大的祸端。所以家要在一开始就立下规矩，不脱离正常的轨道。只有如此才能使家中诸人和睦友爱，这个家族才能兴旺繁盛。

“书蔬鱼猪，早扫考宝”曾被后人戏称为治家八宝饭，勤俭孝友也是齐家理论的核心。书蔬鱼猪是一家生产力的表现；勤俭孝友是一家精神力的表现，二者相辅相成。曾国藩熟读前人书籍，知道自古以来很多后代子孙骄奢淫逸的行为使很多钟鸣鼎食之家相继败落。因此他屡次训诫后辈说：“家败，离不得个‘奢’字。”他还要求主持家政的弟弟澄侯把金日巇、霍光的这样的正反事例“解示后辈”，意在要后辈戒奢戒骄。所以曾国藩在家训中，时时强调一个“俭”字。曾国藩治家有方，兄弟多有建树，子孙也人才辈出，家中一团和气，尊老扶幼，子孝妻贤，后世广为流传。

一些目光远大的杰出人士，往往都懂得节制自己儿女的物欲的道理。美国前总统肯尼迪的父亲约瑟夫是美国最知名的五大企业家之一。为了防止今后不测，约瑟夫给每个孩子存了一千万美元的委托金，但他决不让富裕腐蚀他们。为使孩子们懂得如何节俭，他每月给他们很少的零花钱。肯尼迪成为总统后，报纸曾公布过他十岁时向父亲递交的一份正式请求，请求父亲将他的零花钱由每星期四毛提高到六毛，但父亲未予准许。然而，另一方面，约瑟夫又十分注意培养孩子的美好品性。他经常邀请知名人士来家里聚宴，鼓励孩子们上餐桌参加他们的谈话。他让男孩子们全部进非教会学校读书，扩大视野。他的四个儿子后来全进了哈佛大学，并个个有所作为。

《周易》中说：“君子藏器于身，待时而动。”我们一旦觉察到隐患随时可能萌生，就要用“器”将它斩杀于摇篮之中，做到防微杜渐。这便是鬼谷子抵巇之术的精髓。

3. 因势利导，扬长避短

赵简子是春秋末年晋国正卿，他的青少年时代处于晋平昭年间，当时，晋国内政局发生了根本性的变化。一些地位显赫的旧贵族正在退出历史舞台，逐渐被赵、韩、魏、智、范、中行六家所取代，形成异姓大夫专权的局面。六卿相互之间，围绕晋国统治大权和土地的分割，也展开了激烈的斗争，矛盾十分尖锐。

在这场角逐中，赵家曾一度凌驾于众卿之上，但自“下宫之难”后一蹶不振，延续到赵简子继位。年仅二十几岁的赵简子执政以后，在复兴赵宗室的责任感的驱使下，励精图治，终于使赵氏东山再起。

赵简子为了复兴赵氏，就用生铁480斤铸成一个大鼎。把从前范宣子制定的刑书，铸刻在大铁鼎上，颁布了晋国的第一部成文法典，替代了过去的“习惯法”，博得了晋国绝大多数新兴势力的支持。

赵简子有了登上政治舞台的资本，在周敬王二十三年(前497年)，升任为晋国正卿，执掌国政。赵简子上任后，十分善于收买人心，在他的土地里面，每亩的面积比国家规格大1.4倍，这意味着耕种者可以多打粮食少交税。甚至对新开垦的土地免税，对边区晋阳的人民，格外减税。这些政策吸引了大批移民来垦殖。

赵简子有两匹特别喜欢的白骡。有一天晚上阳城胥渠来求见赵简子说：“我是您的家臣胥渠，现在得了病，医生告诉我说，只有用白骡子的肝脏做药引子,病才能治好,如果找不到恐怕就得死了。我听说您家里有白骡子,所以斗胆前来求肝。”

门人进去通报以后,董安于正在赵简子身边侍候,听到后又好笑又好气地说:“好个胥渠啊,竟想要我们主人的白骡!您让我这就去杀了他吧。”

简子说:“为了保存牲畜而让人死,太不仁义了,可是死一头牲畜来救活一条人命,却是非常仁义的。”说完,他召来厨师去杀死了一头白骡,取出肝脏去送给了阳城胥渠。

过了没有多长时间,赵简子发兵攻打狄人。这位阳城胥渠和他手下的1400名勇士,争先恐后地冲锋陷阵,率先攻上城头,砍下了敌人将领的首级。

当时鲁国的家臣阳虎凌驾于主公之上,专擅国政,权势很大。后来,鲁定公讨伐阳虎,阳虎从鲁国出逃,先后逃到齐国和宋国等国,但是这些国家的君主都十分忌惮,不敢接纳。后来,阳虎逃到了晋国,赵简子却力排众议,十分热情地把他接到自己的府中,并任命为相。

左右的下属都十分惊讶,问赵简子:“阳虎很善于窃据国柄,您为什么还让他任相呢?”

赵简子笑着回答说:“既然知道他善窃国柄,那我用心守住就好了。”阳虎深为赵简子的话所感动,他始终不敢为乱,尽心尽力为赵简子效力,在灭范氏、中行氏的斗争中积极谋划出力,立下了很大的功劳。

赵简子杀骡救人的故事,看似荒唐可笑,而他自己却明白,人们只是通过这件事来评价他对臣民的态度,赵简子果断地杀掉了心爱的骡子,但是却赢得了人心的拥护。鬼谷子认为:“万物都是从秋毫之末开始的,但是成功之后,根基却能如同泰山,宏伟壮观。”赵简子杀骡的故事正好说明了这一点。

鬼谷子还说:“当这种圣人的德政推行外方后,那么奸邪小人一切阴谋诡计,都被排斥,乃至于消灭。”赵简子对阳虎的态度,说明了赵简子具有兼容人才的胸怀,他还首先提出用人不拘一格、不论品行的思想。对于所要任用的人,认真了解其善恶、是非及才干特长,使人尽其才。即使像阳虎这样善于窃夺权柄的人,也能够在赵国得到重用,这是因为赵简子采取了因势利导,扬长避短的做法,遏制住了其继续为恶的做法。

4. 子产据理力争

子产,姬姓,国氏,名侨,字子产。郑州新郑县人,春秋时政治家。周灵王十八年(前554年)任郑国卿后,实行一系列政治改革,将郑国治理得秩序井然。

在当时,郑国的普通民众有经常到乡校休闲聚会、议论执政者施政措施的好坏的习惯。当时一个善于拍马的郑国大夫然明听到人们在乡校里说子产的坏话,就跑去对子产描述了一番,然后说:“我们把乡校关了,您认为怎么样?”

子产十分奇怪地问:“为什么关掉?人们早晚干完活儿回来到这里聚一下,议论一下施政措施的好坏。对他们有利的我们就推行,他们讨厌的我们就改正一下,他们是我们的老师。为什么要关掉乡校呢?我听说,尽力做好事以减少怨恨,没听说过依权仗势来防止怨恨的。那样做就像堵塞河流一样:河水大决口造成的损害,伤害的人必然很多,我是挽救不了的;不如开个小口导流,我们听取这些议论后把它当作治病的良药。”

然明听了子产的话以后,十分惭愧地说:“我从现在起才知道您确实可以成大事,小人确实没有才能。如果真的没有你,恐怕郑国真的就失去了依靠,对我们这些臣子又有什么好处呢?”

在外交上,子产善于周旋,不失原则,通过各种手段进行平衡外交,得以使郑国在夹缝中生存下来,获得了和平发展。

当时,郑国夹在晋、楚两大国之间,是两国必争之地,子产在力量对比极为悬殊的外交对阵中,明智地选择了“周旋战略”,把以往的“朝晋暮楚”政策调整为

"从晋和楚"路线，利用晋楚两国势均力敌而又各自陷入内争的有利形势，执礼相抗，巧于周旋。

周灵王十二年，即子产当上宰相的第二年，他随郑简公到晋国访问。当时，正遇上鲁襄公逝世，晋平公借口为鲁国国丧致哀，没有立刻会见郑简公。

许多天过去了，简公与子产一行等待召见，晋国国君有意怠慢郑国，这样毫无指望地等待下去也不是办法。子产想出了一条妙计，他命令随行的人员，把晋国宾馆的围墙拆掉，然后将一行人的车马都赶进院子里，安放物品。

晋平公得知这一消息，吃了一惊，派担任晋国礼宾官的大夫士文伯到宾馆责问子产。士文伯说："我国是诸侯的盟主，来朝聘的诸侯官员很多。为了防止盗贼，保障来宾安全，特意修建了这所宾馆，筑起厚厚的围墙。现在你们把围墙拆了，其他诸侯来宾的安全怎么办呢？我国国君想知道你们拆围墙的意图是什么。"

子产坦然地回答说："我们应贵国的邀请，准备了厚礼，来这儿拜谒贵国国君，可是，你们说贵国国君既不来接见，又不订个约见的日期，我们带来的礼物只好听任风吹雨打，眼看就都要腐烂了。我听说，过去晋文公做盟主的时候，自己住的宫室很是简陋，接待诸侯的宾馆却非常华丽。宾客到达的时候，样样事情有人照应，能很快献上礼品。他和宾客休戚与共，宾客来到这里就像回到自己家里一样。现在呢？贵国国君住在豪华壮丽的宫舍中，给外宾住的馆舍却非常简陋，窄小到车马都不能进来，我们住在这种差劲透顶的地方，又不能确定约见日期，为了保护这些礼物不被风吹雨淋，我们只好毁掉土墙，把它们拖进来。贵国国君正为鲁君服丧，敝国何尝不是如此呢？只要贵国收下这些礼物，我们就马上修好土墙，打道回国，还请阁下将我们的心意传达上去。"

士文伯把情况报告了晋平公，宰相赵文子说："子产说得不错，让外宾住在那种大杂院似的地方，着实有伤国家颜面。"他通过士文伯向子产致歉，晋君也

连忙召见郑简公，隆重款待后，送他们回国，然后下令重建迎宾馆。

子产机智采用拆掉宾馆的围墙的计谋，向晋国提出抗议，最后经过一番据理力争的言辞，令晋君无以应对，晋国国君不得不向郑简公道歉。子产对内实行土地改革，增强国力，对外实行巧妙周旋的外交政策，这种周旋的智慧确实令人称道。子产当之无愧地可以称为郑国的“抵巇”之良臣。

5. 好鹤的卫懿公

周惠王七年（前669年），卫惠公的儿子赤继位，他就是后来的卫懿公。卫懿公喜欢养鹤，这一个奇怪的嗜好，愈演愈烈。献鹤者有重赏，甚至封以高官，给以厚禄。

鹤住在豪华的笼子里，有专门的厨师调配饲料，有国内最有名的医生给它治病防疫，有后宫的宫女专门为它梳理羽毛，一只鹤的生活如此骄奢舒适真是让人意外。

在卫懿公的生活中，更是时时都离不开鹤的陪伴，卫懿公吃饭的时候要有鹤在面前起舞，出门的时候有鹤跟随着他的马车，上朝的时候，站在朝堂之上，下殿时，有鹤翩翩起舞欢送他。

最奇的是，他还给每只鹤赐予封号：什么“仙马”、“神乘”、“玉女”、“银童”、“黑龙”、“丹凤”。除了定名之外，还给鹤定了官位，发给俸禄，封鹤为大元帅、将军等，上等的享受大夫的俸禄，下等的也享受士的俸禄。

每当卫懿公出游，这些“鹤将军”也乘着华丽的马车出行，百姓和大小官吏都要对这些“鹤将军”毕恭毕敬。如果鹤死了，还要举行隆重的葬礼，有棺有椁，按照国家功臣的标准下葬。卫懿公执政8年，许多百姓的生活困苦，许多人饥寒而死，卫懿公却从理朝政，对自己的鹤却是珍爱有加。

当时，北方的游牧部落狄人很强大，不断侵犯晋、卫、邢等国。晋国军力强大，狄人占不到便宜，转而自西向东侵扰，卫国首当其冲。周惠王十六年（前660

年)，狄人大举挥戈南下，在攻破邢国之后，又移兵扑向卫国。就在大敌当前的时候，卫懿公仍然若无其事，仍在宫中观鹤舞、听鹤鸣。直到狄人打人卫国境内，他这才慌了手脚，传令召集群臣商议对策。还没等大臣们到齐，狄人已经攻到了城下。

卫懿公惊慌失措吩咐将士披甲上阵。但将士们却无动于衷。卫懿公气恼地责问他们："敌人进犯我卫国，你们身为卫国的军人却贪生怕死，躲躲藏藏，不肯应征抵御外寇，难道不感到羞耻吗？"

将士们回答说："君侯啊，您为何不让大将军上阵迎敌？怎么用得上我们呢？"

卫懿公问："不知你说的是哪位将军？"

大家异口同声地回答说："鹤将军。"

懿公气急败坏地问："那些鹤怎能御敌呢？"

将士们回答说："鹤既不能耕，又不能战，纯属无用之物。你抛弃了有用的东西而热心地养一些无用的东西，所以您还是让'大元帅'、'二将军'骑上'仙马'、'神乘'带着'银童'、'玉女'出征吧！"

懿公只好认错，他命宫人把所有的鹤都放了。那些鹤被懿公豢养熟了，久久在卫懿公的头上盘旋，不肯飞去，但是大敌当前的卫懿公也顾不了许多了，他亲自率兵迎敌，把朝中政事委托给大夫石祁子代理，军事指挥委托宁速执掌，而且发誓说："国中之事，全委二卿。寡人不胜狄，不能归也！"

军队好不容易组织起来了，将士们虽然是跟着卫懿公出发，但大家心中的怨气未消，士气怎么也鼓不起来。懿公夜察军营，就听兵士唱道："鹤食禄，民力耕；鹤乘轩，民操兵。狄锋厉兮不可撄，欲战兮九死而一生！鹤今何在兮？而我翟翟为此行!”这悲愤的歌声激起了士兵心中的怨愤,大家都已人心涣散,在遭遇敌军时马上溃不成军。

卫懿公等一伙人被兵将团团围住,并像被饿狼扑食的猎物一般,全被残忍的断杀烤食。卫国大夫弘演在战乱前出使陈国请求救兵,在返回途中,卫国已被狄兵荡平。弘演一路上看见到处都是骸骨暴露,血肉狼藉,他急忙在尸骨遍地的战场上寻找卫懿公的尸体。当他看见一面大旗倒在荒泽之中,心想:“大旗在此,主公的遗体也不会相离太远了。”然后,他走了过去。忽然看见一个折断手臂的小内侍躺在草丛中呻吟。

弘演问内侍:“主公在哪里?”

小太监指着一堆血肉说道:“这就是主公。”

原来卫懿公的尸体早已被狄兵吃得零落不全,只有肝脏被剜出扔在一边。弘演向尸体叩拜,放声大哭,弘演说:“主公亡国死得如此之惨,没人来收尸,我要以身体做棺木,为主公入葬。”

他回头嘱咐仆人道:“我死以后,将我埋在树下,等国家有了新君,再把此事告诉他,我们君臣一同返国罢。”

说完拉出佩剑,剖开腹部,将卫懿公肝脏放人后,倒地死去。仆人抢救不及,只好依照弘演的嘱托将他埋葬。

卫国都城遂被狄人攻破,几乎灭国。卫国的遗民渡过黄河,在漕(滑县西南)安顿下来。

据《左传》记载,当时卫国遗民男女老少一共只有730人,加上共、滕两地的百姓也不过5000人。齐桓公当时以“尊王攘夷”号令天下,于是派兵车300乘,甲士3000人保护卫国遗民,赠送给他们车马、衣服、牛、羊、鸡以及建筑材料,帮助他们在楚丘(滑县东)建都复国,把公子申立为国君,称卫戴公。

卫懿公好鹤不理朝政最终惨死亡国的故事,已经成为千古丑闻,这就是鬼谷子所说的“巇”。但当卫懿公沉迷于养鹤的时候,弘演未能帮助国君及时反省错误,到外敌入侵的时候,他又未能及时搬来救兵,在当他发现一个荒谬的国君死后,用自己的身体来安葬国君、随他而死,所以说,他的死是愚蠢的,没有任何现实意义。

6. 惠施的辩才

惠施(公元前390年~公元前317年)宋国(河南商丘)人,战国时政治家、辩客和哲学家,是合纵抗秦的最主要的组织人和支持者。他主张魏国、齐国和楚国联合起来对抗秦国,并建议尊齐为王。

周显王二十七年(前342年),魏国在马陵之战中大败,十万全军覆灭,太子也被杀。在这危机的关头,魏惠王召来惠施,他准备发全国之兵向齐国复仇。

惠施劝阻魏惠王说:"大王,您这样做是失策的,当前,我国正处于大败之后,既不能守,更不能攻,要报此仇,我们只有假手于楚国。我们用什么办法激怒楚国呢?我们可以先做出屈服的样子,向齐国屈服,然后,我们再派出使节,挑拨楚国和齐国之间的关系,来激起楚国的恼怒。如果齐楚两国发生战争,强大的楚军一定会打败已经被战争拖得非常疲弱的齐国。"

魏惠王听从了惠施的这个主意,决定向齐国称臣。但是,此做法遭到了大臣匡章的坚决反对。

他对惠施说:"齐王不停地用兵,无休止地攻击别人,原因是什么呢?"

惠施回答说:"齐国攻伐天下最大的目的是想成为天下之主。"

匡章说:"先生的学说是要舍弃争斗,但是,现在您又劝大王去向齐王臣服,然后再挑起战争,这不是自相矛盾吗?"

惠施说:“如果现在有一个人,正拿着一块石头要打碎你的儿子的脑袋,但是,你可以用石头来代替你儿子的脑袋。那么,请问先生,您是硬挺着让他打您儿子的脑袋呢,还是用石头去代替您儿子的脑袋?”

匡章说:“那还用问,当然是要用石头去代替儿子的脑袋。因为人的脑袋是最宝贵的东西,而石头却是没用的东西,让他打碎没有用的东西,让宝贵的东西保存下来免于受害,这难道不对吗?”

惠施笑着说:“您说得很对,如果我们先让齐国君主尝到当霸主的滋味,从而保全我们魏国百姓的性命,免除了战争,这难道不是用石头来代替小孩子的脑袋吗?这有什么不可以呢?”

最后,魏惠王采取了惠施向齐国臣服的办法。结果,楚王听说魏国臣服于齐后大怒,于是他亲自带兵伐齐,楚军在徐州把齐军打得大败。

从此以后,匡章对惠施产生了成见。这一天,匡章到魏惠王跟前告惠子的状说:“蝗虫,农夫见到就要杀死它,因为它的存在会危害庄稼。现在,惠子出门,多则数百辆车、数百随行人员;少的时候,也有数十辆车,几十人随行。这些人都是不耕田、白吃饭的人,他们比蝗虫的危害更大啊!”

魏惠王说:“惠子先生不好意思和您当面辩论,还是让我说句公道话吧,惠子曾经说,‘比如现在筑城墙,有的人用工具打墙,使之坚固,有的人用容器运土,有的人在一边做监工,像我惠施,就是在一边监工的人。’您为什么把惠子比作蝗虫呢?”

魏惠王死后安葬的那一天,天降大雪,数尺厚的积雪破坏了城郭和道路,只有修栈道才能按期下葬。

大臣中很多人规劝太子,说:“雪这么大,却举行丧礼,人民会感到很痛苦的,国家的开支恐怕也会因此增加,还是请求改期安葬先王吧。”

太子说:“作为儿子,如果仅仅是因为人民的痛苦、国家开支不足,就不举行先王的丧礼,这样做是不合礼法的。你们不要再说了。”

群臣都不敢说了,就把这事告诉给犀首。

犀首说:“我是没有什么办法的,这件事只有求惠公可以办到!请去把这件事告诉惠公。”

惠施听了以后说:“好吧。”于是,他驾车去见太子,来到太子面前说:“先王的葬期已经定好了吗？”

太子说：“是的。”

惠施说：“从前，周朝王季历葬在楚山脚下，浸出的水冲坏了墓穴，棺木的前头也露出来了。文王说，‘唉！一定是先君想见一见群臣、百姓吧，所以让水流了出来。’于是，他把先王的棺木拿出来，为他设朝，大臣朝拜，百姓也都来拜见，三天以后改葬。这是文王的礼仪啊。现在葬期已定，天却下起了大雪，有好几尺深，很难举行葬礼，这一定是先王也想多待一会儿，想多亲近一下他的国家，安慰一下人民的情绪，所以才要老天下大雪。太子因为要及时下葬，不顾困难，这岂不是太急躁了吗？臣希望太子改变葬期吧，这是文王的礼仪。如果这样的事太子都不想做，难道是以效法文王为羞耻吗？”

太子听了惠施的一番话之后，连忙站起身来对惠施说：“先生说得真是太好了，那就效法文王，改变葬期吧。”

这样，惠施说服魏太子改期安葬先王，又向天下宣扬、阐述了文王的礼仪，可以说是两全其美。

惠施所举的“石头代替孩子的脑袋”的例子，说的是在不可抗拒的敌人面前，要想办法把损失降到最低的限度，这就是顺势而为。对于太子大雪天坚持安葬先王的行为，惠施不愿意看到太子为了一个死去的人而劳民伤财。但是为了不激怒太子，于是，惠施采取了迂回的策略，从而达到了曲径通幽的效果。从惠施的主张中，我们可以看到，他不仅是魏国的抵巇之臣，更重要的是，他的思想深刻地反映出我国的道家思想，具有较高的哲学意义。

7. 陈平巧施离间计

“抵巇”的谋略就是在裂痕刚刚出现时，通过抵御来使其得以控制或使破镜重圆，在裂痕不可弥补时就要通过破坏使其彻底瓦解，并重建“完整”。重建“完整”有两种方法，一是弥补，二是征服。弥补的结果是恢复原样，征服就是加以改造重新获得。

由堵塞小的缝隙，可以悟出防患于未然的道理，实际上就是治国的谋略。所谓裂缝，可指事变、奸计。明察裂缝，可以窥察奸人。另外，明察裂缝，也可指识别敌对阵营中的隔阂，用离间计使敌人的裂缝变大，最终分裂他们。在天下大乱之时，就要靠“抵巇”取胜。

楚汉相争时，项羽主要依靠范增、钟离昧、龙且和周殷几个人。尤其是足智多谋的范增，屡次识破张良、陈平的计谋。因此，除掉范增、钟离昧就等于砍掉了项羽的左膀右臂。后来陈平运用离间计使楚霸王项羽与谋士范增等人的裂缝变大，并最终分裂了他们。

统兵打仗，敌我交锋，必须信任自己的人，倘若心有怀疑，那么便给了敌人可乘之机。这就是兵书上讲的“用人不疑，疑人不用”。

正当韩信在北方连连得手之时，项羽亲率大军前来围攻荥阳。刘邦心中忧闷，对陈平说道：“天下纷纷攘攘，究竟何时得了？”陈平答道：“大王所虑，无非是为着项羽。我料项羽手下，忠臣不过范增、钟离昧数人。我们要用大量金银贿赂项羽身边的人，引起君臣之间的猜疑，搞得他们不和，这样我们在乘机进攻，破楚也就容易了。”刘邦道：“金银何足爱惜？只要能灭掉强敌就好。”说完，即命左右取出黄金四万两，交给陈平，由他使用。

陈平听命退下，遂派人拿了一些黄金前去办理。只两三天，钟离昧等因功多赏轻，不得分封，将要联汉灭楚果的流言四起。项羽本来就好猜疑，听到传言后果然不再信任钟离昧，只对范增依然如故。范增建议速攻荥阳，以防刘邦逃逸。

项羽便亲督将士，把荥阳团团围住，四面猛攻，不肯稍缓。刘邦见荥阳已难固守，便派人去楚营求和，表示愿以荥阳为界，东面归楚，西面归汉，双方平分天下。项羽当然不肯答应，不过，因汉使已经前来，也就只好派人入城作答。于是陈平便借此机会设下了一个圈套，来骗楚使。

在楚使入城见刘邦时，刘邦佯装醉酒，只含糊问了数语即将他打发出来。陈平将楚使送到客馆，也即告退。楚使坐了片刻，见一班仆役抬了牛羊鸡猪和美酒佳肴向厨房走去，心中格外纳闷，暗想汉王为何对我这样优待，竟要以如此丰盛的物品招待我？正思忖间，陈平走了进来，向楚使询问范增的情况，并问有无范增的亲笔信。楚使道："我是奉项王使命而来的，并非亚父（项羽称范增为亚父）所派。"陈平听了，十分惊讶，遂不再多说，起身告辞而去。不一会儿，就见有人跑到厨房，命仆役们将所有物品全部抬走，并且听他自言自语地说道："既然不是亚父派来的，怎配享受这样丰盛的宴席。"楚使更觉纳闷。东西抬走后，好一会儿不见动静，直到日影西斜，才见有人拿来酒饭，放在案上，请楚使用餐。楚使见菜中只有蔬食，并无鱼肉，且饭馊酒酸，不禁大怒，虽肚中饥肠乱鸣，也不肯再吃，当即不辞而别。

他一口气跑回楚营，将所见所闻全部报告了项羽，并且说范增私通汉王，应加防备。项羽发怒道："我早有所闻，总是不信，哪知他果然通敌！这个老匹夫，想是活得不耐烦了！"项羽的怨气在左右忙替范增排解后才得以控制。

范增总是一门心思要为项羽设法灭汉。他对项羽放松攻城心中很着急，便去督促其速攻下荥阳，并且把当年鸿门宴上事重提，谈及利害相关，如果再让刘邦逃脱，将后悔不及。项羽被他这样一说，忍不住气闷，便勃然道："你叫我速攻荥阳，我并非不想依你，但只恐不等攻下荥阳，我的命却被你送掉了！"范增一时摸不着头脑，忽然想到今日项羽向他说这种话必定是有人进谗。因而忍耐不下，朗声说道："天下事大体已经定了，愿大王好自为之，休中了敌人的奸计。我年已衰老，本该隐退，今请求赐我残生，让我归葬乡里算了。"说完，掉头径出。项羽也不挽留，听任范增回到本营。

至此，范增终于绝望，遂派人把自己的历阳侯印绶还项羽，草草整装，即日东归。他一路走，一路想，自思几年来一心为楚，不想却落了这样一个下场，不由得气闷交加，寝食不安。一个年过七十的老人，怎经得起这样的打击，结果未到彭城,就背发恶疮而死。

陈平利用了项羽的性好疑忌,巧施离间计,致使范增赌气离开项羽。疑心生暗鬼,鬼使神差人歧路。这正符合抵巇术所要求的:遇有缝隙,“时有可抵,则为之谋”。

项羽的悲剧发人深思,但多疑并非其独然。古往今来,因多疑而酿成悲剧的不胜其数。于今,多疑也并未销声匿迹,仍是阴魂不散。因为多疑,对别人大多持不信任态度,疑神疑鬼,导致缺乏判断力,产生偏听偏信,尤其是易轻信谗言。这就给那些钻营谋利之徒提供了施展阴谋的可乘之机。而此辈所惯用的手段是:或无中生有,巧进谗言;或推波助澜,挑起矛盾;或投其所好,拉帮结伙,其目的是排除异己,报复他人。如此一来,搅得单位人心涣散,内耗不已。正直之士遭到排挤压制,而斗宵之徒则飞扬跋扈。身处其境,要么“孔雀东南飞”,要么就消极应付,明哲保身,谁还想到去努力工作呢?这虽属个别现象,但危害却不浅。

可见,项羽的教训是深刻的。多疑小则害人,大可误国。了解前人,是为了把握今天。做人是这样,为官更应慎之。

8. 魏敬力阻入秦地

秦昭王于周赧王二十七年(前288年)称帝,就在这一年,秦国发兵攻打赵国。赵国一面抗击秦国的入侵,一面向各国发出求救的书信。

平原君给魏国信陵君写了一封求援信,要求他星夜督促兵马救赵。信陵君接信后,迅速和门客魏敬一起驱车拜见魏安釐王。

魏王一见信陵君,就猜到了他的来意,马上说:"秦国已经派使臣许绾拜见了寡人,劝寡人退兵大梁,不要存救赵之心。他还说,要寡人率先尊秦为帝,不然,秦军破赵之后,就来袭击我魏国。以你之见,我们应如何来做?"

信陵君反问:"王兄之意呢?"

"我已经命令把救赵的10万人马驻扎在邺城,在一旁观望,倘若齐、燕、楚等国救兵到来,我们再兵发邯郸也不迟。如果各国都不派兵救赵,寡人立即收兵,然后去咸阳尊秦为帝,以此免除魏国臣民即将遭遇的战火之灾。"

信陵君连忙阻止说:"王兄万万不可,魏国应立即派出大军,火速赶往邯郸,解救赵国的危难。韩赵魏本是一家,自三家分晋以来,才各自建立王号,但我们三个国家仍如兄弟一般。俗话说,'唇亡齿寒',我们魏国只怕到那时也会跟赵国一样,被秦国灭掉。倘若赵魏联为一体,情况将大不一样,合纵之势将再次重现,必能扭转六国羸弱的局面。六国合纵,魏国先行一步必被推为盟主,我魏国的声威也会大盛,这种对魏赵两国都有利的事,大王为何不做呢?"

魏安釐王摇头说:"贤弟看问题未免太简单,联赵抗秦有利,但是你没有认识到不利的别一面。如果魏国先出兵救赵,秦王一怒之下攻魏,我魏国如何能承受秦国大军的全力进攻?到时候,后果实在不堪设想。何况许绾已经给寡人警示,只要魏兵驻扎邺城不再前进半步,秦国仍和魏国结盟,绝不为难魏国。假如魏军越过边境前去救援赵国,秦兵立即放弃邯郸来攻大梁,并一举灭掉我们魏国。许绾最后还说道,倘若寡人能够入咸阳拜见秦王尊他为帝,从此以后,决不向魏国派一兵一卒，仍封寡人为魏王，保全祖宗祭祀。"

信陵君道："大王万万不可听信许绾的一派胡言，否则，大王一定会步楚怀王的后尘，只怕被囚禁秦国，永无回国之日。"魏安釐王不以为然地说："许绾已经对天发誓，如果寡人入而不出，将割下许绾的人头向寡人谢罪。许绾还答应寡人，在寡人去秦国时，他留在大梁做人质，等寡人回来后再放他回秦。"

不等信陵君发话，站在一旁的魏敬接过话来说："大王，您要去咸阳帝秦，臣不敢阻拦，但臣有一事请教大王，如果拿河内的土地与大梁相比较，哪个重要？"

魏安釐王说："当然是大梁，这是我魏国的国都嘛！"

魏敬又问："如果拿大梁和大王的身体比较，哪个重要？"

魏安釐王说："当然是寡人的身体重要了，如果我不在了，空有大梁这座都城又有什么益处呢？"

魏敬说："假如秦王向大王索取河内的土地，大王愿意给他吗？"

魏安釐王说："魏国的每一寸土地，都是先王用生命与血汗换来的，寡人怎敢轻易相送？这岂不是让寡人做不肖子孙吗？"

魏敬听到魏安釐王这样回答，他这才说："大王的身体比河内的土地重要得多，可是秦王向大王索取最珍贵的身体大王却答应了，大王以为自己的选择可取吗？"

魏安釐王摇头说道："魏先生多虑了，有许绾在大梁作人质，难道还怕秦王不放寡人回来吗？"

魏敬说道："臣虽然只是一个卑贱的人，如果有人对我说，魏敬，你从悬崖上跳下去，摔死了就用一只大老鼠给你殉葬，我是决不会从悬崖上跳下去的，臣觉得自己的生命比那个大老鼠要贵重得多。大王和许绾相比，许绾的价值尚不如一只大老鼠,大王怎会为他的性命担保而去冒险呢?再说,秦国要这种伎俩也不止一次了,远的不说,单说张仪欺骗楚怀王一事吧,把六百里土地说成六里,然后又骗怀王入秦,终于囚死于秦地。渑池之会后,秦王把自己的孙子异人送到赵国做人质,可秦国却没有因为异人在赵国生命会有危险,而停止对赵国的进攻,臣以为,许绾的价值还不如异人,大王应该以此为戒,打消去秦国的念头。"

魏安鳌王听了魏敬的话,沉思无言,他思考了片刻之后说:"寡人听取魏先生的劝谏,回绝许绾的请求,再也不提入秦之事。"

魏敬把自己的生命和一只老鼠相对比,然后又把魏安鳌王的生命价值与国家的土地、把许绾的生命和秦国的王孙异人的生命相对比,层层递进,剥茧抽丝地说明了魏安鳌王不能入秦的理由,最后终于说服了魏安鳌王,拒绝了秦国使臣的要求。

在对外关系中遇到矛盾可以运用别的方法解决,抵制不是唯一的选择,也不是最佳的选择,不要动不动就搬出来。抵制这种方法不是不可以用,而是不该轻易用,更不能滥用,应在必要的情况下,在合适的时间,对恰当的对象使用。在纷纭的局势之中,能够看清楚事态的发展,在错综复杂的斗争中,能够清楚地分清利益关系的人,才是真正的智者。倘若仍旧执迷不悟那也只会是他自己撞得头破血流。

9. 内举不避亲，外举不避仇

祁黄羊是春秋时期晋国的大夫，在位约60年，是晋国的四朝元老。其名为祁奚，因为他的封地在祁，就以祁为姓。他历事晋景、厉、悼、平四世。

晋悼公在位时，任命已经70多岁的祁奚担任中军尉。

有一次，晋平公问祁黄羊说："南阳县缺个县令，你看应该派谁去当比较合适呢？"

祁黄羊毫不迟疑地回答说："叫解狐去，最合适了。他一定能够胜任的！"

晋悼公听了一愣，隔了一会儿才说："听说，解狐这个人是你的仇人呀，你怎么还推举他呢？"

祁奚严肃地回答："君主问臣的是谁可以做南阳令，而没有问谁是臣的仇人。"于是，平公就派解狐到南阳县去上任了。

解狐到任后，替那里的人办了不少好事，大家都称颂他。过了一些日子，平公又问祁黄羊说："现在朝廷里缺少一个中军尉。你看，谁能胜任这个职位呢？"

祁黄羊说："祁午能够胜任的。"

平公又奇怪起来了，问道："祁午不是你的儿子吗？你怎么推荐你的儿子，不怕别人讲闲话吗？"

祁黄羊说："你只问我谁可以胜任，所以我推荐了他；你并没问我祁午是不是我的儿子呀！"

祁奚完全用才德做衡量推举贤能，不夹杂丝毫的个人恩怨，也没有个人好恶，这一点令人敬佩，于是晋悼公派了祁午去做中军尉。祁午继续公正执法，为民办事，深受人们的欢迎与爱戴。

孔子听到这两件事，十分称赞祁黄羊。孔子说："祁黄羊说得太好了！外举不避仇，内举不避亲，像黄祁羊这样的人，才够得上说'大公无私'啦！"

晋平公即位后，任命他担任公族大夫这个基本上不过问政事的闲官。祁奚忠公体国,深明大义,享有极高赞誉,他的言行也随之成为衡量是非曲直的标准。

“内举不避亲,外举不避仇”,心怀坦荡,尊重人才,不参与个人恩怨,为君主理智推荐人才,这样的大义之举让人折服。

10. 周密制订应急方案

“临时抱佛脚、病危之时才寻医”这是在事件遭遇不好的结果时才采取措施的事后行为。实际上,大家都知道,一个人要想活得长、活得好,仅仅“临病求医”是远远不够的,进行经常性的身体检查预防疾病更加重要,企业也是如此。正如鬼谷子所说的“圣人见萌芽巇罅,则抵之以法”。

在危机发生以前,它可以避免或减轻的。对待危机的态度不同,结果也有着天壤之别。中国有句古话,凡事预则立,不预则废。市场如战场,有备制人,无备则制于人。可见,对于一个庞大的企业来说,与病后的治疗相比,防患于未然更加重要。

对企业来说,危机不仅仅指企业面向公众或顾客的重大事故处理,而且还包括不论客观还是主观因素、抑或是不可抗力所引发的能够导致企业处于危险状态的一切因素。从分类上,包括人力资源危机、产品服务危机、客户危机、行业危机、财务危机、媒体危机、计算机技术危机、工作事故、诉讼危机、侵权危机、合同危机、政策法规变更、天灾人祸、破产危机、并购危机、保卫工作危机、企业战略危机、供应链危机、文化冲突、多元化危机、权力交接危机等21种危机模式。人事危机、行业危机、产品和服务危机是当前企业最经常面临的四种危机。

企业不能有丝毫鸵鸟心态,认为危机绝不会降临到我们的头上,等到事后发出“假如当年不那样就不会今天这样”的慨叹,只能伴着千古遗恨写进历史。在危机发生以前,不如制定切实可行的周密的危机管理计划,化被动为主动。

危机具有突发性和不可预料性的特点,对企业来说,只有尽早制定周密的应急计划,才能将危机扼杀在襁褓之中,将其所带来的严重后果降到最低。

2003年春季，突如其来的SARS让众多企业都束手无策，但亚信例外。作为第一家在美国纳斯达克成功上市的中国高科技企业，亚信公司一直专注于信息通信领域，这家曾被“世界经济论坛”评为“全球500家高速成长企业”，并连续两年入选《福布斯》的企业，在面对突发事件的危机管理中，给国内企业树立了良好的榜样，它所建立起的一整套危机管理机制给国内众多企业提供了很好的借鉴。

亚信沉着应对突发事件的第一步是处乱不惊，因变而变，启动危机预警机制。而审时度势、深刻精准的形势判断是其重要前提。“SARS可能会影响公司的业务运营，公司所有高层必须密切关注疫情的发展，保持清醒头脑，并24小时开机。”这是亚信面对SARS危机时的预警。

随着疫情发展，亚信又很快判断出事态的严重性，危机管理机制正式启动：建立SARS危机领导小组；软件开发异地备份；发放药品和防护用品；加强公司内部通讯建设，实行远程办公；对客户进行信心承诺，保证非常状态下的完全正常服务。

这种被亚信形容为“希腊模式”的危机管理机制，不仅是亚信应对SARS危机，且是应对所有危机的通用规则。

“希腊模式”是指该机制的整体结构类似于希腊建筑：上层的三角型屋顶是管理团队和管理层次，下面支撑的柱子是所应对的危机类型，而这些“柱子”坐落在一个强大的统一管理的平台之上。管理团队和层次设置的具体方案要根据危机的类型——也就是屋顶下的“柱子”而定。

在此模型下，亚信把危机分成三类：一类是战争、地震、疫病之类的灾难危机，由行政部门指挥处理；二类是业务危机，比如产品质量问题和流程出错等等，由业务部门进行协调;三类是公共关系危机,由市场部门主导解决。

一般情况下,危机会牵扯面很广,为确保危机机制的有效性,所有问题的解决都应建立在一个统一管理的平台之上,这个平台就是“希腊式”建筑的底座,是各个部门与危机之间的对应与协调;统一管理又要求建立起“一把手工程”,明确处于“屋顶”上的“一把手”的责任与权力,以保证整个机制灵活高效运行,因此,亚信一旦启动应急方案,一个对高层管理人员形成约束的文件也会自动生效。例如,几个高层管理人员不能同时出差、24 小时开机、建立规定工作序列等等。

危机管理机制中的应急方案并不是启动之后便完事大吉,整个危机管理的流程必须形成一个闭环系统,这就是启动、执行和监督。

决策层对形势的判断决定了方案的启动。判断的正确可能减少企业损失,判断失误有可能带来灾难。而方案的执行,则与方案设计的周详程度有很大关系,这就要求对危机的判断与考虑要建立在树型思考模式之上,不应该局限在单点之上,一些细节都要连带考虑。

方案设计的周详程度则直接影响了方案能否顺利执行。对于很多问题的考虑要有连带性,如同树枝生长一样。例如,对于 SARS 问题的考虑,不应该局限在单点上,一些细节要连带考虑:一旦员工出现感染病例,公司就可能需要第二办公地点,亚信将会选择离公司最近的友谊宾馆;一些关键业务点无法完全实现远程办公,例如亚信的服务支持人员,如果疫情严重,就要考虑租用交通工具接送员工上班,而班车的路线、租赁与考察也必须包括在方案里。

总之,对企业来说,应急方案越周详越好,并随着危机的不断发展变化而是做出适当的调整和修正,还要保证信息流通畅,更要关注一些隐藏的危机因素,保持应急部门的协调性,以便在危机发生作用时做出有效的反应。

11. 革旧迎新,顺势而动

鬼谷子认为,对于“抵”的运用方法不能一成不变,而是要见势而动。

革旧迎新是历史发展的必然趋势,是不以人的意志为转移的。荆轲不畏牺牲,独自去刺杀秦王最终以失败告终,然而,从另外一个角度来说,荆轲的刺杀行动却是以阻止变革为目标的,是阻碍社会进步的,失败也是有必然性的。当时秦国攻灭燕赵,统一六国,是符合社会发展趋势的,不是某个刺客的暗杀行动所能阻止的。

变革旧的事物,发展新的事物,需要在有准备的基础上经过一段时间的考验,然后再慢慢被人们理解、接受。古代圣王的变革都是顺天应人、大公至正的,没有什么阴谋可疑之事,就像是老虎身上的斑纹一样昭然可见,天下人看得清清楚楚,无不信从。东汉的马融说“虎变威德,折冲万里,望风而信”。可见“德”是多么重要,任何人在推行变革之时,能够做到德行天下,革道显明,天下人自然会云集响应,这样的变革前景当然美好。

西周文王很英明能干,他顺应历史发展潮流。顺应人心,讨伐昏君商纣,其决心其志向被人们所赞扬。

于是许多才俊之士如太颠、辛甲、闳夭、散宜生等纷纷前来投奔,连邻近的诸侯小国也都来臣服,他们都聚集到周族正义的麾下,为兴周灭商效力。文王的这些准备为后来的武王伐纣,建立800年周家天下奠定了坚实的基础。

变革需要分步骤分阶段地进行,是一个循序渐进的过程,它不能一蹴而就,更不是靠一股热情就能奏效的。它要考虑天时地利人和等众多因素。变革是非常严肃的事情,需要热情,更需要冷静;需要勇敢,更需要智谋。盲目采取行动会有凶险,说明此时宜于审慎稳进,不宜冒然行动。对变革舆论,必须要经过反复多次的研究探讨,进行审慎周密的考虑安排,证明变革确实合理可行。同时,还要能够得到人们的理解与信任,只有到了这个时候,才可以大刀阔斧地进行变革。

如果不该变革的时候冒然变革，这就有点激进和冒险，其效果难得恰好，甚至会适得其反。若到了该变革的时候还不变革，就会错失良机，贻误大事。

变革成功之后，对变革的成果的维护也很重要。历朝历代在经济与政治改革获得一定的成功之后，一再强调要稳定。变革之前，主要的问题是变革；变革一旦成功，主要的问题就不在于变革而在于守成了，此时要好好地巩固变革的胜利成果，持守正道，以使老百姓逐渐享受到变革的利益。如果此时不安守既有成果，又思变革，势必会过犹不及，导致凶险。当今时代，竞争激烈，因此，企业只有顺应市场形势，积极改革，才能在市场竞争中脱颖而出，打败对手，获得市场占有率。

世界旅馆业巨头威尔逊为了把自己的旅馆建成第一流的旅馆，第一次在房间里使用了空调、电视，还为孩子们设计了游泳池，增加了照顾孩子的服务项目，甚至设计了为旅客的小狗居住的免费狗屋。所有这些，在当时都是闻所未闻的。正因如此，当别人的旅馆冷冷清清时，他的旅馆却总是挤得满满当当。

威尔逊敢于突破传统旅馆的束缚，出其不意地将各种先进设备引入房间，有针对性地设计服务项目，为客人提供各种各样的方便，这就是他的成功之处。反之，若一味固守老传统、老经验，就会掐断财富的萌芽。“当此之时，能抵为右”，这可以看作是鬼谷子对现代人的忠告。

12. 慧眼辨识人心

春秋时期,晋国两大权贵范、栾两家之间的矛盾激化,演化为两场激烈的政治斗争。这场斗争起因于多年前栾氏家族谋杀晋厉公。范、栾本来都是晋国的名门望族,结成亲戚关系。范宣子的女儿嫁给了栾黡,生下儿子栾盈。栾黡死后,栾盈发现母亲与人私通,但是,他又不好意思对母亲发火,便迁怒于看门的小吏,狠狠地鞭笞了守门小吏,并下令对出入的人严加盘问。没有想到,他的做法招来了母亲的怨恨,他母亲恼羞成怒,竟趁给自己的父亲范宣子贺寿的机会回到娘家,对父亲说了栾氏的许多坏话,造谣说,栾盈咒骂外公"专权",宣称栾家与范家"势不两立"。正在执掌晋国朝中大权的范宣子听了女儿这些话,马上鼓动晋平公对多年前的谋杀案进行清算,报复栾家。

在这场政治动荡中,栾氏家族的干将羊舌虎被抓了起来。羊舌虎有两个兄弟,一个叫羊舌赤,另一个叫羊舌吟,而后者,就是历史上著名的叔向。

这两兄弟很贤能,虽然并没有参与作乱,但此时也受到了牵连。大夫叔鱼很受晋平公信任,他仰慕羊舌兄弟贤能的名声,很想找机会认识他们。

这天,他来到朝门,正好遇上叔向,叔鱼施礼并安慰他说:"请先生不要着急,我见主公,一定尽力给先生兄弟二人说情。"

但是叔向并不领情,也没有道谢,弄得叔鱼很尴尬。

羊舌赤听说了这件事,责备弟弟说:"唉,我们兄弟算是死定了,羊舌氏非绝后不可!你怎么这么傻呢?叔鱼得到了君侯的宠信,如果能让他说几句好话,主公放过了咱们,那不是羊舌氏的福气吗?可是,你怎么不理睬人家,在这样的紧要关头去得罪人家呢?"

叔向却不这样认为,他笑一笑说:"死生由命吧。如果老天保佑,不使我羊舌氏绝后,必然是由祁奚老大夫出面说话,叔鱼是没有用处的!"

羊舌赤争辩道:"你这话好没道理!如今,那叔鱼在君侯身旁侍候,是个大红人,你却不看重他,而你竟然把自己的身家性命全都押在一个没有权利的祁奚身上,这不是信口胡说吗?”

叔向见哥哥生气了,就不紧不慢地说:“那叔鱼虽是平公跟前的红人,但也是趋炎附势、阿谀奉承、溜须拍马的小人,他一心只想要让君主高兴,一定不会逆着君主的意思说话的。在我羊舌氏福祸存亡的问题上,他能真的给我们说情吗?那祁奚老大夫就不同了,为人正直坦荡,光明磊落,一定会搭救我们的。”

不久,晋平公处理栾氏谋反一案,谈到了羊舌氏兄弟。他问叔鱼:“你想想看,那羊舌虎参加谋反,他的哥哥羊舌赤、叔向能不知道吗?”

叔鱼悄悄望了平公一眼,猜测着平公的语气,他在心里暗忖:“看来主公是不想饶恕羊舌兄弟啦!”转念又想到他上次见到叔向的时候,叔向让他很难堪,他在心里恨恨地想:“那次见面,我好心好意地说了几句安慰的话,谁知叔向那小子却不识抬举!”想到这里,叔鱼马上应声说道:“主公英明!俗话说,‘最亲的是兄弟’,这么大的事情,怎么会不知道呢?”叔鱼这几句话好像火上浇油一样,终于促使晋平公下了决断——把羊舌氏兄弟全抓起来,关到狱中听候发落。

祁奚的儿子祁午听说羊舌氏兄弟蒙难,面临杀身灭门的惨祸,慌忙派人星夜赶到祁地去见父亲祁奚,求他为羊舌兄弟说好话,求得个宽大处理。

祁奚见信吃了一惊,急忙动身到范宣子的府上求见。一见面,范宣子说:“祁大夫,您这么大年纪了,竟日夜兼程赶来,来到我的家,想必一定有什么重要的事情吧?”

祁奚答:“老夫为晋国国家存亡而来,不是为别的什么事。”

范宣子大吃一惊,忙问:“不知什么地方关系到国家存亡,使老大夫这样着急?”

祁奚严肃地指出:“贤人是国家的保卫者和基石。羊舌赤为晋国立有大功,羊舌赤和叔向又能继承和发扬他的美德和才干,是难得的贤人。特别是叔向惠而有谋,是国家的栋梁之才,以其弟之故而杀他们,是弃国家社稷于不顾,这样做,是非常愚蠢的,至于羊舌虎,是个不肖之子,参与栾氏叛乱,他是自作自受。可是把羊舌氏兄弟三人都抓起来杀掉,莫非就不觉得可惜吗?当年卸芮反逆遭了惩罚,而郤缺却被提拔起来在朝中做了大官,这是先君英明的地方。既然父子之罪都不互相牵连,更何况兄弟之间呢!范先生,你假使因为有私人恩怨就借机乱杀无辜,假如鱼死网破,那么,这晋国的江山社稷可就危险啦!"

祁奚是晋国德高望重的老臣,现在他亲自赶来批评和提醒范宣子,指出他可能要犯的大错误,使范宣子不得不惊怕起来。他慌忙离席致谢,并请祁老大夫与他一起进宫谏阻晋侯。

于是,二人并车入朝去参见晋平公,两人来到朝堂上对晋平公说:"听说善于治国的人,行赏不过分,施刑不轻忽。行赏过分,恐怕会赏到一奸人;施刑轻忽,恐怕会使君子受刑。如果不幸做过了头,那么宁可行赏过分赏赐了奸人,也不要施刑过分伤及君子。因而尧施刑杀了鲧,而到了舜时仍起用了鲧的儿子禹;周施刑杀了管叔、蔡叔,而仍任用他们的弟兄周公。这些都是不轻忽用刑的典范啊!"

晋平公听了,宣布免除羊舌两兄弟的罪行,并官复原职。二人得到赦免,入朝谢恩出来后,羊舌赤对叔向说:"咱们应当到祁老大夫处去表示谢意,感谢他的救命之恩!"

而叔向却说:"用得着去感谢吗?他为的是晋国国家的安危存亡,可不先是为了咱羊舌氏兄弟呀。"说完,扬长而去。羊舌赤总觉得弟弟不通情理,自己不去道谢可说不过去啊!于是他独自前往祁午府上,求见祁奚老大夫。祁午对羊舌赤说:"对不起,我父亲见过晋侯以后,一刻也没停留,就回祁地去了。"

叔向能预知天下,能正确识人,他对事物有客观的判断,他寄希望于祁奚,是因为清楚他的为人,知道他是真正的君子,他会出于国家利益的考虑而向晋平公求情。而对于奸佞小人,他则鄙视避之。在危险的境况下,仍然能够保持才能谈笑自若,不失其君子之风范。

13. 善于审时度势

古人曰:道变,法亦变。古人说的是什么意思?就是审时度势,就是指审察时机、明悉事理、忖度形势。世上的确有许多事,许多现象,从理论上是行得通的,但是时机未到,就不能图之,若要强求,硬攻、硬拼,反而会弄巧成拙,甚至功亏一篑,这就是不会审时度势的结果。有时,时机虽未到火候,但是,经过巧妙的运作,促使其量变,促使其成熟,然而再图之,这就是会审时度势者所为。

几千年以来,中国的有志之士就在出世与入世的两端徘徊。到底什么时候应该入世,建功立业,造福社会;什么时候又应该出世,藏身山林,韬光养晦?鬼谷子的回答是:"世无可抵,则深隐而待时,时有可抵,则为之谋。"也就是说,社会问题出现了就做事立功,天下太平了就深隐待时。

《论语》记载,一次,孔子和几位弟子在一起闲聊。孔子让他们谈谈自己的志向。急性子的子路说:"一个千乘兵车的国家,夹在大国之间,屡受侵犯,又遇饥荒。若让我治理这个国家,三年功夫,就可以使人人勇敢善战,并懂得做人的道理。"子路的话表明他有建功立业的志向和气魄,但孔子只是微微一笑。接下来,冉求说自己愿意当一个小地方官,轮到公西华时,他说:"我不敢说能做什么,不过愿意坚持学习。"三人说完以后,在一边弹琴的曾皙起身说:"我的志向嘛,就是在暮春时节,穿上春天的衣服,和五六位成年人,六七个少年,到沂河里洗洗澡,在野外吹吹风,然后唱着歌儿回家。"孔子感叹道:"我欣赏曾皙的志向啊!"

孔子漂泊半生,未能施展抱负,晚年则喜读《易经》,他曾对经中的"潜龙勿用"一语有非常精辟的论述,他说:"潜龙比喻像龙一样有德有才而隐居的人。世俗改变不了他的节操,他也不追逐功名;从世间隐退不会感到闷闷不乐,不被世人承认也不苦闷。能愉快地实现抱负时,便入世行道;感到忧虑时,便出世隐遁。信念坚定,从不动摇,这样君子的所为便是潜龙的德性。"

“潜龙勿用”，并非无条件的勿用，只是说条件尚未成熟，不易盲动。人都是要进步的，只当个看热闹的旁观者还不行，还要参加到风景中去，成就自己的一番事业，这样才不枉一身的本事。但古人都是反对盲目从政的，如孔子曾评价蘧伯玉说：“蘧伯玉这个人真是个君子！国家政治符合大道的时候，他就出来做官；国家政治不符合大道的时候，就能收敛、隐藏自己。”因此，有志于从政的人就需要认真观察。看到“国家政治符合大道”，自己的道义可以得到推行，当然就要积极出来从政，为国家和民众效力。反之，就要收敛自己言行而使自己隐藏起来，保持自己的节操，以免自己的高贵品格被玷污。

孔明未遇刘备，自是每日草堂酣睡。此时，除徐庶等几位好友了解外，谁又相信他真是一条“卧龙”？等到刘备三顾茅庐，一朝风生水起，卧龙跃水而出成为飞龙，不但展示了自己的雄才韬略，也成就了刘备的蜀汉政权，使天下三分，鼎足而成。

“龙潜海角恐惊天，暂且偷闲跃在渊。等待风云齐聚会，飞腾六合定坤乾。”洪秀全25岁时说自己是潜龙在渊，并将乾坤写成“坤乾”，倒转了天地，后来果然把清廷的江山搅了个天翻地覆。

鬼谷子所说的“深隐而待时”，也并非消极等待，而是要刻苦磨砺自己、约束自己，把自己修炼成济世之才。

深隐之时要有“韬”。要时时更新思想，只有如此方可跟上时代的步伐。反之，如果不与时俱进，思想保守落后，拒绝接受新思想、新事物，那就要落伍，就要被时代所淘汰。清朝政府就是因为拒绝先进的文化科技，满脑子的老大帝国的陈旧思想，而遭到列强欺侮凌辱的。因此，深隐时也要眼观六路，耳听八方。正所谓“书生不出门，也知天下事”，就等风云齐聚，即可“飞腾六合定坤乾”。

深隐之时要有“晦”。只有经过剪枝的树木才能长成栋梁，只有勤于自我约束才能成为有用之材。不怕有缺点，只怕看不见缺点。荒地只要勤于耕耘也会变成良田，而一片良田如果从不锄草也会荆棘丛生。不能自我约束的人不但不能改掉缺点，连原来的优点也会逐渐丧失。孟子说：“天将降大任于斯人也，必先苦其心志，劳其筋骨，饿其体肤，空乏其身，行拂乱其所为，所以动心忍性，增益其所不能。”这就说明一个人要想创立大事业，必须先在艰难困苦的环境中磨炼心性，然后才经得起巨浪的冲击，担当起“挽狂澜于既倒”的重任。功成名就之后,又该如何自处？自古以来,“鸟尽弓藏,兔死狗烹”是开国功臣的共同命运。勾践杀文种、赵匡胤杯酒释兵权、朱元璋滥杀功臣等等。正所谓功高震主,所有开国皇帝都明白,所谓开国功臣,就是那些当初与自己一起爬冰卧雪、风餐露宿打天下的“患难之交”。他们有苦劳、有功劳、有资格与自己平起平坐;他们最了解自己过去的历史,最清楚自己现在的心思;他们距自己的龙椅最近,也是最有能力抢夺龙椅的人。这样的人当然不能留在皇帝的身边了。这个道理,懂得的与不懂得的,其最终结果必然是两个样子。

真正聪明的人都懂得“月满则亏,水满则溢”的道理。诸葛亮晚年曾写下了著名的《诫子篇》,文中说:“夫君子之行,静以修身,俭以养德。非淡泊无以明志,非宁静无以致远。”诸葛亮出山时,还向往着统一天下之后重返山林,可惜壮志未酬身先死;春秋时,范蠡看到勾践“只可共患难,不可共处事”的本性,在帮助其大败吴国之后,功成身退,经商治产,落得个富甲一方,逍遥自在;东晋的谢安年轻时隐居于浙江会稽的东山,后入朝为相,在淝水之战中指挥若定,力挽狂澜,后来打算再回东山,可惜不久病死在建康,未能实现避世隐居的意愿。

张良明白鸟尽弓藏的道理,他选择了急流勇退,远离朝廷,去过与世无争的日子,最后保全了声誉和性命。而韩信却不明白这个道理,他不懂得考虑自己的实力和处境,最终还是搭上了自己的性命。

的确,会不会审时度势对人的发展是极其重要的。有的人,品性耿直,敢于直言,一心为公,遇到不公、不平之事能挺身而出,但是,因为不会审时度势,事事受挫,好人总不得好报。所以审时度势是人的智慧品质发展优劣的反映。智慧是什么？智慧就是人的理智程度,就是人的洞察力、决策力、运筹力和前瞻性。凡这些品质高者其审时度势的能力一定是很强的,就不会感情用事,就一定能把握得住事物发展的本质联系,这些人做事往往是先想到事情的结局,然后着手去做,就能做到汉高祖刘邦所说的那样:“运筹于帷幄之中,决胜于千里之外。”这样的人在决策时就能做到以下三点:能准确地把握客观形势;能依据主观具体条件制订相应的对策;能对决策的各种方案要进行比较,择优而从。

第五章　飞钳[1]篇

鬼谷子在本篇中，讲述了一种或“用之于天下”或“用之于国”或“用之于家”或“用之于人”的游说术。“飞”者，指使人敞开心扉，自由言论的方法；“钳”者，本意指挟持，引申为“控制”。飞钳之术，即先用动听诱人之言套住对方，观察其言谈而了解真实意图。它作为一种说服辞令，要求善于根据不同的对象，采取不同的方法，从而获得良好的效果。

【原文】

凡度权量能[2]，所以征远来近[3]。立势而制事[4]，必先察同异之党，别是非之语，见内外之辞[5]，知有无之数[6]，决安危之计，定亲疏之事[7]，然后乃权量[8]之。其有隐括[9]，乃可征，乃可求，乃可用。引钩钳之辞[10]，飞而钳之。钩钳之语[11]，其说辞也，乍同乍异[12]。其不可善者[13]：或先征之，而后重累[14]；或先重以累，而后毁之；或以重累为毁[15]，或以毁为重累。其用[16]，或称财货、琦玮[17]珠玉、璧白、采邑[18]以事之[19]，或量能立势[20]以钩之[21]，或伺候见涧而钳之，其事用抵巇。

【注释】

①飞钳：飞，飞扬、夸奖。钳，牵制束缚，控制的意思。飞钳，在这里是指先褒扬对手，令其激动，待其露情竭志时，因其所好缄束钳持，令其不得后退。

②度权量能：度，度量，权衡；权，人的计谋，能，能力；意思是度量权略，权衡能力。

③征远来近：征，征召；远，远方。这里指远方有才能之人。

④立势而制事：确立能够控制局面的地位与形势，制定有关的措施，把事情导向成功。

⑤内外之辞：内是实质，外是表面，指事情的正反两个方面。

⑥有无之数：数，数量。指有余不足的程度。

⑦亲疏之事：有关亲密或疏远的事情。

⑧权量：权衡度量，计量长短轻重。

⑨隐括：指隐情，即说不清的地方。

⑩引钩钳之辞：钩是弯曲金属所作的钩针，比喻引诱他人的言论归顺自己。

⑪钩钳之语：意为引诱和挟持对方所说出的话。

⑫其说辞也，乍同乍异：意思是对于对方的言论，忽然相同，忽然有异。

⑬不可善者：即使运用钩钳之法也不能改变的人或事物。

⑭重累：反复考验，重复积累。

⑮以重累为毁：通过反复考验，以使对方瓦解。

⑯其用：准备要采用时。

⑰琦玮：珍贵的宝玉。

⑱采邑：指封地。

⑲事之：对待他。

⑳量能立势：量能，考察才能；立势，造成态势。指通过衡量才能，创造态势。

㉑以钩之：用来吸引他们。

【译文】

凡是揣度人的智谋，考量人的才干，就是为了吸引远处的人才和招来近处的人才，要造成一种声势，使事情获得成功，就得先观察人们相同和不同之处，区别议论的是与非，了解对内对外的各种进言，掌握其真假，决定事关安危的计谋，确定与谁亲近和与谁疏远。然后权量这些关系，如果还有不清楚的地方，就要进行研究，进行探索，使之为我所用。借用引诱对手说话的言辞，然后通过恭维来钳住对手。钩钳之语是一种游说辞令，其特点是忽同忽异。对于那些以钩钳之术仍没法控制的对手，或者首先对他们威胁利诱，然后再对他们进行反复试探；或者首先对他们进行反复试探，然后再对他们发动攻击加以摧毁。有人认为，反复试探就等于是对对方进行破坏，有人认为对对方的破坏就等于是反复试探。

想要重用某些人时，可先赏赐财物、珠宝、玉石、白璧和封地，以便对他们试探；或者通过衡量其才能创造气氛，来吸引他们；或者通过寻找机会来控制对方，在这个过程中要运用抵之术。

【原文】

将欲用之于天下①，必度权量能，见天时之盛衰，制②地形之广狭，阻险之难易，人民货财之多少，诸侯③之交孰亲孰疏、孰爱孰憎；心意之虑怀，审其意④，知其所好恶[5]，乃就说其所重[6]，以飞钳之辞钩其所好，以钳求之。

【注释】

①用之于天下：把飞钳之术推广到全天下。

②制：控制，引申为掌握、了解。

③诸侯：古代对中央政权所分封各国国君的统称。周朝分公、侯、伯、子、男五等。

④审其意：详细考察他们的思想和愿望。

⑤知其所好恶：了解他们的好恶。

⑥说其所重：游说其所重视的问题。

【译文】

要把“飞钳”之术向天下推行，必须考量人的权谋和才干，观察天地的盛衰，掌握地形的宽窄和山川险阻的难易，以及人民财富的多少，诸侯间交往中谁与谁亲密，谁与谁疏远，谁与谁友好，谁与谁相恶。要详细考察对方的愿望和想法，了解他们的好恶，然后针对对方所重视的问题游说他，先用“飞”的方法诱出对方爱好之所在。最后再用“钳”的方法控制住对方。

【原文】

用之于人[1]，则量智能[2]、权材力[3]、料气势[4]，为之枢机[5]以迎之、随之，以钳和之，以意宜之；此飞钳之缀[6]也。

【注释】

①用之于人：将飞钳之术用于人。

②智能：智慧和才能。

③材力：材同“才”，指才干。

④气势：气概和声势，是表现思想的力量。

⑤枢机：枢是门轴；机是枢纽。指事物的关键。

⑥飞钳之缀：指飞钳之术的秘诀。

【译文】

如果把“飞钳”之术用于他人，就要揣摩对方的智慧和才能，度量对方的实力，估计对方的势气，然后以此为突破口与对方周旋，进而争取以“飞钳”之术达成议和，以友善的态度建立邦交。这就是“飞钳”的妙用。

【原文】

用于人[①]，则空往而实来[②]，缀而不失，以究[③]其辞[④]。可钳而从[⑤]，可钳而横[⑥]；可引而东，可引而西；可引而南，可引而北；可引而反，可引而复。虽覆，能复，不失其度。

【注释】

①用于人：用在对人的关系上。

②则空往而实来：用好听的空话，突出对方的实情。

③究：考察，考究。

④辞：言辞，辞令。

⑤可钳而从：从，通“纵”。意思是实现合纵。

⑥横：连横之意。

【译文】

如果把“飞钳”之术用于他人，可用好听的空话去套出对方的实情，通过这样连续行动，来考究游说的辞令。这样就可以实现合纵，也可以实现连横；可以引而向东，也可以引而向西；可以引而向南，可以引而向北；可以引而返还，也可以引而复去。虽然如此，还是要小心谨慎，不可丧失其节度。

纵横谋略

1. 拥有鉴人之术

所谓“飞钳”，如同“开闭”之意。“飞”者是指情绪放纵，言论自由。而“钳”者，则是指夹住，使之不能自由活动。飞钳之术用于人才管理上，可以说是一种引人之术，服人之术。鬼谷子的“飞钳”篇中曰：“用之于人，则量智能，权材力，料气势，为之枢机。”这几句话清楚地说明了取用人才的关键，在于权衡人的智能、才干、气质。而权衡的重要要素就是要具有鉴人之术。如果领导者不能鉴人识人，哪怕是身边人才济济，也会视而不见。

春秋时期，楚国人卞和为国献宝玉，楚厉王与楚武王有眼无珠，卞和一献失左足，再献失右足。幸好贤明的楚文王即位后，主动召卞和进宫，并慧眼识玉，这块宝玉才没有被埋没。楚文王为表彰卞和几次冒死献宝，就将这块宝玉命名为“和氏璧”。

“和氏璧”看上去平淡无奇，实则拥有珍贵的价值，而真正有才能潜质的人，往往就像那块玉一样，只有被人们发掘和欣赏，才能展现出真正的才华和价值。

中国自古就有伯乐相马的故事：

伯乐本名孙阳，是春秋时代人。传说中，天上管理马匹的神仙叫伯乐。由于孙阳对马的研究非常出色，人们便忘记了他本来的名字，干脆称他为伯乐。

一次，伯乐受楚王的委托，购买能日行千里的骏马。伯乐向楚王说明：千里马少有，找起来不容易，需要到各地巡访，请楚王不必着急，他尽力将事情办好。

伯乐跑了好几个国家，连素以盛产名马的燕赵一带都仔细寻访，辛苦至极，还是没发现中意的良马。

一天,伯乐从齐国返回,在路上,看到一匹马拉着盐车,很吃力地在陡坡上行进。

马累得呼呼喘气,每迈一步都十分艰难。伯乐对马向来亲近,不由走到跟前。马见伯乐走近,突然昂起头来瞪大眼睛,大声嘶鸣,好像要对伯乐倾诉什么。伯乐立即从声音中判断出,这是一匹难得的骏马。

伯乐对驾车的人说:“这匹马在疆场上驰骋,任何马都比不过它;但用来拉车,它却不如普通的马。你还是把它卖给我吧。”

驾车人认为伯乐是个大傻瓜,他觉得这匹马太普通了,拉车没气力,吃得太多,骨瘦如柴,毫不犹豫地同意了。伯乐牵走千里马,直奔楚国。伯乐牵马来到楚王宫,拍拍马的脖颈说:“我给你找到了好主人。”

千里马好像明白伯乐的意思,抬起前蹄把地面震得咯咯作响,引颈长嘶,声音洪亮如大钟石磬,直上云霄。楚王听到马嘶声,走出宫外。伯乐指着马说:“大王,我把千里马给您带来了,请仔细观看。”

楚王一见伯乐牵的马瘦得不成样子,认为伯乐愚弄他,有点不高兴,说:“我相信你会看马,才让你买马,可你买的是什么马呀,这马连走路都很困难,能上战场吗?”

伯乐说:“这确实是匹千里马,不过拉了一段车,喂养又不精心,所以看起来很瘦。只要精心喂养,不出半个月,一定会恢复体力。”

楚王一听,有点将信将疑,使命马夫尽心尽力把马喂好,果然,马变得精壮神骏。

楚王跨马扬鞭,但觉两耳生风,喘息的功夫,已跑出百里之外。后来千里马为楚王驰骋沙场,立下不少功劳。楚王对伯乐更加敬重,伯乐也因此名声远扬。

后来,人们常说,“千里马常有,而伯乐不常有”,说明拥有伯乐这样的人实在难找,不仅难在拥有一双鉴别的慧眼,还难在拥有十分的忠心。因为当好伯乐,必须先做品德高尚的人。人才问题是关系到国家兴衰之大事,墨子云:“国有贤良之士众,则国家之治厚。贤良之士寡,则国家之治薄。”可见人才的重要性。人才是一种资源,更是一种财富。

古代杰出的政治家大都是善于用人的高手,唐太宗李世民就深谙此道。唐

太宗认为“致安之本，惟在得人”，所以他很重视选官用人。为了争取各地主集团的支持，他选拔任用了许多出身不同却代表了各种地主势力的人才担任中央要职。这些人，有原秦王府的臣僚，有追随李建成反对他的政敌，有关中军事贵族和南北士族，也有出身低微的寒门人士。由于唐太宗在一定程度上能够“拔人物不私于党”，以才取人，甚至破格用人，所以贞观时期人才济济，出现了一批对国家的治理有杰出贡献的著名将相，如房玄龄、杜如晦、魏征、李靖、李勣等。唐朝政治稳定、经济繁荣的局面和这些谋臣猛将的聪明才智分不开，这些都有利于“贞观之治”局面的形成。

晚清的曾国藩统帅湘军，战功卓越。他之所以取得令人瞩目的成功，最重要的便是对人才的重视。曾国藩认为“国家之强，以得人为强”。并说：善于审视国运的人，“观贤者在位，则卜其将兴；见冗员浮杂，则知其将替。”他将人才问题提到了关系国家兴衰的高度，把选拔、培养人才作为挽救晚清王朝统治危机的重要措施。像李鸿章、左宗棠、李善兰、华蘅芳、徐寿等许多影响近代中国历史的人物都是得到曾国藩的提拔和赏识而得以发挥才能的。

历史上用人不当导致失败的例子也有。如北宋杰出的政治家王安石，在宋神宗的支持下开始变法。一场轰轰烈烈的变法运动，最终却归于失败。失败的原因，除了当时的社会、政治原因外，与王安石本身也有很大的干系。王安石自恃有才，骄傲自大，他识人不准，在实施变法的用人方面多有失误。当时，由于得不到朝中重臣的支持，王安石只好找那些急于上进的新人，且把他们都想象成像他一样为国分忧、为民请命的清官。然而，这些人不仅缺乏实际操作经验，而且都把变法作为晋身之阶，参与变法动机不纯。王安石的重要支持者与助手，如吕惠卿、章敦、曾布、蔡卞、吕嘉向、蔡京、李定、邓绾等，都属于人品不正者，甚至大多数后来都进了《宋史》的奸臣传中。用一些人品不好、胸怀私心的人进行变法，再好的设想也是得不到正确实施的。

人们都知道"滥竽充数"这个典故。南郭先生滥竽充数的伎俩之所以能够得逞，其最大的责任不在南郭，而在齐宣王。身为一国之君的齐宣王被南郭的花言巧语所蒙骗，犯了失察的大过。还好南郭先生只是一个在乐队里混饭吃的市井无赖，要是在一个集体里面，所谓的"人才"都像南郭这样，其后果将不堪设想。

作为领导者，要想取得成功，必须善于发现人才，网罗人才，礼贤下士，并且大胆使用，因才授职，尽其所长。如果不善用才，即使人才多如过江之鲫，在实际中也发挥不出应有的作用。

2. 赞美应恰如其分

通过鉴人之术锁定人才之后，怎样吸引人才为我所用呢？只知鉴才而不能用，岂不成了叶公好龙了吗？在这里，鬼谷子提出了"飞而钳之"的办法，即首先要了解对方，其次懂得赞美的艺术。

真诚的赞美应该是恰如其分的，不空泛、不夸大、不含糊、具体、确切，否则，会适得其反。

有一位先生，听说外国人都喜欢听别人的赞美，尤其是女士，最喜欢听别人说她漂亮。后来，他出国了，便想试着去赞美别人。

一次，他去逛超市，迎面走来一位很胖的妇女。他习惯性地对这位妇女说："女士，您真是太漂亮了！"

不料,这位妇女狠狠地瞪了他一眼,毫不客气地说:“先生,你是不是离家太久了?”

赞美的目的是要对对方表示一种肯定和欣赏,让对方能从我们的话中领会这些含义。然而若是赞美不当,就如同隔靴搔痒,不仅起不到好的作用,反而引起对方反感。

当我们的赞美正合对方心意时,会加倍成就他们的自信感。这的确是感化人的有效方法,同时也是改善和优化我们人际关系的关键所在。

所以,赞美必须遵循一定的原则,不能乱开支票,否则就会失去应有的效果和作用。

真诚的赞美与鼓励常常又是携手并进的。得到领导的真心赞扬,下属往往会觉得受到重视,会因而寻求更大的发展以希望受到最高的重视。

每个人都需要听到别人赞美,因为这样他才更会发现自己的生存价值。

美国著名行为科学家马斯洛的“需要层次理论”中,谈到自尊需求,即任何一个人都希望周围的人对他尊重,这是人的一种精神需要。但是每个人各有优劣、长短,不可能十全十美,表扬好的和批评不好的,就应该了解和掌握人有“尊重的需要”,恰当运用表扬的方法,才能收到较好的效果。

据说,日本一家公司分别对100名职工通过表扬和批评所产生的效果进行了记录,结果发现,表扬和奖励采取公开的方式效果好,批评则采取个别的方式效果较好;相反,采取公开的方式批评,效果是明显不佳。人所以喜欢表扬,特别喜欢公开表扬,就是因为人有“自尊需求”。

赞美是很有意义的。懂得赞美的人,才是懂得去生活的人。赞美的力量是不可思议的。予人以真诚的赞美,体现了对人的尊重、期望与信任,并有助于增进彼此间的了解和友谊,是协调人际关系的好办法。可以说懂得适当的赞美,能够从赞美中获得他人的最佳认同。

常言道,一句好话能抵半年口粮。赞美人无疑是好事,但若口无遮拦,犯了忌讳,好事也会变成坏事,这也正是“一句话把人说笑,一句话把人说跳”的差别和原因。即使赞美者和受赞者关系很密切,也要注意,不能一时兴起就不问“三七二十一”了。

黄经理和沙经理很要好,志趣相投,嬉笑逗乐无所不说,私下里没有保留的余地，甚至对方的忌讳也是酒后茶余的谈资。

在一次宴会上，黄经理有点儿喝多了，为了表达对沙经理的曲折经历和能力的敬佩，他举起酒杯说："我提议大家共同为沙经理的成功干杯！总结沙经理的曲折历程，我得出一个结论：凡是成大事的人，必须具备三证！"

黄经理提了提嗓门答道："第一是大学毕业证；第二是职称资格证；第三是离婚证！"

"离婚证"的话音刚落，众人哗然，原本是赞美之中的玩笑话，但此时此刻极不合适提及。沙经理硬撑着喝下了那杯苦涩的酒，然后拂袖而去了。这"三证"中的一证无疑是沙经理的忌讳，他不想让更多的人知道，也不想让人们议论，但黄经理与他太好太熟太没有界限了。

这就警示我们，在称赞与自己的关系很好的人时，如果是当着其他人的面，千万不要冒犯他的忌讳。毕竟每个人都有一点儿个人隐私，请尊重朋友的忌讳，不要开那些残酷的玩笑。

公式化的套语有时也会冲撞别人的忌讳。

一位小伙子到同学家去玩，见到同学的哥哥后就来了一套公式套语说："大哥你好，见到你真高兴！久闻你的大名，如雷贯耳，百闻不如一见！"

没料到对方的脸一下子变红了。原来，他同学的哥哥因偷窃刚被劳教改造出来，这个小伙子根本不明情况就"久闻大名"地恭维了一番，不料却揭了对方的伤疤。

赞美是一种走进心灵的语言艺术，抵达它的过程，也有遍布暗礁的险滩，要想走上"赞美"的堤岸，就不可让赞美的语言信马由缰，而要在赞美之词中把握一种平衡，找准一种方向，如此才能步履轻松、稳健愉快地靠上"赞美"之岸。

3. 请将不如激将

常言道:“请将不如激将。”“激”,可以说是一种计谋、策略。

在论辩时通过一定的言语或行为刺激对方,激发对方的某种情感,引起对方的情绪波动,心态变化,并且这种情绪波动和心态变化是朝着自己一方所期望的目标发展的心理战术,我们称之为“请将激将法”,这一点与鬼谷子的“飞钳”之术也很吻合。

日籍华人,著名经理人夏目志郎先生当推销员的时候,有一次到精密仪器商社推销节目带,面对绰号为“顽固老头”的董事长,他滔滔不绝的雄辩无济于事。这位董事长20分钟之内一直保持沉默,对夏目志郎绘声绘色的攻势无动于衷,夏目志郎先生于是转变方法,开始使用“请将激将法”。

“将您介绍给我的人说得一点儿也没错,您任性、冷酷、严厉,没有朋友。”

董事长的脸色变红,而且抽动着粗大的眉毛,对夏目志郎的话开始有反应了。

“我研究过心理学,所以依我的观察,您是面恶心善、寂寞而软弱的人,您想以严肃和冷淡筑起一道墙来防止外人侵入。”

董事长终于露出了笑容,并说:“我的确是个软弱的常常无法控制自己的感情,还有很多缺点。”董事长又一次露出笑容,真是可爱,刚才那种不和悦的态度也改变了。从这时起,他俩成了朋友。

当天董事长向夏日志郎买了五套节目带,给了夏目志郎384 000日元的支票,董事长的侄子也买了一套节目带。一上午,夏目志郎的收入合计460 800日元。

“请将激将法”,在具体的使用过程中,表现方式多种多样,比如有直激法、偏激法、暗激法、导激法等等。

直出直入地贬低对方,刺激之、羞辱之、激怒之这就是直激法。

某造纸厂改革用人制度，决定对中层干部在厂内张榜招贤。

榜贴出后，大家都看着有能力、有技术的技术员小黄。然而由于某种原因，他正在犹豫不决。

一位老工人走了过去，直言相激："小黄啊，厂里花那么多钱送你去上大学，你不是个优等生吗？大家巴望着你出息呢，没想到，你连个车间主任的位子都不敢接，你真是个窝囊废！"

"我是个窝囊废？"话音未落，小黄就跳了起来，说："我非干出个样子不可！"他当场揭榜，出任了车间主任。

还比如暗激法，就是有意识地褒扬对方光荣的过去，从而激起他改变现状的决心。

某化工厂食堂办得不好，工人有意见。

一天，刘书记叫来转业干部、行政科高科长到食堂来，见工人们又敲筷子又敲碗、骂骂咧咧的情景，他视若未见地拉起了家常：

"老高，你的老部队在新疆吧？"

"是的。"

"你在部队是优秀炊事员、优秀司务长？"

"是的。"

"你当军需股长时立过三等功？"

"是的。"

"那，现在呢？"

老高低下了头。

齐书记说："咱不说别的，就说到转业干部的声誉，你也不能把工作放松到这一步啊，难道连个食堂也搞不好？！"

第二天,老高就像变了个人,下厨房亲自抓。半个月后,食堂大变样。

由此可见,这种暗激式的方式,对那些在思想上、工作上曾经有过光辉一页的人,是十分有效的。

激将法,就是利用别人的自尊心和逆反心理积极的一面,以“刺激”的方式,激起不服输情绪,将其潜能发挥出来,从而得到不同寻常的说服效果。激将法是一种很有力的口才技巧,在使用时要看清楚对象、环境及条件,不能滥用。同时,运用时要掌握分寸,不能过急,也不能过缓。过急,欲速则不达;过缓,对方无动于衷,无法激起对方的自尊心,也就达不到目的。

“其不可善者,或先征之,而后重累;或先重累,而后毁之;或以重累为毁;或以毁为重累。”其实,无论是直激法还是暗激法,这都与鬼谷子提出的“飞钳”之术相吻合。

4. 深谋远虑,消除灾祸

灌婴(? ~公元前176年),睢阳(今河南商丘睢阳区)人,原为商贩。秦二世二年(前208年)参加刘邦军,以骁勇著称,被刘邦封为汉王。在随刘邦由汉中进取关中时,参与攻塞王司马欣,围雍王章邯。楚汉彭城之战后,被刘邦选为骑兵将领。此后,率领骑兵,参加破魏;接着出击楚军侧后,绝其粮道;后又跟随韩信攻占齐地,复深入楚地,迭克城邑,攻下彭城;参加垓下决战,穷追楚军,攻取江淮数郡。汉高祖六年(前201年),受封颍阴侯。后以车骑将军相继参加平定臧荼、陈稀、英布叛汉等作战。

汉高后八年(前180年),西汉吕太后死去,诸吕专权。赵王吕禄任上将军,吕王吕产任相国,都住在长安城里,聚集军队威胁大臣,想发动叛乱,篡夺刘氏江山。

齐王刘肥看出了诸吕的野心,一待吕后安葬之后,他便召集心腹手下说:“奸人当道,国将危矣,我想起兵讨逆,还望你们为国出力。”心腹手下没有异议,刘肥立即写信给刘氏诸侯主，控诉诸吕的罪行，并亲自率兵攻打吕氏诸王。刘肥起兵的消息传到京师，相国吕产十分惊慌，他对吕禄说："刘肥乃汉室宗亲，他带头闹事，恐怕其他刘氏诸王也不安稳，这件事该如何应对呢？"

吕禄说："我们掌握朝政，执掌南军、北军，自不用怕刘肥了。以我之见，我们应该即刻发兵讨伐，消灭刘肥，以绝其他刘氏诸王之念。"

汉朝元老重臣灌婴被委任为讨伐刘肥的主帅，吕产、吕禄还当面对灌婴许诺说："你德高望重，战无不克，朝廷命你出征，相信一定会灭掉逆贼。回师之日，朝廷会更加倚重于你，决不食言。"

灌婴无奈领命，心中闷闷不乐。有人劝他不要挂帅，说："刘氏乃高祖之后，他们看不惯诸吕所为，怎能算逆贼呢？你此去无论成败，都将背上助纣为虐之名，应当力辞不就啊。"

灌婴说："诸吕势大，如果我当面抗命，我死事小，误国事大。他们改派他人，势必有一场大的厮杀，而我却可借机行事，消此巨祸。"

灌婴作出积极备战的样子，诸吕都对他不疑。吕产的一位谋士担心灌婴不忠，于是他向吕产说："灌婴忠心汉室，为人正直，他这样痛快领命不是很可疑吗？万一他中途有反，我们就被动了。"吕产不以为然，他傲慢地说："我们吕家权倾天下，识时务者是不会和我们做对的。灌婴在朝日久，此中利害他自会知道，有何担心呢？"

吕产的谋士说："灌婴一旦领兵在外，我们就控制不了他了，难保他不会生变。为了安全起见,大人当派心腹之人征讨才是。”

吕产自恃聪明,谋士的劝告丝毫不能打动他。

灌婴率兵到达荥阳,传命就地驻扎,不再前行。不知情的将领追问灌婴缘由,灌婴以各种借口搪塞。

私底下,灌婴召集心腹说:“诸吕存心篡汉,我们身为汉家臣子,决不能听命于他们。我现在将大军引领在外,就是威慑诸吕,诸吕都是色厉内荏的小人之辈,有我们在,我想他们是不敢妄动的。”

灌婴驻扎荥阳不动,诸吕果然慌乱起来,吕禄催促吕产谋变,吕产却说:“灌婴大军在外,面对这个强大的敌人,以我们的实力不是他的对手啊!形势有所变化,还是从长计议的好。”

灌婴觉察到诸吕的顾忌,于是加紧联系刘氏诸王,准备合力讨伐诸吕。他在给刘氏诸王的信中说:“诸吕不怕遭天谴,却怕眼前的祸患,对他们只有合力同心加以讨伐,才是救朝廷的唯一途径。他们并不可怕,可怕的是我们对他们抱有幻想,心怀观望。”

刘氏诸王深受触动,暗中响应。与此同时,京师的太尉周勃和丞相陈平也联起手来,在未央宫捕杀了吕产,继而将吕氏家族一网打尽,安定了汉室江山。

小人总能通过劣行得意,猖獗一时,一手遮天。灌婴的老谋深算也在于此。他以“飞钳”之术达成妥协,表面上屈服对方,暗中却伺机行事,最后铲除吕产等人。面对强大的对手,不要鸡蛋碰石头,无望的抗争,有时不如默默等待。俗话说:“留得青山在,不怕没柴烧。”把迫在眉睫的灾祸消除,将来才能担起更大的责任。

5. 动用言辞，收服人心

《鬼谷子》中的“飞钳术”其实就是动用言辞之术及各种谋略技巧去收服人心，使对方为我的谋略所用，由此使人在社会中纵横驰骋，实现目标。古往今来有许多人都是在飞钳之术中建立功业，载入史册的。

巴国、蜀国互相攻打，都来向秦国告急，秦惠王想出兵讨伐蜀国，但考虑到道路险峻难行，韩国又可能来侵略，所以犹豫不决，秦王把司马错和张仪叫来商量对策。司马错建议秦惠王出兵攻打蜀国，张仪不同意，张仪说：“不如去讨伐韩国。”秦惠王说：“请谈谈你的见解。”张仪回答说：“我们应该和魏国、楚国亲善友好，然后出兵黄河、伊洛一带，攻取新城、宜阳、兵临东西周王都，控制象征王权的九鼎和天下版图，挟持天子以号令天下，各国就不敢不从，这是称王的大业。要博取名声应敢去朝廷，要赚取金钱应该去集市。现在的黄河、伊洛一带和周朝王室，好比天下的集市和朝廷，大王您不去争斗，反倒和远方的戍狄小族争斗，这不是帝王的大业啊！”司马错反驳张仪说：“不对。我听说这样的话：想要使国家富强必须先开拓疆土，想要使军队强大必须先让百姓富裕，想要成就帝王大业必须先树立德望。如果这三条具备了，帝王大业也就水到渠成，现在大王的国家地小民贫，所以我建议先从容易的事做起。蜀国，是西南偏僻之国，又是戎狄之肤的首领，政治昏乱，如同夏桀、商纣，以秦国的大兵攻打蜀国，就像狼入羊群一样。攻占它的土地可以扩大秦国疆域，夺取它的财富可以赡养百姓，军队用不了多大伤亡就可以使蜀国投降。这样，吞并一个国家而天下并不认为秦国强暴，获广泛的利益，天下人也不认为秦国贪婪，我们一举两得，名利双收，还可以享有除暴安良的美名。秦国如果攻打韩国，劫持周天子，就会臭名远扬，也不见得有什么实际利益。周朝，是天下尊崇的王室，齐国，是韩国的亲睦联邦。周朝自知要失去九鼎，韩国自知要失去伊洛一带领土，两国将会齐心合力，共同谋划，向齐国和赵国求援，会和有旧怨的楚国和魏国和解，甚至不惜把九鼎送给楚国，把土地割让给魏国，到那时，大王您只能束手无策，那是很危险的！所以，我说攻打蜀国才是十拿九稳的上策。”秦王听从了司马错的建议，决定出兵攻打蜀国。

仅用了 10 个月，就打败了蜀国，蜀国被秦国吞并后，秦国更加富庶和强盛了。在现实社会中，无论是在政治上、经济上、军事上还是在外交上，掌握和运用“飞钳术”仍有极其重要的意义。我方使用飞钳之术时，常用言辞套住对方，用计谋使对方随我方的意图而仰俯、升沉，但要注意使对方不失常态，才是精彩的飞钳之术的妙用。

美国总统里根，在 1966 年竞选加利福尼亚州长时，开合有法，争取了公众而战胜了对手。1966 年，里根作为共和党的候选人竞选加利福尼亚州州长。当时，对里根的形势很不利。加利福尼亚民主党和共和党的人数比例是 5:3。竞选对手是老州长、民主党人埃蒙德·布朗。布朗从 1958 年起就担任加利福尼亚州州长。他是一个老练的政客，1962 年布朗曾同尼克松争夺加利福尼亚州州长，把尼克松打得溃不成军，落荒而逃。此外，当时的总统约翰逊是布朗的好朋友，他表示全力支持布朗连任。老州长本人也认为，自己在加利福尼亚有基础，“二流影星”里根不在话下。

里根地位低下，没有政治经验，但也有身材魁梧，五官端正，容貌俊美，风流潇洒的优点。他还做过电影演员、电台广播员。他还有洪亮的声音。于是里根利用自己善于演说的优势，经常在电视台、电台和一些公众集会上亮相，发表演说，以争取更多的选票。由于缺少从政经验，因此，他尽量少谈政治，多讲一般老百姓关心的社会、生活问题，把自己打扮成一个“平民政治家”。

当时美国家庭中已经普及电视。就拿加利福尼亚州来说，平均每户有 1.5

台电视机。选民们在电视机上看到的里根是一个生气勃勃，精力充沛，能说会道的政治家，因而对他产生了好感。里根谈的问题又是普通老百姓关心的物价、工资、就业等问题，所以颇受一般老百姓的欢迎。选举的结果，里根比布朗多得近100万张选票，很多民主党人也投了里根的票。里根终于如愿以偿，登上了加利福尼亚州州长的宝座。

6. 宽容是一柄利器

莎士比亚曾说："宽恕别人所不能宽恕的，是一种高贵的行为。"宽容是修养、是美德、是内涵、是心态，也是解决问题的一柄利器。

1975年，英国的撒切尔夫人当选为保守党领袖后其目标就是出任首相。撒切尔夫人在被动中巧施"飞钳"之术，用以和为贵的策略终于战胜了前首相希思，并以宽容之法争取了希思，使英国人归心于她。在英国这种国家，欲当首相必须是一个政党的党魁，因此，党内的夺魁斗争一向十分激烈。争夺各方常常是撕破脸皮，竭尽排斥、贬低和打击对方之能事。撒切尔夫人不赞成希思的政策主张，先是支持基思·约瑟同希思竞选，继而又亲自向希思挑战，使希思感到她有意与自己作对，心中大为不快。

但竞选期间，希思的人马故意打出"我支持杂货商，但不支持他的女儿"的口号，把撒切尔夫人的家庭身世也翻出来，作为攻击目标。这种作法，当时使撒切尔夫人十分气恼。双方的对立情绪一度达到空前的程度。撒切尔夫人当选后，认识到为了团结全部力量参加首届大选，必须弥合与失败者的裂痕，恢复保守党的团结，稳定自己的后院。由于希思在党内追随者不少，势力不能小看，他又在国际上声望较高，影响颇大。没有他的支持与合作，要战胜执政的工党，有较大困难。撒切尔夫人为了获得希思一派的支持，主动地捐弃前嫌，不念旧恶。

她获胜后的第一个行动就是去拜会希思，热情地邀请他参加她领导下的影子内阁，但被一口回绝。她不灰心，其第二个行动是请希思手下的总督导员怀特洛出任保守党副领袖，怀特洛接受了邀请。由于撒切尔夫人的做法符合许多保守党人的心愿，得到了广泛的支持。接着，撒切尔夫人于 1976 年 10 月的保守党年会上再次主动发出和解的信号。她在讲话中赞扬希思过去的政绩，在政策主张上作了一些调整和修补，又采纳了希思的一些观点，使两派在对外政策上明显接近。在此情况下，希思也就发表了对撒切尔夫人“完全相信”、支持影子内阁的内外政策声明。至此，撒切尔夫人在党内的领袖地位最终确立了，为登上首相宝座奠定了必不可少的基础。

宽容是一种处世哲学，也是人的一种较高的思想境界。有道是，海纳百川，有容乃大；壁立千仞，无欲则刚。能容纳世界，才能得到世界。用宽容的习惯支配自己的行动，往往在与人方便的同时，也能更好地为自己开启许多成功之门。

7. 投其所好，欲取先与

老子《道德经》第 36 章：“将欲去之，必固举之；将欲夺之，必固予之。将欲灭之，必先学之。”主要意思是：想要夺取它，必须暂时给予它。这句话流传至今，已经变成了“将欲取之，必先予之”。

一般而言，对某种利益的追逐是我们做事情的直接目的，而要想从他人那儿获得某种利益，又必须保持一种相对稳定的利益平衡关系。就是说在利益问题上不能总一头热、一头沉，不能让对方一味地付出，而在付出之前或付出之后总能有所得，这种获得当然不限于物质上的，也包括精神上的、感情上的。所以，正是基于世界上这样一种利益平衡关系，就有了欲取先予的谈判方法。

在谈判中，“欲取”的目标必须暂时隐藏而不露，且在未露之前投其所好，先给对方甜头尝尝，让对方心情大好，等激发他产生知恩图报的心理再顺势把自己“欲取”的目标提出来，这样对方很容易答应自己的请求。

可以说，先予的成果如何，直接关系到预取的目标实现。鬼谷子认为，可以先探出对方的喜好,然后再采取行动,这样就可以控制对方,从而打成自己的目的。这是一条屡试不爽的方法,接近人,先从他的爱好下手,会得到更多的好感信任,并且能迅速地收到效果。

有一次,美国《黑檀》月刊的主编约翰逊想要拉到森尼斯公司的广告。当时,该公司的首脑麦唐纳是个极其精明能干的人。

开始,约翰逊先写了一封信给麦唐纳,要求和他当面谈谈森尼斯公司的广告在黑人社会中的重要性。

麦唐纳当即回信说:“来信已经收到,不过我不能见您。我并不主管广告。”

约翰逊并不气馁,他又写了封信给他,问:“我可不可以拜访您,谈谈在黑人社会进行广告宣传的政策。”

麦唐纳回信道:“我决定见您。不过,要是您想谈在您的刊物上登广告的事,我立刻就结束会见。”

约翰逊翻阅了美国名人录,发现麦唐纳是一位探险家,曾到过北极,时间是在汉森和比尔准将于1909年到达北极后的几年间。汉森是黑人,他曾就本身的经历写过一本书。

这是个可以利用的条件,约翰逊本能地觉察到。

于是,他找到汉森,请他在自己的书上签名,以便送给麦唐纳。此外,他又想起汉森是他们写篇文章的好题材,于是,他从还未出版的《黑檀》月刊中抽去一篇文章,而代之以介绍汉森的一篇文章。

麦唐纳在约翰逊走进他的办公室时,第一句话就是:

“看到那边那双雪鞋没有?那是汉森给我的。我把他当作朋友,你看过他写的那一本书吗?”

"看过",约翰逊说,"凑巧我这里有一本。他还特地在这本书上签了名。"

麦唐纳翻着那本书,显得很高兴。接着,他又说:"您出版一份黑人杂志,在我看来,黑人杂志上该有一篇介绍像汉森这样的人的文章才对。"

约翰逊对他的意见表示同意,并将一份7月份的杂志递给他。

然后告诉他,创办这份杂志的目的,就是为了宣传像汉森这样克服一切障碍而达到最高理想的人。

这时,麦唐纳合上杂志说:"我看不出我们有什么理由不在您的杂志上登广告。"

约翰逊开始拉广告受挫后,并不气馁。他知道每个人都有乐意显示自己辉煌战绩的心理,根据麦唐纳的经历,变换了接近麦唐纳的方法,攻心求同,终于使麦唐纳答应在他的杂志上刊登广告。

每个人的人生际遇也是变化多端、难以预测的,一旦碰到较大起伏的时候,就应采用"先予后取,以退为进"的谋略。因为这种方法不只会为你的人生觅得安顿之处,也会为你提供寻找更多"猎物"的机会。

生活中,我们要有"先予后取,以退为进"的意识。"先予后取,以退为进"的要领在于不计当前利益,着重长远利益,吃小亏,占大便宜,所有的退却都是为将来更大的发展做铺垫。

8. 举重若轻,不失其度

鬼谷子所说的"缀而不失"是说找到了一个好的平台之后希望被重用。但是不能空逞口舌之能,还必须做出实际的业绩来。如若不然,就会像诸葛亮舌战群儒时讥讽张昭的那样,"坐议立谈,无人可及;临机应变,百无一能。"那岂不又有"纸上谈兵"之嫌了。

有一则古代寓言,说鲁国有一个人非常喜欢钓鱼。他用名贵香料肉桂做鱼饵,用黄金打造钓鱼钩,整个渔具还点缀上银丝及碧绿的玉石,垂钓的丝线是翡翠色的。他拿竿的姿势非常标准，选择钓鱼的位置也很正确，但是钓到的鱼却没有多少。

可见，做任何事情过分注重外在形式，只搭花架子装点门面，而忽视了其实际的效用，或者没有真才实学，难以受重用，这样很难有所收获的。

当年，孙武向吴王阖闾进献兵法13篇，即后世所称道的《孙子兵法》。吴王读后大悦，当即任命孙武为大将。史载，孙武曾率兵“西破强楚，入郢，北威齐晋，显名诸侯”，为吴国的霸业立下赫赫战功，从而赢得“兵圣”的千古美名。

古代辅佐帝王的名将名相，一般都具备“进不求名，退不避罪，唯民是保，而利合于主”的精神。只有这样的将相，才能称得上是国家的宝贵财富。蜀汉丞相诸葛亮在率军攻打魏国前，曾写下《出师表》，表明自己“鞠躬尽瘁、死而后已”的精神。但是在连胜几阵的大好形势下，由于错用“言过其实”的马谡镇守街亭，导致街亭失守，蜀军一下子转胜为败，满盘皆输，只好撤军回国。诸葛亮为了严肃军纪，挥泪斩了马谡。他对自己也作了深刻的反省和自责，上奏幼主刘禅，请求把自己连降三级，并将自己的过错公布于全国，让大家揭发其缺点。诸葛亮的所作所为，令人钦佩，真不愧为“国之宝”。

被重用后，努力做出成绩，积攒很高的威望，这是令人快慰的事。但是也要当心，“木秀于林，风必摧之”，这会引起小人的妒忌。在某种特定的情况下，甚至会引起人主的猜忌。唐时贤相魏征，常常当面指出唐太宗的过错，让唐太宗下不来台。有时唐太宗也恼得慌，甚至想把他杀掉。但恼过之后，仍是觉得魏征不错。他说：“别人说魏征疏慢，可我总觉得他妩媚好看。”魏征因犯颜直谏，虽总有被杀头的危险，

但始终有惊无险，一方面是因为魏征心地磊落，所作所为都是为了国家；另一方面，则是因为他遇到的是唐太宗这样的明君。在古代历史中，同样是为国出力、肝脑涂地，因为遇到的君主不同，结局往往会大相径庭。战国时代著名改革家商

鞅的悲剧性结局就是一例。

战国时期，秦孝公任用商鞅实施变法。商鞅变法取消了贵族的特权，规定重新按军功大小给予爵位。贵族由此失去了无功受禄的特权，对商鞅十分不满。而秦国经变法以后，很快强盛起来，生产力大大提高，国库充盈，将士作战勇猛，威震六国。商鞅因变法有功，受封商地十五邑，号商君。在变法过程中，太子的老师触犯了法律，商鞅为了使新法能得以实施，依法进行了严厉公正的处置。太子曾为老师向商鞅说情，但无济于事。从那时起，太子便对商鞅恨之入骨，欲除之而后快。孝公驾崩后，太子嗣位，史称惠文王。有人趁机诬陷商鞅谋反。惠文王虽然清楚商鞅没有谋反，但为了出气，还是下令逮捕商鞅。商鞅此时在自己的封地，听到消息便只身逃了出来，打算潜往别国躲避。这天，天色渐渐暗了下来，商鞅急于逃离秦境，便匆匆赶路，来到关下，不想被守关军士拦住，声称："商君有令，黄昏后非公事不得出城。"商鞅只好来到一家旅店，要求住宿，老板走出来说："请问您是谁，我要接待了身份不明的人，会被杀头的。这是商君的法令，违背不得呀！"商鞅当然不敢承认自己的身份，他走出旅店，仰天长叹道："想不到我自己制定的法律，竟反过来害了我自己！"商鞅后来被抓回咸阳，受车裂之刑而死。

商鞅为秦国的强盛而主持变法，不畏权贵，执法如山，称得上功劳盖世，可惜最后仇家变成了持有生杀大权的君主，而其行程却被自己制定的法令所延误，"作法自毙"，最终惨遭车裂酷刑而死，实在是可悲可叹。

太平军金田起义后,杨秀清封东王,称九千岁,掌握军政,节制诸王。他是起义军前期的实际指挥者,曾指挥太平军成功地突围永安,攻克武昌、汉口、汉阳等重镇。太平天国定都天京(江苏南京)后,他又筹划、组织了太平军第一次西征和北伐诸战役,战功显赫,位高权重。杨秀清居功自傲,与天王洪秀全的矛盾逐渐加剧。在太平军连破清军江北、江南大营后,他逼洪秀全封他为“万岁”。洪秀全遂下密诏,令领兵在外的韦昌辉、石达开等返天京除去杨秀清。韦昌辉率部抵达天京后,突袭东王府,杀了杨秀清全家。

在社会上生存,岂能轻易安身立命?在遇到危难时,要格外小心谨慎,但也不能不思进取。谨慎和进取犹如硬币的两面,任何一面都不可偏废。过分谨慎而不进取,就易变为保守;过分进取而不谨慎,就易变为冒进。保守会逐渐落后,并导致最后衰败;冒进会使根基不稳,并导致倾覆。

最后,当功名升到一定的程度,就要停止追求的脚步,要学会全身而退。否则容易遭到同僚的妒忌,也会受到君主的猜忌。如果当止不止,很可能会引火烧身。太平天国的东王杨秀清就是因为这样而遭杀身之祸的。

9. 以诚待民,让人青睐

李崇,字继长,小名继伯,北魏顿丘人。文成皇后第二兄李诞之子。14岁拜主文中散,并继承其父陈留公的爵位。后为高祖、世宗、肃宗三朝元老,历治八州,五拜都督将军,政绩显赫,战功卓著,堪称一代名臣。

高祖即位之初,李崇任大使巡察冀州。不久以原来的官职代理梁州刺史。北魏孝文帝时,当时巴氐发生骚乱,朝廷命令李崇以镇西大将军的身份出任荆州刺史,镇守上洛,并命令征调陕、秦二州士兵护送李崇到任。

李崇被任命为荆州刺史。赴任之际,孝文帝对李崇说:“荆州屡生变乱,民心不古,朕准备调遣秦、陕二州军队护送你上任。你要多多用心,不可鲁莽行事。”

李崇推辞说："陛下厚恩，臣不敢忘。不过臣此次赴任，不需要发兵保护。臣认为，边境百姓之所以不断叛乱，是因为当地官员不爱护百姓，完全是官逼民反所致。臣决心以诚待民，悉心安抚，消弭官民对立的祸根。"

孝文帝惊喜过望，连声叫好，动情地对李崇说："难得你有如此胸襟和见识，有你在，何愁边患不平呢！"于是，李崇只简简单单地带着几十个骑兵，风尘仆仆地赶到上洛，前往荆州。一路上，他的幕僚担心他的安危，小心对他说："百姓深恨官府之人，不如我们改换便装，免得引人注意。"

李崇平静地说："冰冻三尺，非一日之寒，要化解百姓的怨气，就不能巧用手段。何况我们堂堂正正，用不着掩饰我们的身份。"

李崇深沉有将略，宽厚善御众，镇守荆州十年，常养精兵数千，所向披靡，屡平边患，号曰"卧虎"。

南朝梁武帝久谋除李崇，屡设反间计，而世宗却更信任李崇。梁武帝曾以高官厚禄诱李崇叛投，李崇不为所动。任兖州刺史时，寿春县有个叫苟泰的人，他的3岁孩子在碰上强盗时丢失了，几年之后都还不知道孩子在哪儿。后来发现孩子在同县人赵奉伯家里，苟泰把情况写成状子向官府告发。苟泰、赵奉伯二人都说孩子是自己的，而且都有邻居作证，郡里和县里的官吏不能断案。李崇说："这很容易弄清楚。"命令把两个父亲和孩子隔离开来，不得见面。几十天后，派人告诉他们说："你的儿子得了病，已经突然死去。官长命令解除对你的拘留，你可以出来为儿子奔丧。"苟泰一听到这消息，便放声大哭，痛苦得不能自持；赵奉伯只是叹息几声，一点也没有悲痛的表情。

李崇知道这个情况后，便把孩子还给苟泰，并审讯赵奉伯。追究其诈骗罪。赵奉伯于是坦白说："我有一个儿子先前丢了，所以冒领了这个孩子。"

荆州百姓见新官上任，又恨又怕，心存观望，谁也不肯接近李崇。李崇明察暗访，处处遭遇冷眼。李崇的随从抱怨说："大人身份高贵，今日屈尊待民，他们却不知好歹，大人不必自苦了。"

李崇笑着说："往日官员高高在上，老百姓早对他们心有成见，这岂是我一日便可改变的？只要我们有诚意，他们会欢迎我们的。"

日复一日，李崇的诚恳渐渐打动了百姓，他们说："这个刺史与众不同，他没有一点官架子，还和我们聊些家常话，他是个好官呐。"

李崇的声望日增，官府的号令百姓也愿遵从。李崇组织生产，打击暴徒，一时，荆州面貌大变。

后来，李崇被调任为兖州刺史。兖州强盗、叛民众多，实难治理。李崇上任之时，有人便劝他向朝廷要饷要兵，说："大人深入险地，如不严加防范，恐怕自身都难保全。从前历任官员只求自保，对剿匪一事并不用心。大人若是一心杀贼，这里的人是指望不上的。"

李崇训斥他轻视民众，他说："要饷要兵，还用我这个刺史做什么呢？老百姓饱受贼患，只要我们当官的真心依靠他们，他们哪里会袖手旁观呢？你们把百姓当贼看待，难怪百姓不和你们一心了。"

李崇轻车简从，走访每一个村落。他访疾问苦，流着泪对百姓说："这本是片肥沃的土地，竟让贼盗扰得我们不得安生。我李崇身为刺史，决心誓死消灭贼盗，还你们安居乐业。我请求你们帮助我，可以吗？"

李崇的真情让百姓动容，他们说："大人为我们百姓除害，不计个人得失，我们有何推托的呢？从前的官吏贪生怕死，我们是求告无门呐！"李崇为灭贼盗，广泛征求百姓的意见，李崇的下属说："老百姓愚不可及，只有听命的能耐，他们能有什么好主意呢？大人若有打算，只管下令执行罢了。"

李崇勃然大怒，说："民不可轻，此乃圣贤的教诲，你竟敢这样胡言吗？贼盗势力渐渐增大，这都是官府和百姓离心离德的缘故。"

李崇虚心纳言，百姓纷纷进策。一位老者主动来见李崇，献计说："贼盗出没无常，以致人们防不胜防。老朽思忖，如能在每个村庄都建一鼓楼，上悬一鼓，哪里出现贼盗，一便猛敲大鼓，这样四面村庄听到鼓声，便可守住交通要道，贼盗就难以逃脱了。"

李崇认为这个方法可行，于是下令村村建立鼓楼。他又把百姓编成队伍，轮番值守，一有情况，便行出击。此法实行不久，贼盗便纷纷落网。李崇又身先士卒，亲自上阵，百姓更受鼓舞。最后，猖獗一时的贼盗终被肃清，兖州成了安定祥和的地界。

不久，李崇又严令边防各戍，如掳掠到萧赜人，务必全部送还。萧赜人为他的恩德所感动，也把他们抓到的荆州人两百多个送回。两国边境地段恢复和平状态，不再有战争警报出现。

鬼谷子认为："用于人，则空往，而实来。"仅仅用语言赞美、歌颂使对方打开心扉只是一方面，还要拿出真情来使对方被你的诚心所感动。李崇的成功就充分证明了这一点。

诚，就是要实事求是，不扩大，不缩小。与人交往，诚信是最重要的品德。以诚待人，以信取人，是我们中华民族最为优秀的传统之一。孔子云："诚者，乃做人之本，人无信，不知其可"；韩非子曰："巧诈不如拙诚"；陶行知先生也曾说过："不作假秀才，宁为真白丁"；季布一诺胜过千金，商鞅变法立木求信，君子一言驷马难追……类似的故事和典故不胜枚举，但随着时代的进步，人类在迅速发达的市场经济熏陶下，摒弃了人类最基本的传统和优秀的东西，真是可惜可叹！示人以诚信就得抛弃智计，推心置腹。如能做到这一点，便能使所有人信服。反之，用种种手段和高压措施都无法征服人心，终会徒劳无功的。

10. 用人制人巧使人

用人制人巧使人,是一种计策,更是一门艺术。在商业竞争中,用人制人巧使人,常常是得以致胜的手段。如能巧妙使用,必能呈现出强大的功效。

古尔德是美国的一位大资本家,他于 1877 年几乎收购了除国库之外美国市场上所有的黄金,并设法控制国库,使他一日之内净赚 2000 万美元,这在人类历史上是罕见的。

古尔德的成功,就在于他钩住了一个人。古尔德了解到当任的格兰特总统有个妹妹嫁给了柯尔平上校,而柯尔平亦不宽裕,于是,他设了一计。一天,古尔德找到了柯尔平,十分客气地邀请他入股。柯尔平十分坦率地表示没有资本,古尔德忙说:"不要紧,您用不着拿一分钱,只要表示一个愿望就行了。我很敬佩上校的为人与才能,十分想与您交朋友。这点小意思就算鄙人的一点诚意吧。"柯尔平看到有利可图,何乐而不为。于是两个人签约:柯尔平在古尔德那里认购 200 万美元的黄金股,只要黄金价格上涨,每周可以领到这些黄金股的涨价费。若黄金下跌,按惯例,他相应要作赔。为了防止金价下跌,柯尔平用不着古尔德示意,就自己主动地利用妻子,劝总统不要抛售政府手中的黄金。通过这种方式,柯尔平着实地赚了不少钱。

古尔德又用同样的手段,收买了财政部长的秘书入股,也保证了财政部不抛售国库黄金。市场上黄金渐少;金价自然飞速上升。最高时达到每盎司 146 美元。到同年 9 月 22 日,市场上黄金不见了。这种形势引起全美国一片愤怒之声,格兰特总统迫于舆论,决定抛售出国库黄金。柯尔平等劝说无效,马上把这一紧急情况告诉了古尔德,同时又使总统暂缓一天宣布。就在这一天内,古尔德售出了他所有的黄金,净赚了 2000 万美元。收购了美国市场上所有的黄金,这的确是古尔德一生中最大的杰作。一天之内净赚了 2000 万美元,也是十分罕见的。而所有这些正是因为他抓住了关键,并实施了有效的钩钳术而成功的。

在当今市场经营中,“钩钳”之术也往往被广泛地运用于推销之中。美国有一家面包公司,经理迪巴诺就以飞钳之法,钩住纽约大饭店经理,而使自己的面包公司事业兴隆。

迪巴诺的面包公司远近闻名,十分畅销。然而,离它最近的一家纽约大饭店却一直对它不理不睬,迪巴诺十分纳闷,他决定敲开这家大饭店的门。他每星期必去拜访大饭店的经理一次,甚至以私人的身份住进大饭店,还常把迪巴诺面包送给公司的职员。然而,不论他怎么做,这家大饭店仍是对他的面包熟视无睹。迪巴诺是一位意志十分坚强的人,面对这种冷遇,他发誓不达目的决不罢休。失败多次之后,迪巴诺总结了教训,决定改变策略,开始调查饭店经理所感兴趣的事。他在饭店里安插了情报人员,知道饭店经理是美国饭店协会的会员,而且热心协会的事,还担任了国家饭店协会的会长。凡协会召开的会议,不管在何地举行,他都一定乘飞机前往。

了解到这些情况后,迪巴诺便到了图书馆查阅了协会的资料。第二天,便去拜访了饭店经理,自然以协会为话题,双方谈的十分投机,使饭店经理两眼放光,认为遇到了知音。在谈话中,迪巴诺丝毫不提面包二字。几天以后,饭店的采购部门先给迪巴诺打了一个电话,要他把面包样品和价格表送去,迪巴诺赶到饭店后,采购组长第一句话就是“你用了什么绝招?使我们老板这么赏识你。”

迪巴诺公司是驰名远近的,然而,迪巴诺的长期的正面攻势并未收效,一个面包也没售出;而仅仅与饭店经理谈了一下对方关注的事,形势却大为改观。因此,只有先让对方认同,让人接受自己的想法,与对方建立互信,产生共鸣,才能办好事。

11. 困境不失青云之志

"老当益壮,宁移白首之心?穷且益坚,不坠青云之志。"这是《滕王阁序》中最富思想意义的警语。古往今来有多少有志之士,面对一切艰难险阻,总能执着地追求自己的理想,即使在郁郁不得志的逆境当中也不消沉放弃。

颜真卿,字清臣,汉族,唐京兆万年(陕西西安)人,祖籍唐琅琊临沂(山东临沂)。透过他的这个名和字,不难看出父辈首先对颜真卿的道德品行方面提出的要求和希冀。开元二十二年(734 年),才华横溢的颜真卿考中进士,那一年他 26 岁。

颜真卿做监察御史时,河南甘肃一带碰上旱灾。当时五原这个地方有冤狱长久不能解决,颜真卿一到,就很快处理了案子,让罪犯伏法,受冤冤枉的人得到昭雪,可巧的是,冤狱刚一解决,老天爷就下起了大雨,当地人就说这是"御史雨"。后来颜真卿又升任殿中侍御史。由于他为官正直,不阿权贵,宰相杨国忠很憎恨他,下定决心要让他滚出长安。

天宝十二载(753 年),颜真卿被排挤出京,远赴山东德州任平原郡太守。平原郡远离京城长安,这里土地贫瘠,民风剽悍。边塞诗人岑参《送颜平原》诗中这样形容那里:"此地邻东溟,孤城吊沧州。海风掣金戟,导吏呼鸣驺。郊原北连燕,剽劫风未休。"

颜真卿在他 45 岁时,怀着满肚子的委屈和愤慨远赴山东德州赴任。颜真卿任平原郡太守后,"废苛政、黜奸小、除奸诡、进忠良",平原百姓从此安居乐业,道途不惊。为此,颜真卿的好友、唐代著名的边塞诗人高适写下了《奉寄平原颜太守》,诗中说道:"皇皇平原守,驷马出关东。银印垂腰下,天书在箧中。自承到官后,高枕扬清风。豪富已低首,逋逃还力农。"表达了对颜真卿造福一方百姓的赞赏之情。

摆在颜真卿面前还有一个严峻的问题,平原郡属范阳节度使安禄山所管辖,他是一个心怀二志的奸佞之臣。

安禄山是营州柳城人。他手中掌握了今河北、辽宁西部、山西一带的军事、民政及财政大权。安禄山经常进京入朝进宫，他看到朝政腐败，禁军虚弱，皇帝终日纵情酒色歌舞中，京师和内地武备空虚，保卫京师的军队，多是招募来的市井无赖，整日游荡，不事操练。全国军队多数在边镇，内地驻军数少，装备差，兵器陈在库中，因多年没有战争，早已生锈腐烂，便有轻视朝廷之心。于是，他在暗中加紧准备，特派心腹刘骆谷长住京城，向他密报朝廷动静，自己用愚忠朴诚迷惑皇帝。

安禄山一面佯装忠直，一面加紧谋反准备。他大量购置各种军需资源，每年要支出珍货数百万；豢养各族骁勇善战的降卒 8000 人，收为养子，加以特殊训练和特殊待遇；对手下的军队进行严格的军事训练，挤走对他有威胁的边将阿布思，收阿布思部众，充实自己的力量；网罗大批有才干的武将、文士，如严庄、高尚、史思明、张通儒、孙孝哲等；安禄山怕军中汉将不与他一心，上报撤换了汉将。让大儿子安庆宗住京师，把朝中发生的事秘密禀报。

唐朝大臣许多人都有察觉，就连杨国忠都多次向玄宗进谏，说："安禄山必反，陛下若不信，试遣使召他来，他必不敢再来。"

玄宗就遣使召安禄山来，出乎杨国忠的意料，狡猾的安禄山竟然来了，跪在玄宗面前痛哭道："臣被右相杨国忠嫉妒，臣恐怕死无日了！"

玄宗安慰说："有朕作主卿无事。"

太子李亨根据自己的观察，也向父皇奏安禄山要谋反，玄宗仍然置若罔闻。

安禄山要回范阳，玄宗亲自设宴饯行，又脱御衣为安禄山披上，此举使安禄山非常惊喜，认为是自己取代大唐的征兆。安禄山慌忙离开京城，昼夜兼程，赶回老巢。

有人甚至编出荒诞的事来使玄宗相信。

有一次，安禄山在夜宴时喝得烂醉如泥，呼呼大睡，有人看见他化一龙首黑猪，然后把这事报告玄宗，玄宗却说："猪龙也，无能为者。"安禄山装出的憨态和愚忠，早已迷惑住了这位皇帝的心，也掩饰住了安禄山谋逆的野心。

颜真卿发现安禄山的行动很反常，他不仅把各级官员都换成了自己的心腹爪牙，还暗暗地招兵买马，囤积粮草。颜真卿估计这家伙早晚必反。

颜真卿本是个对国事知无不言的诤臣，但当时唐玄宗和杨贵妃正热恋到"从此君王不早朝"的地步，政事由国舅杨国忠专权，而安禄山自从认杨贵妃做母亲之后，备受玄宗的关爱。颜真卿知道，把安禄山的野心上报给朝廷只会适得其反，为防患于未然，颜真卿以久雨为由，在平原郡加高加固城墙，挖深护城河，又悄悄地收揽丁壮，积储粮草。而在表面上，颜真卿依然每日以书会友，与宾客泛舟饮酒，吟风弄月。

颜真卿的为人安禄山也不是不知道，他也担心自己的行动被颜真卿识破，派人侦察平原郡的动静，见状，认为他不过是一介书生，不必在意。

天宝十四载十一月，安禄山派入朝奏事的官员返回，安禄山就伪造玄宗的诏书，说入朝讨伐国贼杨国忠，清君侧，在范阳打起了叛逆的旗帜，有兵15万人。安禄山叛逆的消息传到京城，朝臣一片混乱，玄宗急问对策，杨国忠错误地认为："只安禄山一人谋反，将士皆不从，臣料数旬，贼首就可以送入京师。"昏庸的玄宗，竟然信以为真，没作充分准备。

唐朝承平已久，内地兵少且缺乏训练，新募来的士兵闻敌军鼓角声，已魂飞魄散，根本没有战斗力，安禄山军队长驱直入，一路上几乎没有阻挡。仅一个月，东都洛阳失陷，安禄山叛乱的第二年六月，长安的屏障潼关失守。

安禄山起兵谋反，颜真卿不等诏令，立即挺身而出，举义讨贼。

由于对安禄山早有防范，颜真卿一声令下，所辖的3000人马很快扩充为上万人的威猛之师。叛乱发生得太突然，唐军猝不及防，叛军匿窜，很短时间内黄河以北几乎全部被攻陷，只有平原郡还在坚守抗敌。

玄宗刚听说安禄山果然发动叛乱时哀叹说："河北24郡，难道一个忠臣也没有？"后颜真卿派到朝廷报告情况的参军李平到了，玄宗大喜，向左右的臣子们说："我不知道颜真卿是一个什么样的人，他竟有如此作为。"

颜真卿的堂兄颜杲卿为常山太守，听说颜真卿举义抗击叛匪，立即起兵呼应，在他的带动下，17郡同一天举兵，推颜真卿为盟主，统兵20万，驰骋燕、赵，在与叛军激战取得重大胜利后，军威大震。

朔方节度使郭子仪率领唐军收回了许多失地，河东节度使李光弼率军打败了史思明。各地讨贼唐军互相配合，连连取胜，而叛军内讧，又加剧了它的灭亡。岌岌可危的大唐帝国重现了生机。唐广德元年(763年)，唐王朝平息了这场长达8年的叛乱。

乾元元年九月(758年)，颜真卿安葬了亲人，并设薄酒，祭奠为大唐社稷捐躯的颜季明。此时的颜真卿悲从中来，难以自制，写下了那篇流传千古的《祭侄季明文稿》，后人称作《祭侄文稿》。书写25行，共234个字。祭文情感真切，痛贯心肝，悲壮的情怀溢于字里行间。颜真卿面对亲人的亡灵，国难家仇，涌上心头。抚今追昔，感慨万端。

广德二年(764年)，颜真卿被唐代宗李豫封为鲁郡开国公，后人称他"颜鲁公"，即由此而来。

颜真卿在这场关乎唐王朝存亡的动乱中，大忠大勇，功勋卓著。他的心境不为人理解，忧虑得不到倾吐，抱负不能付诸实践，这就是"困心横虑"。颜真卿却没有因此而沉沦。他尽职尽责，终于发现安禄山的诡计，并与之周旋，在最启安禄山起兵谋反时，进而以"钳"之术取胜，挽救了大唐的江山。

12. 以退为进，以弱制胜

飞钳之术实际上就是动用言词之术及各种谋略技巧收服人心，使对方为我所用的谋略。正确使用它，可以使人纵横驰骋、随心所欲、恣意而行。古往今来许多人凭借飞箝之术，建功立业，身显一时，名垂青史。

鬼谷子认为，用飞钳之术对付他人，要先审察、揣摩他的心意。知道他喜欢什么、讨厌什么。在审明他的心意、探知他的好恶时，可用飞钳之术，该强的时候逞强，该弱的时候要示弱，如此便能以飞钳之术，达到进退从容，从而实现目的。

盛度，是铜陵县董店镇人，北宋著名的政治家、军事家、外交家。北宋仁宗景佑年间，盛度任参知政事。王曾、吕夷简做宰相。

吕夷简，字坦夫，北宋寿州(今安徽寿县)人，在西溪任过盐官。当时西溪诸多百姓人家都植有牡丹花，吕夷简也爱好此道。手植的一株上品，悉心护理，娇艳无比，远近传为美谈。后来人们建了一座思贤亭，表示对他的怀念。当年他赏花抒怀的一首吟咏牡丹的七言绝句是这样写的：

异香浓艳压群葩，何时栽培近海涯。

开向东风应有恨，凭谁移入五侯家？

不难看出，吕夷简以名花牡丹自喻自况，吐露了到海边任小小盐官的怀才不遇之感。后来随着逐步升迁，在仁宗年间，他曾两度当过宰相。

有一次，仁宗病了很长时间，没有上朝理政。一天，他的病情稍有好转，想召见主持政务的大臣们。于是坐在便殿，召中枢省、枢密院文武二大臣紧急进宫。

吕夷简得旨后，过了一会儿才起身入宫，枢密大臣催他快点走，而吕夷简却像平时一样，不紧不慢地踱着方步。

宋仁宗见到他们就说：“我病了这么久，今天刚好些，非常想见你们，你们为什么姗姗来迟？”

吕夷简从容禀奏皇上：“陛下患病，不能亲理朝政，朝廷内外都很担忧，今天忽然召见大臣,我们再慌慌张张跑进宫来,人们会误认为出了什么大事,引起不必要的恐慌。”

宋仁宗听后,认为他辅佐政事,考虑周全,办事得体。

王曾,青州益都(今山东益都)人。生于宋太宗太平兴国三年。少年王曾孤苦,善为文辞,曾咏梅花诗:

“未须料理和羹事,且向百花头上开。”

又言:“平生志不在温饱。”成为科举史上连中“三元”的状元。中状元后,王曾以将作监丞通判济州。不久,奉诏人京,召试学士院,为著作郎,值史馆。

景德初,知制诰,真宗大建玉潘昭瘦富’,王曾力陈五害以劝谏,真宗命王曾判大理寺,迁翰林学士,知审刑院,对其甚为敬重。

和盛度任参知政事的人还有宋绶、蔡齐。参知政事是副相。因为王曾喜欢蔡齐;吕夷简欣赏宋绶,而盛度遭二人冷落,所以盛度并无实权,也为百官轻视。

盛度的朋友一次对他说:“你虽身居高位,却有名无实,你该设法改变这种状况啊!王曾、吕夷简是你的顶头上司,你应该多和他们交结才对。”

盛度说:“我知道自己并不讨二位宰相欢心,但这是事实,我只有耐心等待了。

他们对我存有偏见,很难一时得到改变。”

盛度并无怨气,他对王曾、吕夷简仍是十分恭敬。在百官面前,他也曾毫不掩饰地对他们说:“我这个人能力有限,担当不起太大的责任,如有要事,你们不必问我,可直接向二位宰相报告。”

有一次,宋绶约上蔡齐去拜见王曾,而对在旁的盛度未置一语。盛度心中十分难受,他对家人说:“同为参知政事,而我竟遭宋绶当面轻侮,可见弱者难堪啊!”

盛度的家人气愤说:“大人何不找皇上理论?你这样被他们看轻,他们不是一手遮天了吗?他们结为朋党,不利于朝廷,皇上不会不闻不问的。”

盛度说:“无凭无据,皇上不会轻信,何况他们要是反咬我一口,我就更危险了。此时此刻,我什么都不能做啊。”

盛度对宋绶、蔡齐也恭恭敬敬,全似他们的属官一般。遇有大事,盛度从不提出自己的见解,而只以他们二人的意见为准。宋绶、蔡齐感觉盛度乖巧听话,心中十分受用。

一日,王曾想上奏罢免盛度的官职,不想宋绶和蔡齐都表示反对。他们说:“大人不喜欢盛度,却不一定非要赶他下台。他这个人很识趣,从不和我们争权,这样也给大人少了许多麻烦。倘若换上来的人不听大人摆布,大人生气不说,恐怕于事多有阻碍,何苦呢?”

王曾听从了他们的建议,盛度转危为安。盛度闻知此事,心头震颤,在外表上对他们更加恭敬了。

有人替盛度打抱不平,对仁宗说了盛度被排挤的事。仁宗把盛度召来,当面问他说:“你是国家重臣,凡事要坚持道义,听说有人压制于你,可有这样的事?”

盛度一口咬定说:“绝无此事,皇上不要听信小人之言。我自知能力不济,所以,凡事都要与同僚相商,这也是怕逞强误国啊。如果说这也有什么不对,那只怪我愚钝了。”

仁宗放下心来,转而称赞王曾等人勇于任事。尽管如此,王曾、吕夷简对盛度仍无好感。盛度担心惹上祸患,有心求退了。

一天,他对家人说:“一个人活在世上,如不能保全家小,那么就是最大的失败。我现在处境困难,不如引退自安吧!”家人鼓励他说:“大人能力过人,只因遭人排挤才会志不得伸,切不可为了我们而放弃啊。你已苦熬多年,相信用不了了多久,大人定会出头。”

后来,王曾和吕夷简关系紧张,二人都各拉援手。盛度对二人都不得罪,私下却为朝廷担忧,他对家人说："朋党之争是朝廷大患，他们这样搞下去，不仅两败俱伤，更对朝廷不利啊。我当适时劝谏皇上。"

后来，王曾、吕夷简越斗越凶，最后，二人竞向仁宗递上奏章，请求退职外任，以示不能并立。仁宗十分惊骇，心中生疑。

一日，盛度一人在中书省吃饭，仁宗突然宣召他，说："二位宰相不知为何，都提出外任之请，你知道其中的缘故吗？"

盛度见仁宗一脸不快，自度时机已到，遂开口说："宰相大人心中的秘密，臣也不大清楚。不过臣有一法，只要陛下肯做，宰相大人的隐秘便马上得知。"

仁宗催他快快说来，盛度做出迟疑的样子，吞吐道："听闻二位宰相大人各有朋党，他们的争斗也与此有关。臣也不敢轻信这些传言，陛下何不询问他俩谁可做他们的继任，这样就真相大白了。"

仁宗更为不快，说道："果真如此，他们真是太让朕失望了！"

仁宗先后向王曾和吕夷简提出这个问题，二人不加防备，一一作答。王曾力谏蔡齐，吕夷简推出宋绶。同时，二人又不约而同地对对方赞许的人加以攻击。

仁宗一眼便看出了他们之间的朋党关系，一怒之下，同时罢免了这四个人的职务。仁宗命盛度主持朝政，他对百官说："盛度不依附朋党，长期为人压制，这并不是他的错。难得他志向不失，仍尽心为朝廷效力。朕重用他，一来可以弥补朕的过失，二来也是褒奖他一直恪守作为臣子的本分啊！"

精明的盛度靠示弱来保存自己，最后击败对手取得胜利，被仁宗委以重任，就是他善于运用飞钳之术牵制对手，等待时机的结果。当然这个等不是愚蠢地等待，而是必先察其同异之计，别是非之语，知有无之术，这样才可决安危之计，定亲疏之事。

总之，以退为进，以弱制胜是一个较长的过程，等待是必须的；有时候，以弱者的身份对人，更容易打动他人，这也是获取成功的重要一步。

13. 刚柔相济则不可偏废

古人曰:刚柔之道在于刚可压柔、柔可克刚。若太柔即靡,太刚则折。所以得天地之道,宜刚柔相济,不可偏废。其实,刚柔相济与鬼谷子所说的“飞钳”之术是有同工异曲的道理的。即应做到能收能放,纵横自如。

一个人如果懂得刚柔之道,则处事、为官也就会事半功倍,恰到好处。

同治元年(1862年)咸丰帝在逃往热河途中,命令曾国藩速派湘军大将鲍超带兵北援。

曾国藩一时举棋不定,一连几天都是通夕不能成寐,因为北援事关“勤王”,无可推诿,但又想留下鲍超所部对抗太平军。他召集文武参佐讨论对策,要求每人提出一种方案,结果多数人主张派兵入卫,只有李鸿章力排众议,说“夷氛已迫,入卫实属空言,三国连衡,不过金帛议和,断无他变”,而“楚军关天下安危,是失,切宜慎重”,主张“按兵请旨,且无稍动”。李鸿章认为英法联军业已逼近北京,“入卫实属空言”,英法联军之役必将以“金帛议和”而告终。危及大清社稷的不是英法联军,而是造反的太平军。湘军“关天下安危”,应把刀锋对准太平军。至于北援,应“按兵请旨”,静待时局之变。曾国藩深受启发,一面上疏冠冕堂皇地表示:“鲍超人地生疏,断不能至,请于胡(林翼)、曾(国藩)二人酌派一人进京护卫根本”;一面在实际行动上采取拖延观变战术。结果不出所料,十月便接到“和议”已成、毋庸北援的廷寄。而同时接到率勇北上谕旨的河南、陕西等省巡抚闻命即行,结果却空跑一趟,劳民伤财。相比之下,则显出曾、胡二人的高明。而他们二人之所以高明,则由于接受了当时正在曾国藩幕中充任幕僚的李鸿章的意见。事后,胡林翼选择李鸿章、陈鼒、李榕三人的献议附于曾、胡二人的书面意见之后,编为《北援集议》一书,刊行于世。大概由于内部议论过于直露,不宜公开发表,在刊刻时删去一些内容。故在李鸿章的条陈中已不见“按兵请旨”的字句。

曾国藩、胡林翼不愿派鲍超入援，还有另一层考虑，即鲍超乃一员勇将，朝廷肯定令鲍超归胜保管带，而胜保乃极端仇视湘军，胜保若以“勤王”之名，将鲍超收为麾下，那时北援湘军就会拱手送人，这对全局又是大有影响的事。但鲍超不明底里，认为自己失了一次立功社稷的大好机会，故露出不满之意。还是胡林翼善于做思想工作，写信劝诫说：

“涤帅与我都深知胜保为人忮忌贪诈，专意磨折好人，收拾良将，弟若北援，无论南北风气异宜，长途饷项军火，无人主持，且必为磨死，而又不能得功得名。惟北援是君父之急难，不敢不遵，万不可以他词推诿，其时涤帅筹思无策，只得应允，自行北援，或兄北援，以兄与涤帅若能北行，则所带将士，或不致十分饥困，亦不致受人磨折。弟若知涤帅此次之恩，弟且感激流涕之不暇。涤帅待弟之恩，是天地父母之恩……弟于世事太愚，当一心敬事涤帅，毋得稍有怠玩，自来义士忠臣，于曾经受恩之人，必终身奉事惟谨。”

经过胡林翼的一番开导，鲍超才明白了曾国藩的良苦用心。如果说在“勤王”问题上，曾国藩采纳李鸿章意见“按兵”抗上是一种“刚”，而曾国藩对待鲍超的这番良苦用心则可谓是另一种的“柔”。

第六篇　忤合[①]篇

鬼谷子的《忤合篇》阐述的是一种对立与和顺的方法。本意指违背一方的意愿，而合于另一方的意愿。忤合的实质是指在处事、论辩或游说中，要准确判定形势，当进则进，当退则退，灵活决定自己的立场，以求实现自己的目标。鬼谷子认为，万物皆在变化中，变化才有发展，正所谓“世无常贵，事无常师”。运用忤合之术，首先要认清自己的前途，知道该联合谁、反对谁，同时有针对性地研究具体事物，做到知己知彼。这样才能进退自如、游刃有余，将主动权牢牢掌握在自己手上。

【原文】

凡趋合倍反[②]，计有适合。化转[③]环属[④]，各有形势[⑤]。反复相求，因事为制[⑥]。是以圣人居天地之间，立身御世，施教扬名也，必因事物之会，观天时之宜，国之所多所少，以此先知之，与之转化。世无常贵，事无常师。圣人常为无不为，所听无不听。

【注释】

①忤合：忤，抵触、背逆。合，符合，不违背。《荀子·性恶》：“合于文理，而归于治。”忤合，在这里是指以忤求合，先忤后合。

②趋合倍反：趋合是趋向合一，相当于“合”；倍反是背逆，相当于“忤”。倍，同“背”，通假字。

③化转：变化转移。

④环属：像铁环一般环环相扣地连锁起来。

⑤形势：事物变化发展的态势。

⑥因事为制：因，依据、凭借；制，法则，法度，控制。这里指要根据实际情况进行控制。

【译文】

凡是有关联合或对抗的行动，都有相应的计策。变化和转移就像铁环一样相扣而无中断。然而，变化和转移又各有各的具体情形。彼此间互相依赖，要根据实际情况处理。圣人生活在世界上，立身处世是为了教化众人，扩大影响，宣扬名声。他们必须根据事物之间的联系，来观察天时，抓住有利时机，根据国家哪些方面有余，哪些方面不足，据此先把握实质，并设法促进事物向有利的方面转化。世上没有永远显贵的事物，事物没有永恒的师长和榜样，圣人常常是无所不做，无所不听。

【原文】

成于事①而合于计谋②，与之为主③。合于彼而离于此，计谋不两忠，必有反忤④。反⑤于此，忤于彼；忤于此，反于彼。其术也，用之天下，必量天下而与之，用之国，必量国而与之；用之家，必量家而与之；用之身，必量身材能⑥气势而与之。大小进退，其用一也。必先谋虑计定⑦，而后⑧行之以忤合之术⑨。

【注释】

①成于事：把事情办成功。

②合于计谋：实现或符合预定的计谋。

③与之为主：与之，与他们。为主，为主人。指都是各为其主。

④计谋不两忠，必有反忤：忠，忠实；反，背反；忤，抵触，背逆。任何计谋都不可能同时忠于两个主人，必然会矛盾地相抵触。

⑤反：此处当顺从解释。

⑥材能：才质和能力。

⑦计定：确定计谋。

⑧而后：然后，以后。

⑨忤合之术：指因思想不合而趋向相反的对立之术。

【译文】

办成要办的事，重要的是不违背预定的计谋。如果为了自己的君主，合乎这一方的利益，就要背叛那一方的利益。凡是计谋不可能同时忠于两个对立的君主，必然违背某一方的意愿。合乎这一方的意愿，就要违背另一方的意愿；违背另一方的意愿，才可能合乎这一方的意愿。这就是“忤合”之术。如果把这种“忤合”之术运用到天下，必然要把全天下都放在“忤合”之中权衡之；如果把这种“忤合”之术用到某个国家，就必然把整个国家放在“忤合”之中权衡之；如果把这种“忤合”之术运用到某个家族，就必然要把整个家族都放在“忤合”之中权衡之；如果把这种“忤合”之术用到某一个人，就必然要把这个人的才能气势都放在“忤合”之中权衡之。总之运用“忤合”之术的范围或大或小，其功用是相同的。所作之事都要预先谋划、分析、计算之后再实行“忤合”之术。

【原文】

古之善背向者，乃协四海、包诸侯，忤合①天地而化转之，然后以之求合②。故伊尹③五就汤④、五就桀⑤，而不能有所明，然后合⑥于汤。吕尚⑦三就文王、三入殷朝，而不能有所明，然后合于文王。此知天命之钳⑧，故归之不疑也。

【注释】

①忤合：逆与合。

②合：耦合。

③伊尹：古代传说人物，辅佐商汤消灭夏桀，是商朝开国名相。

④汤：商朝的开国之君。重用伊尹消灭夏桀，开创商王朝，推行善政。

⑤桀：古代传说人物，他是夏朝最后一个暴君，被商汤王消灭。

⑥合：契合。

⑦吕尚：即太公望，辅佐周文王，周武王，是历史上著名的军事家、谋略家，对周朝建国作出了极大的贡献，是齐国的始封主。

⑧ 天命之钳：天命的制约。

【译文】

古代那些善于通过背离一方、趋向一方而横行天下的人，常常掌握四海之内的各种力量，控制各个诸侯，促成“忤合”转化的趋势，然后达成“合”于圣贤君主的目的。过去伊尹五次臣服商汤，五次臣服夏桀，其行动目的还未被世人所知，就决定一心臣服商汤王。吕尚三次臣服周文王，三次臣服殷纣王，其行动目的还未显露于世人，就最后归服了周文王。这就是懂得天命的制约，所以才能归顺一主而毫不犹豫。

【原文】

非至圣人达奥，不能御世；不劳心苦思，不能原事；不悉心见情，不能成名①；材质不惠，不能用兵②；忠实无真，不能知人③。故忤合之道，己必自度材能知睿④，量长短⑤、远近孰不如，乃可以进、乃可以退；乃可以从、乃可以横。

【注释】

①成名:树立名声。

②兵:这里指军队。

③知人:了解他人。

④知睿:才智,智慧。

⑤量长短:量,估量,衡量。长短,即优劣。

【译文】

对于一个纵横家来说,如果没有高尚的品德,超人的智慧,是不能统驭天下的;如果不肯用心深深思考,就不可能揭示事物的本来面目;如果不会全神贯注地考察事物的实际情况,就不可能功成名就;如果才能、胆量都不足,就不能统兵作战;如果只是愚忠呆实而无真知灼见,就不可能有察人之明。所以,“忤合”的规律是:首先估量自我聪明才智,度量自身的优劣长短,分析在远近范围内还比不上谁。这样就可以前进,可以后退;可以合纵,可以连横了。

纵横谋略

1. 善于选择盟友

盟友就是盟员之间的关系,或是相互称谓,可以是人与人之间,也可以是组织之间。

盟友并不只是做做朋友,它也不单单是一种拖累,关键时候它能派上用场。如果没有盟友就会比较孤立无援,发生任何事都没有铁血盟友支持。

社会生活纷繁复杂,利益关系更是难以辨清,当彼此对立的各方都邀请自己与他们成为同盟的时候,我们应该如何决定接近谁或远离谁?鬼谷子给出的答案是"因事为制",也就是根据事态的发展来决定。只有明白这一点,才能做出对自己有利的选择。

一则寓言里说,有一天,狼的使者来到羊群里,许诺说:"如果你们把守护你们的狗抓住杀了,我们以后就不再吃你们了,让你们过上安静的日子。"那些愚蠢的羊答应了狼的要求。这时,有只年老的公羊站出来说:"我们怎么能相信你们,并同你们共同生活呢?有狗保护我们的时候,你们还闹得我们不能安心地吃顿饭呢。"

只有愚蠢的人才会轻信敌人的诺言,进而放弃对敌人的警惕,让敌人有机可乘。而聪明人会全面地衡量利弊再慎重地选择自己的敌人和盟友。

春秋时期的鲁国由于力量弱小,经常受到其他大国的威胁。鲁国国君为了巩固统治,想和晋、楚国这两个大国结交,就准备把自己的几个儿子派到晋、楚两国去,名义上是当官,其实是当作人质。鲁国大夫犁鉏不同意这样做,他对鲁君

说:“大王,如果您的儿子落水了,您到越国去求人救他,越国的人虽然善于游泳,但也救不活您的儿子;如果鲁国失火了,您到海里去取水,海水虽多,也不能及时扑灭大火,这是因为远水难救近火啊!现在晋国和楚国虽然强大,但距离鲁国很远。离我们最近的大国是齐国,如果让公子去齐国,我们和齐国结交,当鲁国有难时,齐国能不来相救吗?”鲁君认为他说得很有道理。

舍近而求远,这种做法违背了常理,即使鲁国与晋、楚国结好,在发生危难时也未必能帮上忙。但是他联合大国,寻求安全保障的做法是正确的。有时候,当我们面临共同的威胁时,单打独斗是很难有胜算的,此时应该建立一个统一的战线,团结一切可以团结的力量以克服困难。古语云:“人心齐,泰山移。”只要有足够的力量联合,即使是泰山挡道,也可以将它移开。

结交盟友,联合所有利益一致的力量,这样可以改变敌我力量的对比,使自己走出困境,历史上许多有远见的政治家都做到了这一点。比如三国时期,蜀军败于夷陵,被吴国陆逊火烧七百里连营,损兵折将,导致刘备悲愧交加,病死于白帝城。此时,蜀国内部政权不稳,外部魏国大兵压境。其危急情形,正如诸葛亮在《出师表》中所说:“先帝创业未半,而中道崩殂;今天下三分,益州疲敝,此诚危急存亡之秋也。”在这国难当头之时,诸葛亮没有盲目决定向东吴复仇,而是首先考虑建立统一战线,恢复与东吴的联盟关系。由于统一战线的建立,进攻蜀国的曹真大军被吴将徐盛打得大败，而诸葛亮由于再无后顾之忧，得以放手南征，七擒孟获，北伐中原，六出祁山，取得了一系列的胜利，为蜀国又赢得了几十年的生存空间。

在政治和军事斗争中，当对立的双方势均力敌、难解难分的时候，第三方的态度会左右最终的结果。当第三方加入某一方以后，就迅速促成了另一方的失败。历史上有不少这样的例子。

明朝末年，李自成率农民军攻占北京，崇祯帝自缢于煤山，明朝灭亡了。李自成为了招降驻守山海关的辽东总兵吴三桂，派降将唐通带着5万两白银和吴三桂父亲的书信，前去游说吴三桂。吴三桂原本打算归顺闯王，但又得知李闯王政权镇压明朝权贵，自己的父亲被追赃拷打，家产全被查抄，连他最宠爱的小妾陈圆圆也被掳走了，他一气之下，杀了李闯王的使者，给清朝的睿亲王多尔衮写信，请求他发兵，征讨李自成。清军早就想进关，统治整个中原。所以，多尔衮立刻率清兵进入山海关。李自成得知吴三桂不肯投降，就亲率大军，和吴三桂大军在山海关附近决战。两万清军骑兵从右边突袭农民军，农民军大败。后来，清军彻底打垮了李自成，进入北京，顺治皇帝登位，统一了中国。

站在一起的盟友，只因有共同利益而结合在一起，当一方发现需要寻找另一方合作时，就要积极主动，找到共同点，相互合作。当然，这并非各方面都完全一致，因此必须异中求同。如果双方或多方都自顾矜持，不去主动解决问题，寻找共同点，只是盯着别人与自己不同的地方，那无论到什么时候，都不可能找到彼此的共同点。

20世纪30年代的中国，处于内忧外患之中。1935年，日本侵略者发动了震惊中外的华北事变，一下子把亡国灭种的危险推到了中国人民面前。此时，民族矛盾已经升级为当时中国的主要矛盾，而要解决这个矛盾最好的办法就是国共联合共同抗日。但蒋介石为了一己之私仍然不放弃“剿共”。中国共产党在抗日、反围剿的同时，仍然在不停地寻找可以联合抗日的力量。张学良在1936年发动的“西安事变”，使中国当时复杂的国内外形势变得更加诡谲。中国共产党本着“兄弟阋于墙，外御其侮”的精神，主张和平解决西安事变，同蒋介石进行了谈判，最终和平解决了这个问题，形成了抗日民族统一战线。

在现代商业领域，一个企业要发展、壮大，也必须要有结盟的意识。比如，现代电气高科技的迅速发展,对电气材料不断提出新的要求,大量的新材料应运而生。制造节能变压器铁芯的新型低铁矽钢片就是其中一种。一开始,美国电气行业执牛耳的美国通用电气公司和西屋电气公司,以及实力不很强的阿姆卡公司都在研制新型低铁矽钢片,而竞争的结果却被阿姆卡公司拔了头筹。阿姆卡公司十分重视信息情报工作。在研制矽钢片的过程中,发现"通用"和"西屋"也在从事同类产品的研制。远在地球另一端的日本钢厂也有此意,而且准备采用最先进的激光处理技术。阿姆卡公司分析形势后认为,以自己的实力继续独立研制,极可能落在"通用"、"西屋"之后,风险极大。若要走合作研制之路,就必须选择合作者。与"通用"、"西屋"联手,未必有利于加快研制过程,而且将来只能与之分享美国市场,同时还得考虑崛起的日本钢厂。而与日本钢厂并肩合作,生命力旺盛,研制过程自然会加快,将来的市场之大不可限量。阿姆卡公司选择了日本钢厂为合作者,结果比预定计划提前半年研制成功,战胜了"通用"、"西屋"两大强劲对手。

同样,在现代商业社会中,没有一个人可以单枪匹马的获得成功。合作就是力量,只有合作才能发挥个体不具有的力量,才能拥有大于个体的力量。正如当年诸葛亮指挥蜀军大败曹兵的战役,大多是以少胜多。而这其中的一个重要原因是诸葛亮清楚地知道,只有合作才具有无穷的力量。

合作的确是一种精神,它源于信任,且无处不在,更重要的是这种精神是难以估量的。这个时代呼唤许多精神,而合作精神将永远是推动时代前进的不竭动力。有句名言说:我们没有永远的朋友,也没有永远的敌人——凡事要根据形势来判断,这也是鬼谷子思想的精髓。

2. 苏秦的合纵之谋

忤合之术就是以反求合的方法，认为要达到某一目的，实现自己意愿，必须曲折求之，以此求彼，欲取先予。历史上运用忤合之术达到自己目的的事例很多，其中苏秦就曾运用此术，以至连他的同学张仪也落入此圈套之中。

苏秦字季子，东周洛邑人，年幼之时，曾与张仪在颍川阻城拜鬼谷先生为师。

学业成就之后，他曾先后去东周和秦国游说想趁机施展才华，不想均未果。苏秦并没有因为遭到现实的打击而心灰意冷，他觉得自己的能力还是不足以让人信服，于是回到故里，更加勤奋地学习。

苏秦在家刻苦攻读有关兵法、医学、经济和法令等方面的书籍，视读书为一切，他头悬梁、锥刺骨，不肯浪费一点时间，还花大量时间研究各国形势。

当时，列国之中，齐、楚、燕、韩、赵、魏、秦最为强盛，而七国之中又首推秦国最强。于是，苏秦经过反复思考，初步形成了一个促成六国结盟以共同对抗秦国的战略思想，即“合纵”。出于对自己新战略思想的自信，苏秦再次离开家乡，到各国游说。谁知他这一去，使中国历史上多了“纵横家”一流，而且更可以说是他改变了历史的格局。

苏秦辞别故乡之后，首先来到相对来说最为弱小的燕国。晋见燕文侯，他对燕文侯陈述了燕国与其他国家结盟的必要性，所谓“夫不忧百里之患而重千里之外，计无过于此者。”于是，苏秦建议燕侯先与赵国结好，然后再与其他各国联盟抗秦，这样，燕国就能保证安全了。

燕文侯被他出色的口才和有力的言论打动，于是拿出车马、金帛助他去赵国游说。

苏秦来到赵国之后，便以燕国使者韵身份晋见赵侯。他向赵肃侯指出，秦国强大，早就有入侵中原之念。凭借各国的实力，都难以单独抵抗强秦，如若各国都争相讨好秦国，将来势必被秦国各个击破。若各国联合，则“地五倍、兵十倍于秦”,攻一国而各国援助,则秦虽强,亦不敢轻举妄动。各国亦可相安无事。因此,苏秦请赵侯出面倡议六国合纵抗秦。赵侯当即就采纳了他的建议,并且拜苏秦为相国,派他去游说各国,以订立合纵盟约。

苏秦遂又以赵国使者的身份,去其余各国说以利害,并成功地得到各国君主的赞同。回到赵国之后,被封为武安君。至此,苏秦可谓是“不鸣则已,一鸣惊人。”单凭自己那三寸不烂之舌,竟促成了前所未有的六国同盟。他的身价也随之提升百倍。

不久之后,六国国君于赵国洹水(河南境内)之上,歃血为盟,合纵抗秦。封苏秦为“从约长”,佩六国相印。并派人将六国盟约之事向秦国通报。自此之后,秦国竟有15年之久不敢越函谷关“雷池”一步。

六国合纵抗秦引起了秦国的恐慌,随后,秦惠文王采取了积极的应对措施。为离间六国,他采取软硬兼施的措施以拆散合纵。首先派人去最近的魏国,归还了从魏国夺来的几座城池,然后又派人去最远的燕国,将女儿嫁给了燕国太子。于是,魏、燕两国同秦国和好起来。

赵侯得知之后,责问苏秦为何会出现这种情况。苏秦十分惶恐,立刻出发,去平息这场同盟中的“内乱”。苏秦首先又来到燕国。此时,燕文侯已死,太子即位,是为燕易王。齐国趁燕国办丧事之机,进攻燕国,连克城池十余座。

燕王便以齐国归还城池为条件,命苏秦以“从约长”的身份出使齐国。如若齐国归还城池,燕国便同秦国断绝来往。

苏秦去齐国,晋见齐威王,先行祝贺之礼,接着又行哀悼之礼。齐威王不解,问其原因。苏秦说："人饿得再厉害，也不会去吃有毒的乌头籽，吃得越多，死得也就越快。燕和秦是联姻之国，齐国占领燕国的城池就等于是与强秦结下了仇怨。这就如同饥饿之人去吃乌头籽一样！齐国实在是大难即将临头。"

齐威王闻言大惊，忙向苏秦请教解危之法。于是苏秦就建议齐威王归还夺来的城池，这样燕王喜欢，秦王也一定会高兴。齐威王以之为是，竟然立刻照办。

苏秦要回了燕国被齐国占领的城池，他回到燕国之后，又受到了燕王的封赏。这却引发了一些嫉妒他的人在燕王面前说了他许多坏话。

苏秦见自己再呆在燕国很不安全，就假装得罪燕王，逃到了齐国。齐威王用他为客卿。谁知，齐国一些疑忌他的大臣竟然雇佣刺客向他行刺。临终之前，他向齐王建议，在他死之后，以大罪车裂于市，并悬赏行刺之人，这样就一定能抓到刺客。齐王依计行事，果然不久刺客就伏法就诛。一代纵横家也就以这样惨壮的形式结束了他传奇的一生。

鬼谷子认为"大凡联合与对抗的行动，都有相应合宜的计策。变化和转移就像铁环一样连锁而无中断。"苏秦是鬼谷子的学生，他毕生游走于六国之间，纵横捭阖，六国君主无不被苏秦掌握于股掌之中，他的"合纵"计策正是实践了鬼谷子的这一理论。

3. 张仪的连横之策

鬼谷子认为世间的事物没有一成不变的，圣人应该"无所不为"，"无所不听"。主张"因事为制"，善于"向背"，精于"忤合"。

张仪和苏秦本是同窗好友，传说张仪是战国时期魏国贵族的后代，与苏秦一起拜师于鬼谷子先生门下。苏秦创合纵之法，游说六国合纵抗秦之后，张仪则施以连横之术，游说六国亲秦，拆散合纵。与张仪一同演绎战国末期，群雄"混乱"的场面。

与苏秦相比，张仪出道较晚，但是同样是在诸侯国中游说生存，张仪没有像苏秦那样到处“碰钉子”，仕途也比较顺利，他最后的结局也比苏秦好得多。

传说苏秦挂六国相印之后，张仪去见苏秦，要求与之共事。苏秦对张仪说：“你我才能相当，现在我挂六国相印，你来投靠，必然不会受到重用，再说，我二人若是帮助六国灭秦，必将因为功劳太大而遭人嫉妒。现在，你应当去投靠秦国，与我的‘合纵’之计相抗衡，只有这样，才不会埋没你的才华。”

六国的合纵令秦国十分头痛，张仪对秦王说，他有办法对抗六国的合纵之计，于是秦惠文王开始重用张仪。

周显王四十一年（前328年），张仪正式出任秦相，并开始实行“连横”的战略。他决定先去魏国任相，设法使魏国首先背离合纵之约，与秦国结好。

到魏国之后，他向魏王指出，就算是亲兄弟，也会争夺财产，更何况六国各有“计谋”，合纵同盟不可能长久。魏国处于各国包围之中，地势平坦，无险可守，只有依靠秦国，才能保证安全。但是魏王并没有采纳他的建议，于是张仪暗中密告秦王发兵攻魏。就在张仪软硬兼施、打拉结合的策略下，魏王终于背弃合纵之约，转与秦国结盟。

张仪回到秦国之后，又主动向秦王要求出使楚国，以拆散齐、楚联盟。晋见楚王时，他说道，当今七雄之中，以秦、楚、齐最为强大，三者之中：又以秦国最强，齐、楚两国实力相当。如果楚国与秦国联盟，则楚国就比齐国强大；反之，如果齐国先与秦国联盟，则齐国就比楚国强大。所以，与秦联盟是楚国最好的出路。他又许诺与秦结盟后，秦国会把商於之地六百余里归还楚国。

张仪的话使楚王心里发生了动摇，他不顾众大臣的反对，授张仪相印，与齐国断交，并且派一名将军随张仪回秦国取回商于之地。

张仪回秦之后以摔伤脚为由三个月不露面。楚王得知之后，为表示自己与齐国彻底绝交，于是又派人到齐国去大骂齐王，齐王大怒，遂决定与秦结盟。

这时，张仪告诉随行的楚国将领，自己允诺楚王的，是自己的奉邑 6 里而不是600 里商于之地。楚王得知此事之后大怒，起兵十万攻秦，却被齐、秦联军击败，损失八万人马。同时，楚国还被秦国夺走了丹阳、汉中之地。楚王不甘心失败，重新调集全国的兵力攻打秦国，结果再次惨败，只好再割两座城池与秦国讲和。

秦王提出用商於之地换取楚国黔中之地，楚王竟然答复，只要得到张仪并亲自诛之，愿将黔中之地奉送。

张仪不顾个人安危，只身赴楚，买通宠臣靳尚和楚王的夫人郑袖，使楚王改变了对自己的态度。随后，他向楚王提出，他可以向秦王建议不要黔中之地，两国太子互为人质，永结亲盟。楚王对此十分高兴。于是，就这样，齐、楚两国也背离了“合纵”之盟，与秦国结好。

张仪回秦之后，马上又出使其余几国，使他们纷纷由合纵抗秦转变为连横亲秦。他也因此被秦王封为武信君。秦惠文王死后，因为即位的秦武王在当太子的时候就不喜欢张仪，张仪出逃魏国，并出任魏相，一年后去世。

“忤合”讲的就是灵活应变的谋略。苏秦创造的六国合纵策略被张仪的连横之术所瓦解，张仪最终把“忤合”之术用到为秦国分解诸侯联盟加强统一中，可以说，张仪的连横之术成为后来秦灭六国、统一天下的基本战略。

4. 把握时机最重要

每个人都追求成功,但是机会是均等的。要想把握好机会首先你要相信自己给自己绝对的信心,如果做不到的话,那机会便会对你不屑一顾,机会总是在你要放弃或不经意间才发挥它的神力,所以你要认真对待每一分钟。

有人觉得疑惑,为什么自己的勤奋和努力没有换来应有的成功。那答案很可能是这样一个词——机会。善于把握机会,是成功人士必备的素质之一,这就是鬼谷子所说的“因事物主会”。

有一则众所周知的寓言,说一只狐狸饿得肚子直叫唤。忽然,它发现一个葡萄架,架上挂满了一串串水灵灵的葡萄。狐狸馋得直流口水,想去摘葡萄。它上蹿下跳,忙活了半天,就是够不着葡萄。它急得在葡萄架下转来转去,却毫无办法。最后,狐狸只能无奈地走了。它边走还边安慰自己:“这些葡萄还没有熟呢,一定是酸的。幸好我没吃,要不会把牙酸掉的。”

在现实生活中,也有不少像那只吃不到葡萄就说葡萄酸的狐狸一样的人。他们自己能力有限,做事情不成功,就借口说时机没有成熟。等自己有能力了,又不能很好地把握机会。这也是人一生的遗憾。因此,我们只有提前做好准备,未雨绸缪,随时准备抓住一切机会才不至于再有遗憾。

春秋时代,鲁昭公亲小人、远贤臣,把国家治理得一塌糊涂,遭到国人的驱逐,只好出走到齐国。鲁昭公与齐景公交谈时,对没有采纳忠言而后悔不已。齐景公看他诚心悔过,就对晏子说,应该帮助昭公回国,使他成为一位贤明的国君。晏子说:“昭公因为面临灾难,所以能够说出悔改的话。这就好比‘临渴掘井’,已经来不及了。”景公连连点头,认为他的话很有道理。

预先做好准备,才能更好地去应对发生的事情。如果等到事情紧迫,一发不可收拾的时候再去关注再去采取措施,一切为之晚矣。像鲁昭公那样,怎么悔过都没有用了。当然,当形势尚未成熟,或自己能力确实不足的时候,也没必要冒险，这时只要退守一边静观其变就好。正所谓："觉迷途之未远，知来日之可追。"还不具备穿越险境的能力和素质，退回来也许是最好的办法。退回来之后，努力加强自身各个方面的建设，把自己锻炼得足够强大。在等待中耐心观察，时机总会到来的。

《战国策》里有一则寓言，说的是有两只老虎，因为争吃人肉而打斗起来。管庄子准备去刺杀这两只虎，有人制止他说："老虎是凶狠的动物，人肉是他最香甜的食物。现在两只老虎为争吃人肉而打斗，一定是一死一伤，你就等着去刺杀那只伤虎吧！这样，你不用花费杀死一只虎的辛苦，实际上却能得到刺杀两只虎的英名。"

沧海横流方显英雄本色，但要看准时机，伺机而动，在适当的时候才可大有作为。时机不成熟，就需要修身养性，但此时可从事一些小的作为，以积聚力量，千万不可操之过急。一旦时机到来，就一定要牢牢把握，付诸行动，争取用较小的代价赢得胜利。

战国末期，秦将李信率20万军队攻打楚国，开始时秦军连克数城，锐不可当。不久，李信中了楚将项燕伏兵之计，狼狈而逃，秦军损失数万。后来，秦王又起用老将王翦。王翦率领60万军队，陈兵于楚国边境。王翦专心修筑城池，摆出一派坚壁固守的姿态，两军相持年余。一年后，楚军绷紧的弦早已松懈，将士已无斗志，认为秦军的确防守自保，于是决定东撤。王翦见时机已到，下令追击正在撤退的楚军。秦军将士人人如猛虎下山，只杀得楚军溃不成军。秦军乘胜追击，势不可挡。秦王政二十四年(前223年)，秦灭楚。王翦之胜，就在于抓住了最佳的进攻时机，一战而胜。而李信之败，主要归因于他不识战机，一味进攻，结果导致功亏一溃，使诸多努力付诸东流。

现代社会中每个人都愿意不停地去追求财富。时机在致富的过程中的重要性在下面这个穷渔夫和富渔夫的故事得到了充分体现。

在海边，生活着一个穷渔夫和一个富渔夫，两人都以打鱼为生。每天傍晚，他们都打回满满的一船鱼，然后把鱼拿到市场上去卖。可是，每次卖鱼，富渔夫总比穷渔夫多卖很多钱。穷渔夫十分不解，就问富渔夫："我们每次打回来的鱼，数量和质量都差不多，但为什么你每次都能多卖这么多钱呢？"富渔夫听了哈哈大笑，回答说："我们的鱼是一样，但我们的卖法不一样。你每次把鱼拿到市场上卖，为了卖个好价钱而迟迟不肯出手，最后鱼不新鲜了，只能贱价出售。而我考察了当地很多的餐厅，总能在第一时间内把新鲜的鱼出售给第一流的餐厅，所以能卖个很好的价钱。如果不幸难以脱手的话，我也会尽快半价把它们卖给二流餐馆。我抓住了卖鱼的最好时机，所以才能多挣很多钱啊！”穷渔夫听了，终于明白了自己输在哪里。

穷渔夫不善于抓住卖鱼的时机，即使商品一样，但他还是卖的钱少。这就告诫我们，在现实的市场竞争中，商机出现时，不要犹豫不决贻误时机，要果断决策，及时出手，这样才能在竞争中获胜。

伯纳德·巴鲁克是美国著名的实业家，他在30岁之前就靠经营实业而成为百万富翁了。1898年7月3日，巴鲁克28岁，那天夜里他与父母一起待在家里。突然广播里传来消息，美国海军在圣地亚哥把西班牙船队消灭了，这意味着美西战争进入尾声，即将结束。听到这个消息，巴鲁克立即意识到，如果自己能够在黎明前赶回伦敦的办公室，就可发一笔大财。因为这天正好是星期天，第二天就是星期一，而美国的证券交易所在星期一照例都是关门的，只有伦敦的证券交易所照常营业。当时，小汽车还没有问世，火车在夜间又停止运行。巴鲁克赶到火车站租了一列专车，终于在天亮以前赶到了伦敦，当其他的投资者还在睡梦中的时候，他已经做成了几笔大交易。就这样，巴鲁克一举成功了。巴鲁克能取得这样的成功，是因为他把握了致富的时机，并立即采取了相应的行动。别人还在睡梦中时，他已占据了先机。

发现商机是一回事，而能不能把握商机是另一回事。面对商机，拖拖拉拉的态度是不可取的。只有立马抓住机会。越早地采取行动，就能越早地占有市场，也会比别人更早地走向成功。

5. 借他人之力辟出新财源

那么,借他人之力开辟出新财源,其实正是忤合术的灵活运用。对此,胡雪岩便深谙此道。

晚清巨商胡雪岩以气度大、胸襟阔著称,他之所以能从一外钱庄的伙计混到富甲天下的红顶商人,就在于善于借人之力,更在于先送后求的借口手段。

胡雪岩的阜康钱庄刚开业,就遇到了这样一件事。浙江藩司麟桂托人来说,想找阜康钱庄暂借二万两银子,胡雪岩对麟桂也只是听说过而已,平时没有交往,更何况胡雪岩听官府里的知情人士说,麟桂马上就要调离浙江,到江宁(南京)上任,这次借钱很可能是用于填补他在任时财政上的亏空。而此时的阜康刚刚开业,包括同业庆贺送来的“堆花”也不过只有4万现银。

借了,怕人走钱也打了水漂;又怕自己不好意思过门讨债。何况二万两银子,对阜康来说也是一个不小的数目。

俗话说,“人在人情在,人走茶就凉”,一般钱庄的普通老板碰到这种事大约会打个马虎眼,阳奉阴违一番,几句空话应付过去。不是“小号本小利薄,无力担此大任”,就是“创业未久,根基浮动,委实调度不开”。或者,就算肯出钱救急,也是利上加利,乘机狠宰一把,活生生把那麟桂剥掉几层皮。

但胡雪岩的想法却是:我帮着别人渡过难关,人家自然记得我的恩情,他手中有权势,只要好好利用,何愁几万两银子拿不回来?据知情人讲,麟桂这个人也不是那种欠债不还、要死皮赖账的人，现在他要调任，不想把财政“亏空”的把柄授之于人，影响了自己仕途的发展，所以急需一笔钱来解决难题。想明白后，胡雪岩马上决定“雪中送炭”。他非常爽快地对来人说：“好的，一句话。”

答应得太爽快，反倒使来人将信将疑，愣了一会儿才问出一句话：“那么，利息呢？”胡雪岩想了一下，伸出一个手指头。

“一分？”

“怎么敢要一分？重利盘剥是犯王法的。”胡雪岩笑道，“多要了，于心不安，少要了，怕麟大人以为我别有所求，不要，又不合钱庄的规矩，所以只要一厘。”

“一厘不是要你贴利息了吗？”

“那也不尽然。兵荒马乱的时候，尽有富家大户愿意把银子存在钱庄里，不要利息，只要保本的。”

“那是另一回事。”来人很激动地对胡雪岩说：“胡老板，像你这样够朋友的，说实话，我是第一次遇见。彼此以心换心，我也不必客气。麟藩台的印把子，此刻还在手里，可以放两个起身炮。有什么需要你尽管说，千万别客气。”

听到这样的话，胡雪岩再不说就显得太见外了。于是，他沉吟了一会答道：“眼前倒还想不出，不过将来麟大人到了新任，江宁那方面跟浙江有公款往来，请麟大人格外照顾，指定由阜康汇兑，让我的生意可以做开来，那就感激不尽了。”

“这是小事，我都可以拍胸脯答应你。”

等来人一走，胡雪岩马上把让手下人凑二万银子给麟桂送过去。

伙计为难地说："银子是有，不过期限太长恐怕不行。咱们现在手头现银不多，除非动用同业的'堆花'，不过最多只能用一个月。"

"有一个月的期限，还怕什么？萝卜吃一截剥一截，'上忙'还未了，湖州的钱粮地丁正在征，十天半个月就有现款到。"胡雪岩继续说道："我们做生意的本事就是做事要灵活，移东补西不穿帮。你要晓得，所谓'调度'，调就是调动，度就是预算，预算什么时候有款子进来，预先拿它调动一下，这样做生意，就比人家走在前头了。"

"既然如此，我们不妨做得漂亮些，早早把银子送了去。借据呢？"

"随他怎么写法，哪怕就是麟藩台写个收条也可以。"

刘庆生知道这样的做法完全不合钱庄规矩，但他觉得胡雪岩与众不同，对他有几分欣赏，所以也不多说照吩咐去办理。

胡雪岩这一宝算是押对了，立马收到了成效。那麟桂没与胡雪岩打过交道，看到他办事如此痛快，不禁使麟桂从心里佩服胡雪岩的爽快。于是，他报之以"李"，在临走前，特意送了胡雪岩三样"大礼"。

一是钱业公所承销户部官票一事，已禀复藩台衙门，其中对阜康踊跃认销，特加表扬，麟藩台因为公事圆满，特别高兴，又因为与阜康的关系不一般，决定报请户部明令褒扬"阜康"，不但在浙江提高了"阜康"的名声，将来京里户部和浙江省之间的公款往来，也都委托"阜康"办理汇兑。

二是浙江省额外增收，支援江苏省勘剿太平天国的"协饷"，也统统委由"阜康"办理汇兑。

三是因麟桂即将调任江苏，主要负责江南、江北大营的军饷筹集，阜康可以在上海开个分店，以后各省的饷银都经过阜康钱庄汇兑到江苏。

胡雪岩以区区两万银子，不仅使"阜康"得到了一笔不小的生意，而且还将生意做到了上海和江苏去，这正是胡雪岩求之不得的事情。而且，有了各省的饷银，以后到上海做生意，就不再愁资金短缺的事了。"烧冷灶"的利益回报，一下就显现出来。胡雪岩也为自己的得意之作而拍案叫绝。

在麟藩台人走茶凉之际，多数人都觉得放银给他很冒险，这种想法让人不由得谨慎起来。而胡雪岩却能从长远利益来看待这个问题，最终也得到了应得的收获。

6. 认识自我才能找准用武之地

舞台在我们的心中,心有多大,舞台就有多大。鬼谷子认为,不管你的舞台有多大,都要事先有所权衡。权衡什么呢?就是弄清楚在你选择的舞台上,你今后的生活会是一个什么样子,你会和什么样的人打交道,你想要在这个舞台上表现一个怎样的自己。这些想清楚了,如果你还想继续呆在这个舞台上,要成就自己的梦想,就要为自己的梦去努力、奋斗。

只有经过长期不断的努力,才可以一步一步地登上舞台。如果这个舞台虚无的如空中楼阁,让人只能想象而无法触及,或者你的舞台不适合你,那么,即使你把它想象得再好也无济于事。

从前,有个叫朱泙漫的人,对自己平凡的生活十分厌恶,总想干一些大事。有一天,他听说在很远的地方有位叫支离益的人精通屠龙术。朱泙漫很高兴,觉得自己的理想终于要实现了。他变卖了所有的家产,千里迢迢地找到了支离益,提出要拜他为师。支离益看他诚心诚意地想学,就答应把手艺教给他。老天不负有心人,朱泙漫夜以继日地勤学苦练,花了3年的时间,终于学会了屠龙的本领。支离益非常欣赏这个徒弟,当朱泙漫告辞回家的时候,师徒二人难舍难分。朱泙漫回到家乡,就挂起招牌,准备收几个徒弟,传授这门伟大的技艺。然而很多年过去了,没有一个人愿意拜他为师,因为无龙可屠!

这个事例说明在不了解自己也不了解社会现实的情况下,只有空洞的想法而没有真才实学,最终也只能空自嗟叹:“时不予我兮。”

立志是我们干事业的精神动力和支持。纵观古今,确实是“人无志不立”。秦朝末年,农民领袖陈胜一句“燕雀安知鸿鹄之志哉”,其展现出的年轻人的宏大志向震撼了许多人的心灵。西汉时的少年韩信,也经历了一番艰难的抉择。韩信从小就成了孤儿,主要靠钓鱼换钱来维持生活。但是,他胸怀大志,喜欢阅读兵书和练习剑法,立志当指挥千军万马的将军。韩信住的镇子上有一个屠夫,

为人十分霸道。有一次，屠夫在大街上拦住韩信，公开侮辱他说："韩信，要么你用你的剑来刺我；要么从我的胯下钻过去！"韩信恨不得拔出剑来刺死他，但他最后还是忍住气，从屠夫的胯下钻了过去。满街的人都讥笑韩信，说他是个胆小鬼。后来，韩信被封为楚王，回到家乡，任命那位屠夫当了武将。韩信对部下们说："此人是个壮士，就因为我忍受了他当年的侮辱，锻炼了自己的意志，才能有今天的功业。"能屈能伸、胸怀大志，方能成就一番大业。有的人能屈不能伸，懦弱无能，没有主见。有些人能伸不能屈，执迷顽固，脆而不坚。真正的英雄达则兼济天下，穷则独善其身。其实说到底，一个人的性格特征与他梦想的舞台有很大干系。正是韩信的胸怀大志让他选择了忍受"胯下之辱"，最终功成名就，青史留名。

现实生活中也有很多满足于现状不求进取的人。他们满足于当前，丝毫不愿意再花时间和精力去发展自己的事业。他们只是守着手里有限的财富过着平庸的生活。而那些依然有追求的人，则会进一步激发自己无限的创造力和生命力，不断地寻找机会发掘财富，让自己变得更加富有。

世界巨富金·吉列自幼家境贫寒，十几岁就开始为生计而奔波，后来做了推销员，终年奔波各地，推销各种商品，但他并不满足于只做一名成功的推销员，而是希望成为老板。在推销员的生涯中，吉列总是秉持着渴望财富的信念，经常思考致富的方法。终于，他在一次刮脸中获得了发明安全刮胡刀的灵感，最后靠着造福天下男人的刮胡刀，他成为了一个真正的富豪。然而，从发明刮胡刀开始，到把它推向市场，前后将近 8 年时间。这 8 年岁月，如果吉列安于做个小小的推销员，没有大的进步，没有渴望财富的野心，也许他的安全刮胡刀早就半途而废了。

不满是滚滚向上的车轮。只有不满足于现状，不断地进取，才会在激烈的社会竞争中成为强者。而那些胸无大志的人待在原地不动,就永远不会有大作为。世界在不断地发展和进步,固守自封就意味着落后。

19 世纪中期,英国有一个青年叫詹姆士,他从哥哥那里借了一些钱,开办了一间小药厂。几年后,他的药厂上了规模,每年有几十万美元的盈利。但詹姆士经过市场调查和分析研究后,觉得药物发展前景不大,而食品市场在不久的将来前途光明。所以他决定卖掉药厂,从事食品经营。詹姆士的哥哥极力反对,但詹姆士意志坚定,哥哥就自己盘下了詹姆士的药厂。詹姆士让出药厂后,向银行贷款,买下了“加云食品公司”的控股权。他掌控该公司后,在经营管理和行销策略上进行了一番改革,使公司的销售额迅速增长。很快,在欧洲各国开设分店,形成了广阔的连锁销售网。之后,詹姆士又收购了很多食品公司。20 年后,他的食品连锁店已达 2500 家,成为英国最大的食品公司,而他本人也成为了世界 20 位超级富豪之一。试想,如果当初詹姆士像他哥哥一样抱着保守的想法,对自己的小药厂迟迟不肯放手,又怎会有今日跨国连锁店的辉煌呢?

成功不仅需要勤奋和努力,也需要有不止的进取心。这样才能不忘理想和追求,才能在自己的舞台上扮演自己的角色,长处一出好戏。

7. 叔孙通的忤合术

世界上“趋合”与“倍反”是普遍存在的,运用到不同的事件上有不同的方法,而且同一事件的不同阶段也应用不同的方法。圣明的人应该掌握“趋合”与“倍反”有时又互相转化的规律,把握反忤之道,或者合于此忤于彼,或者合于彼忤于此,这种反忤之术大而言之可以协四海、包诸侯,小而言之可以运用到与人的交往。

叔孙通是秦始皇征召的文学博士,在人类文化和封建政治方面很有作为。秦始皇统一中国后,把各地文化名人收罗到咸阳,组成了相当于现代国家元首身边的智囊团。焚书坑儒时,这个智囊团的多数成员被杀害,叔孙通却逃过了劫难。史书没有讲到他劫后余生的原因,但从中可知道,他与一般儒生不同,也许有侥幸的成分,却是一种不该亡的气数。

秦二世即位后,陈胜、吴广造反,秦二世胡亥召集剩下来的30名博士问:"听说有人造反,是吗?"其他博士答"是",并献计献策。唯独叔孙通说:"不过是些小毛贼。郡守正在捉拿他们,不足为虑。"秦二世听了很高兴,下令追查"造谣"的博士,对叔孙通反而嘉奖。无端遭殃的博士们回到舍馆后责问叔孙通:"先生怎么可以这样昧着良心说话呢?"叔孙通说:"诸位不明白,我是虎口逃生啊!"

秦王朝已经没有什么希望了,叔孙通意识到这一点后,赶紧收拾行装投奔到刘邦帐下。读书人在刘邦手里很受歧视。刘邦甚至拿儒生的帽子当便壶,因此叔孙通在那里十分受气,连饭都吃不饱。为不惹刘邦生气,叔孙通就改穿楚人的短装。

跟随叔孙通投奔刘邦的,还有他的100多个弟子,他只拣那些出身强盗的健壮之徒加以推荐,弟子们偷偷抱怨:"跟从先生这么些年,却不推荐我们,一味举荐那些强盗这是怎么回事儿呀?"叔孙通听到后说:"汉王在冒死打天下,你们手无缚鸡之力,能打吗?会打吗?现在还用不着咱们读书人。大家耐心些,会有办法的。"

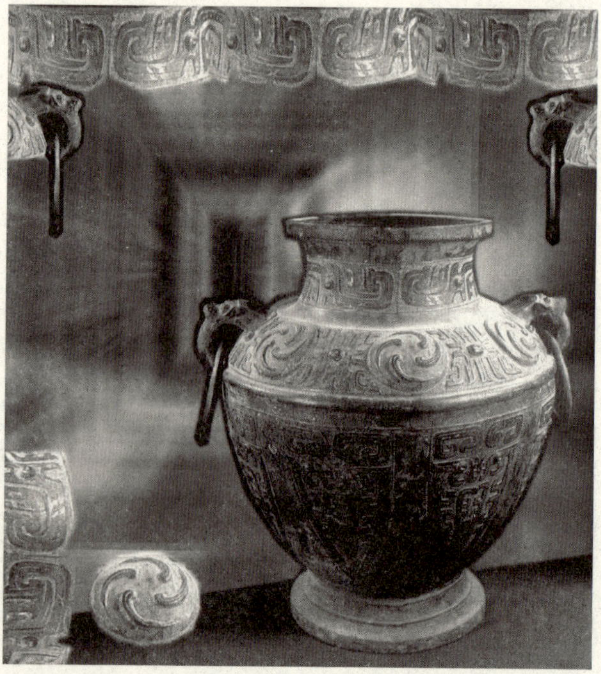

汉高祖六年(前201年),刘邦统一天下后,分封了20多个功高劳苦的武将,未得封赏的开始争论不休。刘邦在楼上望见大小将官坐在宫中沙地上指手画脚,情绪激昂,问张良:"他们在争论什么?"张良说:"陛下还不知道?他们在商量造反。"刘邦很奇怪:"现在天下已经太平了,为什么要造反呢?"张良说:"封赏的都是你的亲近之人,这些人没得到封赏，心中不服又担心你计较他们平生的过失，害怕性命难保，所以就想聚众谋反。”“那该怎么办呢？”“选一个你平常憎恨而大家又都知道的，马上封赏他，大家就安心了。”刘邦就封了功劳大、又最不满意的雍齿，众武将才平静下来。论功封赏的事解决了，但朝政秩序混乱，大臣们乱七八糟的，喝了酒就说胡话，甚至拔剑砍破柱子。刘邦深以为忧。

叔孙通见时机已到，去见刘邦，建议制定礼法规矩。

刘邦立刻呵斥他：“我在马上得来天下，你们读书人算什么东西？”叔孙通没再像以前那样畏缩，反而顶撞道：“从马上得来的天下，可以在马上治理么？”刘邦一听有理，问叔孙通该怎么办。叔孙通提出了制定上朝礼仪的计划。刘邦说行，命他去操办。

几个月后的一天，天还没有亮，刘邦要检阅叔孙通规划的“朝班”礼制。当时准备上朝的文武百官按照官职大小，在宫外排队等候。宫门外立着刀枪铠甲雪亮齐整的卫士，飘着各色彩旗。传令官发出号令，大臣们肃穆恭敬地按着顺序快步上殿，跪拜山呼：“吾皇万岁万万岁！”刘邦见到这等声势，这等壮观，说：“我今天才知道做皇帝的乐趣和威风，我今天才知道做皇帝的尊贵。”从此他改变对读书人的态度，任命叔孙通为太常，赏黄金五百两。追随叔孙通的那些儒生也苦尽甘来，各有封赏。

叔孙通制定的“朝班”礼制被历朝后代所沿用，直到清末才结束，他的这一创举对封建礼制和文化产生了巨大的影响。

叔孙通可以说很好地运用了“忤合”之术，他看到秦朝大势已去时另择明主转投刘邦帐下，这实在是明智之举。在与刘邦的交往中，他也有效地使用了“忤合术”，为博得刘邦的好感，他委屈自己，为改变刘邦对读书人的态度，他又找准机会向刘邦证明了自己，终于在朝廷中施展了自己的才华，并在政治和礼法上作出了突出贡献。

8. 选择一条属于自己的路

辅佐商汤灭夏兴商的伊尹和辅佐文王、武王灭商兴周的吕尚，都是为古人所称道的贤人，鬼谷子称他们为“善背向者”，因为他们一旦选中了得天意民心的明君，就毫不犹豫地为之效忠。同样，在我们选好了正确的道路之后，也应该坚持走下去，不可犹豫彷徨，更不可半途而废。

有这样一个故事：一个石油勘探者，来到天堂门口，天使圣彼得对他说：“你有资格住进来，但为石油职员保留的大院已经满了，没办法让你进去。”这位勘探者想了一下后，请求对大院里的居住者说句话。圣彼得同意了他的请求。于是这位勘探者扯开嗓门喊道：“在地狱里发现石油了！”天堂的门很快打开了，里面的石油职员蜂拥而出。天使非常吃惊，请这位勘探者进入天堂并要他好好照顾自己，但勘探者此时却迟疑了，说道：“不，我认为我应跟着那些人，这个谣言里可能会有一些真实的东西。”

一些人拥有顽固保守的心理，故事中的勘探者正是利用了这一点，才把他们都赶到了地狱。但他没有坚持走自己的路，最后没有进入天堂，反而去了地狱。

哲人说过：“走自己的路，让别人去说吧！”可是，能坚持走自己的路的人，恐怕也只是少数。而坚持走自己的路，是一个人获得成功的前提。翻开任何一位成功人士的传记，能得到的最大的感触就是：他们走了自己的路！

巴菲特1996年被美国的《财富杂志》评定为美国第二大富翁，被公认为股票投资之神，他目前为止已拥有数百亿美元的资产。11岁时，巴菲特开始投资第一只股票，他把自己和姐姐的一点儿零用钱攒起来，都投入了股市。一开始总是赔钱，他的姐姐骂他，而他坚持要放三四年才会赚钱，结果姐姐把股票都卖掉了，而他继续持有，最后他的想法得到了验证，小赚了一笔。几年之后，巴菲特在哥伦比亚大学就读，跟他年龄相仿的年轻人只会玩乐，但他却大啃金融学的书籍，继续进行股票投资，最终他的钱越赚越多，积累了一定的创业资本。1954

年，巴菲特集资并投资创办了顾问公司。该公司资产增值30多倍以后，他解散公司，退还了合伙人的钱，把精力集中在自己的投资上。如今，巴菲特成为美国有史以来真正的金融大亨。巴菲特之所以获得成功，与他60年如一日坚持走自己的道路是分不开的。

很多成功人士都会对自己的人生有精心的规划，有成功的机会出现时，他们才会把想法慢慢付诸行动，他们不会在取得一点点成绩时就止步不前，他们会不断地进取不断地让自己强大，直到最后成功。美国商人布拉文就是这类人。布拉文的父亲在洛杉矶经营一所大型的会计师事务所。布拉文在大学学的是会计学，毕业后进入了他父亲的事务所工作。当时周围人都认为他会顺其自然地继承他父亲的公司，继续经营会计师事务所，但是，他觉得事务所的工作不适合自己，最后辞职了。在他37岁那年，他开始经商，经营体育用品的生意，经过十几年的努力，终于跻身超级富豪的行列。

面对两条路，一条是父亲指定的路，另一条是自己选择的路，布拉文毫不犹豫地选择了后者。

而且，几乎所有的成功者在追求成功的路途中，都曾面对种种逆境、重重困难，他们从未放弃过。生活中总是有许多人抱怨自己没本事，没钱没技术，没这没那，从而消极平庸。其实每个人都有成功的潜质。俗话说得好："天生我材必有用。"只要你坚持走自己的路，积极进取，就一定能成功。推销奇才韦尔奇从小就患口吃症，他当过球童、报童，卖过鞋；洛克菲勒小时候食不果腹，衣不蔽体，18岁时，仅以1000美元开始创业；松下幸之助不满10岁便背井离乡去当学徒，一生体弱多病，刚开始创下松下电器时，仅有3名员工和不到100元的创业资本。这样的例子，不胜枚举。

世界上没有一条平坦的路，也没有一只一帆风顺的船，更没有不经历失败和挫折的一段人生。因此，只有选择好自己的路，并坚持不懈地走下去，才能取得成功。

9. 实力是成功的重要因素

在鬼谷子看来，不管是与人竞争还是联合，抛去机会、背景和其他一切客观因素的影响，要想获得成功，就必须拥有超强的实力，否则就难以成功。

在“黔驴技穷”的寓言里，说贵州一带的老虎没见过驴子，见它身躯庞大，就有点害怕它。有一天，驴忽然叫了起来，声音十分响亮，更是把老虎吓得魂飞魄散。后来，老虎渐渐习惯了驴的叫声，又试探着接近驴，在它身边又吼又跳。驴被老虎的戏弄激怒了，抬起蹄子去踢老虎。老虎这才明白了：原来驴就这么点儿伎俩。于是，老虎扑上去把驴吃了。

我们应该对黔之驴的下场保持警惕。这个故事告诉我们做人一定要脚踏实地，要有真才实学，这样才能使自己立于不败之地。仅靠花哨的外表唬人，糊弄得了一时糊弄不了一世。这样到头来，吃亏的还是自己。

春秋初期，郑国实力很强，经常欺凌邻近的小国，一些小国忍气吞声，敢怒不敢言，唯独息国国君息侯仗着自己是侯爵，不把郑伯放在眼里，动不动就制造事端，和郑国对着干。有一年，郑、息两国又起争端，到了兵戎相见的地步。息侯直接率军奔赴郑都，还没到郑国边境，就被郑军打了个落花流水！没过几年，息国就被楚国灭亡了。

“识时务者为俊杰。”客观形势是不断变化的，因此在做事情时一定要认清形势，审时度势，然后再采取行动。而息侯狂妄自大，发兵进攻比自己强大的郑国，结果惨败而归。就算息侯不愿受郑国凌辱，真要采取武力解决，也应该在联合各小国的基础上，才能出兵攻打郑国，或许还真有胜利的机会呢！

《孙子兵法》说：“上兵伐谋，其次伐交，其次伐兵，其下攻城”。其中伐交的作用，是利用外交上的优势地位，取得“不战而屈人之兵”的结果，或者在战争中孤立敌人。

秦末，刘邦和项羽相争时，双方实力悬殊，项羽兵有 40 万，刘邦兵只有 10

万。刘邦因善于运用外交战取得各方的援助，结成刘邦、韩信、彭越、黥布等联合反项的统一战线，垓下一战，终于迫使项羽自杀。但项羽临死前还对部下说："今诸君知天亡我，非战之罪也！"直到死项羽还认为是天要亡他，他还是没有弄清自己失败的真正原因，真就是他的可悲之处。

与人联合虽然能起到增强力量的作用，但是也一定要慎重对待，因为不恰当的联合不但无益，反而是有害的。有一则寓言，说狮子和野驴联合打猎，狮子力气大，野驴速度快。许多野兽成了它们的猎物。狮子把猎物分成三份，说道："第一份是我的，因为我是百兽之王。第二份也是我的，这是我和你一同打猎的报酬。这第三份呢，要是你不跑，没准对你有危险。"在现代商业领域，我们不能盲目地联合别人。而先要客观地衡量自己的力量，找到自己的不足，做好联合强者的准备，不要冒然走联合路线。我们应该重视这个原则。

和田一夫是日本八百半蔬果供应店的老板，他努力经营着自己名下的众多店铺，并逐步扩展他的领域。但是，当时商品销售业非常不稳定，国际性的连锁店随时有可能会入侵他的势力范围，由此带来沉重的竞争压力。在强敌环伺的情况下，和田摸索着生存之道，他最初考虑和连锁店联营，因为这样可以增加资金，防止更大的组织渗入。但是他又一想，联合弄不好就成了合并，如果被对方吃掉，八百半的字号就将永远消失了。面对这样棘手的局势，和田想："何不到国外去发展，巩固自己的基础，让八百半长存下去。"于是和田立即着手计划到国外开设地方性超级市场的事宜，先在巴西，再到新加坡等地。如今，单靠国外这些雄厚的资本，八百半已能稳固地生存下去。

和田一夫放弃联营的方案，而选择“金蝉脱壳”之计，就在于他深知联营的弊端是容易被吃掉，而到一些竞争不太激烈的国家开店，则可巩固自己的力量。后来的事实证明，这一策略果然奏效。

“用实力说话”，这是现代社会的一句流行语。事物的发展是内外因相互作用的结果，内因是事物发展的根据，对事物的发展起决定作用，外因通过内因起作用。只有不断增强自己的实力，使自己成为强者，才能打败竞争对手。

10. 多次比较，择主而仕

鬼谷子认为，谋臣应该根据客观形势的变化做出相应的决策，做到具体问题具体分析，实事求是，灵活应变，“反复相求，因事为制”，在正反的比较中求得自己合适的位置。

鲁肃(172 年～217 年)，字子敬，临淮东城(安徽定远)人，东汉末年东吴的著名军事统帅。他曾为孙权提出鼎足江东的战略规划，深得孙权的赏识。鲁肃生于大户人家，生下来不久，父亲就不幸逝世了。鲁肃和他祖母住在一起，他聪明伶俐，深得祖母宠爱。鲁肃经常听祖母讲各种各样的故事，尤其是关于古代英雄豪杰的故事。

鲁肃从小就狂放不羁、轻财好义，可能是没有父亲教导的缘故。到了十七八岁，鲁肃已长成一个英俊潇洒、魁伟不凡的男子汉了。他拜名师，学剑术骑射，招聚了上百名青少年，供给他们衣服和食物，经常去南山打猎，把豺狼虎豹等猛兽当作敌人一样进行围歼，讲武习兵，号令严明，就像军事演习一样。为了将来干一番大事业，鲁肃还刻苦读书，广泛地学习政治、军事、经济、历史、文学等方面的知识，尤其喜爱研究《孙子兵法》。

鲁肃具有非凡的才能，但是社会地位不高，没有集结群雄夺得天下的能力。

因此，要想施展满身才华和抱负就必须选择英明的君主，这一点很关键。

当时势力强盛的是袁术，一听说鲁肃的名声，就派人请他出来代理东城县长，鲁肃见袁术做事没有一套原则和办法，而且心胸狭窄，目光短浅，认为不值得跟这样的人共事，便毅然加以谢绝。然后，带着全家老小和归附于他的具有侠气武艺的青少年共三百余人，南来居巢县投靠周瑜。

周瑜东渡长江，投奔"威震江东"的孙策。鲁肃跟他同行，把家小留在曲阿。恰逢祖母去世，鲁肃就护送灵柩，回到东城老家安葬。这时有个叫刘子扬的人，与鲁肃平时很有交情，写信给鲁肃说："当今天下的英雄豪杰纷纷崛起，像您这样的旷世之才，正好可以大用于今日，望您赶快把堂上老母接来，不要滞留在东城。近来有个名叫郑宝的人，在巢湖聚众起兵，手下已有一万多人，占据的地方又很肥沃富饶。庐江很多读书和闲散的人都去依附他，何况咱们呢？我看郑宝的发展势头还很兴旺，时机不可丢失，您还是赶快去吧！"

刘子扬的话让鲁肃有点心动，但他还在犹豫究竟投靠谁。将祖母安葬完毕，鲁肃回到曲阿，此时周瑜已把鲁肃的母亲接到东吴去了。于是，鲁肃也到了东吴，并诚心征求周瑜的意见。

建安五年（公元200年），孙策被人刺死，孙权还住在吴郡。周瑜劝鲁肃不要听刘子扬的话，鲁肃听从了周瑜的劝告，没有去投奔郑宝，而是留在东吴。过了不久，郑宝果然兵败，被刘哗杀死，这是后话。

周瑜向孙权说："鲁肃是个难得的佐世之才，您千万不能让他投向别处去啊！"

孙权听了周瑜的推荐，马上举行宴会接见鲁肃。两人一见面就谈得十分投机，孙权心中大喜。宴会结束时，群臣纷纷告退，鲁肃也起身准备告辞。孙权却单独把他留下，合并坐席，面对面地继续饮酒。孙权与鲁肃密议道："现今汉朝危机四伏，天下大乱，我继承父兄遗业，很想建立像齐桓公和晋文公那样的功业。您既然来到我这里，打算怎样辅佐我呢？"

鲁肃回答说："过去汉高祖刘邦一心想拥戴义帝，最终不得实现，原因就在于项羽起破坏作用。今天的曹操，犹如往日的项羽，您怎么能建立像齐桓公、晋文公那样拥护天子、号令天下的霸业呢？据我分析，汉朝皇室不可能再复兴，铲除曹操也不是立即能做到的事。要想对将军有利，只有立足江东这块不大不小的地方，然后静观其变。为什么呢？北方现在是多事之秋，曹操自顾不暇，我们就可以趁机铲除黄祖，进伐刘表，把整个长江流域统统纳入我们的版图，然后打出帝王的旗号以谋取天下，这正是汉高祖的功业啊！”

孙权想了一下，说：“如今我在东南一隅竭尽力量，只是希望辅佐汉室而已，您刚才说的话，不是我所要做的。”这时孙权控制的地盘不大，只有会稽、丹阳、吴、豫章、庐江等五郡，而其中比较偏远和险要之地，还没有完全归附。他继承哥哥孙策的遗业，势力还很单薄。当时东吴不少士大夫并没有全心拥护他，而是各自心里打着自己的小算盘。只有周瑜、鲁肃、张昭等人坚决拥护孙权。

鲁肃对当时全国的形势作了精辟的分析，提出了一个首先巩固江东，然后夺取荆州，最后统一全国的战略方针。这同诸葛亮《隆中对》中的战略决策，在基本精神上可说是英雄所见略同，只是各为其主，立足点不同罢了。孙权起先只是想“挟天子以令诸侯”，在拥护汉室的前提下建立齐桓公、晋文公那样的霸业。鲁肃却指出汉室已不可能再复兴，明确提出要孙权学习汉高祖刘邦，成就统一中国的大业。这就显示出鲁肃的见识和眼光，比孙权略高一筹。当时在孙权和文臣武将中，明确提出逐步统一全国的战略方针的，只有鲁肃一人。这时鲁肃年仅29岁，第一次见孙权，就为东吴未来的发展规划了一幅宏伟蓝图。

孙权在吴国称帝的战略目标只完成了巩固江东、取荆州这一部分，虽然统一全国的大业并未完成。但是依然彰显了鲁肃远见卓识以及运筹帷幄的政治军事才能。孙权对鲁肃确实格外赏识，另眼相看。

鲁肃经过反复比较、全面权衡才选择了侍奉孙权，这一系列过程正是对“反忤术”的运用。

11. 一个耳光阻碍前程

巴顿是第二次世界大战中著名的战将,他有一种不怕死的拼命精神,勇往直前,毫不畏惧,创造了不少战争奇迹。他所到之处,敌人望风披靡。

巴顿的最大缺陷是脾气暴躁,第二次世界大战中的打耳光事件差一点毁了他的前程,他本来可以出任更高的职务,因为这一事件,他只能出任集团军司令。

事情发生在 1943 年 8 月 10 日,当时战斗进展不顺利,巴顿的心情很不好。下午 1 时 30 分,巴顿在行车途中发现了通往第 93 后方医院的路标,马上命令司机把车开过去。

巴顿正在与士兵们进行通常的闲谈,赞扬他们的勇敢精神和业绩。但凡是熟悉巴顿的人都发现,他神情紧张,不像往常那样热情诙谐。突然,他发现一名未受伤的士兵住在医院里,顿时变得冷酷无情。此人叫保尔·贝内特,患有“炮弹休克症”。他缩成一团,哆哆嗦嗦地回答巴顿的问话:“我的神经有病,我能听到炮弹飞过,但听不到它爆炸。”说罢便哭泣起来。巴顿勃然大怒,大声叫骂:“他妈的,你的神经有毛病,你完全是个胆小鬼,狗娘养的。”接着,巴顿打了他耳光,吼道:“你是集团军的耻辱,你要马上回去参加战斗,但这太便宜你了,你应该被枪毙。事实上,我现在就要枪毙你!”说完,巴顿抽出手枪,在他眼前晃动。当巴顿走出病房时还在向医生叫喊,要他们把狗杂种送出医院去。

以上便是打耳光事件的来龙去脉。总之,巴顿之所以采取这种粗鲁幼稚的举动,从而酿成了他的个人悲剧,除了他自身的严重缺陷之外,主要是由于他所承受的来自各方面的压力太大,远远超出了他的承受能力和忍耐力,使其心理的天秤急剧倾斜,最终完全失去了控制,导致了他歇斯底里大发作,使其性格中的所有弱点均暴露无遗。

“打耳光”事件发生后,巴顿内心也感受到自责,但由于战事紧张,他很快就把这件事忘掉了,但事情的发展完全出乎他的意料。

两天之后,第2军参谋长基思少将和军医官阿内斯特上校来见布莱德雷。阿内斯特向布莱德雷汇报了"打耳光"事件的详细经过,并递交了一份有关报告。布莱德雷对此十分震惊,忙问基思是否还有人知道这份报告。当得知无人知晓后,马上指示基思:"用信封把文件封好,写上只能由我和你启封,然后把它锁在我的保险柜里。"虽然布莱德雷对巴顿的做法十分反感,并有责任向艾森豪威尔汇报此事,但他选择了忠于巴顿的做法,他认为,应该遵循"不要相互残杀"的原则。

但没有不透风的墙,很快,巴顿打人的消息就传遍了第7集团军,新闻界也议论纷纷。阿内斯特上校见布莱德雷不愿介入此事,便通过其它途径把报告直接交给了艾森豪威尔。

艾森豪威尔看到报告后感到既惊讶又棘手。此刻,巴顿将军正以征服者的姿态进入墨西哥城,全世界都在向他欢呼,意大利战场上还有许多更艰巨的任务等待他去完成。如何在这一时刻去处置一个十分特殊的人物呢?为了慎重起见,艾森豪威尔将此事严格限制在内部范围。他指示卫生顾问佩林·朗中校单独进行一次调查,调查结果只向他一人汇报。同时,他以个人名义给巴顿写了一封信,严厉批评了巴顿的"卑鄙"行为,并责令巴顿:如果情况属实,必须去向被打者道歉,向所有在场的医护人员和伤病员道歉,而且还要向整个第7集团军,一个部队一个部队地道歉。事后,有人曾责怪艾森豪威尔的这一处理方式是轻描淡写。但他们不知道,对巴顿这样一位骄傲自大并刚刚取得重大战果的将军来说,这无异于一种最严厉的惩罚。事后,艾森豪威尔立即召见新闻界的代表,通报了事件的经过和采取的措施,并诚恳地要求他们:鉴于目前的军事形势和可能在国内产生的影响,他们不要把此事透露出去,与会者接受了这一请求。

接到艾森豪威尔的信后,巴顿开始感到了问题的严重性,他在日记中写道:"显然,我的行动太轻率了,而且对情况的了解也很不够。我的出发点是正确的,因为谁也不能容忍装病逃避的现象存在,它会像传染病一样蔓延开来。我坦率地承认,我的方法是错误的,我将尽力改正。"

巴顿认真执行了艾森豪威尔的命令。在一个星期日的上午,被打士兵以及与此事有关的人员被召集到巴顿司令部。巴顿首先为自己的冲动行为表示了歉意，并同与会者一一握手。然后他婉转地解释说：在第一次世界大战时，他的一个朋友在前线打仗，因怕死而开了小差，后来后悔自杀了，“如果当时有人粗暴地对待他，打他几个耳光使他清醒，他是可能得救的”，在场的人都对巴顿表示了谅解。事后，巴顿致信艾森豪威尔，表示悔改之意，他写道：“你对我有知遇之恩，本应为你赴汤蹈火。然而却给你惹来了麻烦，我万分悔恨、内疚和痛苦。”但他声称对那个士兵“绝无苛刻或残忍之意”，他的目的仅仅是“设法使他们重新认识作为男子汉和军人的职责”。他再次用第一次世界大战中的那位朋友的自杀事件为自己辩解，认为自己是为了“拯救一个不朽的灵魂”而“不适当地使用了这种疗法”。

无疑，巴顿说的是真心话，但他的坦率辩解却把艾森豪威尔置于极为窘迫的境地。如果按照某些人的要求去做，巴顿很可能被送上军事法庭，受到降职处分以至失去继续参战的机会。但艾森豪威尔清醒地看到，巴顿的行为虽然是残酷而不公正的，应该给以处分，但是，巴顿已经用事实说明自己是迄今为止盟军中最出色的地面战斗指挥官。而目前，他手头用得上的美军将领寥寥无几。所以，艾森豪威尔决心要保护巴顿，他认为，这符合盟军的最高利益，也可以留给巴顿一个改正错误的机会。这一决定充分显示了艾森豪威尔卓越的远见和睿智。

在公开道歉后的几个星期里，巴顿在巴勒莫王宫的官邸中闭门不出。他认为，对于一个胜利者和忏悔者来说，这是一个既合适又谨慎的做法。直至9月初，他才在接待美国红十字会主席诺曼·H·戴维斯的活动中公开露面。他笔直地站在讲台前，不无戏谑地对与会的官兵们说：“我想我还是立在这里，让大家看一看，我是不是你们想象的那样是一个王八蛋！”官兵们向他报以热烈的掌声和欢呼，气氛十分融洽。

事情到此似乎已经结束了。但11月21日，随军记者德鲁·皮尔逊违反诺言，在美国广播公司的新闻节目中披露了这一事件。由于他断章取义地利用间接得来的材料，并加以夸张，很快便在美国社会和政界引起一场轩然大波。各界人士纷纷给国会写信，要求国会对这一事件进行彻底调查，把巴顿赶出军队，并谴责艾森豪威尔等人袒护巴顿的“罪行”。但是，美国陆军最高领导层在这个问题上的立场是一致的，他们对巴顿所犯的错误表示遗憾和愤怒，认为必须使他接受这一教训，改过自新。但同时，他们决心使巴顿继续参加战争，发挥其不可替代的作用。陆军部长史汀生是巴顿的老战友,他指出,对这一事件的处理要做“严肃的军事考虑”,并明确地说,保留巴顿的高级指挥官职务是“符合战争的最高利益的”。陆军参谋长马歇尔不仅支持史汀生的主张,而且赞成把巴顿的永久军衔晋升为准将(巴顿的永久军衔原为上校),并竭力为他辩护。对巴顿命运最关切的还是艾森豪威尔,因为他是巴顿的顶头上司,而巴顿则是他不可多得的猛将,他利用各种方式和场合来做挽救巴顿的工作。

这次事件对巴顿的影响很大,这使他未能出任集团军总司令,艾森豪威尔认为:“巴顿具有某些令人遗憾的性格,他鲁莽、暴躁,有时容易冲动,但可以让他担任一个集团军司令,我敢担保,他率领的部队肯定会所向披靡。”但是他又在给马歇尔的信中说:“在任何情况下,我不会把巴顿提升到集团军司令以上的岗位上。”正如艾森豪威尔所说,巴顿的确没有担任集团军司令以上的职务。

鬼谷子关于“忤合”的实质,就是强调要懂得对立与和顺的方法。巴顿之所以后来未能青云直上,就在于遇事鲁莽而行,没能很好地运用“忤合”的方法,以至于既伤害别人,也伤及了自己,这是值得人们深思警戒的。

12. 冲动是魔鬼

运用鬼谷子的“忤合术”,最关键的是把握好度,即当忤则忤,当合则合,不可出格或偏废一方。虽说是“忤合难以两忠”,但若能掌握好度,就能将许多复杂的事情做得圆满或近于完美。倘若失其方寸,必将容易受挫而自毁。比如只知忤而不知合,势必缺乏控制,而容易产生魔鬼般的冲动,这无论从哪个角度来讲对自己都没有好处。

就商场做生意来说,就是需要你帮我,我帮你,大家相互帮衬,才能使商场的气氛融洽。但是商场中总是会出现这样或那样的争执,因为一笔生意耿耿于怀。其实这是十分不明智的做法。谁也不能预测未来,说不准这次是竞争对手,下一次就有可能并肩作战,所以,无论如何都没有必要因为今天的利益分配不均而反目成仇,这是一个深刻的哲理。有经验或有涵养的生意人总是在谈判时面带微笑,永远摆出一副坦诚的样子,即使谈判不成,还是把手伸给对方,笑着说:“但愿下次合作愉快!”

况且,做生意的主要精力应用于如何开拓市场、如何调动资金、如何做广告宣传等方面,要是老在对付别人的暗算与报复中浪费脑细胞,难免会顾此失彼。正所谓,买卖不成人情在。毕竟是同行,都在为着同一目标而奋斗,只要矛盾并没有发展到你死我活的境况,总是可以化解的。中国还有句老话:冤家宜解不宜结。与其给对方点颜色,还不如做一个好人,留下一个良好印象。

孙寅贵,13 岁走出校门,开始以摆小摊、修锁配钥匙、焊锅补盆为营生。1985 年,孙寅贵带着 3000 元钱和几项小发明,从湘西北上京城谋生,由于具有先前修锁补盆的经历,他靠搞小发明打下了基础。也许他想出的小发明并不属高科技产品,但实用性强且价格低,比如针对北京风大发明了防风合页、多功能闭门器等。尽管是小打小闹,但毕竟还是积累了一些资金,他决定办企业搞大事业。

孙寅贵到北京后,一直不适应当地干燥的空气,于是他萌发了生产加湿器的创意。他买进了几个不同牌子的进口加湿器拆解,再进行市场调查后,他花 5 万元创办了亚都建筑设备制品研究所,不久就生产出了物美价廉的亚都加湿器。仅仅在 5 年的时间内,其产品营业额就达到 800 万元。孙寅贵在北京稳稳地站住了脚跟。

后来,他发现人民的生活日益提高,大家都想喝矿泉水,但一小瓶矿泉水要 2 元以上,如果能生产一种装置可以在家庭生产矿泉水,肯定会有市场。1991 年年初,孙寅贵开始研制百龙矿泉壶。为了打开销路,孙寅贵表现出超前的经商意识。当时电视剧《编辑部的故事》正在拍摄,孙寅贵预测到此剧会热起来,便果断地投入 13 万元认购片头广告。果然,随着这部电视连续剧的热播,百龙矿泉水壶的订单如雪片般飞来。

孙寅贵闯荡北京之前,曾在湖南家乡做了两年兼职律师。后来,他一直觉得自己懂法,这是比一般人优越的地方。因此,在以后的一些年中,一有风吹草动,他的律师情结便会萌动,动不动就想打官司一决输赢。

他经营的矿泉壶上市后,大大小小的官司始终伴随着他。百龙也想通过打官司这种形式扩大自己的影响，树立自己的形象。但是，在接连不断的官司中他得到了什么呢？

1992年，矿泉壶市场突然出现了一匹黑马——“富豪”，对百龙构成了极大威胁。孙寅贵一直计划着让其丧失竞争力，经过一段时间的认真研究，他发现“富豪”矿泉壶不仅在原理上有仿造百龙壶的嫌疑，即便是在最初的外包装上也直接印上了百龙壶图案。

1993年，孙寅贵向北京市中级人民法院状告富豪矿泉壶侵权，要求立即“停止侵权”，并赔偿百龙经济损失300万元。这是一场旷日持久的官司，最终孙寅贵赢了，但却只是一个精神安慰，至今孙寅贵也没有得到一分钱的经济赔偿，倒使那付出近百万元的诉讼费、审计费、代理费等多项款额付诸东流。这场官司使他身心疲惫，最后，他就只是单纯的希望法庭赶快宣判，好让一切都恢复到正常的轨道中去。

接下来，孙寅贵与韩成刚又打了一场官司，这场官司让他赔了夫人又折兵。当时，整个矿泉壶行业在宣传上大话不少。1993年，山西一位叫韩成刚的消费者，不断在报上撰写文章批评矿泉壶企业的做法，其中不少话对矿泉壶企业来讲是致命的。其实，这件事情对消费者来说已经失去了兴趣，可孙寅贵这时却偏偏旧病复发，决定告他，这一告反而把事情越弄越复杂了。矿泉壶在新闻界的关注下，一天比一天透明，当然其中的种种“内情”不被公之于众。消费者们渐渐对矿泉壶的失去了信任，这显然对百龙公司造成了巨大损失。据说，仅在山西省太原市的直接损失就超过300万元。在庭审过程中，孙寅贵在一审中获胜，但这时的整个矿泉壶市场已经回天无力。此后，韩成刚上诉，而孙寅贵已经没有打这场官司的心情了，二审仅判韩成刚言辞失当。

通过几次官司，孙寅贵终于总结出了一个道理：懂法和懂得用法律武器保护自己并没有错，并且还值得大力提倡，但因此认为诉讼是解决一切矛盾的根本之道则走入了另一个极端，势必要付出惨重代价和风险。企业之间的矛盾完全靠打官司是有失商榷的，因为无论胜败都将筋疲力尽。相信孙寅贵再也不想轻易卷入官司之中了。

打官司是一种自我保护行为，但远离诉讼更是一种自我保护，尤其对那些规模不大、时间不长、处世不深的中小企业来说，更经不起几番诉讼的折腾。如果什么时候企业间的诉讼少了，那将是中国企业走向成熟的一个标志。

孙寅贵的经历有着浓重的警示效应。从这其中不难看出，保持风度、不要轻易与人争执的重要性，尤其是不要与人打官司。因为争讼的结果常常不是人们所预料的，变数很大。打官司往往是“终凶”，有好结果的极少。所以，处理任何事情都要冷静，选择一种中和的方式来解决问题，或者在争讼初起时就中止，或者请德高望重、有权位的人来予以调解，大事化小，小事化了，这样较为明智。

就像孙寅贵了解的那样，靠法律来保护自己的权益是对的，但在很多实例中，打官司多是因为一时的气盛引起的。倘若人们能在决策之前多想一想，那么就不会有官司之后的两败俱伤。许多事实证明，打官司是一件费力费时又费钱的事，所以，生意人应尽量避免诉讼、打官司，无争端、无诉讼对生意人来说是最有益的。

在生意场上，与同行不能做冤家，对顾客更应以礼相待，与顾客争执向来被称为经营中的大忌。想想也是，生意人以赚钱为目的，争执只不过是要出口气，却会因此断送客源，可谓得不偿失。

人都有好胜之心，这是无可非议的，但好胜应当用在事业的追求上，为一点不影响大局的琐事而火冒三丈，到头来影响的是自己的形象，砸的是自己的饭碗。所以，掌握好“忤合”的尺度，避免一味地冲动是十分重要的。

【国学精粹珍藏版】

鬼谷子

李志敏⊙主编

卷三

◎尽览中国古典文化的博大精深

◎读传世典籍，赢智慧人生

——受益终生的传世经典

民主与建设出版社

13. 做事"和"为贵

中国有句老话说:家和万事兴。美国总统西奥多·罗斯福也有相似的言论:"成功的第一要素是懂得如何搞好人脉关系。"还有一位西方的人脉关系学专家也说过:"专业知识在一个人的成功中的作用只占15%,而其余的85%都取决于人脉。"许多商界成功人士对人脉资源也看得十分重要。曾任美国某铁路公司总裁的A. H. 史密斯说:"铁路的95%是人,5%是铁。"鉴于此,如果想取得事业的成功,营造一个适于成功的人脉势在必行。

在商场上,常常出现这样一种情况,一个人在创业之初,虽然有许多的困难,却从不忘随时约束自己的言行,不断警示自己时刻谦恭做人。而当事业奔向顶峰之时,却将许多的德行忘到脑后,这就是富贵易骄的毛病,这毛病不仅影响个人的形象,还会使得企业滑坡,走向衰退。胡志标就是一个典型。

广东爱多电器有限公司正式成立时有3个股东,胡志标和他的好朋友陈天南分别占有公司股份的45%,另外10%的股份由中山市东升镇益隆村以土地入股获得。据说胡志标和陈天南当时各入股公司的本金只有2 000元。

胡志标主打市场的手段是广告,他的所有的智慧和创业好像也都体现在广告上。1995年7月20日,只有26岁的胡志标开始生产VCD。他觉得要想把品牌做响,就得靠广告。而广告有两条最关键,那就是先要找一个最有名的人,然后就要找最强势的媒体。当时他在广州,了解到的大明星就是以功夫片走红的成龙,而成龙一开价就是450万元。人们算了一下,这是爱多当时全部的利润,没挣钱,全都给成龙了。但是胡志标硬咬牙给了。当时爱多 VCD 的广告语也很简单,就是"爱多 VCD,好功夫。"好功夫成龙是有,但是胡志标有没有好功夫就谁也不知道了。

1996 年 11 月,爱多以 8 200 万元人民币获得了中央电视台广告招标电子类的第一名。过了一年,1997 年 11 月,爱多又以 2.1 亿元的出价获得了中央电视台第四届广告招标的"标王",胡志标的知名度也由此达到顶峰。那时候是爱多最好的 时候,也是胡志标最好的时候。爱多日进斗金,胡志标喜不胜收。然而,后来胡志标失败了,爱多没落了。其失败的原因不仅仅是因为争夺标王超过了自己的资本承受能力,还关乎其心态失衡而导致行动错误。

当时,爱多公司在胡志标的辛苦经营下获得了空前的成功,而爱多公司另一位与胡志标并列的大股东陈天南却从来不过问公司里面的事,他以公司创建之初的 2 000 元的出资,每年只是坐收其利,获取爱多公司 45% 的红利。这使胡志标心里很不平衡。

胡志标表面也没有什么行动,只是暗中指使他的总经理助理,当时兼管爱多财务的林莹(后来成为他的妻子)封锁财务,不允许陈天南查账。之后不久,他又在中山成立了几家由自己担任大股东的公司,这些公司都与广东爱多电器公司毫无关系,但却盗用"爱多"的招牌,连注册资金也是从其和陈天南、益隆村共有的广东爱多电器公司挪用的。胡志标之所以这样做,目的不言自明,他企图利用关联交易转移资产。

陈天南知道这些事后,强烈指责抗议胡标的所作所为。并安排自己的律师发"律师声明",然后又与益隆村联合起来进行逼官。1999 年 4 月,胡志标被迫从广东爱多电器公司董事长和总经理的职位上"下野"。然而,由于陈天南和益隆村不懂经营,又迫于经销商的强势压力,不得已将胡志标扶上原位。经过这一富有戏剧性的变化后,爱多元气大伤,更为重要的是,这种变动坏了爱多的声誉,使得许多经销商失去了信心。

2000 年 4 月,胡志标以空头支票诈骗的罪名,被汕头一家公司举报被捕。2003 年 6 月,胡志标被中山法院以"票据诈骗罪、挪用资金罪、虚报注册资金罪"三罪并罚,判处有期徒刑 20 年。曾经显赫一时的"标王"最终以如此的下场离开人们的视线,这是任何人始料未及的。

在商场上，人们称胡志标有经营的天赋，但他对自己的表现太过自信，对形势估计不足，导致了大错。另外一个更重要的原因，即他没有处理好他与合作伙伴之间的矛盾。

中国人向来都提倡“和”为主，为人处世讲求“以和为贵”，经商办事追求“和气生财”，处理家庭关系不忘“家和万事兴”，甚至立国安邦之本都离不开一个“和”字，所以要构建“和谐社会”。可见，“和”的重要性，值得经营者们揣摩运用。

明初，五世同堂的薛氏家族，数代皆以农耕为生，因家风淳朴，加之兄弟之间团结互助，日子过得还算不错。到了薛某、薛纶、薛缨这一代，薛家发生了翻天覆地的变化。

薛纶自小聪颖过人，不仅有惊人的记忆力和理解力，而且才思敏捷，数百言文章可一挥而就，且文藻秀美。同读数载，长兄对薛纶的才华深为佩服，便主动要求放弃学业，继承父业，屯田耕作，以便资助薛纶读书。其父薛绮甚为感动，赞叹长子不忘祖训，牢记“家和万事兴”，更感于其对手足倾力相助的义薄云天之情；并借此告诫薛纶切勿忘兄长之恩情，要懂得知恩图报、饮水思源的道理。为了薛纶安心读书，他的弟弟薛缨弃学从商，以便资助薛纶。就这样，薛纶在兄弟们自我牺牲精神的鼓舞下，发愤读书，终在隆庆二年(1568)，登进士第，进入仕途。

薛纶进入仕途后，虽不能亲自打点家业，但经常为长兄和弟薛缨出谋划略，所以其长兄和弟薛缨所经营的产业规模也越来越大。自此，薛氏家族人丁兴旺、财源滚滚。

薛氏三兄弟各司其职，彼此离多聚少，但他们兄弟间的情义却越来越深。明朝中叶，由于多方面因素的综合作用，使得开中纳粟制的问题越来越多，以至开中纳粮已不能满足政府的财政及其军饷的需求，加之社会商品货币经济发展，明政府将开中纳粮改为开中纳银。即商人在边疆屯田纳粮换取盐引的开中制度，被纳银的折色制度所代替，这样商人不必再纳粮到边镇换取盐引，直接纳银便可换取盐引。明初，实施开中纳粮制时，盐商有边商和内商之分。因为当时晋商凭借其极临边镇的地理优势，往边镇纳粟换引后，既可以凭引支盐到内地各盐场充当盐商，又可将盐引卖给内商只充当纳粟换引之商。前者称为内商，后者称为边商。开中纳银后，内商只要纳银即可换取盐引支盐，而且从边商和内商其对盐不同的运销地位来看，内商处在支配地位，获利多、资本增值快。也就是说纳银制取代纳粮制后，边商失去了原有的优势。

万历十年(1582 年)，薛纶任陕西按察司副使，他亲眼目睹了许多专纳米、豆、草料等依靠贸易盐引谋利的边商，不仅辛苦，且所获之利甚微。他也深知，处于盐业运销支配地位的内商，其获利不仅数倍于外商，而且只是坐场盐市，经营起来比较轻松省力。他眼见许多陕西的大盐商纷纷迁往淮安、扬州而心中疑惑。这时，他想到了弟弟，薛缨是两淮盐商，两淮盐的主要集中地是扬州，所以两淮盐商大都寓籍扬州，但薛缨却迟迟未迁。薛纶感到问题的严重性，便约三兄弟在大同府天城卫家中相聚。

此时的薛氏家族已是地位显赫、富甲一方，但三兄弟相聚之时并未大张宴席、举杯欢庆，仍保持着他们原有的勤俭习俗。夜晚，三兄弟聚于书房，秘密商议着薛氏家族的未来。

薛纶首先打破了沉默，说道："三弟，山西边商，尤其像你这样的大盐商，均纷纷寓籍扬州，不知贤弟为何迟迟未动？"薛缨答道："二哥有所不知，不是我不想寓籍扬州，我也明白，内商营利数倍于边商，且省力，资本增值快。可是，我怕一旦寓籍他乡，日久会坏了咱薛家的祖训呀！"薛纶一愣："三弟，此话怎讲？"

薛缨道："平日，我们兄弟三人各司其职，但相距较近，尽管见面的机会不多，但要想见面，倒也不难。因此，家中大小事务皆由兄弟共同管理，虽力有主次，但总觉不生分。可一旦我寓籍扬州，便和大家相距千里之遥。由于路途遥远，信息的传递会出现滞时。如此，虽不分家，兄弟们共同经营也非易事。所以我宁可断了财路，也不敢破坏咱薛家的祖训呀！"

薛纶沉思不语，其兄道："三弟所言极是，大同有父业断不可弃，我必不可离开大同，二弟新任陕西按擦司副使，公务较以前相比更加繁忙，所以，更不可能随你前往或往返两地兼顾南北，再者，往返两地之间也甚是辛苦。"

薛纶明白，只有他才能扭转这一局势，并保薛家财源不断。但是如果他直接说自己辞掉官职，两兄弟可能都不会答应的。于是他动情地对长兄说道："大哥，你还记得我们小时候学过的庄子的那篇叫《鹏与斥鹌》的文章吗？从那时候，我就立志高远，决心做大鹏。"

薛缨以为二哥是在教训自己，忙答道："二哥教训的极是，只是并非愚弟不愿做大鹏，而实在是事出有因，不得已才做斥鹌呀。"

薛纶见弟弟误会了自己，忙解释道："贤弟，我并非在责怪你，而是在谴责自己，竟然糊涂到了这种地步，自己做了斥鹌不说，还连累了好兄弟。"

薛纶的话让其兄弟莫名其妙，其长兄道："二弟何出此言？你也没有哪儿不够仁义呀，而且你刚刚荣升按察司副使，给祖宗争了光，我们也感到很荣耀，觉得脸面上很光彩。"

薛纶说："长兄，贤弟，请听我慢慢道来。以前，为了助我读书，长兄和贤弟才会弃学，如果没有兄耕弟贾倾力相助，我怎么有今天？涉足官场十余载，深感其尔虞我诈、勾心斗角之险恶，事事小心翼翼才不致出错，走到了现在我才发现，正因如此，我也不知不觉地由大鹏变为斥鹌了。"

这时，薛纶举手示意兄弟不要打断他的话，继续说道："现在咱们薛家处于进退取舍的两难境地，薛家的事业和薛家的人都应该像大鹏一样志存高远，我作为薛家的一员决不能安于现状，所以，我决定辞去官职回籍，往返于扬州和大同之间，兼顾两地的产业，这样我们兄弟虽相隔千里，但仍是兄弟共同维持家产，如此既不违始祖之训，也不阻薛家兴盛之路。"

薛缨连忙跪倒在地道："二哥，小弟深知兄之情义，可是这万万使不得呀。"薛纶一面扶起薛缨，一面微笑道："贤弟，饮水思源，人之常情，再说官场险恶，我也早已厌倦，没什么值得我留恋的了，大丈夫安身立命之处千千万万，何必苛求一处。"

其兄长和薛缨还想再劝说，但薛纶态度异常坚决，所以也就没再说什么。不久，薛纶辞去了陕西按察司副使之职回籍，倾力扶持兄长和其弟薛缨共创薛家大业。很多人对他的离职都很惋惜，而薛纶却说："我有幸继承先祖之产业，兄耕弟贾，助我求学，才有今日之位，我愿已足矣！"

薛氏家产五世没有分开过，是由兄弟共同经营。自从薛缨经商两淮，在扬州置产后，薛家在大同和扬州两地都有家产、人口，为了照管两地的子弟、田宅、奴婢等，薛纶辞官后，经常往返于大同与扬州之间，他的生活空间和时间大多是在车马上度过的，寒来暑往从未间断过。薛家上下没有人不对其由衷钦佩和赞叹的，薛纶虽德高望重，但无半点居功之态，为人甚是宽厚，对两地的子弟，奴婢皆一视同仁。

所以兴旺以及产业之所以壮大，显然是与薛氏兄弟间的肝胆相照、和睦相处、群策群力是分不开的。无论是富甲一方的商人，还是平日的百姓之家，不都是将“家和万事兴”奉为家训吗？

六必居酱园店设在北京，如果你在北京，总是能看见注有“六必居”字样的酱菜。相传此店创自明朝中叶。挂在六必居店内的金字大匾，相传是明朝大学士严嵩题写。六必居原是山西临汾西社村人赵存仁、赵存义、赵存礼兄弟开办的小店铺，专卖柴米油盐。俗话说：“开门七件事：柴、米、油、盐、酱、醋、茶。”这七件是人们日常生活必不可少的。由于赵氏兄弟的小店铺不卖茶，就起名叫六必居。

山西临汾西社村是著名的酿酒之乡，赵氏三兄弟蛰伏于家乡时，便从事酿酒这一行业。由于他们酿制的酒味道鲜美，所以深受人们的喜欢，再加之，他们兄弟三人相处和睦，彼此关系融洽，渐渐的，赵氏三兄弟便有了自己的固定客户群。从当时的状况来看，赵氏三兄弟虽称不上大富之户，日子过得倒也安定、殷实。

一天晚上，三兄弟坐在一起聊天。老大赵存仁说：“经过多年的努力，在家乡酿酒这一行业中，我们也算是有了自己的立足之地。但是，这里是酿酒之乡，每家都有自己可以与对手分庭抗礼的独特优势。所以如果想在这里做强、做大恐怕不容易！”

老二、老三也很赞同赵存仁的话，说道：“大哥所言极是。这段时日以来，我们的经营收入一直总是维持在一个较为稳定的水平，好像已经封顶了似的。”

赵存仁点头，说：“如果我们总是待在这，很难有大的突破，或许永远也只能处于这种小家子气的经营局势！”

老二和老三立即领会了大哥的意思，说道：“如果我们一直待在家乡发展，很难实现我们的宏图大业？”

赵存仁见两位兄弟均赞同易地发展之策，便把自己的想法和盘托出，说：“我认为北京是首选之地，因为北京是天子脚下，人口众多、商贾云集。”

两位弟弟闻听大哥所言，连连点头，都表示同意到北京以图大业。说搬就搬，三兄弟很快就将产业全部变卖为银两，然后一同入京。

赵氏三兄弟抵达北京后，决定开办一家酒馆。经过多次选址，他们最后将店面定于北京前门外大栅栏内。可是酒馆取个什么样的名字呢？赵氏三兄弟聚在一起开始商议，可一晚上也没有想出一个合适的名字。第二天，赵存仁找到一位当地老人，将名字定为“六必居”。六必居的规矩甚严，但却并不死板。

有一年夏天，六必居里一个出门要账的伙计跟一个穷书生攀谈，知道他是一名候补盐大使，北上来“投供”，加捐，可惜的是“本钱”不够，落魄在此。这个伙计动了恻隐之心，决定拉这个书生一把。恰巧，这名伙计有笔款子可收300两，原是吃了“倒账”的，在店里来说，已经认赔出的账，如果能够收到，完全是意外收入。这个伙计把收来的那笔钱借给了那书生，还把自己攒的一点钱也给了他。他想，反正这笔款子在店里已经无法收回，如今借给那书生，将来能还最好，不能还，店里也没有损失。便自己做主，而且自己写了一张书生出具的借据送到总管店务的“大伙计”那里。没想到，他因此被劝退。

后来，这件事被“六必居”的东家知道后，非但没责怪那小伙计，还认为他很讲义气，亲自上门又将他找了回来，还嘉奖了他，嘱咐他如果再遇到这样的事，应先和东家打个招呼。

不久，书生终于捐官成功，并且在官场里疏通时，巧遇贵人，所以官捐的还不小。这时，他也没忘小伙计的恩情。

一位身穿官服的人来到“六必居”。小伙计一见他，欣喜万分，不仅他的不白之冤可以洗刷干净，还彰显了“六必居”东家的用人策略和眼光的独到。经过这桩事以后，“六必居”的名声更是响亮。

后来，由于时势变迁，他们把“六必居”酒馆改为“六必居”酱菜园。

六必居酱菜的原料都有固定的产地。六必居自制黄酱和甜面酱的原料中，其黄豆选自河北丰润县马驹骄和通州永乐店，这两个地方的黄豆饱满、色黄油性大。白面选自来山西崃水县，为一等小麦，这种小麦黏性大，六必居自行加工成细白面，这种白面适宜制甜面酱。六必居酱菜，其用酱必须是规定的酱料，从发酵到酱制成必须经过二七二十一天，酱制工序一道也不可省略，仅甜酱八宝菜就要经过几十道工序。

有一次，在制作甜酱八宝菜的过程中，由于缺少了一道工序，对甜酱八宝菜的色泽稍有影响，但对口味没有丝毫影响，仍是酱味浓郁、脆嫩清香、咸甜适度。上市的便建议掌柜的说：“我们可以稍微折价，并向消费者说明原因，这样，我们可以降低损失。”

掌柜的听完后，觉得言之有理，便去征求东家的意见。但遭到了东家的严厉拒绝。东家说道：“不行，宁叫赔折腰，不让客吃亏。”然后吩咐掌柜将这批“不合格”的甜酱八宝菜全部销毁。

掌柜的不敢相信自己的耳朵，重复道：“什么？全部销毁？”他唯恐自己听错了。

东家再次用不容置疑的口吻说道：“对！全部销毁！而且要当众销毁！”

掌柜的一咧嘴，自言自语道：“这次损失可惨了。”

东家说道：“售货无诀窍，信誉第一条。”之后再也没说什么。

于是，“六必居”的东家择日当众宣布了该事，并当众将不合格的甜酱八宝菜全部销毁。当日有很多人围观了该事件的经过，人们纷纷奔走相告，一时全京城的人几乎无一人不晓此事。人们对“六必居”的信誉称赞不已。

“六必居”的东家从不低看本店的伙计，而是透过能力匹配——一个萝卜一个坑，给人以相对稳定的工作，使伙计有一种归宿感。伙计感到东家对自己的器重，工作更是卖力。或许“六必居”的东家在一定程度上借鉴了魏公子无忌的作法——不轻看任何一个小人物。事实也证明，不忽视“小人物”，有可能带来意想不到的好处。

一天，一个名叫张夺标的青年来到“六必居”酱菜店，跟掌柜的说想来店中当伙计。当时店内并不需要增添人手，因此掌柜的便回绝了对方。哪知这一青年竟直接又去找东家。东家以礼相待，但还是婉言回绝了，张夺标没有灰心丧气，说道：“贵店什么时候添伙计我再来。”东家见此人意志坚定，且比较机敏，便破例收张夺标当了店伙计。

1900 年，八国联军侵占北京，义和团出于义愤，在北京焚烧卖洋货的商店，旧历五月二十日，大栅栏一家经销药的商店被烧，大火殃及“六必居”。店伙计张夺标冒着生命危险把“六必居”金字牌匾抢救了出来。事后，东家特意设宴款待张夺标，并表示要以重金酬谢张夺标。但张夺标没有接受东家的谢银，只是对东家说：“当初东家的知遇之恩，我今生无以报答，我身为‘六必居’的一员，这样做是分内之事。”

后来，“六必居”虽然几经坎坷，但每每均能逢凶化吉，至今仍然牌匾高悬，享誉海内外。

人的一生中,有许多事情可以独立完成,也有许多事情需要别人的协助才能达到预期目标。很多人会固执地认为自己一个人就可以应付所有的人生坎坷,但这是多么幼稚的想法,人的成功离不开势力。这里所说的势力不仅限于人,而是在你需要帮助时所出现的人、事、物的组合体。这种完美的巧合是任何一人也无法控制的,我们唯一能做的就是使用人脉来给自己创造一个、再一个的“势力”。

此外,无论什么时候,都应该学会与别人打招呼的习惯,即使对方表面来看对你的事业提供不了有益的帮助,我们也要尽量的增进关系。在建立人脉网络的过程中,很多人容易产生一种负面情绪,这种情绪来自付出不能得到同等的回报,从而产生的心理不平衡,自然这种情绪会阻碍人脉的扩展。所以,不如敞开心扉,真诚待人,不必苛求结果。

第七篇 揣①篇

揣，即推测、揣度之意，指的是思忖他人的内心，推测对方心理的方法。通过揣度，能够对事物的利弊作出正确的分析，并作出合理的决断。可以说，揣情术是谋略的根本，也是游说的主要方法。

【原文】

古之善用天下者，必量天下之权，而揣诸侯之情。量权②不审，不少强弱轻重之称③；揣情不审，不知隐匿变化之动静。何谓量权？曰："度于大小，谋于众寡。称货财有无，料人民多少、饶乏，有余不足几何？辨地形之险易，孰利孰害？谋虑孰长孰短？揆群臣之亲疏，孰贤孰不肖？与宾客④之知睿，孰少孰多？观天时之祸福，孰吉孰凶？诸侯之亲，孰用孰不用？百姓之心，去就变化，孰安孰危？孰好孰憎？反侧孰便、孰知？如此者，是谓量权。"

【注释】

①揣：揣，揣度，推测。

②量权：量是秤称重量，权是秤所用的砣。

③称：又作秤，天平。

④宾客：古代称被礼遇为军师和策士等人。

【译文】

古时候，善于治理天下的人，必然会审慎地把握国家的发展趋势，揣度各诸侯国的具体情形。如果不能周密切实地审时度势，权衡利害，就不会知道诸侯国的强弱情况。如果不能周密地揣度形势，便不知道个中隐蔽的情况的发展变化。什么叫权衡得失呢？就是能准确揣测对方大与小，明察多与少，衡量财货有与无，预测百姓众与寡，丰足与贫乏，不足与有余各有多少？（在战争中）分辨山川地貌的险要与平易，哪处与己有利，哪处与己有害，在进行决策时考量哪个是长策，哪个是权宜之计。在君臣亲疏关系中，要知道哪些人贤德，哪些人不正派；在谋士与宾客中，哪个足智多谋，哪个是平庸之才。考察命运的福祸时，什么是吉利的,什么是凶险的;与诸侯交谊中,谁是可以效力的,谁是不能效力的;在判断老百姓的心理趋向时,哪种是平安的,哪种是具有危险的,什么是老百姓喜好的,什么是老百姓厌恶的;不顺从者,哪些要审察,哪些可相契。以此明察百姓心理变化的趋势。上述所说的,就称为审时度势,衡量利弊得失。

【原文】

揣情者,必以其甚喜之时,往而极其欲也,其有欲也,不能隐其情;必以其甚惧之时,往而极其恶也,具有恶也,不能隐其情:情欲[1]必知其变[2]。感动而不知其变者,乃且错其人勿与语,而更问所亲,知其所安[3]。夫情变于内者,形见于外;故常必以其见[4]者,而知其隐者;此所谓测深揣情。

【注释】

①情欲:欲望,欲念。

②变:指针对好恶喜惧变化而言。

③所安:安身立命的根据。

④见:显现

【译文】

所谓揣情,就是必须在对方最高兴的时候,去加大他们的欲望,他们既然有欲望,就无法按捺住实情;又必须在对方最恐惧的时候,去加重他们的恐惧,他们既然有害怕的心理,就不能隐瞒住实情。情欲必然要随着事态的发展变化流露出来。对那些已经受到感动之后,仍不见有异常变化的人,就要改变游说对象,不要再对他说什么了,而应改向他所亲近的人去游说,这样就可以知道他安然不为所动的原因。那些感情从内部发生变化的人,必然要通过形态显现于外表。所以我们常常要通过显露出来的表面现象,来了解那些隐藏在内部的真情。这就是所说的“测深揣情”。

【原文】

故计国事者,则当审量权;说人主,则当审揣情;谋虑情欲必出于此。乃可贵、乃可贱、乃可重、乃可轻、乃可利、乃可害、乃可成、乃可败,其数[1]一也。故虽有先王之道、圣智之谋,非揣情,隐匿无所索之。此谋之本也,而说之法也。常有事于人,人莫能先。先事而至,此最难为。故曰“揣情最难守司 。言必时其[2]谋虑,故观蜎飞蠕动[3],无不有利害[4],可以生事变。生事看,几之势[5]也。此揣情饰言成文章,而后论之。

【注释】

①数:法术,此指办法。

②时其:抓住时机。

③蜎飞蠕动:泛指能飞行、蠕动的小虫。蜎是没有骨头的昆虫,爬行而动。

④无不有利害:世间没有不具备利害之心的东西。世上之事无不包含着利与害的因素。

⑤几之势:几,细微,细微的态势。

【译文】

所以谋划国家大事的人,就应当详细衡量本国的各方面力量;游说他国君主的人,则应当全面揣测别国君主的想法,避其所短,从其所长。所有的谋划、想法、情绪及欲望都必须以这里为出发点。只有这样做了,才能得心应手地处置各种问题和对付各色人物。可以尊敬,也可以轻视;可以施利,也可以行害;可以成全,也可以败坏,其使用的办法都是一致的。所以,虽然有古代先王的德行,有圣人高超的智谋,不揣度透彻所有隐蔽的和深藏的实情,将什么也追求不到。这是智谋的基础和游说的通用法则。人们对某些事情常常感到来得突然,是因为不能事先预见。能在事情发生之前就预见到,这是最难的。因此说:“揣情,最难把握”。游说活动必须深谋远虑地选择时机。过去我们看到昆虫蠕动,都与自己的利益相关,因此才发生变化。事情一开始,都会产生一种微小的态势。揣情者,就要用合情合理的言词装饰成文章,而后再与对方论说。

纵横谋略

1. 揣情度势,施政有方

“揣”即揣摩、估计、推断。用揣摩、估计、推断等方法判断出游说对象的想法,来达到自己的预期目的。也正如文中所说:善于治理天下者,其胸中必须揣有天下之一切。那些以政治为志向的人士,必须做到善于“量权”与“揣情”,只有这样才能获得成功。

子产,春秋末期著名的政治家。他在年轻的时候就与众不同,极具政治眼光。

子产所在的郑国攻打蔡国,擒获蔡国司马公子燮,此消息让郑国举国欢腾,以为大胜。子产却忧虑说:“我们郑国乃一小国,本不该轻易和人结怨,惹火烧身。如今和楚国的盟国交战,虽有小胜,却有大患,哪里值得庆贺呢?”

不久,楚国果然来攻郑国,郑国许久不得安宁。

子产为相后,当时郑国内忧外患,形势十分不稳。为了控制时局,子产提出了“宽以治世”的主张,他为此解释说:“现在百姓和朝廷的积怨很深,追其根源,还是从前执政者苛政扰民所造成的。如果我们不反省自己,革除陋习,加民以惠,百姓的怨恨便会愈加高涨,到了无法控制的地步,朝廷就难以维系了。这是当务之急,不这样做只能束手待毙。”

子产废止了朝廷的暴政,制定了许多有惠于民的各种措施,让民众畅所欲言,渐渐郑国走向安定。

一次,子产命贵族公孙段办事,事后赏他一座城邑作为嘉奖。子产的下属子太叔认为不妥，他进言说："作为臣子，为朝廷办事本是分内之事，实不该赏他一座城邑。如果照此办理，郑国的城邑岂不都送给了他人，郑国又何以为国呢？这于理不合呀。"

子产告诉他说："危难之际，当以宽待人，方能使人为国效力。一个人的欲望是固有的，让他满足了欲望，役使他也就可能了。只要事情有成，城邑并不足惜，何况城邑不能搬走，仍属郑国，国家并无损失啊。"

子产用此手段稳住了郑国大族，使之不生二心，努力为朝廷办事了。

贵族丰卷上书请求用新鲜野物祭祀祖先，这是君主才能享有的特权，子产自是坚决不允。丰卷召集兵卒准备作乱，子产在大夫子皮的帮助下打败丰卷，把他驱逐国外。郑国大王深恨丰卷放肆，下令没收丰卷的田地住宅，却不想子产出面谏阻说："丰卷乃郑国大族，其家盘根错节，族人众多。大王如果重惩丰卷，抄没其家，必令其族人不安，反生变故。为大局计，大王只要宽容其罪，丰卷感恩不说，其族人必死命效国，大祸自消了。"

在子产的劝说下，郑王压下怒气，收回了成命。3年过后，丰卷感恩回国，其族人齐聚王宫门外，誓死报效郑王大恩。

子产的政治主张是"宽以治世"，但是他并没有全部放弃"严"的手段。在政治局势稳定的情况下，对于屡教不改、胡作非为的贵族则采取严厉打击的手段，一点不留情面。为此，他对下属子太叔说："治世，最上等的是用道德治理民众，其次也不可不用刑戮之法。像火一样，人们对它望而生畏，烧死的人就很少；而水，看上去很柔弱，人们都不怕它，淹死的人就很多了。所以，宽严皆不可偏废，力求做到以宽为主,宽严相济。"

郑大夫徐吾犯的妹妹十分漂亮,贵族子南和子皙为了争娶她而发生争斗。子产多次告诫他们遵纪守法,二人恃贵不听,在大街上相互砍杀,子南把子皙击伤,子产把子南流放到吴国。

第二年,子皙又生事端,率众和子南的族人再起冲突,公开群殴。子产此时不顾众人求情,坚持重惩子皙,他派人历数子皙的罪状,迫其自杀谢罪。子产执政二十余年,在他的治理下,郑国政治稳定,国泰民安,呈现出了前所未有的大好局面。

消除仇怨,不能不讲原则,只是一味地讨好别人是不会取得好的效果。在处理这类的问题如果丧失了自己的立场,就会贻害无穷。宽厚的做人态度和治国方针,就是要做到以德服人,以德释怨。如果这种方法不能够奏效,就要采取严厉的手段,迫其就范。灵活多变、因人而异的手段,就是要讲究实际的效果;手段多样,应势而变,就会掌握主动权,在治理国家的时候就会得心应手。

2. 有所不为才能有所为

《鬼谷子》云:"古之善用天下者,必量天下之权,而揣诸侯之情。量权不审,不知强弱轻重之称;揣情不审,不知隐匿变化之动静。"这句话的意思是说,古代善于治理天下的人,必然会衡量天下各种力量的轻重,揣摩诸侯的实情。如果对各种力量的轻重分析不够全面,就不可能对诸侯力量的强弱虚实作出正确的判断;如果揣摩诸侯的实情不够全面,就不可能掌握事物发展和变化规律的各种变化征兆。

洛克菲勒号称"石油大王",在创业的初始阶段也是靠对事物的准确判断才敲开财富的大门。

1859 年,当美国宾夕法尼亚州出现了第一口油井时,洛克菲勒就看到了这项风险事业的前景。在别人畏缩不前的时候,他凭借非凡的冒险精神与合伙人争购了安德鲁斯——克拉克公司的股权。当他所经营的标准石油公司在激烈的市场竞争中控制了美国出售全部炼制石油的90%时，他并没有就此止步。到19世纪80年代，在利马地区发现了一个大油田，因为含碳量很高，人们称之为“酸油”。当时没有人能找到一种行之有效的方法提炼它，因此只卖一角五分一桶。而洛克菲勒认为这种石油总有一天会找到方法提炼，所以执意要买下这个油田。当时他的建议遭到董事会大部分人的反对，而他却说：“我将冒个人风险，自己拿出钱投资这一产品。如果必要，拿出200万美元或300万美元。”他的决心终于取得了董事们的同意，实行这一决策。结果，才过了两年时间，洛克菲勒就找到了炼制“酸油”的方法，油价一下子从0.15美元涨到1美元，标准石油公司在那里建造了全世界最大的炼油厂，赢利猛增到了几亿美元。

在某些时候，成功需要壮士断臂的举动和高瞻远瞩的眼光。有所为有所不为，是一个成功人士必须具备的能力。

所谓“有所为”，就是有所作为，是一个人活在世上应该追求的理想和目标。所谓“有所不为”，指的是要有理智的头脑，不凭个人的主观意识去干扰事物发展的规律，不违背自然发展规律去刻意追求什么，这样反而会“有所为”。

在对待具体事情上，“无为”和“有为”的选择取决于双方力量的对比。当主体力量明显占优势时，应该“有为”；当主体力量处在劣势的位置上，那么应该以退为进，坚守“无为”方式。这样的“无为”，其实是一种积极的、平静的进取，其攻势是收藏的，但有着潜在的推动力量。在对待自我修养上，“无为”和“有为”的选择取决于对自己的认知上，知道什么是自己的长处，什么是自己的短处，对于自己的长处列为“有为”目标，对于自己的“短处”列为“无为”目标，而这里的“无为”并不是一成不变的，待合适的时机到来，该种“无为”还能由守转攻，创造出“有为”的奇迹来。“有所为有所不为”在人生阶段的适用上，还是有侧重点的。在人生的上半部，我们应遵循“有所为”为主线的原则，这样我们就可以很好地利用有限的人生资源，打拼一个很好的基础；在人生的下半部，我们应遵循“有所不为”为主线的原则，这样我们可以把更多的人生财富“归仓”，在安享晚年时不会有因“有为”而带来的后续麻烦。

君子有所为有所不为，实质上是一个人应该拥有的智慧思想，“有所为”和“有所不为”相辅相成，成就了一个人有所作为的全部内容。最后要说的是，一个人是否有作为,并不在于表面形式,主要在于实质内容。表面上轰轰烈烈的人,不一定有所作为;表面上平淡无奇的人,反而可能有所作为。

年少时常州人张史和孟州人何仁可在同一个学堂读书,并且经常在一起研究经书。后来张史先做了官,但他总是比不上何仁可的名誉好,内心里就开始嫉妒何仁可的才能,在和别人谈话时,总是不说何仁可的好话。世上没有不漏风的墙,何仁可听说到这件事,就想出了一个应对的办法。

张史有一个爱好,就是经常召集门生,讲解经书,以促进门生的发展。一到这个时候,何仁可就要自己的门生到他那里去非常虔诚地请教疑难问题,并且一心一意、认认真真地做笔记。一来二去,随着时间的流逝,张史明白了,这是何仁可在有意地推崇自己,为此心中十分惭愧。后来,在同僚们的交往中,再也听不到他贬低何仁可的声音了,而是不断地赞扬何仁可的人品和作为。

在人生道路上,有时候梦想与现实是相反的,越想得到的却越得不到。倘若采取"无为而无不为"的态度,反而会收到意想不到的效果。

三国时的刘备一直胸怀振兴汉朝大业的鸿鹄之志。但他在没有形成气候时,不像杨修、张松、祢衡他们那样心气浮躁,只想有所作为,结果反而没有什么作为,而是韬光养晦,不显山露水,安心做自己的菜农,不给人以加罪的口实。一旦时机成熟,他便如蛟龙腾渊,成为一代豪杰。

英国有一家令世人瞩目的科研机构贝尔实验室,其负责人是一位名叫赵玉成的教授。他是一个英籍华人,长期受中华民族传统文化的熏陶,他的办公室里挂着一张"无为而治"的条幅,下面加了一段英文注释:"最好的领导者时时不忘帮助下属,但又不让下属觉得离不开他。"他说:"领导者的能力表现,就是在领导别人的时候,使别人感觉不到领导的干预;研究所的一切工作都是在你的领导下迈进,但所里的人又不能感觉到你的存在。"

可见,无为不仅仅是为人处事的一种方法和策略,更是一种明智的人生态度、一种崇高的人生境界。

面对选择的时候,我们的选择很多,一旦选择了,我们也就同时失去了那么多"可选"。正在做某项事情,我们就只能放弃做其他事情,因为不可能同时做其他的事情。正是"有所为"必"有所不为"。

人的精力是有限的,而一个人的能力也是有所侧重的。所以你想干成一件事,不能面面俱到,只能干最适合你干的事,这样才能容易成功。当正在做或正要做的事并不适合你,成功的希望很小,要果敢的放弃。

"君子有所为,有所不为。"对于事业我们应该"有所为",而对于名利,我们则不必非要有所为,有时还是"无所为"的好。

3. 深合事理,因时而变

汉武帝晚年发生了一件冤案,有人诬陷太子,太子也因此下狱,就连太子的孙子刚刚生下几个月,也被株连,被关在狱中。丙吉在参与审理此案时,心知太子蒙冤,他几次为此陈情,都被武帝呵斥,他于是挑选一个女囚抚养皇曾孙,多加照顾。

丙吉的朋友生怕他为此遭祸,多次劝他不要惹火烧身,且道:"太子一案,乃皇上钦定,避之尚且不及,你何苦对他的孙子优待有加?此事传扬出去,人们只怕会怀疑你是太子的同党了,这是聪明人干的事吗?"

丙吉脸现惨色,却坚定地说:“做人不能处处讲究心机,不念仁德。皇曾孙乃是个娃娃,他何罪之有?我这只是看之不忍的平常之举,纵是惹上祸患,我也顾不得了。”

后来,汉武帝生病了,长安城里出现谣言,说狱中有天子之气。于是,汉武帝就下令将长安狱中的罪囚全部处死。使臣连夜赶到牢狱,丙吉阻拦了使臣,他气愤道:“无辜者尚不致死,何况皇上的曾孙呢?我不会让人们这样做的。”

使臣不料会生出此节,劝他道:“此乃皇上旨意,你抗旨不遵,岂不自寻死路?”

丙吉誓死抗拒使臣,他决然说:“我非无智之人,这样做只为保全皇上的名声和皇曾孙的性命。事急如此,我若稍有私心,大错就无法挽回了。”

使臣回报汉武帝,汉武帝长久无声,后长叹说:“这也许是天意吧。”

他没有追究丙吉的事,反而从中有了不少悔意。他下诏大赦天下罪人,丙吉所管的犯人因为他的努力,才得以幸存。

多年之后,皇曾孙刘询当了皇帝,是为宣帝,丙吉却绝口不提先前他对宣帝的恩德。知晓此情的家人曾对他说:“你对皇上有恩,若是当面告知皇上,你的官位必会升迁。这是别人做梦都会想得到的好事,你怎么能闭口不说呢?”

丙吉微微一笑,叹息说:“身为臣子,本该如此,我有幸回报皇恩一二,若是以此买宠求荣,岂是君子所为?此等心思,我向来绝不虑之。”

后来宣帝从别人口中知晓丙吉的恩情,大为感动,夜不能寐,敬重之下,他封丙吉为博阳侯,食邑一千三百户。

神爵三年,丙吉出任丞相。在此任上,他崇尚宽大,性喜辞让,有人获罪或失职,只要不是大的过失,他只是让人休假了事,从不严办,有人责怪他纵容失察,他却回答说:“查办属官,不该由我出面。若是三公只在此纠缠不休,亲力亲为,我认为是羞耻的事。何况容人乃大,一旦事事计较,动辄严办,也就有违大义了。”

丙吉性情温和,从不显智耀能,不知情者以为他软弱好欺,无有真才,他也从不方在心上,改变心意。

一次,丙吉在巡视途中见有人群殴,许多人死伤在地,丙吉却问也不问,只顾前行。可看见有牛伸舌粗喘,他竟上前仔细察看,甚是关心。他的属官大惑

不解,

以为他不识大体,丙吉却解释说:“智慧不能乱用乱施,否则就无所谓智慧了。惩治狂徒,保境平安,那是地方长官之事,我又何必插手亲管?时为初春,牛气粗喘,当为气节失调,如此百姓生计必有伤害,这是关系天下安危的事,我焉能漠视不理?看似小事,其实为大,身为宰相,只有抓住要领,方能不失其职。”

丙吉属官恍然大悟,深为叹服,那些误解丙吉的人更是自愧不已,暗自惭愧,认为自己原是浅薄无知之辈。

揣摩是一种学问,也是一种智慧。它是一种审时度势、出奇制胜的招数,同样也是符合事物的发展规律、退中求进的处世哲学。对于那些只知冒进、急功近利的人来说,揣度就显得尤为重要了。

4. 生意场上的“量权”

鬼谷子认为,善于治理天下的人肯定会审时度势,权衡得失。为了说明这个问题,他列举了一些必须了解的信息,告诉那些治理者必须从这些方面进行决策,才能够治理好国家。对于企业管理而言,为了能够在激烈的市场竞争中不被淘汰,管理者就必须及时摸清市场动态、详细了解竞争对手、准确把握行业发展趋势和国家最新的行业政策。做到这些就需要大量收集相关的资料和情报。

竞争优势取决于决策能力,而决策能力取决于情报资源。任何科学的企业决策都必须依赖于足够及时准确的情报信息和规范的情报管理体系。

实施竞争情报收集的第一个步骤就是确定目标。在确定目标时,应该以市场和顾客为导向。首先,应确定市场目前的状况:这个市场是不是一个开放的自由竞争市场;这个市场处于其市场生命周期的哪个阶段。然后再确定市场中的竞争者,包括现有竞争者和潜在竞争者,最后根据市场和竞争者的情况确定实施竞争情报研究的目标。

这时,需要针对该竞争情报项目列出尽可能多的影响因素,将其中不可测量的因素转化成可测量的参数,再从中选择对此项目影响最大,且最经济有效的几个参数进行测量。在选择参数的时候,一定要注意全面性。不能只是因为数据容易获得而选定一个参数,也不能只是因为一个参数在测量时成本较低而作出选择。

一般来说,应该由企业的竞争情报部门、与此项目相关的职能部门和该产业的专家共同确定需要测量的参数。这些可测量的参数包括:价格、市场规模、市场占有率、市场饱和度、产品更新率、性能价格比、客户态度调查、市场增长率、潜在市场容量、产品生命周期、销售强度、产品使用量分析、客户统计、公司内部销售分析、市场集中度、客户回忆与认知率、销售渠道和客户不满意度等。

总的说来,确定目标对于情报的收集是至关重要的。只有知道目标才知道哪些是重点收集和监测的。现在的市场中,技术力量在其中占有很重要的地位,如信息产业等,你就需要随时了解对手的研发状况。如果竞争对手喜欢在价格上进行竞争,则随时掌握对手产品的价格走向。

情报收集只是第一步,第二步决策人员必须对情报进行分析,审时度势,权衡利弊,作出正确的决策。

在衡量问题的轻重时,80/20 法则是决策人员必须掌握的原则。1897 年,意大利经济学家帕累托,偶然注意到英国人的财富和收益模式的不平衡性。在研究中发现大部分的财富流向了小部分的人一边,被小部分的人占有。具有不平衡性,这种不平衡的模式会重复出现,具有可预测性。如果 20% 的人占有 80% 的社会财富,由此可以预测,10% 的人所拥有的财富为 65%,5% 的人所享有的财富为 50%。于是帕累托提出了:“重要的少数与琐碎的多数原理。”大意是:在任何特定的群体中,重要的因子通常只占少数,而不重要的因子则占多数,因此,只要控制重要的少数,即能控制全局的 80/20 法则。80/20 法则有助于企业管理者发现哪些给企业带来大部分利益的重要因子,那些是次要的因子。

同时,决策时应该考虑计划的可行性,要具有可操作性,正如我们登台阶,要从低的台阶开始,一步一步地登,每一部都是进行下一步的必要铺垫。正如俗话说,“螳螂捕蝉,黄雀在后”,要做到办事沉稳,切忌好高骛远,心浮意躁。过高的目标实现起来很困难,期望的结果不会因草率的行动而来临,“心想事成”从而只是一个神话。

企业的管理者要学会审时度势，权衡利弊，考证行动的现实可操作性，不能够实现的事情就不要去做。

1977年4月，李嘉诚投资2.3亿港元，以每股12.45港元的价格收购了美国财团控制的香港永高公司的股票1048万股，使之成为其全资公司。

收购美资永高公司之后，李嘉诚把目光和精力投注在雄霸香港的英资身上。他把第一个目标瞄准在了香港地产上。

当时九龙仓是香港最大的货运港，是香港四大洋行之首的怡和控股的一家上市公司，与置地公司并称为怡和的“两翼”。

九龙货仓有限公司拥有众多产业，历史悠久，资产雄厚，先后建有海港城、海洋中心大厦等著名建筑。

李嘉诚经过一番细心研究，惊喜地发现九龙仓在经营方式上存在着巨大的缺陷，于是决定收购九龙仓。

当时，李嘉诚了解到，一贯被称为“怡和两翼”的九龙仓和置地，在控股结构上并非平等关系。怡和控置地，置地控九龙仓，置地拥有九龙仓近20%的股权。

于是，李嘉诚不显山不露水地采取分散户头暗购的方式，悄悄地从散户持有的九龙仓股中买下了2 000万股，约占九龙仓总股数的20%。这意味着，目前九龙仓的最大股东将不是怡和的凯瑟克家族，而是李嘉诚。

20%的控股，无论对李嘉诚还是对怡和，都是一个敏感而关键的界线。鹿死谁手，全在此一“线”之间。九龙仓股成交额与日俱升，自然引起证券分析员的关注。嗅觉敏锐的职业炒家感到其中有戏，立即介入，九龙仓股随即被炒高。甚至各大华资财团、英资财团和一些外资财团，也纷纷加入，来分一杯羹。九龙仓股水涨船高，只升不降。1978年3月，九龙仓股迅速升到每股46港元的历史最高水平。这已和九龙仓股每股实际估值相当接近了。这时，李嘉诚已经成功地控有了九龙仓近20%的股票。为了避免损失和引起庄家反击，李嘉诚十分明智地暂

缓再吸纳。此时,九龙仓集团也已察觉是李嘉诚挑起的战火。

九龙仓的老板马上布置反收购,到市面上高价收购散户所持的九龙仓股,以增强对九龙仓的控股能力。但是,怡和现金储备也不足以增购到绝对安全的水平。最后怡和走投无路,为保江山,只好打出最后一张王牌,求助于英资财团的大靠山——汇丰银行大班沈弼。

李嘉诚审时度势,认为不宜同时树怡和、汇丰两个强敌。日后自己的发展,还期望获得汇丰的支持。不谈长远,就说眼前,如果拂了汇丰的面子,汇丰必然贷款支持怡和,汇丰与怡和联盟,李嘉诚收购九龙仓肯定落空。倒不如卖一个人情给汇丰。李嘉诚遂答应沈弼,鸣金收兵,不再收购。

虽然李嘉诚答应不再收购,但是他也不会将到嘴的肥肉白白吐出。当时,李嘉诚知道正欲"弃船登陆"的船王包玉刚也在收购九龙仓股票,并且志在必得。李嘉诚权衡得失,决定把球传给包玉刚,让包玉刚射门——直捣九龙仓。这样做既避免了与关系密切的汇丰银行的正面冲突,又使包玉刚领导的华资财团能够顺利取得九龙仓的控制权。

于是,李嘉诚又再卖一个人情给包玉刚。他约见包玉刚开门见山地表达了想把手中拥有的九龙仓 1 000 万股股票转让给包玉刚的意思。包玉刚求之不得,自然喜出望外。

这两位华人商界泰斗经过一番秘密协商,达成以下共识:李嘉诚把手中的 1 000 万股九龙仓股票以 3 亿多港元的价钱,转让给包玉刚。包玉刚协助李嘉诚从汇丰银行承接和记黄埔的 9 000 万股股票。李嘉诚又把手头剩余的九龙仓股全部转让给包玉刚。包玉刚因此得到了吞噬九龙仓的绝对优势。而李嘉诚在这一进一出间,获纯利 5 900 多万港元。从一定意义上讲,商业中的交往实质是一种利益的互换,只有付出,才会得到,这是生意场上千古不变的规律。

还有一个案例就是:德国巴伐利亚汽车公司的产品在准备进入日本市场之际了解到如下信息:日本已有几家大汽车公司,如丰田、日产、三菱、铃木等,并有两万家汽车经销站,但只销售日本国产汽车,不愿意销售外国汽车。巴伐利亚汽车公司在进一步了解中发现,日本人买汽车怕上当,喜欢向熟人买。日本多样化的销售网络是可以利用的。于是,该公司便与非汽车行业挂钩,通过它们的营业网向各关系户出售自己生产的汽车。利用这条渠道,仅五年就创下了在日本年销14万辆汽车的纪录，成功地打开了日本市场。巴伐利亚汽车公司能打入日本市场并站稳脚跟，原因就在于它研究了日本的市场信息，摸清了竞争对手的情况，使之能够突破各种阻碍，获得成功。

人是一种群居动物，也是一种社会性的动物，因而社会环境对于个人和企业的发展来说就具有重要的影响。人们常说“天时、地利、人和”，这其实也是对社会环境影响因素的总结和概括。一个人如果在社会上想获得成功就必须考虑以上的三个因素。因此，鬼谷子所指的“量权”，作为梦想成功的人来说是必须要进行研究的。

5. 找好突破口的重要性

人们常说鬼谷子善于“见缝插针”，也就说他善于把握稍纵即逝的机会。他在游历期间，经常对别人说，要善于抓住对方“甚喜”、“甚惧”两个时机，以此作为切入点。同样，在日常的社会生活中，在做事时，处处要找到突破口，这样才能够保证我们在做事的时候获得更坏更好的效果。

常言道：“打蛇要打七寸。”这也是说做任何事情要抓住要点，选择好切入点。在古代战争中，聪明的将帅善于从挫折中汲取经验和教训，善于抓住对手的弱点，总是能够找到突破口，对对手进行毁灭性的打击，从而一战而胜。

明朝末年，后金汗努尔哈赤率大军进攻宁远，宁远守将袁崇焕身先士卒，奋勇抗敌，用大炮击伤努尔哈赤。努尔哈赤自起兵以来首尝败绩，又身受重伤，羞愧愤懑而死。皇太极继位后，又率师与袁崇焕交手，再次兵败而回。又经过几年的准备，皇太极再次攻打明朝。他为避开袁崇焕的守地，由内蒙越长城，长驱而入，直逼京师。袁崇焕立即率部入京勤王，日夜兼程，比满兵早三天抵达京城的广渠门外，作好迎敌准备。满兵刚到即遭迎头痛击。皇太极视袁崇焕为生平最大的劲敌，又忌又恨。为了除掉袁崇焕，皇太极绞尽脑汁，定下借刀杀人之计。他深知崇祯帝猜忌心重，难以容人。于是秘密派人用重金贿赂明廷宦官，向崇祯告密,说袁崇焕已和满洲订下密约,故此满兵才有可能深入内地。崇祯大怒,将袁崇焕下狱问罪,并不顾将士吏民的请求,将袁崇焕残酷杀害。皇太极除掉心腹之患,从此更加肆无忌惮,而明朝至此气数已尽,不久即亡于李自成之手。

袁崇焕是我国古代罕见的军事天才,他接连击败努尔哈赤和皇太极,将清军死死地拦截在山海关以外,被视为明王朝最后一道坚固的“长城”。可是,睿智的皇太极却找到了这道长城的突破口,即崇祯皇帝的猜忌心。于是略施小计,就完成了在战场上无法完成的目标,使得崇祯帝自毁长城,加速了明王朝的覆亡。

1984 年 5 月的一天下午,美国总统里根由谢希德校长陪同,来到复旦大学给学生作即兴演讲。有个学生用英语提了这样一个问题:“您在大学读书时,是否期望有一天能成为美国总统?”

出乎意料的问题,使总统耸了耸肩——美国人表示难堪或无奈时的典型姿态。只见他略一沉思,接口答道:“我学的是经济学,我也是个球迷。可是我毕业时,美国的大学生约有 1/4 找不到工作,所以我只想先有个工作。于是当了体育新闻广播员,后来又到好莱坞当了演员。这是 50 年前的事了。不过,今天我能当上美国总统,我认为早先学的专业帮了我的忙,体育锻炼的忙。当然,一个演员的素质也帮了我的忙。”

里根的回答巧妙之处就是在于避开了难以回答的正面问题,寻找到了一个很好的突破口,用“帮了我的忙”的这个很容易回答的地方入手,获得了发言的主动权,从而获得良好的效果。同样,在商业活动中,我们如果能够抓住人性的

弱点,以此为突破口,生意也许就变得容易多了。

有个商人到小镇去推销鱼缸,尽管鱼缸做工精细,造型精巧,但问津者寥寥。商人尝试了很多促销手段,都没有什么效果。有一天,他突发奇想,跑到花鸟市场以低价买了500尾小金鱼,来到穿镇而过的水渠上游,把这500尾金鱼都投了进去,小渠里有了一尾尾漂亮、活泼的小金鱼,这条消息很快就传遍了小镇!镇上的人们争先恐后拥到渠边,许多人跳到渠里,小心翼翼地捕捉小金鱼。捕到小金鱼的人,立刻兴高采烈地去买鱼缸;那些还没捕到的人,也纷纷拥上街头抢购鱼缸。大家都兴奋地想:“既然渠里有了金鱼,虽然自己今天没捕到,但总有一天会捕到的,那么鱼缸早晚能派上用场。”卖鱼缸的商人把售价抬了又抬,但他的几千个鱼缸还是很快就被人们抢购一空。这个聪明的商人利用人们贪小便宜和爱凑热闹的弱点,耍了点小手段,别人就心甘情愿的把钱送上了门。

突破口的寻找在某些时候其实就是剑走偏锋,或者说就是钻空子。不过,当我们用正常的方式不能够获得成功的时候,偶尔去略施小计,剑走偏锋,钻钻空子,从而获得事业的进步,这种本小利大的事情,又何尝不可为呢?

6. 吕不韦的谋划

鬼谷子说道:善于治理国家的人,必须要权衡天下的轻重缓急,同时揣摩诸侯的实情。也就是要测度事情的大与小,考虑兵力的多与少,计算国家的经济实力,了解人民的生活水平,辨别天时地利谁得谁不得,观察君臣之间的亲疏情况以及老百姓的心态……能够知道以上情况,就叫做权衡利弊。

自古以来,许多成功人士无一不是善于权衡利弊,审时度势,揣摩别人的意志,规划自己人士道路,从而获得成功。吕不韦就是其中一个典型的例子。

春秋战国时期,诸侯国之间弱肉强食,那些弱小的诸侯国或很早就被吞并,或依附强国苟延残喘。它们能被接受为附庸,也只不过是因为其处于两国或多国的交接之处,允许其存在能给各方提供一个缓冲地带。因此,其灭亡也仅仅是时间问题而已。

卫国早先也是个大国。在春秋战国的四百余年中,卫国的国君一个比一个昏庸无能,卫国国势江河日下。到战国中期,卫国已成为任人宰割的小国,衰落日甚一日,而此时的各大国之间正在以"合纵"和"连横"的策略相互攻伐。而小小的卫国处于各国"合纵"、"连横"的夹缝之中,常常是被凌辱、被兼并和蚕食的对象。

大约在吕不韦一二岁时,卫国的国君卫怀君去朝拜魏昭王。这原是小国讨好大国的表示,不料怀君一去即被魏国囚禁起来,随即被杀掉。然后,魏国竟擅自做主立元君为卫国国君。因为元君乃是魏昭王的女婿。魏国在强大的秦国进攻面前虽节节败退,而在弱小的卫国面前却称王称霸,这正是战国时代各国之间的外交准则。此时的卫国已成了魏国的附庸。而卫国的国土实际上也只剩下濮阳一地了。

看到了这种形势,具有远大目光的人已对卫国失去希望,就连一些卫国的王公贵族和政治家都纷纷逃离卫国,选择其他的诸侯国。吕不韦意在结交权贵获取仕途上的成功,因而对卫国这种环境是揣摩透了,知道在这里是不会有发展前途的。因此,当赵国使者提出购买百件圭璧之器时,吕不韦很快就做出决断接下了这单生意。当时圭璧是用以礼定王公贵戚的爵位,在卫国属于严禁运进和出售的商品,违者全家斩首。在这种风险之下,吕不韦仍然敢接这单生意,固然是因为其利润极高,更重要的是吕不韦已经决定离开卫国去大国发展。

吕不韦选择去韩国的首都阳翟。他之所以如此选择,是因为阳翟乃是当时最大的玉器交易中心,各国商人都从此进购玉器,吕不韦在这里做生意,赢利丰厚。但是,吕不韦很快又发现了韩国也非久留之地。

韩国源于晋国。晋国在春秋时期势力庞大,曾一度争霸中原,后来由于内乱,势力日渐衰弱。

吕不韦在韩国之时,秦昭襄王执政,他任用范雎为相,实行"远交近攻"的策略。此时,吕不韦对天下形势已经有了更为清楚的认识,他预见到,韩国会首先成为秦国鲸吞蚕食的目标,这个诸侯国将像秋风中的残枝败叶一样衰微下去。秦国的地理位置是,北部是魏国,南部是楚国,西部是蜀国,东部是韩国。在这四个诸侯国中，韩国与秦国的土地纵深交错，相连最紧，成为秦国的心腹之患。所以秦国定会首先大动干戈，攻势凌厉地向韩国发动军事进攻。

吕不韦清楚地看到，韩国政局动荡不安，人民流离失所。他觉得在韩国，别说是封侯拜将，就是贵为韩王，最终也将成为“最是仓皇辞庙日，教坊犹奏别离歌，垂泪对宫娥”的亡国之君。

看清楚了各国形势后，吕不韦决定离开阳翟，另觅去处。当时赵国乃是七国中仅次于秦的强国，兵强马壮，实力雄厚，而且有蔺相如、平原君赵胜等贤臣辅佐，加上吕不韦玉店的最大一个分号就在邯郸，他决定迁移到赵国。

吕不韦赴赵国时，赵国取得阏于之战胜利不久，国力正强。吕不韦的生意越做越大，他巧妙地结识了在赵国当人质的秦王孙异人，动了去秦国发展的念头。他决心将异人捧为秦王，从而实现自己的梦想。其间，他又通过平原君成为赵王的座上宾客。他发现赵王处事刚愎自用，目光短浅。他断定赵王不足以成大事，正在此时，秦赵又起战端，更加验证了其看法，也坚定了其离开赵国的意愿。

吕不韦为立异人为太子嫡嗣之事而远赴咸阳。一进入秦国的境内，吕不韦就感受到这里与关东地区迥然不同的风土民情。吕不韦是个商人，能看出秦国的关中地区是个土地肥美、物产丰富的地方。一路上，吕不韦所见到的秦国人，也都保留着先民周人的遗风，对种田、稼穑之事十分认真，这一点与他的老家濮阳和他到过的邯郸完全不同。

吕不韦回到邯郸后，回想秦国的富饶和强大，再反观赵国，那种繁华、奢靡只是一种黄昏前的辉煌而已，背后隐藏的是赵国国力的衰退。战争的发展证明了吕不韦的眼光。

长达三年的持久战，显然对远途出击的秦军十分不利。秦国君臣为破坏赵军“以逸待劳”坚守不出的战略，使用了反间计，到赵国四处散播消息，说秦军并不怕廉颇，只怕赵奢之子赵括。

愚蠢的赵孝成王轻信了谣言，不顾蔺相如等大臣以及赵母的劝阻，以只会纸上谈兵而毫无实战经验的赵括代替了廉颇。赵括一上任即下令全面出击，中秦军圈套自己被乱箭射死。40 万赵军向秦军投降，结果被秦将白起全部坑杀。赵国元气大伤，势力越来越弱。秦军包围了邯郸，被信陵君率魏、楚联军击败。

吕不韦带着异人趁乱逃出邯郸到了秦国。从此，吕不韦开始了他在秦国的仕途之路。

从吕不韦在不同国家之间选择中,我们可以看出吕不韦对于鬼谷子的"揣术"已经达到了运用自如,发挥到淋漓尽致的地步。也正因为他具有这种本领,才使得他能够一次次地逃离险地,化险为夷,从而如愿以偿地进入了秦国的上流社会,开始了他的政治冒险生涯。

7. 度势用兵,揣情待人

鬼谷子认为,揣情是最重要的,同时也是最难做到的。如果能在事情没有发生之前就能够预见事物的发展就更加难能可贵了。但是,秦国大将王翦却能够做到这一点,他不仅不够看清楚秦国和楚国的形势,而且还能够揣摩出秦王的心思和性格,为此,他才能放心攻楚而取胜,也不会因为功高盖主而身处险境。

前228年,秦王政以燕太子丹派荆轲谋刺一事为借口,命王翦率军攻燕。燕军联合代国进行抵抗。王翦在易水,大败燕代联军。翌年冬十月,王翦率军攻占燕都蓟,赶走燕王喜,灭亡了燕国。

王翦不仅能够在军事上善于出奇制胜,而且能够对于形势审时度势,根据战场上各种情况的变化,灵活地制定作战方案。在秦始皇(前224年)发起的灭楚战争中,他的这种才能得到了充分的体现。

战前,秦王政问年轻壮勇的李信:"吾欲取荆,李将军度用几何人而足?"李信说:"不过用20万。"秦王政又问王翦,王翦答:"非60万人不可。"于是,秦始皇武断地认为:"王将军老矣,何怯也!李将军果势壮勇,其言是也。"因而命李信和蒙恬率兵20万攻楚。

其实,王翦的"非60万人不可"的主张,是建立在对秦楚形势周密分析的基础上的。从当时情况看,楚国地广人多,兵力雄厚。早在春秋时代,就问鼎中原,称霸一时。战国中期以后,虽兵挫地削,日渐衰落,但还具有相当的军事力量,是当时唯一能同秦国较量的国家。

秦灭掉燕、代、赵、魏以后,楚国感到形势岌岌可危,决心倾全国之力同秦国决一死战,以挽救危局。况且,楚国还有良将项燕,不可小视。

李信率20万秦军分兵两路攻楚。蒙恬率军攻寝丘(安徽临泉县),李信率军攻平舆(河南平舆县北),初战获胜。于是,李信又挥军西进,与蒙恬会合攻城父。项燕率领楚军,在秦军攻城略地时一直尾随其后,伺机而动。当秦军会师城父,立足未稳之时,项燕率领楚军经过两天三夜的强行军,出其不意地背后发起攻击,大败秦军。

秦王见李信果然战败,追悔莫及。他亲自去王翦家中,诚恳地说:"我悔不听将军之言,导致秦军大败。现在楚军向西逼近,威胁秦国,将军虽有病,能丢下我不管吗?"王翦推辞说:"老臣疲病悖乱,唯大王更择贤将。"秦王卑辞恭请,定要王翦复出将兵。王翦见无法推辞,再说:"大王逼不得已而用臣,非60万人不可。"秦王只好拨兵60万人攻楚。

60万人,这几乎是秦国的全部军队。王翦手握重兵,深恐秦王猜疑,当秦王来到灞上来送行时,他故意请求秦王赐给大量的田宅园地。秦王不解地问:"将军出征,还怕家里贫穷吗?"王翦说:"作为大王的将领,有功也不能封侯,我想请点田宅作为子孙的产业。"王翦在部队就要出关时,又五次派人回咸阳向秦王要求赐封良田美宅。有人对王翦说:"将军向大王这样乞求赏赐,未免太过分了吧?"王翦解释说:"不然,秦王性骄而不信人,今空秦王甲士而专委于我,我不多请田宅为子孙业以自坚,顾令秦王坐而疑我啊?"

王翦乞封,用心可谓良苦。他清楚地看到,秦王其人骄而多疑。向秦王请赐田园,根本之意不在福荫子孙,而是为了表示自己忠于秦王,没有叛逆之心,借以消除秦王的疑忌。唯其如此,也才能放手指挥国事,保证对楚作战的顺利进行。

楚王闻王翦率领大军压境,也倾国中之兵,命项燕率领同秦军决战。王翦见楚军来势凶猛,就采取了"坚壁而守"的作战方针,任楚军挑战,始终闭营不战,

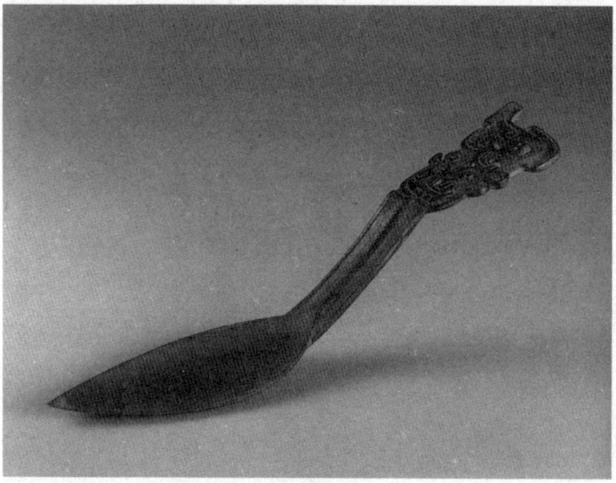

王翦每天只让士卒洗浴休息,吃饱吃好。这时楚军寻不到战机,斗志松懈,遂向东转移。王翦抓住战机,乘势挥兵追击,至蕲以南,大败楚军。

秦国之所以能够一统天下,横扫六国,正是由于王翦等将领起了至关重要的作用。其中的杰出代表王翦就是一个善于揣情的人,他善于审时度势,揣摩形势,无论对秦王还是对对手都做到了这一点。

8. 行动之前的策划是很有必要的

鬼谷子认为,无论是游说,还是谋略行动,要想获得成功就必须做到两个重要的方面:一是"审量权",二是"审揣情"。"审",即细致、精心。也就是说,在掌握了基本事实的前提下,还要进行缜密的分析和判断,选择出最好的行动计划和方案。

纵观古今,优秀的军事将帅们都能够熟练掌握这个原则——"不打无把握之战"。著名将领岳飞在与金人作战时大破"拐子马",就充分体现了这一原则。

1140 年,岳飞率领骑兵驻扎在河南郾城,抗击金兀术的军队。当时,金军的骑兵主力都是重铠甲,用熟牛皮将每三匹马联结在一起,称作"拐子马"。"拐子马"有强大的冲击力和良好的保护能力,在交战中,宋军常常被"拐子马"冲得七零八落,一筹莫展。这次金兀术出动了 15 000 名骑兵进攻。岳飞摸清了金军的装备和作战特点,总结以往宋军失利的教训,改进了作战方式,进行了一系列准备工作，他告诫士兵们带上麻绳大刀，冲入敌阵后，不要往马上看，只管用绳索绊住对方的马腿，用大刀砍对方的马蹄。战斗开始后，岳家军奋力前进，在战场上运用这种新的战术，“拐子马”一旦被绊倒或砍伤一匹，其余两匹也就失去了作用。而且，前面的“拐子马”倒了，后面的“拐子马”冲上来，人马互相践踏，乱作一团。一仗下来，岳家军大胜，金兀术经营多年的“杀手锏”被毁于一旦。

大破“拐子马”这一经典战例充分体现了岳飞对这个原则的熟练运用，正是由于在指挥作战中了解双方的具体情况，制定了切合实际的作战方案，从而避免了行动的盲目性和主观随意性，这种符合客观实际的指挥艺术也同样体现了“知彼知己，百战不殆”的原则。

另一位民族英雄戚继光，在抗击倭寇的战争中，也表现出一位优秀将帅“料敌如神”的素养。明世宗的时候，“倭寇”骚扰我国东南沿海，他们烧杀抢掠，闹得沿海不得安宁。朝廷派戚继光到浙江剿灭倭寇。戚继光根据南方沼泽地区的天气、地形特点和倭寇的作战规律，制定了战略，研究了阵法，亲自教兵士使用各种武器。过了几年，倭寇袭击台州（浙江临海）一带，戚继光率领“戚家军”赶到台州，和倭寇交锋了九次，戚家军大获全胜。第二年，倭寇又到福建沿海骚扰，朝廷派戚继光救援。戚继光没有立即进攻，而是首先搞清楚敌人的巢穴在横屿岛，调查了横屿岛的地形，悄悄地偷袭倭寇大营。经过一场激烈战斗，盘踞在岛上的2 000多个倭寇全部被歼灭。

在抗倭之战中，戚继光利用对天象、地形和倭寇活动规律的熟悉，因此才能屡战屡胜，成为著名的抗倭英雄。

从两位战功彪炳的民族英雄身上，我们可以看出：要做到“料敌如神”，必须进行细致的观察和思考。在条件充分的情况下，我们可以直接观察对手的动向，来判断出他们的行动目标。但是，有时我们并不能够做到这一点，因此，就要从侧面进行了解，尤其是要了解与之直接发生作用的事物，这样才有助于弄清楚事物的本来面目和真相。

“商场如战场。”做生意也是如此。一个聪明的商人，同样也需要具备古代良将们“料敌如神”的素养，才能在激烈的商业竞争中笑到最后。

第二次世界大战以后，美国建筑业开始蓬勃发展，砖瓦工价码看涨，这对失业者来说是个难得的机遇。一个叫迈克的人为了生计，也由明尼亚波利来到芝加哥,他看到招工广告后,却没有投入应征当砖瓦工的竞争洪流中,而是先冷静地观察了一番。他发现去应征砖瓦工的人,大多数都没有学过技术,或者技术达不到要求,因而在竞争中失败。于是迈克灵机一动,在报纸上刊登了一则“你能成为砖瓦工”的广告。迈克租了一间店铺,请来一位瓦工师傅,买来1500块砖头和一堆砂石作教材,开展培训业务。许多工人蜂拥而至,纷纷出高价参加培训。结果,迈克10天内就获利3 000美元,等于一个瓦工大半年的收入。

企业竞争如战场角逐。当一种为众人共得的大机遇出现时,往往也可以给自己带来盈利的契机。能否抓住这一契机,关键在于能否静观形势,耐心等待,不忙于一时竞争,才能冷静决断,抓住时机,实现自我追求的目标。

美国通用食品公司,为了挽救咖啡市场的衰退,计划生产能保存咖啡原味的“冷冻干燥咖啡”,曾投资数千万美元从事实验,经过8年的研究改进,终于开发成功。但是产品开发成功,并不表示能在市场上取代“喷雾干燥法”生产的咖啡。为了避免失败,通用公司开始进行商品试销,以了解各地市场的反应。这一试销期时间长达4年。换句话说,该商品从计划、研究、实验、生产到全面上市,总共花了12年时间。由于“冷冻干燥咖啡”试销成功,所以商品上市一年之后,它的销售量就直线上升,不但挽救了一项已呈现衰退的商品,同时也使通用食品公司走出了经营困境。

产品的开发关系到一个企业的生存。但是,新产品对企业来说是一个巨大的风险。为了降低风险带来的影响,我们应该学习通用食品公司,像那样进行试销。用试销来收集消费者的反馈意见,作为改良自己产品的依据。这种方式不正体现了鬼谷子“审量权”、“审揣情”的战略思想吗?

9. 经验和思维是“料事如神”的前提

“神机妙算”、“料事如神”、“未卜先知”这些词语经常用来形容一些人预测事情很准。但是,人毕竟是人,而不是神,不可能掐指一算就能知道什么事。预测，其实靠的就是经验和思维。

我们来看这样的一则寓言：两头公牛为了争夺一片肥美的草地，发生了争斗。一只青蛙看到后，唉声叹气。其他的青蛙看到后很是不解，就问它："你用得着这么发愁吗？这和你有什么关系啊？"这只青蛙答道："唉，我们很快就要倒霉了。因为失败的那头公牛将被迫离开草地，而在荒野上一口草也吃不到，它肯定会来到我们这长满芦苇的沼泽地，把我们踩在脚底下。最终，我们大家都会变成肉泥。"这种担心不是没有道理的。果然，没过多久，被打败的公牛来到沼泽地栖身，蛙群受到了严重的伤害，一会儿就有几十只青蛙被踩死了。

"料事如神"的青蛙的推理其实很简单，但是，其他的青蛙之所以没有料到，是因为他们缺乏安全意识，或者说对潜在的危险视而不见。有的时候，真理总是很简单的，但是让人相信真理确实最难的。

春秋时期，秦穆公决定发兵，长途奔袭攻打郑国。大夫蹇叔认为兴师动众，无法做好保密工作，郑国肯定会做好准备。秦穆公不听，派孟世明等三师率部出征。在部队出发时，蹇叔痛哭流涕地警告说，恐怕你们这次袭郑不成，反会遭到晋国的埋伏，只有到崤山去给士兵收尸了。果然不出蹇叔所料，秦军袭郑不成，只得回师。部队经过崤山时，晋国早在峡谷中埋伏了重兵。一个炎热的下午，晋军小股部队前来骚扰，孟世明下令追击。追到山隘险要处，晋军突然不见踪影。孟世明见此地山高路窄、草深林密，情知不妙，这时鼓声震天、杀声四起，晋军伏兵蜂拥而出，大败秦军，生擒孟世明等三师。

蹇叔在秦师未出之前，便料定郑国会做好防范，而且还料定晋军会在崤山设伏，后来果然一一验证。秦穆公作为"春秋五霸"之一，也是一位英明的君主，但这次不听蹇叔的话，不察敌情便轻举妄动，终于遭到惨败。

人生也像一场战争,要想在这场战争中获取胜利,就要通过付出一定的代价来获取经验。辛亥革命前,是山西大德通票号最兴盛的时候,但总经理高钰没有得意忘形,而是冷静处事,凡重大进退总是三思而后行。当时,三岁的小儿溥仪被扶上了皇帝宝座,高钰就看出天下将不安的苗头,于是在经营上采取保守的做法。稍后,革命党人在南方的活动加剧。高钰便觉得事必大变,所以采取了急流勇退的方式,迅速收敛业务。高钰的这一举措,与当时票号界的隆盛局面极不相称,受到世人的讥讽。很快,他的收敛之计刚刚就绪,辛亥革命就爆发了!于是,绝大多数票号由于准备不足,猝不及防,在挤兑风潮的袭击下纷纷关门!而在这些票号遭受这场灭顶之灾时,大德通票号却有备无患,安然渡过了这场金融风暴!

高钰的聪明之处,就在于他知道票号的经营与政局关系极大,一有大的政变,就可能引起灾难性的后果。因此,他密切关注时局的变化,以此为根据决定自己的经营策略,显然这是一种十分明智的做法。

鬼谷子说:"先事而至,此最难为"。由此可见,一个人要做到"料事如神"确实很难。其中那个能够做到的人是因为他的经验和思维都超过别人,到了一种别人无法企及的地步和水准。也就是说,能够对事情未来的发展趋势做出准确的判断。这样的人具有高瞻远瞩的目光,是一个真正的成功者,也是大家争先效仿的对象。

10. 摸透人心争主动

很多人之所以做事不能够成功,在很大程度上是不了解自己所处的具体环境,对与自己打交道的人不了解,不能够掌握他们的真实想法和底细,不能够做到量权揣势,不会根据实际情况去制定计划和实施方案。在这一点,汉时的张良就比别人做得要好上成百上千倍。

张良，字子房，安徽亳州人。秦末农民起义爆发后，他在家乡聚众起义，后来依附刘邦手下，成为刘邦的最重要谋士之一。张良在刘邦创业之际出过许多好的计谋，例如，他曾建议刘邦联合英布、彭越，重用韩信；劝刘邦不要立六国之后；主张刘邦追杀项羽歼灭楚军等等。事实证明，这些措施是无比正确的。

当时，刘邦一面下令做好加紧进攻武关的准备，同时请张良前来密商有关人关的事宜。张良向刘邦提出应先派遣一人，潜入关中，为刘邦入关进行游说，以为内应。张良向刘邦推荐了一位魏国人名叫宁昌，此人胆大机敏、善于应变。刘邦十分赞赏这一举措。

天明，刘邦的大军就向武关进发。这武关在陕西丹凤县东 85 里，是秦关中的重要门户，也是东西交通的枢纽。但这位武关守将，西望咸阳，赵高专权，滥杀王公大臣；二世昏庸，耽于声色犬马；东望中原，王离败、章邯降，大势已去。眼看刘邦大军骤至，守关的残兵败将根本难以抵御。再加上风闻刘邦一路上仁厚信义，不杀降官，便干脆打开关门迎入了刘邦。

刘邦万万没有想到，一座雄关就这么兵不血刃地攻了下来，眼看前面就是骁关，便下令督促大军直通骁关。

张良忙对刘邦说："沛公切勿急躁，武关虽然得手容易，若不加强防卫，项羽大军随后就到，你能抵挡得住吗？"

刘邦恍然大悟："子房以为应该如何防守？"

张良说："现在就是要关门谢客。立即加固关防，使它固若金汤，并派重兵良将镇守，以拒各路诸侯于关外。这样，沛公便可以领兵从容击杀秦军于关中，直捣咸阳，何愁暴秦不灭？"

于是刘邦依照张良的计谋，令士卒加固武关，并派一员得力的将领守关，才驱兵来到骁关下。

扎营之后，刘邦带着张良等一班谋士，前往观看地形。这骁关在关中蓝田县境，故又名蓝田关，气势雄伟，地形险要，易守难攻，再加上有重兵把守，看来绝非武关那么容易攻下了，张良建议还不如干脆退守武关，可以观望东西两面的形势。

然而，刘邦深深明白，滞留武关无疑是坐以待毙。

他请来了张良，决心强攻骁关，不是鱼死，就是网破！

张良告诉他:不可!

他说:“《太公兵法》告诉我们,战当然要靠勇气才能取胜,但也不是单靠勇气就能够取胜的。骁关,固若金汤,子婴把他全部赌注都押在了骁关。骁关一破,他即成为瓮中之鳖,因此他不得不拼着性命死守。更何况秦兵还十分强大,并没有到不堪一击的时候。因此现在先不要忙于进攻,可以派兵在骁关对面的山上,遍插沛公旗帜以为疑兵,让他们有如临大敌的感觉,先摧垮他们的士气。另外,现今秦将眼见秦大势已去,灭亡在即,早已斗志涣散,各谋前程,可以派郦食其和陆贾等善辩之士,诱之以利,晓之以理,暗中联络,以为内应。这样,何愁骁关不破!”

于是,刘邦派了郦食其和陆贾,带了黄金珍宝,暗中去拜见守关秦将。这些将领果然早已人心惶惶,都愿与刘邦讲和,这使刘邦去掉了一块心病。他问张良:“现在攻打骁关没有问题了吧?”

“我以为条件还没有成熟,”张良答道,“郦食其和陆贾虽然买通了个别将领,但是还应该看到,秦军的士兵大部分都是关中人,他们的父老和妻室儿女都在那里,他们绝不会让别人攻进他们的家园、杀戮他们的亲人,因此,他们一定会奋不顾身地抵抗。与其和他们拼杀,还不如等到他们松懈疲惫之时,迂回包抄,前后夹击。”

于是,刘邦率主力绕过骁关,悄悄翻越蓝田东南25里的蒉山,突然出现在秦军背后,在蓝田的南部大破秦军,并进一步占领蓝田,这样骁关的后路被切断,前后夹击,不攻自破。

这样,关中大门洞开,秦都威阳已无险可守。刘邦十万大军压境,破咸阳如探囊取物。秦始皇万万没有想到,他十年征战统一的国家,又苦心经营了十载的强大帝国,在他死后不到三年,就这般迅速地倾覆了。

人们常说:"两军相逢勇者胜",其实不然,两军相逢应该是智者胜。智者能审时度势,运筹帷幄,决胜于千里之外,能够看清事物发展变化的趋势和规律,能够利用一切可以利用的力量和因素,使自己由弱变强,从而掌控着局势发展的主动权。正是张良能够看出这一点,也正是张良揣透关中人的心思,故他使用"攻心"之术,取得战场的主动权。

11. 人心莫测,不得不防

人生之于世应该"害人之心不可有,防人之心不可无"。这条古训在某种程度上反映出人们看待这个世界的眼光,也演变成众多中国人的一种处世哲学。

矛盾,是由人们之间利益的差异性和价值取向的背离所引发的,当它激化到一定程度时,对手就有可能设计出种种圈套,骗你上当受挫,以达到自己的目的。

然而,生活中难免发生一些磕磕碰碰的小事,有的人心胸不够开阔,总以为别人算计他,终日疑神疑鬼,既伤神劳体,又不利于人际交往。因此,我们提倡"宰相肚里能撑船"的大将风度。

再则,有些东西不像圈套那么严重,只是有的人自我表现的欲望强烈一些,但是胆子又太小,不敢设什么圈套,爱要些小聪明而已。对这种人,你不妨大度一些,让他自我陶醉一两回好了,这无伤大雅;若对方得寸进尺,你也不必过于认真,找个机会损他一回即可。如何巧妙地识破或确定别人给自己设的圈套,却是我们应该掌握的本领。首先应从双方有无利益冲突的角度考虑,因为它是彼此算计最常见的原因。其次分析对手的性格和胆量,以确定圈套的种类及复杂和危险程度。

还可以采取以攻为守的方法,故意透露一点儿信息给对手,表明你知道他们设的圈套,只是不明确说出来。倘若对手做贼心虚,会表现出来,若对手丈二和尚摸不着头脑,你便适当考虑可以排除有圈套的想法。

倘若你已掌握了某些证据,但还不充分,还想进一步识别庐山真面目,那就要装着一无所知,态度表情要一如既往,以免打草惊蛇。

大智若愚是迷惑对手、识破圈套最有效的办法。让对手以为你还被蒙在鼓里,使他戒心适当放松,便会导致他的某些失误和圈套的暴露,这样你就可以在有利的时机抓到最有力的证据。

倘若在证据确凿的情况下,你便可以毫不留情地揭露对方对你施以的种种阴谋伎俩,让他们的阴谋诡计在光天化日、大庭广众中曝光;也可以将计就计,以其人之道还治其人之身——在圈套中再设圈套,诱使对方上当。

在一般场合,光是不害人还不够,还得有防人之心。防人,防什么呢?就是防人性中的“恶”。世间有绝对纯良的“好人”,也有绝对奸邪的“坏人”,而绝大部分的人都是“好坏夹杂”,也就是“善”中存着“恶”,“恶”中也举“善”,只是程度有别罢了。

善与恶,每时每刻都存在于现实生活之中,人的观念之中也时时存在着善与恶。那么,人在什么时候会显露他的“恶”呢?就是在他想扩张他的欲望或欲望受到危害的时候。换句话说:“善人”也会在利害关头显现出他的“恶”。例如有人为了升迁,不惜设下圈套打击其他竞争者;有人为了生存,不惜在利害关头出卖朋友;有人走投无路,狗急跳墙,于是行骗行抢。

在竞争愈演愈烈的社会中,同事之间也不可避免地会出现或明或暗的竞争.表面上似乎亲密无间,暗地里却勾心斗角,你一刀来我一枪。

古人告诫我们:“明枪易躲,暗箭难防。”既然告诉了暗箭难防,就是要防防呀!因为别人要害你,不会事先告诉你。那么该如何防?

不要被上面的大话吓懵了,先来个“巩固城池”,也就是让人摸不清你的底细,实际上的做法说简单也简单,就是不随便露出个性上的弱点,不轻易显露你的欲望和企图,不露锋芒,不得罪人,莫太坦诚,高深莫测。别人摸不清你的底细,自然不敢随便利用你、陷害你,因为你不给他们机会。

再来个“阻却来敌”之法,兵法云“兵不厌诈”,争夺利益时人心也不厌诈,因此对他人的动作也要有冷静客观的判断,凡异常的动作都有异常的用意,把这动作和自己所处的环境一并思考,便可发现其中奥妙。

12. 偏听偏信,受人牵制

鬼谷子所说的“揣”,是一种预见和分析,是对当前或未来情形的一种推断。通过仔细的揣摩,能理智地把握事物的真相或实质,从一定程度上来说,也能有效地防止偏听偏信、受人牵制的情况发生。而缺乏“揣”的智慧,则很容易步入盲目、糊涂的泥潭,从而自我毁灭。

叔孙豹在鲁国执政,他地位尊贵而且十分专断。他手下有一个受他宠爱的小仆人名叫竖牛,也依仗主子的威势对下发号施令。

叔孙豹有个小儿子叫仲壬,竖牛十分嫉妒仲壬,想害死他。

有一次竖牛与仲壬一起到鲁国国君住的地方去玩,国君就送了一只玉环给仲壬。仲壬拜谢了国君,接受了玉环,但是因为还没有告诉父亲,所以他还不敢佩戴。他请竖牛替他向父亲请示能不能佩戴。后来竖牛并没有把这件事向叔孙豹禀报,就欺骗仲壬说:“我已经跟你父亲说过了,他让你佩戴。”仲壬就高兴地把那玉环佩戴上了。

过了些时候,竖牛对叔孙豹说:“您是不是应该把你的小儿子向国君引见引见了。”叔孙豹说:“他还是个小孩子,引他见国君作什么?”

竖牛冷笑了一声说:“其实他已经私下见过国君多次了!国君还送给他玉环,他都已经佩戴在身上啦!”

叔孙豹把儿子叫来一看,果然见他佩戴着国君送的玉环。叔孙豹大怒,心想:这么小就知道背着父亲偷偷讨好国君,将来长大了岂不是个大祸害?于是他就找了个理由,把小儿子给杀了。

仲壬还有个哥哥名叫孟丙,竖牛怕他会为弟弟报仇,又想把他除掉。

叔孙豹为孟丙铸了一口钟,钟铸好之后,孟丙因为还没有请示父亲,所以不敢敲。他让竖牛去请示,竖牛又故伎重演,骗他说请示过了,可以敲了。于是孟丙就敲了钟。

叔孙豹知道后又勃然大怒,心想我为这个儿子花这么多钱铸了这口钟,钟铸好了你连招呼也不打就自己先敲了起来。叔孙豹一怒之下,就叫孟丙流亡,孟丙只好到齐国去了。

过了一年,竖牛假意为孟丙求情,叔孙豹就叫竖牛到齐国去召孟丙回来。竖牛假装到齐国走了一道,并没有去见孟丙,却回来对叔孙豹说:“我奉命去召孟丙,可是他仍然怒气冲冲,不肯回来。”

叔孙豹大怒,就派人到齐国把孟丙也杀了。

两个儿子死了之后,竖牛就成了叔孙豹身边唯一贴身的人。叔孙豹得了病,竖牛就把叔孙豹身边的人全部赶走,自己一个人侍候,不让任何人接近叔孙豹,说叔孙豹现在需要静养,不想外人来干扰。实际上竖牛断绝了叔孙豹的吃喝,叔孙豹就这样被他活活饿死了。叔孙豹死后,竖牛秘不发丧,偷偷地把叔孙家府库里的金玉财宝席卷一空,逃到齐国去了。

叔孙豹只听信自己所宠爱的小人的话,结果父子三人都被这个小人整死。这就是不懂得“揣术”、不懂得多方考察、不会全面掌握信息所导致的祸患。

13.防患于未然

俗话说“人言可畏”,舆论的压力让很多人窒息和汗颜。古今中外,有多少人因为流言诽谤而名誉尽失,家毁人亡,流言可谓害人不浅。流言本身并没有什么威力可言,主要是传播流言的人太多,人们就以为是真的。其实大多传播流言的人都是很盲目的,他们并没有见证事件的本身,只是人云亦云,跟风而已。而真正有头脑的人会分析听到的流言是不是可信,有没有道理,是否适宜去继续传播。其实流言大多经不起推敲,只要稍加分析便不攻自破了。对此,关键之处就在于揣度。因为通过揣度,可以预测事物的发展方向,对发现的问题做到早起控制和预防。

甘茂是战国有名的纵横家，原是齐国下蔡人，自幼聪颖好学，熟悉诸子百家的学问。他通过张仪的推荐得到秦惠王的赏识。

秦惠王死后，秦武王即位，拜甘茂为左丞相。周赧王七年，秦武王想对外扩张，便把甘茂找来，说："我想要打通三川（指伊水、洛水、黄河交汇地），再找机会吞并周室。先生能否助我实现这一宿愿？"

甘茂回答："臣请求派臣到魏国去，与魏国结盟，然后合力攻打韩国，先夺取韩邑宜阳，这样就可以打通通向三川的道路了。"

秦武王同意了甘茂的请求，又派大夫向寿作他的助手，与他一起出使魏国。

甘茂来到魏国后，很快和魏王签订了盟约，他便对向寿说："请你回去报告大王，就说魏国已与我国签订了盟约，但希望大王先不要攻打韩国。此事办成，一切功劳都归于你。"向寿回国后，便把甘茂的话转告秦武王，秦武王亲自到秦息壤等着召见甘茂。

甘茂到了息壤后，秦武王问他："为什么不急于攻打韩国？"

甘茂回答："宜阳是韩国的一个大县，同时也是上党、南阳两郡之间的贸易要道，虽名义上是县，实际上却相当于一个郡。现在大王命臣率军攻占，首先得克服路上重重险关，跋涉千里去进攻韩国，要花费很长时间，遇到很多的困难。臣恐怕还没取得最后的胜利，朝廷上下就散布臣的谣言，那时，如果大王听信了这些谣言，我可就要大吃苦头了。"

秦武王一听，松了一口气，亲热地说："先生尽管放心，寡人怎么会相信谣言呢？"

甘茂见秦武王如此态度，继续说："请恕臣直言，臣并不是不相信大王，只是世事难"。臣听说张仪当年领兵西面并吞了巴蜀，北面攻取了西河，南面夺得了上庸，为秦国立下了汗马功劳，但国人都没有说他好，反而造出不少的谣言来。魏文侯命令大将军乐羊攻打中山国，打了三年才灭掉中山国，乐羊凯旋后，魏文侯却拿出一箱子诽谤他的信件给他看，乐羊一再叩拜谢罪。说："这不是臣的功劳，完全是大王的功劳啊！"

臣再给大王说个故事：从前曾子住在费城时，费城有个与他同名同姓的人杀了人。有人跑来对他的母亲说："曾参杀了人。"他的母亲肯定地说："我的儿子不会杀人。"仍然在那里织她的布。过了一会儿,又有一个人告诉他的母亲说:"曾参杀了人。"他的母亲仍然不相信,继续织布。又过了一会儿,又有一个人来说:"曾参杀了人。"他的母亲感到害怕了,于是扔掉了梭子,越墙逃跑了。像曾参这样贤德的儿子,他的母亲对他本是深信不疑的。可是,流言传过三遍,也使她对自己的儿子产生了怀疑。现在臣不如曾参那样贤能,大王对臣恐怕也不如曾参的母亲对曾参那样信任,而想陷害臣的何止三个人,况且其中还有些借机进谗言、落井下石者,因此,臣恐怕大王您也会像曾母那样啊。

秦武王听后,肯定地说:"寡人是不会听信他人的谗言的,如果先生不信,寡人愿和先生订个盟约。"

于是,君臣两人就在息壤订下了盟约。甘茂得到秦武王的信任后,立即率兵去攻打韩国的宜阳。果然,韩国的军队凭借着地利人和的有利条件,勇敢顽强地抵抗,秦军久攻不下,损兵折将。这时,后方有人相继向秦武王进谗言诋毁甘茂。但是,秦武王没有相信,反而一再派人去前方慰问前线的将士。因此,甘茂加紧练兵布阵,不断地补充军需。经过一段时间的精心准备,甘茂率军再攻宜阳。将士们个个奋勇向前,秦军大获全胜,奏凯还师。

甘茂提前料到自己攻打宜阳的过程中定会有谣言传到秦王耳中,所以采取防患于未然的做法,提前和秦王订约,解除了后顾之忧。

从上述故事不难可见,甘茂对于鬼谷子"揣术"的精明运用。

第八章　摩篇

鬼谷子的《摩篇》作为《揣篇》的姊妹篇，是一种揣情之术，它阐述了摩意的谋略。摩，本意为揉擦，这里指通过适当的言论刺激对方，而获知其真实意图。因此，摩是揣情的主张方法，可视为揣的一种具体运用。总之，策略的谋划，最难的是周到缜密；游说他人，最难的是对方服从；经办事情，最难的是一定成功。所有这些，只有通过摩意才能做到。

【原文】

摩[①]者，揣之术也。内符[②]者，揣之主[③]也。用之有道，其道必隐[④]。微摩之以其所欲，测而探之[⑤]，内符必应。其应也，必有为之[⑥]。故微而去之，是谓塞窌[⑦]、匿端[⑧]、隐貌、逃情，而人不知。故能成其事而无患。摩之在此，符之[⑨]在彼。从而应之，事无不可。

【注释】

①摩：揉擦，切磋，这里指揣摩的意思。

②内符：情欲活动在内，符验就表现在外。

③揣之主：揣的主要对象，指内符。

④隐：隐秘地进行活动。

⑤测而探之：通过观察、分析，探求其真实的欲念。

⑥有为之：可以作为的办法。

⑦窌：地窖。

⑧匿端：匿，隐藏；端：端绪、开始、前兆。隐匿其端绪。

⑨符之：彼此呼应，相互符合。

【译文】

所谓"摩意"是一种与"揣情"相类似的方法。"内符"是"揣"的对象。进行"揣情"时需要掌握"揣"的规律，而这些规律都是隐而不现的。这就要适当地去"摩"，投其所好进行测探，其内情就会通过外符反映出来。内心的感情要表现于外，必然要有所作为。这就是“摩意”的作用。在达到了这个目的之后，要在适当的时候离开对方，把动机隐藏起来，消除痕迹，伪装外表，回避实情，使人无法知道是谁办成的这件事。因此，达到了目的，办成了事，却不留祸患。“摩”对方是在这个时候，而对方表现自己是在那个时候。只要我们有办法让对方顺应我们的安排行事，就没有办不成的事情。

【原文】

古之善摩者，如操钓而临深渊，饵而投之，必得鱼焉。故曰：“主事①日成而人不知，主兵②日胜而人不畏也。”圣人谋之于阴③，故曰“神”；成之于阳④，故曰“明”。所谓“主事日成”者，积德也，而民安之，不知其所以利⑤；积善也，而民道⑥之，不知其所以然；而天下比之神明也。“主兵日胜”者，常战于不争、不费⑦，而民不知所以服，不知所以畏，而天下比之神明⑧。

【注释】

①主事：所主持的事情。

②主兵：所指挥的军队。

③谋之于阴：秘密地谋划。

④成之于阳：事情成功之后让人了解。

⑤其所以利：有利的原因所在。

⑥道：当作应走的路来顺从。

⑦不争、不费：不使用武力，不损耗军费。

⑧比之神明：当作神奇和神明。

【译文】

古代善于“摩意”的人，就像拿着钓钩到水潭边上去钓鱼一样。只要把带着饵食的钩投入水中，不必声张，悄悄等待，就可以钓到鱼。所以说：主办的事情一天天成功，却没有察觉；主持的军队日益压倒敌军，却没人感到恐惧，只有做到这样才是高明的。那些有很高修养和智慧的人谋划什么行动总是在暗中进行的，所以被称为“神”，而这些行动的成功都显现在光天化日之下，所以被称为“明”。

所谓“主事日成”的人是暗中积累德行，老百姓安居乐业，却不知道为什么会享受到这些利益，他们还在暗中积累善行，老百姓生活在善政中却不知道为什么会有这样的局面。普天下的人们都把这样的“谋之于阴、成之于阳”的政治策略称为“神明”。那些主持军队而日益压倒敌人的统帅，坚持不懈地与敌军对抗，却不去争城夺地，不消耗人力物力，因此老百姓不知道为何邦国臣服，不知道什么是恐惧。为此，普天之下都称这种“谋之于阴、成之于阳”的军事策略为：“神明”。

【原文】

其摩者，有以平，有以正，有以喜，有以怒，有以名，有以行，有以廉，有以信，有以利，有以卑。平者，静也；正者，直也；喜者，悦也，怒者，动也；名者发[①]也；行者，成[②]也；廉者，洁也；信者，明也；利者，求也；卑者，谄也[③]。故圣人所独用[④]者，众人皆有之，然无成功者，其用之非也。故谋莫难于周密，说莫难于悉听，事莫难于必成，此三者，唯圣人然后能任。

【注释】

①发：扩大名声，这里指有声誉。

②成：使其成功。

③卑者，谄也：所以要谦卑，是为了谄媚。

④独用：单独使用。

【译文】

在实施“摩意”时，有用和平进攻的，有用正义责难的，有用娱乐讨好的，有用愤怒激励的，有用名望威吓的，有用行为逼迫的，有用廉洁感化的，有用信誉说服的，有用利益诱惑的，有用谦卑夺取的。和平就是安静，正义就是刚直，娱乐就是喜悦，愤怒就是激动，名望就是声誉，行为就是实施，廉洁就是清明，利益就

是需求,谦卑就是委曲。所以,圣人所独用的"摩意"之术,平常人也都可以具有。然而没有能运用成功的,那是因为他们用错了。因此,谋划策略,最困难的就是周到严密;进行游说,最困难的就是让对方全部听从自己的进言;致力事务,最困难的就是一定保证成功。这三个方面只有成为圣人才能胜任。

【原文】

故谋必欲周密,必择其所与通者说也。故曰:"或结而无隙①也。"夫事成必合于数,故曰:"道数②与时相偶者③也。"说者听必合于情,故曰:"情合者必听"。故物归类④,抱薪趋火⑤,燥者先燃;平地注水,湿者先濡。此物类相应⑥,于势譬犹是也。此言内符之应外摩也如是,故曰:"摩之以其类,焉有不相应者?"乃摩之以其欲,焉有不听者。故曰"独行⑦之道"。夫几者⑧不晚⑨,成而不抱⑩,久而化成⑪。

【注释】

①无隙:没有间隙,紧密无间的意思。

②道数:道术,指规律与方法。

③与时相偶:规律、方法与天时三者合一。

④物归类:事物各有自己归属的类别。

⑤抱薪趋火:抱着柴薪,走近火堆。

⑥物类相应:物以类聚,相同的事物,便会有相应的反映。

⑦独行:方法独到。

⑧几者:通晓机微的人。

⑨不晚:不错失时机。

⑩成而不抱:把事情作成也不保守不前。

⑪久而化成:久而久之,能够成功。

【译文】

谋划必须周到慎密,游说首先要选择与自己可以相通的对象。因此说:"办事情要固若金汤,无懈可击"。要想使所主持之事取得预期的成功,必须有适当的方法。所以说:"客观规律、行动方法以及天时都是互相依附的"。进行游说的人要让对方听信,必须使自己的说辞合于情理,所以说:"合情理才有人听"。世界上万事万物都有各自的属性。好比抱着柴草向烈火走去,干燥的柴草就首先着火燃烧;往平地倒水,低的地方就要先进水。这些现象都是与各类事物的性质相适应的。以此类推,其他事物也是这样的。这也反映"内符"与"外摩"的道理。所以说:按着事物的不同特性来实施"摩意"之术,哪有不反应的呢?根据被游说者的喜好而施行"摩意"之术,哪有一个不听从游说的呢?要想能独往独来,就要注意事物的细微变化,把握好时机,有成绩也不停止,天长日久就一定能化育天下,取得最后成功。

纵横谋略

1. 甘罗巧言赢城池

“摩意”是“揣情术”的主要方法，“揣”的根本对象是“内符”(内心情感的变化及其外在表现)。我们在运用“揣摩”时，就必须掌握“揣摩”的规律和原则，在运用这些规律和原则的时候必须在隐秘的状态下进行。根据对方的欲望表现来进行揣摩，揣摩对方的内心，他的内在的情感就会通过外在表现体现出来。这样，他一定会做出一些表现的行为。

秦王政七年(前240年)，秦王政想出兵伐赵，替数年前率兵伐赵战死的大将蒙骜报仇。刚成君蔡泽向秦王分析了燕、赵的形势及利害关系，并自请前往燕国，离间燕、赵联合抗秦的阵线，说服燕王依附秦国以为久安之计。

秦王政听信了蔡泽的话，蔡泽也当真不辱使命，说服了燕王，命太子丹为质于秦，并请秦国派一位大臣，做燕国的丞相。

吕不韦打算派张唐，前往燕国为相，命太史占卜，也是上上大吉；偏偏张唐托病不肯应命。张唐推辞的理由是：他曾经多次奉命带兵伐赵，赵国对他怨恨必深，他如去燕，必经赵国，赵国是绝不会放过他的，所以，他不能去。

可是，吕不韦即使是再三劝说，费尽口舌，可是张唐就是不愿意去。无奈之下，吕不韦在府中的大堂上，长叹短嘘，深锁愁眉，一副闷闷不乐的样子。

当时，有一位12岁的少年，名叫甘罗，是门下客甘茂的孙子；他看到吕不韦一脸不悦的神色，于是，上前询问吕不韦有何心事。起初，吕不韦对甘罗是不屑，但甘罗一番有力的陈辞令吕不韦不但向他述说了情况，还答应甘罗去说服张唐。

甘罗欣然告辞，衔命往见张唐。甘罗见了张唐后，果然不负吕不韦所望，一番比较之后，张唐急忙随同甘罗，到吕府请罪，并表示将即日治理行装，准备起程赴燕就任，吕不韦大喜过望，对甘罗刮目相看，备加礼遇。

在张唐临行之前，甘罗又对吕氏说："张唐是听信我的话，不得已而往燕国，可是，他内心仍然怕赵国对他不利，请给臣车马五乘，为张唐先行报知赵国。"

吕不韦已经知道甘罗的才智过人，毫不迟疑地入宫禀奏秦王说："有甘茂孙儿甘罗，虽是年少，然而，出身名家子孙，很有机智和辩才。张唐托病，不肯相燕，臣虽亲自劝说无效，甘罗自请前往，一说即行。现在，他为了去除张唐惧赵对他报复的疑虑，复请先报赵王，请大王任命他前往。"

秦王遂即宣召甘罗上朝晋见，看他虽然身高不满五尺，眉目却是清秀如画，气宇轩昂，神情中流露出一股超凡脱俗的逸气！而且，进退从容不迫，临威毫无惧色，秦王心里不仅喜欢，而且暗暗称奇，遂问甘罗说："寡人派你前去赵国，你见了赵王，如何措词？"

甘罗回奏说："观察对方的喜惧，临时相机而进；语言如水波兴起，须随风而转，不可以预定。"

秦王一听，觉得甘罗谈吐果然不凡，于是，给他上好的车马十乘，外加仆从百人,浩浩荡荡地出使赵国去了。

赵国的国君悼襄王,已经接到燕、秦通好的消息,正在害怕他们两国合计对赵国不利,忽然有人禀报秦国有使臣来到,心中暗喜,遂亲自出城 20 里,迎接甘罗。

当赵王发现秦国使臣,居然是一位乳臭未干的小孩子,不由大为惊讶。他突然从甘罗的姓氏联想到一个秦国的名人,于是,便问甘罗:“早年为秦国通三川之路的甘茂,不知是先生的什么人?”

甘罗说:“是臣的祖父。”

赵王又问:“先生多大年纪?”

甘罗答:“12 岁!”

赵王忍不住进一步再问:“秦国朝廷,年长的大臣不够差遣吗?怎么会派先生来呢?”

甘罗对赵王察言观色之余,又从他的话里觉出对方有轻视之意,遂回答说:“秦王用人,因事情大小而定!年长者任以大事,年幼者任以小事,臣年最幼,所以奉派出使赵国。”

赵王又发觉眼前这位少年使者,词锋犀利,态度坦荡,心下又是一惊,不敢再有轻侮之意,于是,问道:“先生远临敝国,有什么赐教?”

甘罗反问:“大王听说燕国的太子丹,到秦国做人质的事了吗?”

“听说过了。”赵王说。

“大王也听说秦国张唐,即将赴燕国为相吗?”

“也听说了。”

甘罗问过这句话之后,接着单刀直入地解释:“燕国太子人质于秦国,是表示燕国不欺骗秦;张唐人燕国为相,是秦国表示不失信于燕国。燕国和秦国团结修好,互不相欺,你们赵国就危险了!”

甘罗先是旁敲侧击,最后一语中的,说到了赵王最担心的事。赵王强耐住心下的惶恐,试探着问:“秦国之所以结好燕国,有什么意图?”

其实,赵王是明知故问,只不过要从甘罗口中证实一下而已。甘罗也就毫不客气地坦率说明:“秦国与燕国修好,是企图联手攻打你们赵国,扩张领土,占领河间之地。”

甘罗的话,像是一拳捣中了赵王的要害,使他半晌没答话。甘罗见状干脆来个乘胜追击,开门见山地说:“依臣愚见,不如大王割让河间五城,献给秦国,臣愿向寡君奏请,中止张唐之行,断绝与燕国的友好关系,转与赵国修好。到时候,以强赵攻弱燕,而秦国不加干涉,你赵国所得到的,岂止是五城而已?”

甘罗来了这么一个急转弯,把压在赵王心头上千斤重的大石头,一下子解脱掉了,赵王于是连声说:“好!好!一切唯先生之命是听。”

赵王同时赠给甘罗千两黄金,白璧二双,把河间五城的地图也交给他,请他还报秦王。

甘罗此行,仅凭一张嘴巴,三言两语,赚得了赵国五座城池,风风光光,回归秦国,秦王得悉之后,高兴万分地说:“寡人梦寐以求的赵国河间之地,居然兵不血刃,从一个小孩子手上得到,你的智慧,比你的人大得多了!”

秦王同时采纳甘罗的建议,命令张唐不必前往燕国。

张唐得到通知,也如释重负,对甘罗心存感激。

赵国知道秦国中止张唐赴燕为相的消息之后,明白甘罗的诺言已经生效,遂派庞煖、李牧两位大将,合兵攻打燕国,一路势如破竹,连取上谷30城,留下19城归赵,另将11城,拱手奉赠秦国。

秦国之所以能够坐收渔人之利,未伤一兵一卒就得到梦寐以求的16座城池,可以说完全就是甘罗一个人的口舌功劳。秦王为了表彰甘罗的功劳,就封甘罗为上卿。

甘罗能够获得这样大的功劳,在于他善于揣测他人的心意。出使赵国后,面对赵王,他能够揣测赵王的心意,用恫吓的语言刺激赵王,让赵王产生惧怕的心理,最终被迫采纳甘罗的意见,献出城池。这正是“摩术”的奇妙之处啊!

2. 马陵道万弩射庞涓

孙膑与庞涓的故事大家都已经熟知。他们由朋友变为死敌原因在于庞涓以“间谍”的罪名陷害孙膑,并将孙膑的双腿膝盖骨剜掉,让孙膑成了残废。所以孙膑为了报这血海深仇,在马陵道这场战斗中,彻底消灭了庞涓。这既是手足之情的一次争斗,同时也是一次正义与邪恶的战斗。

周显王二十七年(前342年),齐魏战争爆发了。齐威王任命田忌为主将,孙膑为军师。魏惠王任命太子申为上将军,庞涓为大将。两支军队就在马陵一带展开了激烈的、你死我活的争斗,在这次的战斗中,双方更加注重军事谋略上的较量。

此时,齐军早已进入魏国,并且向纵深地带推进,魏军则尾随而至。一场鏖战就拉开了序幕。孙膑对此战事是成竹在胸,指挥若定。他早就知晓魏军作战特点,那就是强悍善战、骄傲轻敌、急于求胜。于是,孙膑就决定采取“减灶”的计谋来诱敌深入、设伏聚歼来敌的作战方案。

于是,当齐军与魏军刚一接触,就立即佯败后撤,并按孙膑的部署,施展了减灶诱敌的计策。第一天造了10万人煮饭用的锅灶,第二天减为5万灶,第三天减为3万灶,还制造了齐军士兵在魏军的追击下,大批逃亡的假象。

庞涓果中此计,误认为齐军大败逃亡,并且伤亡惨重。于是,丢下步兵和辎重,只带一部分轻装骑兵,昼夜追赶。

孙膑根据预算,判断魏军将于黄昏进入马陵地带。马陵一带,道路狭窄,树木茂盛,地势险要,是打伏击战的绝好战场。

于是,孙膑选一万弓箭手埋伏在道路两旁,规定到夜里以火光为号,一齐放箭。并让人将路旁一棵大树的树皮剥掉,上写"庞涓死于此树之下"八个大字。

临近夜晚,庞涓率骑兵来到马陵道地区,完全进入了孙膑布下的埋伏圈。当庞涓走到大树前看不清大树上的字迹,于是让人点燃火把照明。"庞涓死于此树之下"这八个字还没有读完,齐军万箭齐发,以迅雷不及掩耳之势,打得魏军大败。

庞涓被万箭穿身,见大势已去,败局已定,自杀身亡。

这个战例在我国古代军事史上,是一个以弱胜强、以智取胜的典型战例。

在这次军事斗争中,孙膑之所以能够获得胜利,就在于他成功地运用了摩意、引诱、钓鱼、闭隐之术,摩对方之情,量自己之力,行谋略之术的方法,取得了马陵之战的最后胜利,创造了战争史上以少胜多的神话。

在这个战例中,孙膑是怎样一次又一次用摩意之术,把庞涓一步又一步地引诱到自己包围圈,将庞涓置于死地的呢?

第一个摩的动作是:佯败。摩一下,看看庞涓是否能上当,结果庞涓果然中计。

第二个摩的动作:第一天造了10万人的锅灶,有意让庞涓赶到时以此来推算孙膑的兵力。庞涓赶到一算,推测孙膑的部队有10万人,当然,当时孙膑的部队确实有10万人,而庞涓的部队当时有40万人,庞涓自然轻敌骄傲。这是以真相引发假象的计策。

第三个摩的动作:第二天造了5万人的锅灶,比第一天减少了一半。这让庞涓误认为孙膑的部队已死伤一半,只剩下5万人了。

第四个摩的动作：第三天造了 3 万人的锅灶，比上一天又减少了近一半，让庞涓误认为孙膑的部队只有 3 万人了。

第五个摩的动作：孙膑预料在黄昏时分，庞涓会赶到马陵道，又在树上割下一块树皮，写上八个字："庞涓死于此树之下。"孙膑又进一步地摩，引诱庞涓在黄昏之中点燃火把来到树下，然后万箭齐发。

庞涓果然一步一步按照孙膑的摩意之术，一步一步地上当，一步一步地走进伏击圈，最后自刎身亡。

在孙膑"减灶计"的启发之下，东汉的虞诩灵活地借用了鬼谷子的反应术，创造了自己的"增灶记"，在战斗中同样也取得了很好的效果。

话说虞诩接到武都太守的任命后，只带了少数护军前去赴任。羌人得知此消息，在陈仓（今陕西宝鸡东）、峭（xiáo）谷（今宝鸡西南）一带，准备截杀虞诩。

虞诩得知消息，知道寡不敌众，只好远远扎营，并扬言要到京师洛阳搬兵。羌兵得到这一消息，放松了警戒。虞诩乘机从小路穿过羌人防线。

这时羌人知道上当，便派兵追击。

虞诩日夜兼程，羌兵紧追不放。眼看就要被羌军追赶上来。虞诩情急之中，计上心来。想到了孙膑的"减灶诱敌之计"，于是实施反应之术。他告诉军兵：在做饭搭建灶台时，要增加一倍的数量，以示军兵增加的假象，以此类推，每天增加一倍，一连三天，灶台成几何数增加。

羌人追赶到灶台之处，推算虞诩的军兵越来越多，误以为皇家派来了援兵，吓得不敢再追，使得虞诩得以平安到任。

手下人问虞诩增灶的原因，虞诩说："当年孙膑减灶诱敌，是示弱；我反用其计，增灶吓敌，是示强。反其道而用之。"

从上面的事例中，我们可以看到，只要认真学习鬼谷子的谋略之道，认真体会，就会在实际的行动中演变出千万般变化的智慧来。

3. 隐真示假，故作糊涂

天有不测风云，人有旦夕祸福。很多事情都是难以预料的，要处理好这类事情，必须学会以不变应万变，在隐真示假、故作糊涂中保全自己，奠定胜基。这也是鬼谷子"摩篇"策略的重要精髓之一。

曹操击败吕布，夺取了徐州。刘备因自己势单力薄，只好隐藏下自己大展鸿图的夙愿，暂时依附于曹操。曹操原本对刘备不放心，消灭吕布后，让车胄镇守徐州，把刘、关、张一同带回许都。既然归顺于他，曹操带刘备进见献帝。论起辈分，刘备还是献帝的叔叔，所以后来人家叫他"刘皇叔"。

刘备原来就是豫州牧，这次曹操推荐他当上了左将军。曹操为了拉拢刘备，对他厚礼相待，出门时同车而行，在府中同席而坐。一般人受到如此的礼遇，应该高兴，刘备却恰恰相反。曹操越看重他，他越害怕，怕曹操知道自己胸怀大志而容不下他，更怕"衣带诏事件"东窗事发。

原来，献帝想摆脱曹操的控制，写了一道讨灭曹操的诏书，让董承的女儿董贵人缝在一条衣带中，连一件锦袍一起赐给董承。董承得到这"衣带诏"，就联合了吴子兰、王子服和刘备结成灭曹的联盟。因此事关重大，一点儿风也不能透漏。

于是，刘备装起糊涂，在后花园种起菜来，连关羽、张飞都摸不透大哥为什么就活得这么窝囊。一天，刘备正在后花园浇水种菜，许褚、张辽未经通报就闯进后花园，说曹操有请，马上就去。

当时关羽、张飞正对刘备悠闲自得的行为不满，一块儿出城练习射箭去了。刘备只得孤身一人去见曹操，刘备心中忐忑不安：难道董承之谋露了馅！因为心里有鬼，所以越发紧张。曹操见了他，劈头就是一句："你在家里干的好事呀！"

刘备觉得脸上的肉都僵了，两条腿直发抖，吓得一时说不出话来。幸好曹操长叹了一口气后，又冒出一句："种菜也不是一件容易的事呀！"

刘备这才知道曹操说的"好事"不是指谋反，提到嗓子眼的一颗心暂时落了下来。

曹操拉着刘备的手，一直走到后花园。曹操指着园中尚未成熟的青梅果子，对刘备讲起前不久征讨张绣时发生的"望梅止渴"的故事来："征途中酷暑难忍，将士们口干舌燥，我就用马鞭指着前方一片树林'梅果青青'，不觉人人牙酸流涎，嗓子一时竟不渴了。今天，我看到这后花园的青梅，不由得想起旧事，特地请您来赏梅饮酒。"

刘备此时仍是惊魂未定，虽是心不在焉，却还是故作认真地听着。六月的天，孩儿的脸，说变就变。刚才还是晴朗的天空，现在却是黑云片片，急风吹得梅树刷刷直响。常言"风是雨的头"。曹操忙拉上刘备躲到小亭子里。刘备这才发现，亭中已经备好一盘青果，一壶刚刚煮好的酒，知道是曹操早有准备。

二人对面坐下，开怀畅饮，天南地北闲聊起来。曹操为什么单单要请刘备来喝酒呢？原来他也是趁酒后话多的时候，想探测刘备的真心，看他是不是也像自己一样，不甘人下，有称王称霸的雄心。

当酒喝得正来劲的时候，曹操便发话了："玄德，您久历四方，见多识广，请问，谁称得上是当今的英雄？"

刘备没有提防曹操突然谈到这个话题，一时不知道他葫芦里卖的什么药，只好搪塞道："我哪配谈论英雄呢？"可是曹操决意要他说个究竟。刘备心里已对曹操的用意猜出八九分，于是他开始装糊涂了，略一思索说："淮南的袁术，已经称帝，可以算作英雄吧！"

曹操一笑说："他呀，不过是坟中的枯骨，我这就要消灭他！"

刘备又说："河北的袁绍，出身高贵，门生故吏满天下，现在盘踞四个州，谋士多，武将勇，可以算作英雄吧！"

曹操又笑了笑说:“袁绍外表很厉害,胆子却很小;虽然善于谋划,关键时刻却犹豫不决。这种干大事怕危险,见小利不要命的人,可算不得英雄。”

刘备又说:“刘表坐镇荆州,被列为‘八俊’之首,可以算作英雄吧!”

曹操不屑地说:“刘表徒有虚名而已,也不能算英雄!”

刘备接着说:“孙策血气方刚,已经成为江东的领袖,是英雄吧!”

曹操摇摇头说:“孙策是凭借他父亲孙坚的名望,算不得英雄。”

刘备又说:“那益州的刘璋能算英雄吗?”

曹操摆摆手说:“刘璋只仗着自己是汉家宗室,不过是个看家狗罢了,怎么配称英雄呢?”

刘备见这些割据一方的大军阀都不被曹操放在眼里,只得说:“那么像汉中的张鲁、西凉的韩遂、马腾这些人呢?”

曹操一听刘备说出的尽是一些二流的名字,禁不住拍手大笑说:“这些碌碌的小辈,何足挂齿呀!”

刘备听得摇摇头说:“除了这些人,刘备我孤陋寡闻,可实在不知道还有谁配称英雄了。”曹操停住笑声,盯着刘备说:“英雄,就是要胸怀大志,腹有良谋。所谓大志,志在吞吐天地;所谓良谋,谋能包藏宇宙。”说罢,他仔细观察刘备的反应。

一听这话,刘备不由得心中一震,吓得手一松,筷子掉到了地下。此时,恰巧闪电一亮,牵出一串震耳欲聋的霹雳,轰隆隆炸得天都要裂了。刘备弯腰拾起筷子,缓缓地说:“天威真厉害,这响雷几乎把我吓坏了!”

曹操通过对世之英雄的一番议论,观察到刘备闻雷时丢掉筷子的情景,还真以为刘备不但是个目光不够远大之人,而且是个让惊雷震掉了筷子的胆小鬼,禁不住哈哈大笑起来。

刘备佯装不知,故意问道:“那谁能称得上呢?”曹操指指刘备,又点点自己,神秘地说:“现在称得起英雄的,只有你和我呀!”

自此,曹操对刘备的戒备也就松懈了许多,最终使得刘备寻得脱身到徐州的机会。刘备正是一味装呆作痴,隐真示假,以不变应万变,给曹操一种自甘平庸的感觉,使自己的利益、性命在巧妙的应变中得到保存。

在战争的实践中,有一条重要的原则就是要注意隐藏自己的实力,故意让对手轻视自己,从而达到麻痹对手的目的。敌人大意时,所有的弱点都会暴露无遗,这时再加以准确的打击,就可一举击溃对方。

同样在现代商业活动中,古人们的这些战术,也被今人所运用,而且也获得了不俗的成绩。

美国的一家食品店雇佣了一个 15 岁的年轻人。有一天,老板叫他把 20 篓在冰冻厂受损的香蕉卖出去。这些香蕉只是外面的皮太熟了,黑糊糊的,颜色不好看,但质量绝对没有问题。当时,市场上完好的香蕉价格是每磅 7—8 美分,老板让他每磅卖 5 美分,还嘱咐他说如果实在没人买,就随便甩卖算了。年轻人没有按照老板的吩咐去做,而是在成堆的香蕉面前叫卖道:“阿根廷香蕉,快来买啊!”因为名字很新奇,所以吸引了很多人前来围观。年轻人向着人群解释说:“这些阿根廷香蕉是第一次销到美国,由于是试销,所以低价出售,每磅只要 10 美分。”围观者听了年轻人的话,都想买阿根廷香蕉尝尝。不到一个上午,这些香蕉就被抢光了。就这样,受损香蕉卖出的价格反而比新鲜完好的香蕉还要高。

这个年轻人不是别人,他就是后来成为食品大王的亿万富翁普洛奇。普洛奇卖“阿根廷香蕉”,是其经营天才的牛刀小试而已。他没有按照老板的常规想法去做,而是一反常理,利用人们追求新奇的心理,高声叫卖“阿根廷香蕉”,抬高价钱反而销售一空。通过巧妙伪装和隐藏自己,化不利为有利,不仅解决了难题,而且还赚取了意外的利润。

石油大王洛克菲勒曾经给他儿子写过很多信。信的内容大多是告诉儿子做人的道理以及为人处世的方法。其中有一封信是说“故作糊涂也是一门学问。”这句话说得甚好,与我们平时说的“难得糊涂”是同样的道理。故作糊涂其实就是说当装傻时要会装傻,如果锋芒太露往往会适得其反。装傻需要很大的勇气和毅力,装傻有时还需一时的自取其辱。如此涵养与忍耐是一般人是很难做到的。

在政治风云中,有时当危险降临到自己头上时,要学会装傻充呆,以达到逃避危难、保全自身的目的。

虽然“装傻”是很辛苦和不容易的,但是到了危及生命的时候,还是一种很有效的生存技巧。

装傻表面虽傻,但内心却是非常清醒的。这算是一种高招,因为它能够更好

地保全你自己。正是所谓的“大智若愚”!

的确,装傻是一门艺术,更是一种境界,也就是说,装傻其实是聪明人的所作所为。在面对不利形势的时候怎么办?是硬碰硬?还是装疯卖傻,给人以碌碌无为的印象?当然,为了保存自己,必要的时候我们就要暂时隐藏自己的才能,掩盖自己的真实目的,打消对手的顾虑,等待时机的到来,实现自己的理想。装傻,在政治上就是韬晦之计。兵法云:“明修栈道,暗度陈仓”也是这个道理,同样是为了引开敌人的注意力,而暗地为自己开方便之门。人在明处,我在暗处,说起来简单,做起来其实很难。因为只有具有大智慧、大定力的人才能做到符合鬼谷子所说的“成其事而无患”的要求。

4. 真人不露相

张良是汉高祖刘邦创业时的第一谋士,他有着超人的智慧,且屡献奇谋,为刘邦打下江山立下汗马功劳。汉六年(前 201 年),刘邦大封功臣,刘邦评价张良是“运筹帷幄,决胜千里之外”,因此决定让他自选齐地三万户,作为封邑。张良坚辞不受,最后被封为留侯。

张良的谦逊,很多人颇为不解。刘邦的另一位谋士陈平就对张良说:“先生功高盖世,荣宠受之无愧,又何必拒绝呢?我们追随皇上,出生入死,今有幸得偿所愿,先生不该轻言舍弃。”

陈平见张良一笑不答,又说:“先生足智多谋,非常人所能测度,莫非先生别有筹划?”

张良敛笑正容,道:“我家几世辅佐韩国,秦灭韩时,我幸存其身,得报大仇,我愿足矣。我凭三寸不烂之舌,作了帝王的辅佐,贵为列侯,我还有什么悔憾呢?我只求追随仙人遨游四方了。”

张良从此闭门不出,在家潜心修炼神仙之术。跟随张良多年的心腹家人一次忍不住问张良说:“富贵荣华,这是人人都不愿放弃的,大人何以功成之时,一概不求呢?大人也曾是义气中人,这销声匿迹,岂不太可惜了吗?请大人三思。”

张良随口一叹说:“正因如此,我才有如此抉择啊。”

张良的心腹家人闻言一怔,茫然不语,张良低声说:“我年轻时,散尽家财,行刺秦王,追随沛公,唯恐义不倾尽,智有所穷,方有今日的虚名,时下大局已定,天下太平,谋略当是无用之物了,我还能彰显其能吗?智有其废,进退应时,方为智者啊。”

张良和外人从不袒露心声,好友探望他,他从不议论时事。一次,群臣因刘邦要废掉太子刘盈之事找他相商,他枯坐良久,最后只轻声说:“皇上有此意愿,定有其道理,做臣子的怎么能够妄加评议呢?我对太子素来敬重,只恨我人微言轻,却不能帮太子进言了。”

群臣苦劝,张良只是婉拒。群臣悻悻而去,张良心腹家人对张良说:“大人一口回绝,群臣皆有怨色,再说废立太子乃天大之事,大人怎忍置身事外,不闻不问呢?”

张良怅怅道:“皇上性情,我是深知啊。此事千头万绪,关系甚大,纵是我有心插手,只怕也会惹来一身的麻烦。群臣怪我事小,皇上忌怪于我事大,我又能怎么样呢?”

吕后派吕泽去强求张良,软硬兼施之下,张良无奈给他出了主意,让吕后请出商山四皓辅佐太子。刘邦一直崇敬这四个人,待见他们出山相助太子,刘邦大惊之下,自知太子羽翼已成,遂不得不放弃了废太子的念头。

吕后派人向张良致谢,张良却回绝说:“这都是皇后的高见,与我何干呢?请转奏皇后,此事切勿再议了。”

吕后听罢使者回报,感叹良久,她对自己的妹妹说:“张良不居功是小,弃智绝俗才是大啊。我先前只知他智谋超群,今日才知他是深不可测,非我等可以窥伺的了。”

刘邦死后,吕后专权。张良对世事的变故一概不问,求见他的大臣他也一律不见。吕后见他潜心研学道家养生之术,便不以他为患,反而对他愈生钦敬,她派人对张良说:“人的一生,十分短暂,应该及时享乐。听闻你为炼仙术,竟致绝食,何须如此?切不要自寻烦恼了。”

在吕后的一再催促下,张良这才勉强用饭。吕后对其他的大臣或杀或贬,却独对张良关爱有加。汉惠王六年(前189年),张良病逝。

“真人不露相,露相非真人”,俗话说得好呀!在某些时候,刻意隐藏自己的才能是智者的经常选择。这样做有时是智者自己对智慧的独特认识,但更多的时候是他们怕被自己的智慧所害。在封建君主时代,一个人的才能越大,如果他不能够被君王所用,那这个人就身处险境了。即使是卖身投靠君王,也不一定不会被君王所猜忌,害怕成为他们的潜在的对手。因此,明哲保身就成为了智者首要头等大事,如果做不到这一点,还不知道处处收敛自己的才能的人,他们的结局是注定会很悲惨的。

5. 善摩者如操钓而临深渊,饵而投之必得鱼

《鬼谷子》云:“古之善摩者,如操钓而临深渊,饵而投之,必得鱼焉。故曰:主事日成而人不知,主兵日胜而人不畏也。”这句话的意思是,古代那些善于运用“摩”术的人,就如同拿着钩子在水边钓鱼那样。只要投下了鱼饵,就会把鱼钓上来。

在现代的商业活动中,许多精明的商人也经常使用这种“摩”术。如何在商业活动中获取更大的利益,或者说如何让自己的产品受到消费者的青睐,这需要周密的谋划。因为做事情最重要的就是讲究做事的方法。所谓做事的方法,也就是做事的策略。只有正确的策略才能保证事情的更快更有效地完成。这正如钓鱼,只有投下鱼儿喜欢吃的诱饵,鱼儿才会上钩。美国加利福尼亚州萨克门多

有一个叫艾毕尔的青年,想了一个绝妙的赚钱方法,叫做“小饵钓大鱼”法,其实,也就是一种家庭用品通信销售。他是怎么做的呢?首先,他在一流的妇女杂志刊载他的“1 美元商品”广告,这些产品的厂商都是有名的大厂商,出售的产品皆是实用的,其中大约 20% 的商品进货价格超出 1 美元,60% 的进货价格刚好是 1 美元。所以广告一刊登出来,订购单就像雪片般飞来。

他并没什么资金,这种方法也不需要资金,客户汇款来,用收来的钱去买货就行了。

当然汇款越多,他的亏损便越多,但他并不是一个傻瓜,寄商品给顾客时,再附带寄去 20 种 3 美元以上 100 美元以下的商品目录和商品图解说明,再附一张空白汇款单。

这样虽然卖 1 美元商品有些亏损,但是他是以小金额的商品亏损买大量顾客的“安心感”和“信用”,顾客就不会怀着戒惧的心理向他买价格较高的东西了。价格较高的商品不仅可以弥补 1 元商品的亏损,而且可以获取很大利润。

就这样,他的生意就像滚雪球一样越做越大,一年之后,他干脆建立一家 AB 通信销售公司。三年后,他雇用的员工达 50 多人,1974 年的销售额达到了 5 000 万美元,相当于现在将近 4 亿元人民币的年销售额。

他的这种小饵钓大鱼的办法,有着惊人的效力。这位先生起初一无所有,可是凭着做吃小亏赚大钱的生意,不出几年,就逐渐建立起他的 AB 通信销售公司。当时他不过是一个 29 岁的小伙子而已。

香饵垂钓,必有大鱼上钩。做生意的诀窍许多人懂,但不少人都始终舍不得饵料的成本。艾毕尔却与众不同,他不仅精通垂钓的理论,而且敢于实践。因此,这个二十几岁的小伙子发财自是理所当然的事了。又如,美国有一家公司专门经销煤油及煤油炉。创立伊始,大肆刊登广告,极力宣扬煤油炉的诸多好处,但收获甚微,其产品几乎无人问津,货物大量积压,公司濒临绝境。有一天,老板突然灵机一动,召集手下职员,让他们登门向住户无偿赠送煤油炉。职员们大惑不解,还以为老板愁疯了呢,看着老板那诡秘的神情,只得依令而行。

住户们得到无偿赠送的煤油炉,真是大喜过望,岂有拒收之理?一个个竞相给公司打电话,索要煤油炉。不久,公司的煤油炉就赠送一空。

当时炉具还没有现代化,什么煤气、电饭锅、微波炉都没有,人们生火做饭只能用木柴和煤。这时,煤油炉的优越性明显地显现出来了,家庭主妇们简直一天也离不开它。很快她们便发现煤油烧完了,这回只能自己到市场上去买,公司可一毛不拔了。当时煤油价格并不低,但已离不开煤油炉的人们也只得掏腰包了。再后来,煤炉也渐渐用旧了,于是只好买新的。如此循环往复,这家公司的煤油和煤油炉便畅销不衰。

这家公司在推销新产品中,采用香饵钓鱼的谋略,先抛出几个诱饵,以引起人们的广泛注意,然后再开始"言归正传"。至于先前付出的那笔代价,自然是羊毛出在羊身上,就是真的白白送掉,也只是相当于一小笔广告费而已,而其促销效果远比那些干巴巴的广告好得多。

要想在激烈的市场竞争中占得先机,占据更多的市场份额,作为管理者就必须学会谋划。做事前谋划与不谋划,其效果肯定是不同的。

善于谋划的企业,总是在适当地时候抛下诱饵,让消费者不期而遇。要做到这一点,就必须仔细分析消费者的心理,真正以消费者为中心,发现他们的需求,满足他们的需求,有的放矢地抛下诱饵,这样,自然会受到事半功倍的效果。

"世界红茶大王"——英国的里甫顿,以高明的营销才能而誉满天下。

有个冬季,一位乳酪制造商请里甫顿替他在圣诞节前的商品特卖期销售乳酪。思考了一阵后,里甫顿定下了"投李索桃"的策略,准备以50:1的比率在乳酪里装入一块金币。此前,他用气球在空中广发传单,大肆宣传:接着在蜂拥而至的人群面前当众装入金币。这50:1的金币使整个苏格兰沸腾了。因为在欧美曾流行这样一种说法:谁若在圣诞节前后所吃的糖果中吃到了一枚六便士的金币,他将大吉终年,万事如意。当地的报纸对于这样一个奇特的消息自然大登特评,甚至有的剧团也以此为题进行表演。于是里甫顿得到一大批免费宣传员。

在金币的诱惑下,等到了销售日,凡是卖里甫顿乳酪的商店门前,都是人山人海,挤满了争购的人群。成千上万的消费者涌进该店购买乳酪,使其乳酪销售量剧增,令里甫顿的同行们嫉妒不已。于是就有人偷偷到苏格兰当局告发里甫顿,说他经营做法有赌博嫌疑,当局派警察干涉,新闻机构马上跟踪全方位报道。而里甫顿仍然我行我素,仍是大力销售其乳酪,并根据当局干涉的内容,发布这样有针对性的广告:亲爱的顾客,感谢大家喜爱里甫顿乳酪,但如发现乳酪中有金币,请您将金币送回,谢谢合作。消费者不但没有退还金币,反而更在乳酪含金币的声浪中踊跃购买,而苏格兰当局的警察认为店主已有悔改之意,即已着手收回金币,便不再加以干涉。

一招不灵,那些同行们并不灰心,发而促使他们采取进一步的行动,他们联合起来,以食用不安全为理由要求警方取缔里甫顿的危险行为。在警方的再度调查下,里甫顿又在报刊上登一大页广告:根据警方的命令,敬请各位食用者在食用里甫顿乳酪时,一定要注意里面有个金币,不要匆忙,应十分谨慎小心,以免误吞金币造成危险。

这则表面上是应付警察和同行们的说明,而实际上又是一则更生动具体的广告,无形中又掀起了一次购买里甫顿乳酪的热潮。

据经营专家们推测,里甫顿的气球广告,当局的警察的干涉,同行的抗议,以及后两次广告说明,都是里甫顿在炒事。他炒得一波三折,富有戏剧性,堪称炒事之典范。

鬼谷子云:操钩而临深渊,饵而投之,必得鱼焉。里甫顿深得这句话的精髓。钓鱼时要投入香饵,这个简单的道理在他的手里被运用得无与伦比。里甫顿利用金币作为诱饵引诱顾客上钩,致使乳酪的销量激增。虽然牺牲了一点金币,却钓回了“日进斗金”的“大鱼”。真是“钓者露饵而藏钩,故鱼不见钩而可得”。再加上同行的推波助澜,警察的积极干预,媒体的全方位报道,都渲染了这种效果。里甫顿阳奉阴违,游刃有余地进行大肆炒作,终使其推销的奶酪声名鹊起。无饵者门可罗雀,有饵者门庭若市,有无诱饵给销售带来的是天壤之别的差异。

如今,我们可以在各种广告中经常看到“香饵钓鱼”。喝酒可以喝到金球,吃蜜饯可以吃到港币，一杯可乐可以使万元钞票唾手可得。其实，这些手段就是抛下诱饵，等待鱼儿来上钩。在适当的时候，适当地使用这种手段，就可以做到“主事日成而人不知，主兵日胜而人不畏也”。

6. 淡化荣辱，胸襟阔大

真正参透“摩”的精髓是很困难的，特别是面对巨大利益诱惑的时候，能够熟练运用“摩”术使自己脱离险境则更加困难了。宋朝时的赵德昭就能够做到这一点。

宋太平兴国四年（979年初），宋太宗御驾亲征北汉，北汉国主刘继元走投无路，只好投降。面对这巨大的胜利，宋太宗心花怒放，难以自持，他不顾兵疲财乏的现状，主张乘胜伐辽，收回被辽占据的燕云十六州。

宋朝大将潘美反对此议，他对宋太宗恳切地说：“我军大胜，此刻也不能志得意满，轻敌冒进。眼下尚需稳定形势，巩固胜果，士卒也需休整。”

宋太宗不待出语，总侍卫崔翰却越众而出，大声说：“此乃天赐良机，岂可轻轻放弃呢？陛下进兵之举甚合民心，必群起响应，我军又是得胜之师，其势难挡，当无坚不摧，伐辽必有胜算。”

宋太宗本求胜心切，今听崔翰一语，更不再犹豫了，宋军遂大举北进。快到高梁河时，宋军遭到辽军的伏击，损失惨重，宋太宗也不知去向。

当时，宋太祖赵匡胤的长子、武功郡王赵德昭也随宋太宗亲征，他手下的将领猜测宋太宗不是被杀，就是被俘，于是私下商议立赵德昭为帝。众将讨论过后，齐聚赵德昭的帐中，为首者当面劝赵德昭说：“皇上失踪，想必已然蒙难。如今军心不稳，大敌当前，大王如不当机立断，承继大统，恐怕变乱不止，恭请大王速即帝位，以此号召天下。”

赵德昭面对众将拥立，一时心动。他努力使自己镇静下来，没有轻言可否。

宋太祖赵匡胤去世时，他没有把皇位传给自己的儿子赵德昭，却遵循母亲的遗命,让弟弟赵匡义做了皇帝。这个事实曾让赵德昭心中郁闷,落落寡欢。赵德昭的一位亲信劝他不可这样,他出口说:“事已至此,大王纵有千般怨言,也无力回天了。大王现在的举动,皇上必是极为关注,皇上怎会容忍一个心怀不甘的臣子呢?再说,大王当不上皇帝也未必就是坏事,只要大王看透荣辱,顺天应命,也不会感到做个逍遥亲王有什么不快。”

赵德昭不乏聪明,他一下领悟了亲信的真义,不觉为自己先前的失当暗自叫险。自此,他天天纵歌饮酒,对宋太宗又是极其恭敬,宋太宗不怀疑他,君臣相安无事,相处得十分融洽。

今日面对此变,赵德昭虽口里无语,心里却是千肠百转。他思忖这件事关系甚大,万不可因贪求帝位而犯下致命之祸。他又想太宗虽然失踪,却终不能肯定他已蒙难,如果自己轻率即位,太宗又没死,太宗自是不能放过他,如此自己连性命都将不保。

赵德昭越想越怕,他先前的窃喜之情一扫而光。他决定以静制动,慎重行事,于是他故作生气地说:“皇上生死未明,大敌在侧,尔等不思报国杀敌,却在这里胡言乱语,动摇军心,这是忠臣所为吗?我身为皇上臣子,誓死效忠皇上,岂能受你们唆使,干下大逆不道之事?你们真是昏了头了!”

众将本想赵德昭定然接受,自己也可有拥立之功,飞黄腾达,等到赵德昭出言训斥,他们都瞠目结舌,不知如何应对。他们虽自称有罪,但心中怅然若失,面有不快之色。

赵德昭见之一凛,为了安抚众将,不令他们疏远自己,他又低声说:“你们的好意我心领了,可荣辱之事,岂可盲动?再说赵氏江山谁做皇帝都是一样,我岂能趁皇上危难而行其私呢?倘若皇上真的遭遇不幸,为了宋室江山,我还是不会令各位失望的。”

众将气消，皆服其义。第二天早上，宋太宗被杨业父子救回，安然无恙，众将又深深佩服赵德昭的慎重之举了。

真正掌握“摩”的精髓的人遇事时绝对不会慌张或者做出不利于自己的举动的。这是因为如果一个人能够做到宠辱不惊的话，就要有宽广的胸襟和超人的智慧。也只有这样，他们不会被荣辱所左右，行为才不会失常失态，遇事时总会做出正确的判断。其实，荣辱是暂时的，也是相对的。如果一味地追求荣辱，人的心绪就不会平静下来。面对突发事件的时候，难免能够冷静从事了，其结果就会出现错误和偏差，就会给自己带来灾难深重的后果。因此，从思想上淡化荣辱观念，是“摩”的精髓，这样可以让我们抛弃功利主义，真正领略人生的自由境界。

7. 以不变应万变

鬼谷子的“摩”术中说到：如果不断地用言语和行动去试探和刺激对方，那么，对方的真情实意就会暴露无遗。这时，你就要表现出不以为然的样子，隐藏自己真实想法和行为，这样就不会被对方察觉。做到这一点，你就会成大事，而不会留下祸患。

古代君子都十分讲究喜怒不形于色：白居易就能够做到“脸上除去了忧喜色”；南北朝时期，东晋丞相谢安在自己的八万人马对阵前秦的百万大军能够做到面不改色，镇定自若，被后人传为佳话。

在成功处理东晋国内的不安定因素之后，谢安又把注意力转向对付来自北方的威胁。当时，前秦在苻坚的治理下日益强盛，经常骚扰晋土。面对强大的先秦，将领指挥不利，东晋军队在与前秦的交战中屡遭败绩。谢安派自己的弟弟谢石、侄子谢玄率军征讨，从此开始扭转战局，不断取得胜利。谢安又命谢玄训练出战斗力很强的北府兵，为抗击前秦做好了准备。

太元八年(383年),前秦苻坚亲自率领着号称百万的大军南下,驻扎在淮淝一带,志在吞灭东晋,统一天下。军情危急,朝野上下一片震恐,谢安受命与危难之中,被任命为了征讨大都督。万分火急情况之中的谢安依然是那样镇定自若,以征讨大都督的身份负责军事,并派了谢石、谢玄、谢琰和桓伊等人率兵八万前去抵御。桓冲担心建康的安危,派精锐三千前来协助保卫京师,被谢安拒绝了。

面对强大的敌军,谢玄心中忐忑,不知道究竟能不能战胜强大的前秦,不清楚应该用什么战略来对付前秦。谢玄临行前向谢安询问对策,谢安只是简单地回答了一句:"我已经安排好了。"便绝口不谈军事。

不久,谢安亲自驾车来到谢玄的别墅,并且邀请很多的亲朋好友。然后,谢安就把谢玄的别墅作为了赌注与谢玄下起了围棋。平时,谢安的棋艺是不如谢玄的棋艺,但是这一天,由于谢玄的心中总是忐忑不安,想着能不能胜利的击退前秦的大军,心神不宁的谢玄自然就输给了心神安宁的谢安。轻松的下围棋之后,谢安还很有兴致地在山野之间游玩,喜气洋洋,丝毫没有忧心忡忡的样子,仿佛一切早就已经在他的掌控之中了。游玩到深夜的谢安,回家后立即调兵遣将,奔赴前线抗击前秦大军。

当谢玄率领的晋军在淝水之战中,以少胜多,大败前秦的捷报送到时,谢安正在与客人下棋。他看完前线的捷报,便随手放在自己座位的旁边,脸上没有任何喜形于色的神情,不动声色地继续与客人下棋。客人憋不住问他前线有什么最新的消息,谢安这才淡淡地说:"没什么,孩子们已经打败敌人了。"直到下完了棋,客人告辞以后,谢安才抑制不住心头的喜悦,疾步走回内室,由于太兴奋了,门槛把木屐底上的屐齿碰断了,谢安都没有察觉。

淝水之战中,无论对于战前的状况不明、胜负难料,还是战后的捷报频传,谢安都能够做到气定神闲,淡定自如,喜怒不显于色。这不仅体现了谢安具有极高的修养,更可以看作是一种临敌策略。当情况瞬息万变的时候,如果谢安不能够做到喜怒不显于色,以静制动,以不变应万变,就会是军心瓦解,失败就在所难免了。

8. 吕夷简智胜小人

吕夷简，宋朝人。他曾经在刑部担任员外郎的职务。有一天，蜀地的官员上报说抓到了造反者李顺。众大臣听到这个消息后，都群起向皇上表示祝贺。可是，吕夷简在审理此案的过程中发现这个人并不是李顺。他想把这个事件的真相告诉皇上，可是其他的大臣们极力反对，就劝他说："皇上已知道李顺被擒，龙颜大悦，你不必太较真了，更不能扫皇上的兴啊。是真是假现在已不重要，反正叛乱已平，你不说就没人知道此事了。"

吕夷简当时不肯，他坚持说："这样的事绝不是无关轻重，做臣子的怎能这样欺骗皇上呢？"

他向皇上说明了此事，群臣都对他十分不满，忌恨在心。吕夷简的亲人看出了形势对他不利，于是规劝说："在朝为官不能得罪群臣，这是为官者必须做到的事。否则他们一块和你作对，你还有太平日子可过吗？你只知效忠，却不讲究方法，你会日益孤立的。"

自此吕夷简屡遭群臣弹劾，皇上虽没有听信谗言，吕夷简却不胜其苦。他渐渐变得圆滑、世故起来，为人办事也分外小心谨慎。

宋仁宗赵祯即位之后，吕夷简被提升为右谏议大夫。一次，玉清昭应宫发生火灾，太后放声痛哭，且说："先帝修建此宫，乃是尊道奉天，今既全毁，我对不起先帝的遗旨，哪能心安呢？"

吕夷简揣测出太后有重修玉清昭应宫之意，他没有直言谏阻不可，却说："所谓灾异，乃警人之兆也。修建此宫，费用浩大不说，先帝费此的精力就十分耗神，如今天降火灾，莫非是上天告诫不可奢用民财吗？"

吕夷简旁敲侧击，太后也不好再提重修之事。

吕夷简当宰相后，一名叫刘涣的官员请求太后把权力交给皇上，太后大怒，把刘涣定罪为干预朝政，准备把他流放岭南。吕夷简得知此事，趁太后病重，秘密将他留下。他把一切都向皇上做了汇报，皇上赞许了他的忠心，又提拔刘涣当了正言。

有人就此文吕夷简说："万一皇上怪你擅自做主，不遵懿旨，你岂不是罪无可恕？"吕夷简长笑说："天下没有一个不想掌权的皇帝，我甘愿冒风险这样做，全是为了皇上，皇上怎么会怪我呢？做此事我有绝对把握，自然没有意外了。"

宋宝元三年(1040 年)，李元昊率西夏兵侵袭宋境。担任宋军监军之职的宦官黄德和临阵脱逃，导致宋军大败。朝中大臣上书请斩黄德和，殿中侍御史文彦博审理此案，查实之后，便上奏皇上把黄德和腰斩处死。

群臣对宦官担任监军早有不满，趁此机会，他们便一致请求仁宗废止此弊，他们理直气壮地说："军队大事，关及国家安危，宦官无知无能，自不能将此重任托付给他们了。黄德和之案已证实了这一点，陛下如不及时调整，痛下决心，大祸日后更深。"

仁宗见群臣汹涌，便把身为宰相的吕夷简找来商议。吕夷简自知宦官势力不可得罪，又怕群臣怨怪，他思量之下，说道："陛下不必将宦官全部罢免，黄德和只是个别现象罢了，只要选取忠厚有识之人，当不会误事。"

仁宗让他挑选人员，吕夷简马上回绝说："臣不了解宦官的情况，再说，臣身为宰相，也不该和宦官有私人交往。皇上若能下诏让主管宦官的都知、押班去挑选，必能称职。他们若是徇私舞弊，选用私人，陛下可将他们与失职监军同罪严惩。"

仁宗依吕夷简之意，下达了圣命。第二天，那些都知、押班竟都来叩求仁宗不要让宦官再担任监军了。不久,各军中的监军也纷纷请辞,此弊一日顿消。原来,黄德和被处死后,宦官已心有畏惧,吕夷简再提出让选派人员的都知、押班作保,如有人失职将他们一样惩治,他们就更加害怕了,因此他们才主动放弃。

《鬼谷子》告诉我们,在做什么事情之前都要有所谋划。在打仗的时候,料敌在先,制敌于未动之时,从来就是高明将领的常用手段。当然,在生活中,对付小人同样也可以用这样的方法。那些小人们虽然胆大包天,但是他们怕险畏难,十分计较自己的得失。我们只要揣摩出小人的意图,给他们设置障碍,制造麻烦,让他们患得患失,这样他们就会有所顾虑和惧怕,在行为上就会有所收敛的。如此方法既可以不费刀兵,又避免了不必要的损失,可谓是智胜小人的妙计。显然,实施这样的妙计需要对"摩"术进行深入地研究和掌握。

9. 洞察人心,善打心理战

你的言语怎样才能做到深入人心?你的行动怎样才能做到确保成功?答案是施行鬼谷子的"摩"术。在鬼谷子先生看来,要想达到这样的目标,就要做到"摩之以其欲"。

"摩之以其欲"的意思就是要体察人性。纵观古今,著名的政治家、军事家,绝大多数的人都具有深入体察人性的本领。

三国时期,曹操领军去讨伐张绣,天气热得出奇,骄阳似火,兵士普遍口渴难耐,行军的速度十分缓慢。曹操担心贻误战机,心里很是着急。于是,他叫来向导,悄悄问他:"这附近可有水源?"向导摇摇头说:"泉水在山谷的那一边,要绕道过去还有很远的路程。"曹操想了一下说,"不行,时间来不及。"他看了看前边的树林,脑筋一转,办法来了,他一夹马肚子,快速赶到队伍前面,用马鞭指着前方说:"士兵们,我知道前面有一大片梅林,那里的梅子又大又好吃,我们快点赶路,绕过这个山丘就到梅林了!"士兵们一听,仿佛已经将梅子吃到嘴里,精神大振,行军速度一下子快了许多。

在遭遇困境的时候,一个人的意志力和信念的强弱对战胜困难起到决定性的作用。在别人陷入困境时,我们应该深入体察人性,帮助他重塑信心,看到希望,这往往会起到巨大的鼓励作用。曹操用"酸梅林"鼓舞士气,成功地走出绝境,正是因为他具有深入体察人性的本领。

在古代的战争中,一个优秀的将帅除了要熟悉天文、地理、阵法外,还必须洞察人的心理,善打心理战。项羽的破釜沉舟与韩信的背水一战,都是利用人在危险境地中的求生本能而取胜的例子。春秋时期的"长勺之战",也是最早的心理战的经典战例,集中体现了《孙子兵法》中"避其锐气,击其惰归"的军事思想。

周庄王十三年(前 684 年)春,齐桓公任命鲍叔牙为大将,率军攻打鲁国。两军在长勺展开决战。齐军猛击战鼓,首先发动攻击。鲁庄公正欲击鼓出战,曹刿劝止说:"齐军士气正旺,不宜出战,只可坚守阵地。"齐军再次擂鼓挑战,鲁军仍是坚守不出。鲍叔牙以为鲁军胆怯了,于是第三次擂响战鼓。曹刿这才说:"现在可以出击了。"于是士气旺盛的鲁国军队发起反击,大败齐军。事后,鲁庄公问曹刿打败齐军的道理,

曹刿说:"夫战,勇气也。一鼓作气,再而衰,三而竭,彼竭我盛,故克之。"

在战争中要打败强敌,必须要避敌锐气,攻其虚弱。当敌人处于精神放松、意志疲惫的情形时,出其不意,攻其不备,往往能获得意想不到的效果,最终取得战争的胜利。

在商业竞争中,各个竞争对手之间也存在心理战问题。竞争的胜负除了取决于经济实力、竞争方法等因素以外,有时还取决于自身的心理素质和进行心理战能力。俗话说:"知人知面不知心。"与人打交道,只要摸透了对手的心理,达

到“知心”的地步,胜利也就离你不远了。

某市著名企业家王经理购得一块位置绝佳的宝地,准备建一个大商城。为了装修得豪华一些,他同本市某大理石加工厂的韩经理联系,准备购进一批大理石。韩经理是个有野心的人,在谈判时,他提出想入股王经理的企业,并将此作为销售大理石的交换条件。王经理没有同意,结果谈判不欢而散。王经理回去以后,为大理石一事发愁,因为韩经理厂生产的大理石确实物美价廉,其他厂无法比拟。正在这时,一家新成立的大理石加工厂找上门来,要以较低的价格卖给王经理大理石。王经理计上心来,他一边与这家新加工厂磋商,一边偷偷放出风去,故意让韩经理知道这件事。韩经理没料到王经理会和别的厂家交易,为了这笔买卖,只好立即答应一切条件,再也不提入股的事了。王经理在与韩经理的心理战中取得了胜利,买到了物美价廉的产品。

在生活中,如果我们能够做到善于体察人性,那么干什么事就会显得游刃有余,也就不会害怕遇到各种矛盾和纠纷。

某商业楼自出租后,房产主不断地接到房客的投诉。房客说,电梯上下速度太慢,等待时间太长,要求房主迅速更换电梯,否则他们将搬走。已经装修一新的楼房,如果再更换电梯,成本显然太高;如果不换,万一房子租不出去,更是损失惨重。房产主想出了一个好办法。几天后,房主并没有更换电梯,可有关电梯的投诉再也没有接到过,剩下的空房子也很快租出去了。为什么呢?原来,房主在每一层的电梯间外的墙上都安装了很大的穿衣镜,大家的注意力都集中到自己的仪表上,自然感觉不出电梯的上下速度是快还是慢了。

这种解决危机的方法虽然很消极,但也确实是一个高明之举。其高明之处,就在于做到了“摩之以其欲”。只要略施小技,就将大麻烦消除于无形之中。

10. 努尔哈赤的谋术

努尔哈赤,清王朝的缔造者。在他十五岁时,因为受到继母的虐待愤而离家出走,带着十岁的弟弟投奔外祖父王杲。

明万历二年(1574年),王杲与明兵发生了战争。明朝总兵李成梁率军攻破了王杲的城寨,努尔哈赤和弟弟也因此双双被俘。明军杀红了眼,努尔哈赤一见大事不好,为求保命,一向刚毅的他马上换了一副面孔,跪在李成梁马前,哀嚎着对他说:“王杲和朝廷作对,罪该万死。身为他的外孙,我为他感到耻辱。只恨我年纪太小,不能劝他归顺朝廷,只请大人饶我一命,日后为朝廷效力。”

他声泪俱下,又假意请求李成梁赐他一死,此情令李成梁心有不忍,于是赦其不死,把他们兄弟收在帐下,充作幼丁。

努尔哈赤逃过死劫,暗自庆幸,为了赢取李成梁的欢心和信任,他日夜服侍李成梁,虽苦亦无怨言,表现得十分尽力。征战之时,努尔哈赤冲锋在前,每有凶险必主动请战,几次战功让别人抢去,他也从不多言,暗自隐忍。他的弟弟向他诉苦说:“你我乃女真人,虽多有战功亦不受信任,这都是军中上下欺瞒的缘故。你不怨不怒,难道真的没有感触吗?”

努尔哈赤小声对他说:“困守在此,所求他日腾达,弟弟又何必在意今日之辱呢?你我若不知凶险,凡事认真计较,只怕性命难保了。”

李成梁见努尔哈赤勇猛讷言,不贪不争,渐渐信任他了,开始委以重任。他的弟弟安心下来,却不料努尔哈赤告诫他说:“大丈夫能屈能伸,岂能因李成梁的器重而改变志向?我们志不在此,你千万不要对明朝心存幻想。”

万历五年(1577年),努尔哈赤和弟弟商量离开军营,弟弟不舍地说:“我们忍辱多时,历经辛苦,方有今日。如今一日尽弃,前途渺然,这太可惜了,不如另做打算。”

努尔哈赤气愤地说:“贪图富贵,却不是我当初忍辱之初衷。机不可失,我们回到家乡,当有另一番伟业,岂能苟且在此?"

他说服了弟弟,偷偷离开李成梁。万历十一年(1583 年),努尔哈赤以父祖遗留的 13 副铠甲起兵。其时他的力量十分弱小,女真各部落都敌视他,有的还暗中勾结,对天盟誓要除掉他。

追随努尔哈赤的人十分气愤,鼓动他向仇视他的女真部落开战,努尔哈赤虽然愤恨,却开导他们说:"我们弱小无依,受人欺侮,若不能忍耐,只能授人口实,让自己加速灭亡。好在他们还没有公开挑战,我们正好故作不知,积蓄力量。"

努尔哈赤暗中招兵买马,敌视他的人怕他壮大,竟派刺客于夜里刺杀他。时刻警戒的努尔哈赤抓住了刺客,他的家人想把刺客一刀杀死,不料努尔哈赤却拦住了他们,反而对刺客说:"你是来偷牛的吧!"

刺客于是马上说:"我是偷牛的,你们不能杀我。"

家人当面戳穿刺客的谎言,努尔哈赤却仍佯做不知,为刺客辩解说:"我和他无冤无仇,他没有理由杀我。偷牛小事一桩,你可以走了。"

放走了刺客,努尔哈赤这才对家人说出了自己的真意,他说:"我们的敌人能派人杀我,必想和我一决死战。我若将他杀死,他们握有口实,一定会撕破脸皮,放胆来攻。现在我们人少兵弱,势难抵挡,一旦开战绝无胜算,如此忍下大辱,换来喘息之机,孰轻孰重呢?我是不想因小失大啊。"

人们常说,"小不忍则乱大谋"。人在处于困境的时候千万不要因为一点小事而坏了大事,在适当的时候要学会受屈辱。

屈辱是处于困境之人总会遇到的,如果不能忍受就会使自己的处境更加危险,使自己处于危机之中。无端的抱怨是解决不了问题的,只会招致更多的打击。做到忍辱负重不是一件容易的事。它要求当事人对现实和自身有清醒的认识。如果想到这关系到自己的生存,就会把一切问题看得开一些,就会变得豁达一些。在无助的情况下,调整自己的心态和行事准则,才能化解复杂的问题,这也是摩意术的重要内容之一。

11. 因势利导才能增强说服力

《鬼谷子》云：一个人要想设计谋略，最难做到的就是周到缜密；要想游说君主使君主听进去自己的劝说，最难的做到就是使其言听计从；一个人主持一项事务，最难做到的就是确保这件事的成功。这三个问题只有圣人才能解决。因此，游说之人要想人家对自己言听计从，必须把话说得合情合理，也只有合情合理别人才会听进去。

有一年楚国攻打吴国，吴国势单力薄，吴王派沮卫给楚军送一份厚礼，顺便了解一点军情。谁知沮卫给楚兵抓住了，把他绑得紧紧的，说要杀了他，拿来衅鼓（杀牲口，用血涂新鼓上的缝隙）。

面对死神，沮卫不慌不忙，面无惧色。楚将惊奇地问他："你出发前占卜过吗？"

"占卜过的。"

"吉凶如何？"楚将望着被五花大绑的沮卫，洋洋得意地问道。

"大吉。"沮卫的答案正和楚将问话的原意相反。

楚将高声大笑："如今就要杀掉你了，还有什么大吉啊！"

沮卫的答话仍和楚将想的完全相反："吴王派我来，目的就是要试探你们的态度。如果你们对我以礼相待，那么，吴国就会放松戒备；如果你们杀了我，还拿我的血衅鼓，吴国一定地百倍警惕。这对吴国不正是件天大的好事吗？"

"然而你自己完蛋啦，这怎么能说是大吉呢？"楚将追问道。

沮卫的第三次应答还是和问者意思相反的："我占卜是问国家前途，并非为我个人。如果杀了我就能保全整个国家，这怎么不是大吉呢？更何况人死了便没有知觉了，拿我来衅鼓对你们有何好处？要是人死了仍有灵魂，那么，我肯定要附在你们的鼓上，在战斗最激烈的时候显灵，让你们的战鼓发不出响声，使你们一败涂地！"

楚将听了束手无策，思考再三，总感到杀沮卫衅鼓已一无好处，只得长叹一声说："算了，放了他吧！"

沮卫以不软不硬的说话技巧保住了自己的性命。当然，我们也并不是非要到了危机关头才能够使用这一技巧。使用这一方法的技巧就是在对方毫无察觉的时候使用硬软相兼的技巧，把硬与软这两个方面渗透在你的娓娓劝导之中。

老李从河南出差到武汉，有位年轻同事正准备结婚，想买一台高档进口彩电，便托老李帮忙带回一台大屏幕彩电。

到武汉后，老李听说汉正街的货物美价廉，尤其是小孩子的衣服比商场便宜许多。便想先去逛逛汉正街，给小刘孙子买几件衣服，再到商场替同事看电视机。

到了汉正街，老李发现果然名不虚传。终于替小孙子选了几套衣服。付完钱老李正准备走，忽然发现钱包不翼而飞了。这下老李可着急了，包里有同事的几千元钱！明明刚才付款时才拿出来的，怎么可能一下子就不见了？刚才旁边也没什么人，只有卖衣服的姑娘和自己两人。老李思考，十有八九是卖衣服的姑娘随手把钱包塞进了衣服堆里。

老李问姑娘："小同志，看见我的钱包没有？"

姑娘一听，翻了脸："噢，你是说我拿了？那你去叫警察呀！"

老李一听，姑娘的口气不对，自己并没有说她拿了，只是询问一下，她这不是

"此地无银三百两"吗?

老李明白,自己只有一个人,一离开小摊,赃物转移,那就在没希望了。如果和她来"硬"的,只会把关系弄僵。于是,他决定来"软"的,他笑了笑说:"我也没说是你拿了,是不是忙中出错,混到衣服堆里去了。"这话很有分寸,给姑娘下台准备了台阶。

这时来人买东西,打断了说话。他摆出了"持久战"的架势,盯着货摊。姑娘显得有些心神不安。

等货摊又只剩他们俩时,他压低声音悄悄地说:"姑娘,我一下子照顾了你五六十元的生意,你怎么能这样对待我呢?我看你年纪轻轻的,在这个热闹街道摆摊,一个月收入几百上千,信誉要紧呐!"这话有恳求、有开导、还有暗示,说得姑娘低下了头,显然在进行思想斗争。

他继续道:"这钱是小青年托我带结婚用的东西。要是丢了,我一个工薪阶层,哪里赔得起呀!我这一大把年纪了,还出这种事,叫我怎么有脸回去见人啦!姑娘,你就替我仔细找找吧。"

姑娘终于经不住他的恳求,说:"我给你找找看。"

他说:"我知道你会帮助我的。"

果然,姑娘就坡下驴,翻了一阵子,在衣服堆里"找"出了钱包,羞答答地送给了他。上面这个案例中的老李可谓是阅历资深、经验丰富,他正是用了说话技巧才得以"全身"而退的。

12. 从别人忽略处谋划

鬼谷子在"摩篇"中曰:"独行之道。夫几者不晚,成而不拘,久而化成。"其意思就是说,要想能独往独来,就要注意事物的细微变化,把握好时机,如此一定能获得成功。

那么,从别人忽略处谋划,就是要求人们善于揣摩情形,作出合理的行动。

这就必然需要有独辟蹊径的智慧。

而今，当一种热门的事流行时，追逐、跟风的情况，恰如雨后春笋一般。其实，追逐、跟风，看起来是轻车熟路，便捷省事，但就谋事而言，由于是沿袭的翻版，也就绝对谈不上是高明的一笔。高明的谋划、精妙的手笔，往往能在别人不经意之中做出文章。在别人忽略之处，采撷到成功的硕果。即能从别人最绝望的地方起航，驶向别人忽略的地方。

华尔道夫旅馆的那些优雅的大房间里曾经住过许多皇族，当别人打电话过来找“国王”，华尔道夫的电话接线生一定要问“请问找哪一位国王”。但是这家旅馆却破产了，1942 年，华尔道夫的股票暴跌，希尔顿决定要买下华尔道夫。当他把这个决定向希尔顿董事会宣布的时候，有人惊叫起来：“你是不是病了！花钱去买这个赔大钱的累赘？”

然而希尔顿向来相信自己的商业直觉和眼光，他说：“如果你仅仅只看到它现在的艰难处境而不能看得更远一点就去拒绝它，那只能说明你是一个商业上的短视者。”但是无论他怎样反复阐述自己的意见，希尔顿理事会的理事们都不能分享他的狂热，他们不相信华尔道夫这个落魄到如此境地的旅馆还会东山再起。身为希尔顿旅馆公司的董事长，没有理事们的同意，他也不能以公司的名义买下华尔道夫。

希尔顿并没有因此而退却，因为他相信拥有这样一家旅馆，将会给他带来巨大的价值。他想：“我可以像 30 年代得克萨斯州西斯柯那样自己买下来，然后把我的看法再推销给那些能够接受我的意见的人。”

于是，他开始行动了。他首先打电话给华尔街上拥有华尔道夫股票的老大。

当天下午，他走进那位老大的办公室，要买下 249 042 股——这是控制股的数目，并给了一张 10 万美元的支票当押金。

华尔道夫的股东们正为拿着一大把廉价的股票抛不出去而大伤脑筋，如今听说希尔顿要以 12 美元一股的高价收购，他们欣喜若狂——终于可以甩掉这个“烂包袱”了……

几天后，华尔道夫旅馆便改名为“希尔顿”。以后的日子华尔道夫究竟给希尔顿带来了多少荣誉和财富，不用去揣测，看看希尔顿头上那顶“世界旅店大王”的桂冠便再清楚不过了。

希尔顿一生中最重要的成就——在旅馆业方面,买到了华尔道夫旅馆。如果没有希尔顿高瞻远瞩的眼光和正确的决策,华尔道夫的辉煌也许便只是一小段鲜为人知的历史。

早在1985年,沃尔玛公司的创始人山姆·沃顿董事长就被《福布斯》杂志称为“全美第一富豪”。2001年,沃尔玛公司总裁罗布森·沃顿一度超过比尔·盖茨,身价453亿英镑,成为世界首富。而沃尔玛公司领导核心沃顿家族5人包揽了《福布斯》全球富翁榜的第7至11位。5人的资产总额达到931亿美元,成为世界上最富有的家族。

沃尔玛的成功首先要归功于它的创始人山姆·沃顿的眼光。1945年,山姆在美国小镇本顿维尔初涉零售业。当时大型公司多在大中城市从事零售业,而对小城镇置之不理。山姆·沃顿却盯住这一市场空白,选定美国小镇为其服务的细分市场,采取了“农村包围城市”的战略,逐渐做大。沃尔玛的具体策略是以州为单位,一县一县的设店,直到整个州市场饱和,再向另一个州扩展。由一个县到一个州,由一个州到一个地区,再由一个地区到全美国,再从美国扩展到全世界,沃尔玛稳扎稳打,逐渐强大了自己,而成就宏伟的事业。

又如把木梳卖给和尚,也正是一个反映谋划高与低的经典案例:

有一家大公司,为扩大经营规模,决定高薪招聘营销人才。广告一打出来,报名者云集。

但有一道实践性的试题要做,就是想办法把木梳尽量多的卖给和尚。

绝大多数应聘者感到困惑不解出家人要木梳何用?这不明摆着拿人开涮吗?于是纷纷拂袖而去,最后只剩下甲、乙、丙三人。

负责人说:“以10日为限,届时向我汇报销售成果。”

结果负责人问甲:“卖出多少把?”答:“1把。”并讲述了历尽的辛苦:游说和尚应当买把梳子,无甚效果,还惨遭和尚的责骂,好在下山途中遇到一个小和尚一边晒太阳,一边使劲挠着头皮。甲灵机一动,递上木梳,小和尚用后满心欢喜,于是买下一把。

负责人问乙:“卖出多少把?”答:“10把。”乙说他去了一座名山古寺,由于山高风大,进香者的头发都被吹乱了,他找到寺院的住持说:“蓬头垢面是对佛的不敬。应在每座庙的香案前放把木梳,供善男信女梳理鬓发。”住持采纳了他的建议。那山有10座庙,于是买下了10把木梳。

负责人问丙:“卖出多少把?”答:“1000把。”负责人惊问:“怎么卖的?”丙说他到一个颇具盛名、香火极旺的深山宝刹,朝圣者、施主络绎不绝。丙对住持说:“凡来进香参观者,多有一颗虔诚之心,宝刹应有所回赠,以做纪念,保佑其平安吉祥,鼓励其多做善事。我有一批木梳,您的书法超群,可刻上‘积善梳’三个字,便可做赠品。”住持大喜,立即买下1000把木梳。得到“积善梳”的施主与香客也很是高兴,一传十、十传百,朝圣者更多,香火更旺。

把木梳卖给和尚,听起来真有些匪夷所思,但不同的谋划,不同的推销术,却有不同的结果。在别人认为不可能的地方开发出新的市场来,那才是真正的营销高手。

从别人忽略处谋划行动,是一种极高的智慧,它能使你在从容之中定夺胜券。这也正是对《摩篇》中“独行之道,夫几者不晚,成而不抱,久而化成”这一智慧的妙用。

13. 防范居心叵测之人

鬼谷子所说的“摩”是心机,是灵动,是聪颖,更是一个人对事物的发展趋向能够作出正确思维的反应。这样的人,才能透过平常的举动而窥见对方的真实,也才能有效地防范居心叵测之人。

有的人,事情还没有做,就开始满天吹牛,口出狂言,那么事情能不能办成的主动权就在人而不在我了;相反,事情成功后,再相机设词,主动权就在我而不在人了。这是指日常事理而言。如果事关重大,那就是祸福攸关的问题了。所以,我们干工作,做事情宜以谦虚的态度、真正的品德赢得人们的尊重,而不宜心怀叵测搞阴谋诡计,那样必定没有什么好下场。

魏延是三国时期蜀国的大将。当初投降刘备时,诸葛亮见其脑后有反骨,便想杀他,由于众人求情,才把他留了下来,但诸葛亮对他的使用一直很谨重。魏延很害怕诸葛亮,所以十分安分,言听计从。诸葛亮病重,蜀国再没人能控制魏延,他便日益骄纵起来。

一天夜里,魏延做了一个梦,梦见头上忽然长出两个角来。醒来后,感觉此梦非常特别。第二天,魏延听说行军司马赵直来了,便请入寨中,询问道:“早就听说你对《易经》非常通晓,我昨天夜里做了个梦,梦见自己头上忽然生出两个角来,不知是凶是吉,烦劳你为我测一下。”

赵直想了半晌,说:“这是大吉之兆。麒麟头上有角,苍龙头上也有角,这是变化飞腾的迹象。”

魏延闻言大喜,说:“先生的话如有应验,魏延必有重谢!”

不久费祎到了魏延寨中,说有要事相告,魏延命左右退下。费祎告诉魏延说:“昨夜三更,丞相孔明辞世了,临终前让你断后,缓缓退兵,千万不要走漏消息。”

魏延听了,沉思片刻,问费祎说:“现在军中谁代理丞相的事务?”

费祎回答说:“丞相临终前,把用兵密法全都授予姜维,政务全都托付给了杨仪。”

魏延听说丞相把事务全托付给了杨仪,心中顿时不快,对费祎说:“丞相虽然辞世了,但我却在这里。我自从跟随丞相,南征北战,东挡西杀,立下无数战功,凭资格,也该轮到我了。杨仪是什么东西?只不过是一个长史罢了,怎么能担当如此大任呢?在我看来,他只适合护送丞相的灵柩,入川安葬丞相。你回去告诉杨仪,不用他指手画脚,我自然会率领大军去攻打司马懿,而且一定会成功。怎么能因为丞相一人仙逝而废弃国家大事呢?”

费祎见魏延如此无礼,生气地说:“丞相临终前,让我们暂且撤退,不许违抗!”

魏延听后勃然大怒,说道:“丞相当初要是依照我的计策,现在长安早就被打下来了!我当今官任前将军、征西大将军、南郑侯,官职不知比杨仪高多少倍,怎么能给杨仪断后呢!”

费祎见魏延果如诸葛亮所言,心想不如先稳住他,回去再做打算,便对魏延说:“你说的话虽然不错,但现在丞相新亡,我们不可轻易行动,以防军心动乱,那样会给敌人造成可乘之机。等我回去见到杨仪,对他晓以利害,让他把兵权让给你,你看这个办法怎么样?”

魏延答应了。

费祎辞别魏延,出了大寨,正要往回走,迎面碰见赵直,赵直慌忙把费祎拉到无人之处,对他说:“刚才我到魏延营中,他说昨夜梦见头上忽然生出两角,让我给他预测吉凶。其实这是一个不吉利的征兆,但我见他十分无理,说了实话恐怕他见怪,于是说麒麟、苍龙头上都有角,是变化飞腾的迹象。”

费祎迷惑不解,问道:“你怎么知道这是个凶兆呢?”

赵直说:“你看‘角’这个字,上边一个‘刀’,下边一个‘用’,合起来是‘刀’下‘用’,头上用刀,这是非常不吉利的!”

费祎恍然大悟,对赵直说:“你千万别走泄了风声。”

他辞别了赵直,急急忙忙去见杨仪,把见到魏延和赵直的情况如实说。杨仪知道魏延要造反,便亲自率领兵马护送丞相的灵柩先走,命令姜维徐徐而退。

魏延知道杨仪、姜维已经退兵,大怒,烧了栈道,率军前来拦截。两军阵,魏延自以为孔明已经去世,天下再没有人能敌得过他,便提刀按辔,在上大声叫道:“大胆杨仪、姜维,还不快下马请罪,把兵权交给我!”

杨仪提马上前,对魏延说:“丞相在世的时候,就知道你以后必然会造反,让我一定要防备你,现在你果然应了丞相的话。如果你现在敢在马上连喊三声‘谁敢杀我’,便是真正的大丈夫,我立即献上相印。”

魏延大笑:“杨仪匹夫你听着!如果孔明在世的时候,我还怕他三分。现在他死了,天下还有谁是我魏延的对手?不用说连叫三声,就是连叫三万声有什么难的!”于是他提刀立马,仰天大叫:“谁敢杀我?”一声未毕,脑后人厉声应道:“我敢杀你!”手起刀落,斩魏延于马上。众人全都骇然,一看!斩魏延的,是大将马岱。

原来孔明临终之时,就已授计马岱,命他如此这般。

第九章　权[1]篇

权,即权宜、权变。善于权宜局势、随机应变地设置说辞,这是《鬼谷子》强调的游说术的核心。作者首先从“说”、“饰言”、“应对”、“成义”、“难言”等说辩中的五种不同情况入手,论述了“佞言”、“谀言”、“平言”、“戚言”、“静(诤)言”等五种说辞的设辞要求和预期目的。进而论述了口、耳、目等器官在说辩中的作用,以及如何发挥它们的优长去克敌制胜。总之,鬼谷子全面阐释了“权”术的原则和方法。阐明了审时度势、权衡利弊的技巧。

【原文】

说者,说之也[2];说之者,资[3]之也。饰言[4]者,假[5]之也;假之者,益损[6]也。应对[7]者利辞[8]也;利辞者,轻论[9]也。成义者,明之[10]也;明之者,符验也。难言[11]者,却论[12]也;却论者,钓几[13]也。

【注释】

①权:天秤用的砝码,可衡量物量的变化。

②说者,说之也:所谓游说就是去说服他人。

③资:资益的意思,也就是给人利益或贡献。

④饰言:修饰性的语言,也就是动听的话。

⑤假:虚假,不真实。

⑥益损:增减的意思。

⑦应对:巧妙地处理。

⑧利辞:权宜之计或暂时敷衍的言论。

⑨轻论:不负责任的言辞。

⑩成义者,明之:具有义理的语言,要阐明其真伪。

⑪难言:指责对方言词的话。

⑫却论:反对论调。

⑬钓几:诱出对方心中所隐藏的机微之事,几同机。

【译文】

所谓“游说”就是对人进行劝说。对人进行游说的目的,就是说服人啊。游说者要会粉饰言词,用花言巧语来说服他人。借用花言巧语说服别人,要会随机应变,有所斟酌。回答他人的问话,要会用外交辞令。所谓机变的外交辞令是一种轻俏的言辞。具有正义与真理价值的言论,必须要阐明真伪;而阐明真伪,就是要验证是否正确。责难对方的言辞,是反对对方的论调,持这种论调时,是要诱出对方心中的机密。

【原文】

佞言者,谄而于忠:谀言[①]者,博而于智;平言[②]者,决而于勇;戚言[③]者,权而于信;静言[④]者,反而于胜。先意承欲者,谄也;繁种文辞者,博也;策选进谋者,权也。纵舍[⑤]不疑者,决也;先分不足[⑥]而窒非[⑦]者,反也。

【注释】

①谀言:谄媚的言词。

②平言:平实可靠的言论。

③戚言:戚是忧的意思,即面带忧色的言论。

④静言:说话平和。

⑤纵舍:进退的意思,也就是举止动作。

⑥先分不足:自己有所不足之处。

⑦窒非:责备他人的过错。

【译文】

说着一些奸佞之话的人,会因谄媚而显得忠诚。说着奉承话的人,会因吹捧对方而显得有智慧。说着一些平实之话的人,由于果决而显得勇敢。说忧愁话的人,由于握着权,而显得有信用,而说稳重话的人,却由于能反抗而胜利。用华美的词藻来鼓吹欲望者,就是谄媚。用夸大与吹嘘来进献谋略,博取上司欢心的人,就是揽权者。前后进退而不犹疑者,就是果决的人。自己不对而又指责他人过错的就是反抗者。

【原文】

故口者机关[①]也,所以关闭情意也。耳目者,心之佐助[②]也,所以窥间见奸邪[③]。故曰:“参[④]调而应,利道[⑤]而动。”故繁言而不乱,翱翔[⑥]而不迷,变易而不危者，观要得理。故无目者，不可示以五色，无耳者，不可告以五音。故不可以往者，无所开之也；不可以来者，无所受之也。物有不通者，故不事也。古人有言曰："口可以食，不可以言。"言有讳忌也。众口烁金[7]，言有曲故也。

【注释】

①口者机关：嘴是表达或隐瞒意思的器官。

②耳目者，心之佐助：耳与目是帮助心搜集信息的。

③奸邪：奸是恶，邪是不正。

④参：指心，眼，耳三器官而言。参同三。

⑤利道：关于有利的道。

⑥翱翔：翱是鸟在空中飞舞的姿势，翔是鸟在空中展翅划圆飞舞的姿态。指鸟儿飞翔于蓝天。

⑦众口烁金：烁金，使金融化。意思是如果有很多人都这样说，无论如何坚定的心都会动摇。比喻要考虑流言蜚语的力量。

【译文】

一般说来，"口"就是人的"政府机关"。用它来封锁、宣传信息。耳目，就是心的辅助器官，用它来侦察奸邪。所以说，只要(口、耳、目)三者相互呼应，就会走向成功。一般说来，虽有繁琐的语言并不纷乱，虽有翱翔之物并不迷惑人，虽有局势的变化并不危险，就是要在观物时，掌握要害。由此可知，没有眼睛的人，没有必要拿五色给他们看；同理，没有耳朵的人，没必要让他们听五音；所以不可以去的地方，不必让他们去；不可以来的人，也没有必要接受他们。有些行不通的事，就不要办。古人有言，说："嘴可以吃饭，不可以说话。"说的是讲话是有所忌讳的。须知，人言可畏，有时是可以把事实歪曲的。

【原文】

人之情，出言则欲[1]听，举事则欲成。是故智者不用其所短，而用愚人之所长；不用其所拙，而用愚人之所工，故不困也。言其有利者，从其所长也；言其有害者，避其所短也。故介虫[2]之捍也，必以坚厚；螫虫[3]之动也，必以毒螫。故禽兽知用其所长，而谈者知用其所用也。

【注释】

①欲：盼望，希望。

②介虫：介就是甲或盔甲，介虫是带有甲壳的昆虫。

③螫虫：指能用毒针来刺人的虫子。

【译文】

人之常情，只要自己说出话，就希望有人听从，只要办事情就希望能成功。所以一个聪明人不用自己的短处而用愚者的长处。不用自己的笨处而用愚人的善长，这样就使自己永远不会陷于窘迫。说到有利的一面，就要发挥其长处，说到有害的一面，就要避其短处。因而，甲虫防卫，是用其坚硬的甲壳。而毒虫行动，一定用那有毒的螫子。连禽兽都知道用自己的长处，何况进谏的人，更应该懂得使用游说之术了。

【原文】

故曰："辞言五：曰病、曰怨、曰忧、曰怒、曰喜。"故曰："病者，感衰气而不神也；怨者，肠绝而无主也；忧者，闭塞而不泄也；怒者，妄动而不治也；喜者，宣散而无要也。"此五者，精则用之，利则行之。故与智者言，依于博①；与拙者②言，依于辩；与辩③者言，依于要④；与贵者言，依于势；与富者言，依于高⑤；与贫者言，依于利；与贱者言，依于谦；与勇者言，依于敢⑥；与过者言，依于锐，此其术也，而人常反之。是故与智者言，将此以明之；与不智者言，将此以教之，而甚难为也。故言多类，事多变。故终日言，不失其类，故事不乱。终日变，而不失其主，故智贵不妄，听贵聪，智贵明，辞贵奇⑦。

【注释】

①博：博学多闻的意思。

②拙者：不高明的人、才干低下的人。

③辩：言论，雄辩。

④要：枢纽、要点。

⑤高：指精神高度集中。

⑥敢：果敢进取的气质。

⑦听贵聪，智贵明，辞贵奇：如听力好就不会真伪混乱，如智慧高就能辨别可否，如言辩巧妙就明辨是非。换言之，如果能发挥此三者就会成功，因此智者尊重此三者而不敢妄为。

【译文】

所以说,在外交辞令中有五种情况:一是病态之言;二是幽怨之言;三是忧郁之言;四是愤怒之言;五是喜悦之言。一般地说来,病态之言是神气衰弱,说话没精神。幽怨之言是伤心痛苦,没有主见;忧郁之言是心情郁结,不能畅言;愤怒之言是轻举妄动,不能控制自己的话;所谓喜悦之言是说话自由散漫,没有重点。以上这五种外交辞令,精要者可以使用,有利者可以付之实行。所以与智者谈话,就要以渊博为原则;与拙者说话,要以强辩为原则;与善辩的人谈话,要以简要为原则;与高贵的人谈话,要以鼓吹气势为原则;与富人谈话,要以高雅潇洒为原则;与穷人谈话,要以利害为原则;与卑贱者谈话,要以谦恭为原则;与勇敢的人谈话,要以果敢为原则;与上进者谈话,要以锐意进取为原则,这些都是与人谈话的原则。然而不少人却常常背道而驰。所以,与聪明人谈话时,就要让他明了这些方法,与笨人谈话时,就要把这些方法教给他。然而事实上很难做到。所以说谈话有各种方法,所论事情会不断变化。(掌握这些)终日谈论,也不会把事情搞乱。事情不断变化,也不会失其原则。故就智者而言重要的是要不乱不虚,听话善辨真伪,聪颖则善断是非,出言要变化莫测。

纵横谋略

1. 谨防“好听之话”

常言道:忠言逆耳利于行。其实,在生活中,绝大多数的人都爱听好听的话。好听的话的确让人好受,让人精神愉悦,面子上很好看。可是,好听的话犹如美丽的罂粟花,绽开时美丽异常,结出的果实却有毒。

古人云:“耳中常闻逆耳之言,心中常有拂心之事,才是进德修行的砥石。若言言悦耳,事事快心,便把此生埋在鸩毒之中也。”此言不假,一个人如果经常听到逆耳的忠言,经常遇到事情令心中不悦,久而久之,就能够起到修心养性,提升品德的作用;相反,如果一个人一直听到的是顺耳的话,遇到的事情有非常顺利,时间长了人的精神就会松懈下来,如同中了慢性毒药一样,此生再也无望了。

鲁闵公元年(前661年),管仲向齐桓公进谏:“宴安鸠毒,不可怀也”。原来齐桓公爱姬甚多,常在后宫饮酒作乐,管仲见了很担心,就把酒色比做鸩毒,劝诫齐桓公勿进醇酒妇人。齐桓公毛病很多,但是由于有管仲辅佐治国,对管仲的批评也能接受,才使齐国成为春秋五霸之一。事情到管仲去世后,就发生了变化。

管仲死前齐桓公去看望他,并问他:“仲父病成这个样子,有什么话要和寡人说吗?”管仲劝他离易牙、竖刁、常之巫这些人远点。

齐桓公说:“易牙把自己的宝贝儿子煮熟了让我尝鲜,这么忠心耿耿的人还值得怀疑吗?”

管仲说:“人之常情,谁不疼爱自己的孩子?既然他可以忍心烹杀自己的儿子,那么将来对你,还会有什么不忍心的事情不能做呢?”

桓公又问道:“竖刁把自己阉割以亲近寡人,这样的人也值得怀疑吗?”

管仲回答道:“按人之常情来看,没有不爱惜自己身体的。能下狠心把身体弄残了,那么对国君又有什么下不得手的呢?”

桓公又问道:“常之巫知道人的生死,能治重病,这样的人也值得怀疑吗?”

管仲回答道:“死生,是有一定的;疾病,是人体失常所致。主君不顺其自然,守护根本,却完全依赖于常之巫,那他将国君无所不为了。”

桓公又问道:“卫公子启方,侍奉寡人十五个年头了,他父亲死时都不肯离开寡人回去奔丧,这样的人也值得怀疑吗?”

管仲回答道:“按人之常情来说,没有不爱自己生身父亲的。他父亲死了都不肯回去,那对国君又将如何呢?”

管仲死后,齐桓公开始时还记着管仲的劝告,将这些人赶出了宫外,可是非常不习惯没有这些人的日子,又将他们接回来了。齐桓公将管仲劝告置之脑后,重用易牙、竖刁等人,这些人投其所好,阿谀谄媚,齐桓公在他们的奉承下,上进心尽失,政治渐渐腐败,他自己还觉得没有不妥,说:“仲父的话是言过其实了。”齐桓公生病的时候,这几个人一同叛乱。他们在桓公寝室四周筑起一道围墙,禁止任何人入内。这时,桓公哭得鼻涕横流,感慨道:“唉!还是圣人的眼光比我们远大呀!若是死者地下有知,我还有什么脸面去见仲父呢?”说罢,自己扬起衣袖捂住脸部,气绝身亡,死在寿宫。尸首无人理睬,以致腐烂发臭,蛆虫爬出门外,上面只盖一张扇,三个月没人安葬。

从此,齐国的霸业也骤然衰落了。

齐桓公一手制造了自己的悲剧,他的故事告诉我们:如果一个人不能够听进批评意见,不能够听进逆耳的忠言,就不会看到自己的短处,发现不了自己的缺点,对于自己面临灾祸浑然不觉,这是一件相当危险的事;赞美的言辞就如加有“鸩毒”的美酒一样,听多了就会使自己失去警觉,磨灭进取的精神,沉湎在自我陶醉之中,最终会毁了自己。

2. 善于权衡,因人施言

人生来就会说话,有的人说话如行云流水、滔滔不绝,有的人却木讷结舌、羞于启齿;有的人说话字字珠玑,如流动的音符,令人赏心悦目,给人以愉悦;有的人说话字句伤人,令人生厌。有道是:“好言难得,恶语易施。伤人一语,利如刀割”(《增广贤文》),这充分说明了人际交往和沟通协调中语言艺术的重要性。

有一天,孔子的学生子路问孔子:“闻斯行诸?”意思是说:听见了应该做的事情是不是马上就要去做。孔子回答说:“你家里还有父兄在,得先去问问他们再说。”

过了几天,孔子的另一学生冉有也有同样的问题,他问孔子:“老师,听见了应该做的事情就要马上去做吗?”孔子回答说:“对,应该马上去做。”

对同一问题,孔子作了截然相反的回答,孔子的学生公西华感到很奇怪,他带着疑惑不解的心情问老师:“先生,子路问您听到了应该做的事情是不是要马上去做,您回答说要回家请示父兄。可是冉有问您同样的问题,您却回答说马上去做。您的回答前后不一样,我不明白其中的道理。”

孔子回答说:“子路这个人常常争强好胜,性情急躁,所以我得约束他一下,让他凡事谨慎一些。冉有这个人遇事常常畏缩不前,所以我要鼓励他办事果断一些,叫他看准了立即去办。”听了老师的话,公西华恍然大悟。原来,孔子平时十分留意各个学生的性格、爱好、特长，注意因材施教。

有一次，孔子要子路、冉有分别谈一下自己的志向。子路立即站起来表示："如果要我去治理一个拥有战车千乘，遇到战乱饥荒的国家，只要三年，我就能治平天下，使百姓安居知礼，士卒勇敢善战。"而冉有想了半天才说：

"如果让我去治理一个小国，我大概三年之后，就可以使老百姓得到温饱，至于建立礼乐制度，那还要等待君子去做。"他们两人的回答，正好暴露了一个急躁，一个畏缩的性格特征。孔子平时就十分留意观察，故方能因人施言。

古代游说之士之所以能取得成功，就是因为他们了解了各方面的形势，见什么人讲什么话。古之圣贤孔子，也善于于此，他根据学生的不同特点，因材施教，这也是善于权衡的说辩方法。

3. 不要被表面的情形所迷惑

鬼谷子教导我们，在这个世界里，没有绝对的事物，任何事物皆具有两面性，任何事物之间都是相互联系的，绝对不会孤立地存在。同一个事物有时也会以不同的面目呈现在你的面前，关键就要看你怎样去认识。天堂或许就在地狱的隔壁，苦难也许就是一笔可观的财富，一件事情表面上看是祸，其实换一个角度就变成了福。

古时，塞外有一个老翁不小心丢了一匹马，邻居们都认为是件坏事，替他惋惜。塞翁却说："你们怎么知道这不是件好事呢？"众人听了之后大笑，认为塞翁丢马后急疯了。几天以后，塞翁丢的马又自己跑了回来，而且还带回来一群马。邻居们见了都非常羡慕，纷纷前来祝贺这件从天而降的大好事。塞翁却板着脸说："你们怎么知道这不是件坏事呢？"大家听了又哈哈大笑，都认为老翁是被好事乐疯了，连好事坏事都分不出来。果然不出所料，过了几天，塞翁的儿子骑新来的马去玩，一不小心把腿摔断了。众人都劝塞翁不要太难过，塞翁却笑着说："你们怎么知道这不是件好事呢？"邻居们都糊涂了，不知塞翁是什么意思。事过不久，发生战争，所有身体好的年轻人都被拉去当了兵，派到最危险的第一线去打仗，而塞翁的儿子因为腿摔断了未被征用，在家乡过着安定幸福的生活。

从这个故事我们可以看出，即使是一件吃亏的事，如果换一个角度去思考，没准就变成一件意想不到的好事。生活中这样的事情非常普遍。因此，我们一定要擦亮自己的眼睛，仔细地去观察和分析，小心求证，理性地对待看似吃亏的事，可能会是一个获得更大利益的前提和资本。

生活中的聪明人善于从吃亏当中学到智慧。“吃亏是福”也是一种哲理，其前提有两个，一个是“知足”，另一个就是“安分”。“知足”则会对一切都感到满意，对所得到的一切充满感激之情；“安分”则使人从来不奢望那些根本就是不可能得到的或者根本就不存在的东西。没有妄想，也就不会有邪念。表面上看来，“吃亏是福”以及“知足”、“安分”会有不思进取之嫌，但是，这些思想确实能够教导人们成为对自己有清醒认识的人。

人非圣贤，谁都无法抛开七情六欲，但是，要成就大业，在选择面前，就得分清轻重缓急，放眼长远，把握事物本质的发展方向。我国历史上刘邦与项羽在称雄争霸、建立功业上就表现出了不同的态度，最终也得到了不同的结果。苏东坡在评判楚汉之争时就说，项羽之所以会败，就因为他不能忍，不愿意吃亏，白白浪费自己百战百胜的勇猛；汉高祖刘邦之所以能胜就在于他能忍，懂得吃亏，养精蓄锐，等待时机，直攻项羽弊端，最后夺取胜利。两王平日的为人处世之不同自不待说，楚汉战争中，刘邦的实力远不如项羽，当项羽听说刘邦已先入关时，怒火冲天，决心要将刘邦的兵力消灭掉。当时项羽40万兵马驻扎在鸿门，刘邦10万兵马驻扎在灞上，双方只隔40里，兵力悬殊，刘邦危在旦夕。在这种情况下，刘邦先是请张良陪同去见项羽的叔叔项伯，再三表示自己没有反对项羽的意思，并与之结成儿女亲家，请项伯在项羽面前说句好话。然后，第二天一早，又带着随从、拿着礼物到鸿门去拜见项羽，低声下气地赔礼道歉，化解了项羽的怨气，缓和了他们之间的关系。表面上看，刘邦忍气吞声，项羽挣足了面子，实际上刘邦以小忍换来自己和军队的安全，赢得了发展和壮大力量的时间。刘邦对不利条件的隐忍，面对暂时失利的坚韧不拔，反映了他对敌斗争的谋略，也体现了他巨大的心理承受能力。

刘邦正是把眼光放远，靠着吃一些眼前亏的技巧，赢得了最后的胜利。有人说刘邦是一忍得天下,相信这种智慧不是有勇无谋的人可以修炼成的。

这就是鬼谷子告诉我们的道理,看事情不能只停留在表象,要深入分析问题。不怕吃眼前的亏,因为从另外的角度看,吃亏往往是福。

4. 谨言慎行,锋芒不露

《鬼谷子》云:没有视力的人,你向他展示五彩颜色他也看不见;没有听力的人,你与他谈论音乐上的感受他也无法感受到。一个地方没有可以开导的人,你就不应该去那个地方;这里没有人能够接受你的这样说法,你就不应该来这个地方。“嘴巴是用来吃饭的,但不是用它来讲话的”。因为话多了就容易犯忌讳。“众人一致的口径都可以熔化金属”,这是因为只要是言论,就有其复杂的背景和原因。

鬼谷子同时还认为,即使是具有雄辩之才的人,也应该谨言慎行。如果说出来的话没有效果,就根本没必要去说。如果说出来的话犯忌讳,就很容易伤害别人,那么就一定不要说。三国时期的名士杨修喜欢卖弄小聪明。他曾担任曹操的主簿。一次,工匠们建造丞相府的大门,刚架上椽子,曹操亲自前往观看,之后在门上写了个“活”字就离开了。杨修看见了,立刻命工匠把门拆了。他说:“门里加个‘活’字是‘阔’字。魏王这是嫌门太大了。”还有一次,有人送给曹操一盒酪,曹操吃了一点,就在盖子上写了一个“合”字给大家看,没人理解这是什么意思。轮到杨修看时,他便吃了一口,说:“这是曹公教每人吃一口呀,还犹豫什么!”曹操虽嘴里称赞,心里却十分反感。后来,曹操出兵汉中攻打刘备,但军队面临很多不利,一时进退两难。一天晚上,厨子给他端来一盆炖鸡。恰好部将夏侯惇前来请示夜间用什么口令,曹操手中正好拿着一块鸡肋,随口就说:“鸡肋。”杨修得知后,立即叫兵卒为他收拾行装,别人问他这么做的缘由,杨修说:“鸡肋,食之无味,弃之可惜,看来丞相要撤兵了。”曹操闻讯大怒,立即以惑乱军心的罪名把他杀了。

其实,曹操的意思别人未必不懂,只是知道这位丞相疑心重,忌讳多,不愿开口点破而已。而杨修只道是自己聪明,恃才傲物,锋芒毕露,完全不揣摩曹操的心思,犯了忌讳,结果反误了身家性命。成杨修者,聪明也;亡杨修者,亦聪明也。

不说废话,不犯忌讳,这些全在于自己能否收敛住自己。然而,你能够做到的是管好自己的嘴,却管不了别人的嘴。所以,在很多的时候,我们还要留意别人是否用谣言对你进行中伤。

魏国有一个大臣叫庞恭,有一次,魏国王子要到赵国做人质,魏王派他做随从。临行之前,庞恭对魏王说:“如果有一个人说大街上有老虎,您相信吗?”魏王回答说:“当然不信啦!”庞恭又问:“如果有两个人说大街上有老虎,大王您信吗?”魏王犹豫了一下,回答说:“还是不信。”庞恭又问:“如果有三个人说大街上有老虎呢?”魏王想了想,说:“这下我相信了。”

庞恭说:“实际上,大街上根本就没有老虎。因为有三个人说有,大王在没有亲眼见到的情况下也就相信了。现在,我大老远出使赵国,说我坏话的人肯定不止三个,希望大王明察。”魏王说:“你放心吧,我心里有数。”于是庞恭陪太子去了赵国。后来,庞恭从赵国返回,魏王还是听信谗言,没有再重用他。庞恭在临行前专门为魏王讲了“三人成虎”的故事,可他回来之后,还是失去了魏王的信任。

谨言慎行,才能减少过错,锋芒不露,才能避免遭嫉。因为一旦遭嫉,就容易结怨,也容易被小人诬陷。流言蜚语多了,“是”可以被说成“非”,“白”也可以被说成“黑”。一代名将岳飞不就是因为“莫须有”的罪名,惨死在奸臣秦桧手里的吗?历史上还有很多忠臣遭到奸臣的谗言,过早地结束了自己的政治生命。

俗话说:“伤人之言不可有,防人之心不可无”,这一点我们要牢牢记住。

5. 扬长避短,趋利避害

在关于如何进行人与人交往的问题方面,鬼谷子可以教我们很多。在这里,他用一个语言告诉我们:一个人只有善于扬长避短,才能趋利避害,获得平安。

狐狸和鹤交上了朋友。一天,狐狸把鹤请来吃晚饭。他仅做了一点儿肉汤,并把汤倒在一个平盘里。鹤每喝一口,汤就从它的长嘴中流出来,结果鹤什么也吃不到。鹤生气极了,可狐狸却在一旁偷着乐。鹤打算也戏弄狐狸一回,就邀请狐狸明天来家里吃饭,狐狸也答应了。第二天,鹤用一只长颈小口的瓶子来盛饭菜,鹤很容易地把嘴伸进去,吃得津津有味。狐狸一看,却傻了眼,自己的嘴比杯子还粗,怎么能吃到饭菜呢?他知道自己遭到了鹤的报复,只好红着脸溜走了。

狐狸和鹤这对朋友,都在充分发挥自己长处的同时,也抓住了对方的短处,相互戏弄了一把。这个故事谴责了不厚道的朋友,同时也告诉我们一个"扬长避短"的道理。在战争中,将帅在考虑问题时,应该做到统筹兼顾。要知道,战争中的利与害,是相随相依的,既可以互相依存,又可以互相转化,是一对矛盾的统一体。它们的这种关系始终贯穿于整个战争之中。在实施作战指导时,应看清利害关系,趋利避害,扬长避短。

公元前204年,韩信背水一战消灭赵国后,想乘胜北击燕国,东伐齐国,乃问计于李左车。李左车说:"你一日内大破赵国军队20万,闻名天下,这是你的长处。然而,你的军队苦战疲劳,以劳军攻坚,必然挫败,不能速决。燕国攻不下来,齐国就可以加强防御,这是你的短处。会用兵的人,不以短击长,而以长击短。现在最好一面休整军队,一向摆出要进攻燕国的样子,同时派人宣扬你的军威,去招降燕国,燕国不敢不投降。燕国一投降,齐国就不得不屈服了。"韩信权衡利害,感到此计甚妙,因此听从了李左车的建议,燕国果然投降。

韩信听从李左车的建议,在充分考虑利害关系的基础上,扬长避短,最终招降燕国,达到了不战而屈人之兵的目的。

在言谈论辩当中,"扬长避短"也常常能发挥很大的作用。林肯任总统后在参议院发表演说,一位参议员站起来说:"林肯先生,在你开始演讲之前,我希望你记住,你是一个鞋匠的儿子。"林肯说:"我非常感激你使我想起我的父亲,他已经过世了,我一定会永远记住你的忠告,我永远是鞋匠的儿子,我知道我做总统永远无法像我父亲做鞋匠做得那么好。"他又转头对那个参议员说,"据我所知,我父亲以前也为你的家人做鞋子,如果你的鞋子不合脚,我可以帮你改正它。虽然我不是伟大的鞋匠,但是我从小就跟随父亲学到了做鞋子的手艺。"林肯的话得到了一片掌声,那位出言不逊的参议员惭愧地低下了头。

林肯出身贫寒,在美国上层社会的一些名流眼中,这绝对是一个短处,甚至是一个污点,因此,即便林肯已贵为总统,还是难免遭到别人的嘲讽。林肯没有就出身问题与对手辩论,更没有以同样的语气向对手回击。而是深情款款地回忆了自己的父亲,以自己的气度和真情打动了所有的人,使他的反对派们都为之折服,完全忽略了他出身贫寒的事实,达到了扬长避短的效果。

在生活中,人人都需要智慧去经营生活和事业。"扬长避短"这种智慧更是缺少不了。

6. 学会控制情绪,利用情绪

中国古代人讲究修身养性。修身养性的一项最重要内容就是要善于控制自己的情绪。特别在与人交往中,这一点是最重要的。在这里,鬼谷子简单列出了病言、怨言、忧言、怒言、喜言等五种情绪化的语言,就是要告诉我们在与人交往的过程中不要使用这五种语言。试想,谁愿意与一个喜怒无常的人交往,谁又愿意与一个总是愁眉紧锁的人交谈?

古时候,一位大臣受国王派遣,到外国采购本国没有的物品。大臣来到一国,听到市场上有一位老者在叫卖"智慧",感觉新奇,便将五百两银子付给老者,要买智慧,老者对他说:"长虑谛思惟,不当卒行怒,今日虽不用,会当有用时。"大臣办完公务,星夜回家,怕惊醒妻子,悄悄进屋,不料在微弱的月光下,隐约看到床边有两双鞋,心中怀疑妻子不忠,顿起杀心,一把拔出了佩刀。这时,他突然想起自己带回的智慧之言,不觉念叨起来。声音惊醒了屋中人,"儿子回来了! 儿子回来了!"床上之人喊道。原来是大臣的妻子生病,母亲前来照看。明白情形的大臣,不觉大喊:"这智慧果真便宜!"试想,如果大臣没有及时克制自己的怒火,岂不要发生一场人伦惨剧?

与人交往最忌一个"怒"字,动不动就发脾气,终会害了自己。容忍心中的怨气确实不太容易,但只要遇事多思虑一下,又怎能让一时之气冲昏头脑呢?

现实生活中,学生、下级、晚辈犯了错,作为师长、上级、长辈的一生气,就会不讲究方法和方式地训斥一番,有时确实可以收到一定的效果,但更多的时候是不会起到作用的,只会适得其反,因此要把握好这个度。

辛亥革命中的著名烈士徐锡麟,早年曾担任绍兴府中学堂的副校长。有一次,一位家境富裕的学生偷了同学的东西,被人暗暗告到徐锡麟那里。徐锡麟勃然大怒,真想立即开大会公开批评他。但他很快冷静下来,先让自己把气消了,然后把这个学生叫到了办公室。徐锡麟平静地问:"你知道我为什么叫你来吗?"学生满不在乎地答道:"我不知道。"徐锡麟盯着他,说:"我要通知你,我已经抓到了一个小偷。"话音刚落,学生脸色突变,但还是故作镇静地问:"小偷在哪?"这时,徐锡麟递给他一面镜子,表情严肃地说:"看,小偷就在镜子里,你仔细照照他吧,先照照外貌,再照照灵魂。"这个学生接过镜子,羞愧万分地低下了头。徐锡麟这才开始语重心长地教育起这个学生来。最后,这位犯了错误的学生流下了悔恨的泪水,表示要改过自新。

徐锡麟用镜子来教育犯了错误的学生,收到了很好的效果。但也幸亏他及时克制了自己的怒气,这才想出这么高明的办法。

鬼谷子教导我们:"精则用之,利则行之"。意思是说,有时候为了说服人,也要善于利用自己的情绪。但是,情绪是不好控制的,只有确保在能控制的情况下才可以尝试。例如,陈毅市长就是一个外交高手,经常大放"怒言",让人心服口服。

1949 年 9 月,上海市长陈毅到北京参加政协会议,由于住房紧张,他主动搬出豪华的北京饭店,将房间让给了前国民党高级将领傅作义将军,自己则找了间小平房住了进去。他还代表上海市赠送给傅作义两辆名牌小汽车。这件事让上海部队的一些同志知道了,大家议论纷纷,说什么"不杀了这些大战犯就算便宜他们了,凭什么还给他们腾房子、送汽车?”陈毅听到后很生气,一次开会就训开了:“同志们,我的老兄老弟们,要我陈毅怎么讲你们才懂啊!我陈毅不住北京饭店,照样上班,照样骂人!他可不一样了!你们知道不知道,傅先生到电台讲了半小时话,长沙那边就起义两个军!为我们减少了很大伤亡!让傅先生住了北京饭店,有了小汽车,他就会感到共产党是真心要朋友的。”陈毅越讲火越大,指节咚咚地敲着桌子:“我把北京饭店让给你住,再送你十部小汽车,你能起义两个军?!怎么不吭声呢?”火发完了,他又语重心长地说:“我们是共产党嘛,要有太平洋那样宽广的胸怀和气量,不要长一副周瑜的细肚肠噢!依我看,要想把中国的事办好,还是那句老话,团结的朋友越多,就越有希望!”

参会的同志们挨了“熊”,不但没有怨气,反而都很服气,都乐呵呵地说:“陈老总言之有理!”

修身养性最重要的内容就是要善于控制情绪,当然,除此以外,在可控制的范围内,我们还要善于利用情绪,这同样是人际交往中的一个重要原则。

7. 到什么山头唱什么歌

鬼谷子说,在日常的交往中,与不同类型的人交往,就要采取不同的方式。比如,我们可以遇到智者、拙者、辩者、贵者、富者、贫者、贱者、勇者等各种不同类型的人。与这些不同类型的人交谈,所采用的谈话方式也应该是有所不同的。现实生活中,说话的时候,不但要看一个人的贫富、贵贱、智力水平等,还要看他的生活环境和性格特征等,从而进行综合考虑。

春秋时,孔子周游列国,走累了,在路上休息。他的马逃脱了束缚,吃了别人的庄稼,农民把马牵去了。子贡请求去说服那个农民,孔子同意了。子贡是当时著名的雄辩家,可他把什么话都说了,农民就是不理他那一套。有个刚刚跟随孔子学习的郊野之人,请求孔子让自己去。他对那个农民说:“您不是在东海种地,我不是在西海种地,我的马怎么可能会不吃你的庄稼呢?”那农民很开心,对他说:“说话都像你这么清楚就好了,怎么能像刚才那个人那样!”说完,解开马的缰绳就给了他。

生活在不同文化背景和社会背景的人,他们的思维方式也不会一样。对于一个背景下的人,沟通起来就比较容易;对于不是一个背景下的人,沟通起来就不是顺畅,有的几乎就无法沟通。所以,我们在交谈之前就要事先了解对方,才能做到有效的沟通。

电话机的发明人贝尔有一次来到他的朋友、大资本家许拜特先生的家里,希望他能够对他的新发明投点资。但他知道许拜特脾气古怪,向来对赞助电气事业不感兴趣。怎么能让他发生兴趣,并热心于投资呢?两人见面寒暄一阵之后,贝尔并没有立刻向许拜特解释他的发明,也没有说明预算和预期利润。他坐下来,轻松地弹起了客厅里的钢琴。弹着弹着,他忽然停了下来,对许拜特说:“你知道吗,如果我踏下这块脚板,向这钢琴唱一个声音,这钢琴便会跟着我学。譬如我唱一个DO!这钢琴便会应一声DO!你看这事有趣吗?”许拜特放下手中的书本,好奇地问:“这是怎么回事?”于是,贝尔详细对他解释了一些科学原理。结果,许拜特非常乐意为贝尔提供一部分实验经费,令贝尔如愿以偿。

鬼谷子教导我们:“与富者言,依于高”。这句话在这个案例中得到了充分的验证。假设贝尔一上来就大谈他的发明能带来多少利润,可以想象,这很难引起许拜特的兴趣。因为成功的商人都有自己的原则,他们只投资于自己所熟悉的领域,对于自己不了解的领域,一般不会冒然投资。而贝尔巧借科学的魅力征服了许拜特,让他慷慨解囊。

18世纪70年代初,北美13个殖民地的代表在费城齐聚一堂,协商独立大计,并推举富兰克林、杰弗逊草拟《独立宣言》。杰弗逊执笔写好“宣言”后,把草稿交给委员会审查。当时的杰弗逊才华横溢,又年轻气盛,最不愿意别人对他的作品品头论足。在外面等待结果的时候,他显得极不耐烦。老成持重的富兰克林怕到时发生不愉快的事情,就想先劝一劝杰弗逊,又怕引起一场争辩,于是灵机一动,就给杰弗逊讲了一个故事:有一个人准备开一家帽店,觉得应该挂一个醒目的招牌。于是他设计了一个招牌,上面写着:“约翰·汤普森帽店,制作和现金出售各式礼帽”,招牌下面则画了一顶帽子。他把这块招牌得意地给他的朋友们看。一个朋友说“帽店”与后面的“出售各式礼帽”语义重复,建议删去。另一个朋友则建议省略“制作”一词,因为顾客并不关心帽子是谁制作的,他们只关心质量和式样。第三位朋友则说“现金”二字多余,因为顾客买帽子一般都是当场付钱的。删了几次后,只剩下了“约翰·汤普森,出售各式礼帽”字样和帽子的图画。最后,又有一个朋友建议把“出售”也删去,因为谁也不指望你白送给他。他又想了想,觉得下面已经画了一顶帽子,就把“各式礼帽”也删了。招牌挂出的时候,上面醒目地写着“约翰·汤普森”,下面画着一顶礼帽。没有人不说这块招牌做得好。听了这个故事,杰弗逊笑了,渐渐平静了下来。后来,“独立宣言”经过众人的精心推敲,成为一篇举世闻名的经典文献。

富兰克林针对杰弗逊的性格特征,巧妙地借用一个寓意明显的小故事,一下子让自负的杰弗逊保持了冷静,实在是非常高明的。

总之,要想成为一个优秀的、成功的雄辩家,就要特别注意学会“到什么山头唱什么歌”。

8. 有理有据,无往而不胜

《鬼谷子》云:对于人来说,嘴是关键的,是用来表达一个人的感情和心意的。眼睛是心灵的窗户,耳朵是心灵的助手。只要做到心、眼、耳三者相互统一,相互呼应,人就能朝着正确的方向运动。即使是用了烦琐的语言也不至于造成思维混乱;自由驰骋地议论也不会造成方向的迷失;改变论辩的主题也不会发生对自己不利的事情。这是因为抓住了事物的本质,掌握了事物的发展规律。

一个优秀的辩论家是不会只逞“口舌之利”的，他把目视、耳听、心思三者有机地结合起来，总是能够做到有理有据，从而在处事和论辩中百战百胜。

春秋时，郑国的执政子产以贤能著称。一天，他出门巡视，走到一家门前，听到妇人的哭声，就问怎么回事。仆从告诉他这家男主人刚死了。子产略加思索，就派人去捉拿那妇人审问，原来是她杀死了自己的丈夫。后来，他的仆人问道：“先生怎么知道她是杀夫者？”子产说：“她的哭声中隐含着恐惧。所有人对于自己的亲人，开始病的时候是爱护的，临要死的时候会感到恐惧，已经死了的话就会哀伤。现在她是哭已经死了的人，不是哀伤却是恐惧，那么就知道她心怀鬼胎啊。”

因此，鬼谷子说“耳目者，心之佐助也”，这是很有道理的。其实我们在生活中只要留心观察，积累相关的经验，在此基础上进行分析，就可以做出正确的判断。但是，在某些特定环境下，即使是自己亲眼所见也不一定可靠，还要依赖于对人和事进行分析和判断。

在细心观察的基础上进行分析，是澄清事实的必要步骤。比如林肯为一桩谋杀案件辩护的故事，便是如此。

林肯当律师时，他一个朋友的儿子小阿姆斯特朗被控谋财害命，已初步判定有罪。林肯以辩护律师的身份到法院查阅了案卷。他发现，全案的关键在于原告有一位证人福尔逊，发誓说他在10月18日的月光下目击了小阿姆斯特朗用枪击毙死者。林肯做了仔细的分析后，要求复审此案。在复审中，双方有以下一段精彩的对话。

林肯：“你发誓说看清了小阿姆斯特朗？”

福尔逊：“是的。”

林肯:“你在草堆后,小阿姆斯特朗在大树下,双方相距二三十米,你能认清吗?”

福尔逊:“月光很亮,所以看得非常清楚。”

林肯:“你不是根据衣着认出他来的吗?”

福尔逊:“不是,我确实借着月光看清了他的脸。”

林肯:“你肯定时间是在 11 点吗?”

福尔逊:“肯定,因为我回屋看了钟,那时是 11 点 15 分。”

林肯问到这里,转过身来,发表了一席令人震惊的话:“我不得不告诉大家,这个证人是一个彻头彻尾的骗子。他一口咬定 10 月 18 日晚上 11 点在月光下看清了被告的脸。请大家想一想,10 月 18 日那天正好是上弦月,晚上 11 点月亮已经下山,月光从何而来?退一步说,或许他时间记得不很精确,稍有提前。但那时,月光是从西照向东,草堆在东,大树在西,如果被告的脸面对草堆,脸上是不可能有月光的!”做伪证的福尔逊顿时傻了眼。法庭上一阵沉默之后,爆发出一阵热烈的掌声和欢呼声。

林肯之所以辩护成功就在于他拥有的三大要素:细致的观察、透彻的分析和如簧的巧舌。这同样也是我们所应该追求的境界。

9. 权宜局势,正话反说

作为一个游说者应该知道如何权宜局势、随机应变地选择恰当的说辞,这是他们所必备的基本素质。在游说过程中,有些话可以直截了当地说出来,有些话就不能这样说,直接说出来可能会使对方感到很尴尬,不能够接受,因此,我们不妨从另一个角度说起。

汉武帝刘彻有位乳母,也就是人们常说的奶娘。这位乳母在宫外犯了罪,被官府抓了,并禀告汉武帝。汉武帝心中十分为难,毕竟是自己的乳母,滴水之恩当涌泉相报,何况自己是她用乳汁养大的。但是,天子犯法与民同罪,如果不处置她,有失自己天子的尊严,以后何以君临天下。思来想去,汉武帝决定以大局为重,依法处置自己的乳母。

乳母深知汉武帝的为人,知道自己凶多吉少,便想起了能言善辩的东方朔,请求东方朔能够帮自己一把。

东方朔也颇感为难,他想了想说:“办法也有,但必须靠你自己。”

乳母急切地问:“什么办法?”

“就在你被抓走的时候,要不断地回头注视武帝,但千万不要说话,这样你也许还有一线希望。”

乳母虽不解其中玄机,但还是点了点头。

当传讯这位乳母时,她有意走到武帝面前向他辞行,用哀怨的眼神注视着武帝,几次欲言又止。汉武帝看着她,心里很不是滋味,有心想赦免她,又苦于天子金口玉言。

东方朔将这一切看在眼中,知道时机成熟了,便走过去,对那位乳母说:“你也太痴心了,如今皇上早已长大成人,哪里还会再靠你的乳汁活命呢?你不要再看了,赶紧走吧。”

武帝听出了东方朔的话外之音,又想起了小时候乳母对自己的百般疼爱,终于不忍心看乳母被处以刑罚,遂法外开恩,将她赦免了。

东方朔一番反弹琵琶终于救了乳母,同样齐国的晏子也深谙此道。

一次,一个马夫杀掉了齐景公最爱的一匹老马。因为那匹马实在太老了,又得了一种怪病,马夫怕那匹马把疾病传染给其他马,便擅自做主,将老马杀了。

哪知,虽是匹老马,在齐景公的眼中却仍是他的爱物,毕竟那匹马跟随他那么多年,多少次随他出生入死,立下汗马功劳,如今却被人擅自杀掉了。景公不禁勃然大怒,立即命令左右绑了马夫,他要亲自杀了马夫为自己的爱马报仇。

那名马夫没想到自己尽职尽责,一番好意竟惹来了杀身之祸早已吓得面如土色,一句话也说不出来。

晏子在一旁看见了,急忙拦住齐景公:“大王不必着急,你就这样杀了他,他连自己犯了什么罪都不明白便送了命,太便宜他了。臣愿替大王历数他的罪过,然后再杀也不迟啊!”

齐景公一听,言之有理,便答应了晏子。

于是，晏子走近马夫，装作气急败坏的样子，用手指着马夫，厉声说道：“你可知你犯了什么罪？”

“不，不知道。”马夫早已站立不住，浑身颤抖着说。

“第一条，你为我们的国君养马，却把马给杀了。虽然那匹马又老又有病，但它是国君的马。就冲这一点，此罪当死。”

“第二条，你使我们的国君因马被杀而不得不杀掉养马之人，此罪当死。”

“第三条，你使国君因为马被杀而杀掉养马之人，此事必会遍传四邻诸侯，使得人人皆知我们的国君爱马不爱人，得一不仁不义之名，此罪又当死。”“第四条……”晏子还要接着往下说，但齐景公早已坐不住了，连忙打断晏子：“不必说了，夫子放了他吧，免得让我落一个不仁不义之恶名，让天下人笑话。”就这样，马夫得救了。

游说者在劝说别人的过程中要善于“量权”。所谓“量权”，就是指根据所称物体轻重而变换砝码。在实际的劝说过程中，劝说者必须根据不同的情况而选择不同的、适当的说服方法。从上述的两个故事中我们可以看到，无论是东方朔还是晏子都是善于揣摩君心，在摸清实际情况的基础上，采用了正话反说的方式，达到了预想的效果，从而救人一命。

10. 运用佞言，巧避谗惑

鬼谷子中说：游说者要学会五种游说语言，其中第一种就是佞言。佞言是指在摸清对方心理的基础上，强调双方的共同点，采用妙言巧语，获得对方的信任。

甘茂出征韩国，为了保证自己无后顾之忧，于是就使用了佞言，与秦武王订下了息让之盟，终于保证了自己的安全，并且攻下了韩国宜阳城。

秦武王雄心勃勃地想完成统一天下的大业。一天，他召集左丞相甘茂、右丞相樗里疾商讨攻打韩国的事，问哪一个丞相愿意带兵出征。右丞相不同意。左丞相说：“要攻打韩国，必须联合魏国才有力量。魏王那里，我可以前去游说。”

秦武王同意了甘茂的建议。

甘茂很有口才,很快说服魏王一起发兵攻韩。可是,他担心樗里疾在秦武王面前搞小动作,到时攻韩不成还会丢了性命。于是派人向秦武王汇报说:“魏王已同意出兵,我们是不是改变主意放弃攻打韩国为好?”秦武王不得要领,亲自赶到息让这个地方,找到甘茂,问他为什么改变了主意。甘茂说:“战胜韩国并不是一件轻而易举的事,我国要消耗很多财力,也不是几个月就能结束战争的。如果中途发生了什么变故,不是要前功尽弃吗?”“有你主持带兵打仗的一切事务,还担心什么变故呢?”秦武王不以为然地说。

“有些事情的发展是现在难以预料的,历史上曾经有过这样一件事:一个跟孔子的门生曾参同名同姓的人闯祸杀了人,有人去报告曾参的母亲说:‘曾参杀人啦!’曾参的母亲正在织布,听了头也不抬地说:‘我的儿子是不会杀人的。’过了一会儿,又有人来报告说:‘你的儿子曾参杀人啦!’曾母仍旧不相信儿子会杀人。第二个人刚走,第三人又来报告说:‘曾参杀人犯了大罪,官府来捕人啦!’这次曾母相信了这个谣言,吓得扔下梭子躲了起来。”“左丞相对寡人讲这个故事,与出兵夺取韩国有什么联系呢?”秦武王不明白甘茂葫芦里卖的什么药。

“道理很简单,”甘茂解释说,“如果我率领千军万马离开大王身边去攻打韩国,说我坏话的人一定大有人在,万一大王也像曾参母亲那样听信谗言,我的后果可以不去说它,夺取韩国的大业一定也会付之东流了。"秦武王想了想说:"为了让你带兵作战,没有后顾之忧,我一定不听别人的闲言碎语,如若不信,可以给你写个凭证。"

接着,秦武王和甘茂订了一个盟约,就藏在息让。甘茂被拜为大将,领兵5万,先打宜阳城。没想到过了5个月都没把城攻下来,右丞相趁机对秦武王说:"甘茂拖延这么长时间,莫非要搞兵变或投降敌人。"秦武王经不住右丞相的挑唆,下令甘茂撤兵。甘茂派人给秦武王送去一封信,上面只写着"息让"两个字。秦武王拆开一看,知道自己轻信谗言动摇了攻韩的决心,觉得很对不起甘茂,于是增兵5万开赴前线,终于攻下了宜阳城。

甘茂能够预料到可能会受到小人的攻击,提前警醒了秦武王,免除了自己的后顾之忧,得到了秦武王的信任和支持,最终攻下了宜阳城。

在这个故事中,甘茂为了不使自己前功尽弃,就以"佞言"争取到秦武王信任。他首先预想到了秦武王可能被谗惑的可能,然后从一统天下的利益出发,再用"曾参杀人"的例子巧妙地获得了秦武王的认同,使秦武王感受到他的忠诚,于是,秦武王就立下盟约,从而使得甘茂攻韩的计划得以顺利实施,并取得了最后的成功。

11. 巧言舌辩保性命

作为游说者,在劝说他人的时候要摸清对手的实际情况,根据对手的实际情况采取让对手能够接受的劝说方式。因此,鬼谷子说:"成义者,明之也。"成义,就是指在劝说的时候要提出自己的主张,说明其中的道理,力求做到观点鲜明,论据充分,论述清楚,这样才会具有说服力。陈圆圆就是通过摆明观点,说明道理,陈清事实,才保住自己性命的。

面对眼前美女,李自成寻思着:当年吴三桂、刘宗敏就是为了争夺陈圆圆而闹得满城风雨，这种“祸水”千万留不得。于是下令将陈圆圆拉出去勒死。

不待卫士们动手，陈圆圆自己站了起来看了李自成一眼后，冷笑一声转身就走。

李自成大喝道：“回来！你冷笑什么？”

陈圆圆又跪下，说：“小女子早闻大王威名，以为是位纵横天下、叱咤风云的大英雄，想不到……”

“想不到什么？”

“想不到大王却畏惧一个弱女子！”

“孤怎么会畏你？”

“大王，小女子也出身良家，坠入烟花，饱尝风尘之苦，实属身不由己。初被皇帝霸占，后被吴总兵夺去，大王手下刘将爷又围府将小女子抢来，皆非小女子本意。请问大王，小女子自身有何罪过？大王仗剑起义，不是要解民于倒悬，救天下之无辜吗？小女子乃无辜之人，大王却要赐死，不是畏惧小女子又作何解释呢？”

李自成被问住了，只好抬抬手：“你且起来说话。”

陈圆圆给李自成磕了头，说了声：“谢大王！”然后站起来：“就是为大王计，大王杀小女子也实为不智。”“怎么不智？”

“小女子看宫中情形，大王有撤出京城打算？”

“就算孤有这种打算，那又如何？”

“大王是想平安撤走呢，还是想被追袭而奔呢？”

“当然想平安撤走，又当如何？”

“大王，吴总兵为先锋，

兵势甚锐，小女子听说他正向京师进逼。小女子蝼蚁之命，大王杀了我，于大王无丝毫益处；留下小女子，小女子感念大王不杀之德，当尽心竭力，使吴总兵滞留京师，不再追袭。趋利避害，请大王三思。”

陈圆圆的话触到了李自成的心病，他不由身子前倾，问道：“你果真能使吴三桂滞留京师吗？”

“大王想必知道，吴总兵降而复叛，皆由小女子而起，大王杀了小女子，必然激起他更大的复仇心，以致日夜兼程，追袭不休。大王留下小女子，小女子指天立誓，千方百计也要使他滞留京城，不再追袭。”

“好！孤王相信你，留下好了。”

至此，李自成终被陈圆圆说服了。

那么，威镇四方、权倾一时的李自成，是如何在这杀与不杀的辩论交锋中，被弱女子陈圆圆说服的呢？

首先，陈圆圆的陈辩是以“实际”出发的，当时的“实际”是什么呢？是李自成身处险境；接着又用欲扬先抑的手法，用“想不到”三个字作悬念，道出“想不到大王却畏惧一个弱女子”，以进一步用“激将法”，激出一番解民倒悬、解救无辜的道理来。

其次，陈圆圆的陈辩劝说是设身处地地为对方着想，替对方打算，说明杀她无益，留她有利——可让吴三桂滞留京师，不去追袭，这样就医治了李自成的心病；加之她“指天立誓”，信誓旦旦，李自成终于被说服了。这样，陈圆圆才能够保全自己的性命。

12. 贪利则败，欲速不达

事物的发展都是有其规律和时间期限的，正如大自然的更替和四季的变换，这是人力所无法改变和抗衡的，对于这些规则，人们只能权宜局势地去适应，而不能去改变。这一观点是鬼谷子在“权篇”中所强调的核心。但是往往很多人却忽视了这一点,企图找到捷径快速地达到目的,为了得到眼前的一点点蝇头小利,就不惜做出一些有辱道德的事情,这样的人往往达不到预期的效果。这一道理放在管理政事上也同样可行,急于做出一点政绩,就横征暴敛,最后必将一无所获。所谓"欲速则不达"的典故就是从这里来的。

孔子有两个学生在地方当长官,一个名叫子贱,在单父当县令。一个是孔子的侄子,叫子蔑,任郐邑县令。

有一天,孔子带着颜回等几个学生,坐上牛车去检查两个学生的政绩。

他们一行人先来到郐邑。在路上经过一片荒地时,孔子就叫颜回去问一个农民:"已是春天下种的时候了,为什么让地荒着不种东西啊?"

那汉子见有人来问,就哭丧着脸说:"县令规定,农民每家要是缴不上半数以上的田赋,就不许耕种。去年遇上灾荒,没有收成,拿什么缴赋税呀?交不上赋税,地就种不得,所以就荒着了。"

孔子听了在车上仰天叹息道:"这不是本末倒置吗?"孔子一行来到郐邑县府。子蔑早就知道是老师来了,就在府上摆了一桌丰盛的酒席欢迎叔父兼老师和同学们。

酒足饭饱之后,孔子问子蔑:"你说说看,这一年里当政有什么得失?"

子蔑答道:"没有所得,只有三失。一是不能跟随在你的身边专心学习;二是薪俸太少不够开销;三是公事太忙没有时间与朋友来往。"

孔子听了就耐心教导说:"做官最要紧的是要关心百姓的疾苦。要兴修水利,减轻赋税,让百姓旱涝保收,生活安定。生活安定了诉讼就少,你的事务就不会太忙,就有时间交友和学习了。"

子蔑恭敬地说:"一定记住老师的教导。"

第二天,孔子又去单父看望子贱。进入单父境内,只见一路沟渠连接,庄稼茂盛。孔子心里很高兴。师徒的车子来到一条河边,见一个老汉正在河里捕鱼。只见他一网下去捕了不少小鱼,但都又放回河里。一会儿又打上一条大鱼,又放回河里。孔子纳闷,就上前问老汉什么原因。

老汉说:"小鱼还没长大,大鱼正要产仔。"

孔子问:"这是你们县上规定的吗?"

老汉说:"是啊,而且县令自己也是这样做的。"

孔子听了说:"真是身教重于言教。"

孔子一行来到单父城里。忽然看见在一家药铺前,一个十几岁的孩子正在与一个老汉争执。孔子便上前问个究竟。原来这个孩子的娘病了,他请医生来看病,医生见他家穷,不仅不收钱,还给他一块银子去抓药。孩子来到老汉的药铺抓药,老汉收了孩子一半药钱,把剩下的碎银找还给孩子。孩子心急,出门时绊了一跤,把碎银丢了。老汉出来捡起碎银,心想,这点银子是不够治病的,另外给孩子一锭大银。但孩子不要,说这不是他丢的,二人为此正在争执。

孔子听了十分感慨,对孩子说:"既然是老人家诚心送你的,你就收了吧。"

颜回也感动地说:"道德盛行的地方就会天下太平,道德薄弱的地方就会天下大乱。"

一行人到了县府,子贱出来迎接。师徒坐下后,孔子也问子贱:"你当政一年来有什么得失?"

子贱回答说:"我没有失去什么,倒是有三得。第一,能把老师的教导付诸实施;第二,有了薪俸可以帮助朋友解决困难;第三,没有太多的事务,没有什么官司,就有时间与老百姓交往。"

孔子听了感叹地说:"子贱真是个君子,只有自己有君子般的修养,才能使百姓安居乐业啊。"

13. 制人者握权,被制者受命

"制人者握权,被制者受命"是鬼谷子《权篇》中的重要谋略思想。兵法上主张"先发制人",现实当中主张把握主动权。无论是真实的战争还是生活中的争斗,掌握主动权无疑是最重要的。掌握主动就等于掌握了时局,控制了事态的发展,这样,事情就会逐步顺着自己希望的方向改变。而失去了主动,则会到处受敌,防不胜防,只有落后挨打的份儿了。其实,主动权既是实力的较量,也是智慧的对比。计谋往往能在这里起到很大的作用。

战国时楚怀王的王后名郑袖，美丽聪明而又狠毒，怀王对他十分宠爱。有一年，魏国为讨好楚国，给怀王送来一位更加年轻、漂亮的女子，楚怀王本是好色之徒，喜新厌旧，因此郑袖失宠。郑袖气恨无比，决定除去魏美人，夺回宠爱。

她心中忌妒，表面上却装得似乎对此事一点也不在意的样子。她安排新人在最好的宫室中住，给新人做与自己同样的衣服，分给新人最好的首饰。本来，魏美人来了之后，怀王对郑袖有点冷落，怕郑袖心怀怨言，对新人发难，让他为难。一见郑袖这样对待新人，怀王真是大喜过望，对郑袖更加信任，觉得她是一位大度、善良的王后，把她树为后宫的榜样。魏美人更是对郑袖感激不尽，于是对郑袖的戒心也放了下来，认为她是个难得的好人，在怀王身边多年，深得怀王喜爱，自己应多向她学习。郑袖见把二人迷惑住后，便施展第二步"迷乱"之计。

一天，她告诉魏美人："大王对您太好了，直夸您漂亮，不过——"

"不过什么？"魏美人急切地问。

"算了吧！一点小毛病。"郑袖假装欲言又止。

"不！请您告诉我。"魏美人为了"碧玉无瑕"，缠着郑袖哀求。郑袖看四周无别人，便压低声音说："大王只是嫌您的鼻子稍微尖了些。"

"那怎么办呢？"魏美人忧虑地说。

郑袖笑了笑，装作轻松地说："这个容易。您再见大王，就把鼻子掩起来。这样，既掩饰了不足，又表现得含蓄，多好啊！不过——"郑袖顿了顿，又看了一四周一眼，说："您千万别说是我说的，别告诉大王是我出的主意，大王这人最讨厌别人传话了。"

魏美人感激地点点头说："您放心吧！"

从此以后，魏美人见了怀王，便以袖掩鼻。怀王大惑不解，追问原因，新人笑而不答。怀王更加疑惑。一天，见了郑袖，便问原因。郑袖假装迟疑了一下，说："大王，您别生气，这个——"

"快讲！"怀干性情暴躁，急催道。

郑袖又装着迟疑了一番，才说："她说您身上有一股让她厌恶的气味，她一闻到就觉得难受！"

"岂有此理！"怀王气得一拍桌子，"我身上有味让她的鼻子难受，那好，把鼻子割去，就不难受了！来人——"怀王拖长声音高喊："去把那贱人的鼻子割下来!”

魏美人容貌被毁,自然失宠,郑袖重又专宠于怀王。

有主动者就有被动者,两者是相辅相成的。就像有阴就有阳,是统一辩证的关系。人们在不同的关系中,不是处于主动,便是处于被动,而且在被动和主动之间不断地变化。拥有主动权固然好,但是如果没有被动的一方,主动也就失去了意义。所以处于被动也无可厚非,并不意味着没有机会。

从上述故事来看,郑袖无疑是十分阴险的角色,就正直做人来说,她的行为是卑鄙而丑陋的。但从另一角度来说,她正是运用了谋术而改变了自己的不利处境。由此可见谋术的巨大力量。

第十章　谋[①]篇

鬼谷子的《谋篇》是与前一章的《权篇》具有密切相接的。“谋”与“权”本为一体。“权”是“权衡”；“谋”乃是“计划”。“权”篇和“谋”篇的主题是一致的。都是论述“游说”术。本篇将游说谋略扩展开来，指明“凡谋有道，必得其所因，以求其情”，分析了“相益则亲，相损则疏”的各种情况，指出“制人者握权也，见制于人者制命也”，集中讨论了“谋略”的产生、谋略运用，谋略的效用等内容。

【原文】

为人凡谋有道，必得其所因，以求其情[②]。审得其情，乃立三仪[③]。三仪者：曰上、曰中、曰下。参以立焉，以生奇[④]。奇不知其所拥，始于古之所从[⑤]。故郑人之取玉也，必载司南之车[⑥]，为其不惑也。夫度村、量能、揣情者，亦事之司南也。故同情而俱相亲者，其俱成者也；同欲而相疏者，其偏成者也；同恶而相亲者，其俱害者也；同恶而想疏者，其偏害者也[⑦]。故相益则亲，相损则疏，其数行也，此所以察同异之分，其类[⑧]一也。故墙坏于其隙，木毁于其节，斯盖其分也[⑨]。故变生事，事生谋，谋生计，计生议，议生说，说生进，进生退，退生制，因以制于事。故万事一道，而百度一数[⑩]也。

【注释】

①谋：谋划、方法。《易经·讼》“君子以作事谋始”。《说文》“虑难曰谋”。这里主要指谋划说服人的策略。

②得其所因，以求其情：因，依靠，凭借；情，实情，情形。要调查对方的心理状态，就要掌握这个人的本性。

③三仪：指天、地、人，天在上，地在下，人居中。此处借喻上智、中材、下愚。

④参以立焉，以生奇：假如三仪互相渗透，就可谋划出卓越的策略。

⑤始于古之所从：并非现在开始的事情，而是自古以来就被人们所遵行的事。

⑥司南之车：即指南车。古代发明的一种装有磁石的车。常指南方，以此为

基准作行军时的向导。比喻判断正确。

⑦同恶而相疏者,其偏害者也:假如二人有同样恶习,而关系疏远,只能是一方受害。

⑧以察同异之分,其类:根据这个来判断异同的原因。

⑨墙坏于其隙,木毁于其节,斯盖其分也:"墙"又可写作"墧",是指环绕住宅周围所建的土墙。恰如墙有一点点小裂痕就有崩毁的可能。而树是从有疖处开始腐败的。一般人事也是从同或不同的空隙处发生破裂。

⑩数,定数。

【译文】

对于一个人来说,凡是筹划计谋都要遵循一定的法则,一定要弄清原由,以便研究实情。根据研究,来确定"三仪"。所谓"三仪"就是上智、中才、下愚。此三者互相参验,就能定出奇谋。这样产生的奇谋,拥有无所不到的威力,然而也不过是遵循古代的哲理而形成的。据说,郑国人入山采玉时,都要开着指南车去,为的是不迷失方向。在考量才干能力,揣情度理方面也如同做事时要使用指南车一样。所以凡是感情相同而又互相亲密的人,大家都可成功;凡是欲望相同而关系疏远的,事后只能有部分人得利;凡是恶习相同而关系又密切的,必然一同受害;凡是恶习相同而关系疏远的,一定是部分人先受到损害。所以,如果能互相带来利益,就要密切关系,如果相互牵连地造成损害,就要疏远关系。这都是有定数的事情,也是所以要考察异同的原因,凡是这类事情都是一样的道理。所以,墙壁通常因为有裂缝才倒塌,树木通常因为有节疤而折毁,这都是理所当然的。因此,事情的突变都由于事物自身的渐变引起的,而事物又生于谋略,谋略生于计划,计划生于议论,议论生于游说,游说生于进取,进取生于退却,退却生于控制,事物由此得以控制。可见各种事物的道理是一致的,不论反复多少次也都是有定数的。

【原文】

夫仁人轻货[①],不可诱以利,可使出费;勇士轻难,不可惧以患,可使据危;智者达于数、明于理,不可欺以诚,可示以道理,可使立功;是三才[②]也。故愚者易蔽也,不肖者易惧也,贪者易诱也,是因事而裁之[③]。故为强者,积于弱也;为直者,积于曲;有余者,积于不足也;此其道术行也。

【注释】

①夫仁人轻货：有德行的人不看财货。

②三才：指仁人、勇士、智者三种人才。

③因事而裁之：裁是判断、裁夺。根据具体情况作出判断和进行巧妙的裁夺。

【译文】

一般说来，那些仁人君子是轻视财货的，所以不能用金钱来诱惑他们，反而可以让他们捐出资财；勇敢的壮士自然会轻视危难，所以不能用祸患来恐吓他们，反而可以让他们镇守危地；一个有智慧的人，通达礼教，明于事理，不可假装诚信去欺骗他们，反而可以给他们讲清事理，让他们建功立业。这就是所谓仁人、勇士、智者的“三才”。由此观之，愚昧的人是容易蒙蔽的，不肖之徒是容易被吓住的，贪婪的人就容易被引诱；所有这些都要根据具体情况来判断。然而，强者是由弱小的力量不断积累而变成强大的；强直的形式是由许多微小的曲线而积成的；由于积累才使不足者成为富裕者。这就是道术反致的规律啊！

【原文】

故外亲而内疏者说内，内亲而外疏者说外。故因其疑以变之[①]，因其见以然之[②]，因其说以要之[③]，因其势以成之，因其恶以权之，因其患以斥之。摩而恐[④]之，高而动之，微而证之[⑤]，符[⑥]而应之，拥而塞之[⑦]，乱而惑之，是谓计谋。计谋之用，公不如私，私不如结[⑧]，结而无隙者也。正不如奇[⑨]，奇流而不止者也。故说人主者，必与之言奇；说人臣者，必与之言私。

【注释】

①因其疑以变之：根据对方疑问来改变自己的游说内容。

②因其见以然之：根据对方的表现来判断具游说活动是否得法。

③因其说以要之：根据对方的言辞来归纳其游说要点。

④恐：受到威胁。

⑤微而证之：微，悄悄。（对于即使在恐吓或权威下也不知改变的人）要巧妙地引用证据来证明。

⑥符：验证，应验之意。

⑦拥而塞之：“拥”通“壅”，就是用土堵。塞是封闭，也就是封闭进去。

⑧私不如结:结,缔联。暗地里谋划又不如二人结为死党在一起商议。

⑨正不如奇:正攻法虽然是合理的,但是不如乘对方不备时使用奇攻法。

【译文】

所以,对那些外表亲善而内心疏远的要从内心入手进行游说;对那些内心亲善而外表疏远的要从表面入手进行游说。因此,要根据对方的疑问所在来改变自己游说的内容;要根据对方的表现来判断游说是否得法;要根据对方的言辞来归纳出游说的要点;要根据情势的变化适时征服对方;要根据对方可能造成的危害来权衡利弊;要根据对方可能造成的祸患来设法防范。揣摩之后加以威胁;抬高之后加以策动;削弱之后加以扶正;符验之后加以响应;拥堵之后加以阻塞;搅乱之后加以迷惑。这就叫做“计谋”。至于计谋的运用,公开不如保密,保密不如结党,结成的党内是没有裂痕的。正规策略不如奇策,奇策实行起来可以无往不胜。所以向人君进行游说时,必须与他谈论奇策。同样道理,向人臣进行游说时,必须与他谈论私情。

【原文】

其身内,其言外者疏①;其身外,其言深者危②。无以人之所不欲,而强之于人;无以人之所不知,而教之于人。人之有好也,学而顺之;人之有恶也,避而讳之,故阴道而阳取之③也。故去之者纵之,纵之者乘之。貌者不美,又不恶,故至情托④焉。可知者可用也⑤,不可知者谋者所不用也,故曰:“事贵制人,而不贵见制于人。”制人者握权也,见制于人者制命也。

【注释】

①其身内、其言外者疏:内,内部;疏,疏远。虽然是内部人,但是却把内情泄露于外,这种人就会被疏远。

②其身外,其言深者危:虽然是外边人,但是他的言论却深通内情,这种人就会陷于危险。

③阴道而阳取之:当顺从对方又忌讳时,假如能悄悄进行,对方就不至于伤害感情。因此私下进行是谋,却从公开中获得。

④故至情托:托,信赖。所以可以完全信赖。

⑤可知者可用也:假如能知道对方的内心,就可以使用。

【译文】

虽然是自己人,却把家丑外扬,说着有利于外人的话,就会被人疏远。同理,他是外面人,却知道许多内情,也会有危险。不要把人家不喜欢的东西强加于人;不要把人家不懂的事,强教于人。如果对方有某种嗜好,可以迎合他的兴趣,如果对方厌恶什么,可要加以避讳,以免引起反感。所以说,所进行的虽是阴谋,所得到的却是公开的获取。因而,想要除掉的人,可以放纵他,让他犯过,然后抓住机会除掉他。无论作什么事,在外表既不喜形于色,也不怒目相视,是感情深沉的人,可以以机密大事相托。对于能了解的人,可以任用他;对于一个不了解的人,一个有谋略的人,是不会重用他的。所以说,办事情最重要的是控制人,而不是被人控制,控制别人的人,手中握权;被人控制的人是被统治者。

【原文】

故圣人之道阴①,愚人之道阳②;智者事易,而不智者事难。以此观之,亡不可以为存,而危不可以为安③,然而无为而贵智矣。智用于众人之所不能知,用于众人之所不能见。既用见可,择事而为之,所以自为也;见不可,择事而为之,所以为人也。

【注释】

①道阴:道,谋略,原则;阴,隐秘,隐藏。

②阳:公开,张扬。

③亡不可以为存,而危不可以为安:救亡图存和转危为安的都是很难的事,唯独智者才能做到。

【译文】

一般说来,圣人处世之道称为"阴",即谋略原则为隐而不露。愚人处世之道称为"阳",即谋略原则为公开张扬。聪明智者,成事容易;而愚鲁的人成事困难。由此看来,一个国家灭亡了是难以复兴的,一旦国家动乱也难于安定。然而运用"无为"则是最高的智慧了。"无为"之智要运用在众人所不知,众人所不能见之处。如果在施用智谋之后发现了可行的迹象,就要见机行事,可做,自己就去做;如果发现不可以做,就要选择一些相应的事,让别人去所为。

【原文】

故先王之道阴,言有之①曰:"天地之化,在高与深;圣人之道,在隐与匿。非独忠、信、仁、义也，中正而已矣。”道理达于此[②]义者，则可与语。由能得此，则可与谷[③]远近之义。

【注释】

①言有之：古语有这种说法。

②道理达于此：要彻底认清这种道理。

③谷：善，引申为商讨之意。

【译文】

所以，圣人能行的大道，都是属于“阴”隐而不露。古语说：“天地的造化在于高与深，圣人的治道在于隐与匿，并不是单纯讲求仁慈、义理、忠诚、信守，不过是在维护不偏不倚的正道而已。”如果能彻底认清这种道理的真义，就可以与人交谈，假如双方谈得很投机，就可以发展长远的和目前的关系。

纵横谋略

1. 左右逢源的生存之道

公元前257年，秦军进攻赵国，赵国的都城邯郸处于岌岌可危之中。秦军围困邯郸已经有3年了。邯郸城内无粮草外无救兵，情况十分危急。

这时候，东周君看到了赵国的处境十分艰难，就认为秦国灭了赵国之后，一定会来吞并他们。于是，他对相国说："秦国攻克邯郸，已是早晚的事情了，为了东周的社稷苍生，你辛苦一趟，到秦国去见秦王，要求我们两国结好，如何？"

相国说："主公，微臣这就动身。"

相国正要下殿，一位大臣跑进殿中，向东周君说："主公，邯郸方面传来消息，魏公子信陵君窃符救赵，秦军大败，退回关中。秦国名将白起也自杀了。"

东周君说："莫慌，说说这到底是怎么回事。"

这位大臣详细介绍说："秦将白起曾率秦军南征北战，屡立战功，令诸侯闻之丧胆，十年前，白起率领秦军攻克楚国都城郢都，楚国被迫迁都到陈。4年前，白起在长平大败赵国名将赵奢之子赵括，坑杀赵国降卒四十余万，赵军精锐为之一空。那时，秦军如果乘胜前进，赵都邯郸指日可下。赵王见状，忙派特使游说秦相范雎说：'如果赵国灭亡，白起必升为三公，相国能甘居白起之下吗？'范雎听了，便劝秦王说：'长平之战，我军虽然获胜，但将士死伤过半，急需休整，不宜继续作战了。'秦王认为他说得有道理，便下令让白起退兵。白起眼见赵国唾手可得，却不得不遵命回国，心中怏怏不快。第二年，秦王见赵国背盟，不肯割让答应献给秦国的六座城池，心中大怒，便命令白起说：'赵国背盟，实在可恶，将军立即率领大军进攻赵国，一定要攻下邯郸，生擒赵王。'白起说：'大王，此事万万不可。去年长平之战后，如果乘胜前进，邯郸一鼓可下。战后，赵国结交诸侯，练兵蓄粮，早已做好了应战准备。我国此时出兵，必败无疑。请大王厉兵秣马，等待时机吧，秦王和范雎多次请他率军攻赵。他都婉言拒绝，托病推辞了。秦王无奈，只得改派王陵、王龁先后率军出征。结果，正如白起所言，秦军在赵、魏、韩联军的合击下，大败于邯郸城外。白起闻讯，对人说：'不听我的话，今日如何？'秦王听说后，恼羞成怒，夺了他的官爵。范雎对秦王说：'白起被罢官，心中不服，常有怨言。'秦王闻言大怒，赐给白起一把宝剑，命他自杀。可惜白起，一代名将，就这样含冤而死了呀。"

东周君听了，沉吟半晌。东周君原想派相国到秦国去结好，为的是找个靠山，免受刀兵之灾。此时听说秦军大败，白起已死，便对相国说："秦军重创，国势骤衰，你不必去了。"于是，相国便没有动身。

相国手下有个谋士，足智多谋，洞悉天下大势。他见相国没有动身，便劝他说："秦国并未一败涂地，未来形势如何尚未可知。当前，秦国一定想了解赵、魏、韩三国的情况，大人不如到秦国去对秦王说：'大王，请让我为大王侦察赵、魏，韩三国的情况，向大王汇报吧。'这样，秦国一定会重视你的。眼下，东方的齐国已经和我们结好，如果再在西方和秦国结好，那时，我们东周就能左右逢源，立于不败之地了。"相国听了，兴奋地连连击掌赞叹道："此计甚妙，此计甚妙！"

东周君依计而行，继续在七国争雄的夹缝中艰难而顽强地生存着。

东周之所以能够在各个强大的诸侯国的夹缝中生存下来，就是因为他们的谋臣看透了各国之间错综复杂的利益关系，在关键时候抓住时机，相机而动。因此，鬼谷子认为：凡是遵循一定的法则去筹划计策，必须查明事情的原委，以探得实情。东周相国的谋臣们就依据这样的理论，制定出威力无比的奇谋，让东周在诸个国家中得以游戏般地生存着。

2. 融会贯通，出奇制胜

出奇制胜，是许多优秀将帅所追求的目标。

鬼谷子曾经这样说出奇制胜的奥妙：“奇不知其所拥，始于古之所从”。孙子兵法也云：“凡战者，以正合，以奇胜。故善出奇者，无穷如天地，不竭如江海。”

楚汉争霸时，韩信背水一战大破赵军。在庆祝胜利的时候，将领们问韩信：“兵法上说，列阵时应该背靠山，阵前可以临水泽，现在您让我们背靠水排阵，现在竟然取胜了，这是一种什么策略呢？”韩信笑着说：“这也是兵法上有的，只是你们没有注意到罢了。兵法上不是说‘陷之死地而后生，置之亡地而后存’吗？如果是有退路的地方，士兵早都逃散了，怎么能指望他们拼命呢？”

韩信精通兵法，但不囿于兵法，而是充分领会兵法之精华，将其融会贯通，最终达到出奇制胜的效果。

毛泽东的出奇制胜经典战例之一 是“四渡赤水”。在数十万国民党的围追堵截中，毛泽东指挥红军来回穿插，忽东忽西，连战连捷。当时，红军受阻于云南的国民党军队。毛泽东出奇兵，命林彪率部袭击防备空虚的贵州。当时蒋介石正在贵州督战，在红军的猛烈攻击下，急忙调动最近的云南军队来护驾。等援兵到达后，却根本找不到红军，蒋介石方知中计。此刻，红军已借蒋之手调出了云南军，顺利地进入了云南省，把几十万追兵甩在身后，跳出了包围圈，渡江而去。

"四渡赤水"是典型的出奇制胜，正如《孙子兵法》上所说："水因地而制流，兵因敌而制胜。"看准对方的弱点进行打击，远比正面硬碰硬的效果要好得多。

在商业活动中，同样要讲究出奇制胜，以较小的成本获取高额的回报。

日本西铁城表在进入澳大利亚市场的过程中，就使出了闻所未闻的招数，收到奇效。西铁城表质量优良，属于世界名牌，但在刚进入澳大利亚市场时却遭到了冷眼，因为澳大利亚人对西铁城表几乎一无所知。西铁城钟表商为了让澳大利亚人了解西铁城表，提高西铁城表的知名度，想出了一个绝妙的办法。他们首先在大众传媒上广泛宣传：某日将有世界上最精美的手表从天而降，谁拾到就归谁。好事者怀着侥幸的心理在这天来到指定的广场。预定的时间一到，果然有一架飞机出现在上空，不一会儿，一只只晶光闪亮的手表从天而降。广场上的人兴奋地拾起落在地上的西铁城表，发现这些表居然完好无损。从此，西铁城表在澳大利亚声名大振，一个广阔的市场就这样被打开了。

现实生活中，我们经常会按照正常的思路去想问题、办事情，由于习以为常，所以我们就认为没有必要去变化。可是，当我们当遇到困难时，用常规的做法经常解决不了问题，于是一些人就用非常规的方法，巧妙而有效地解决了困难，这时候我们就会感到迷惑。这是为什么？

有一个年轻人梦想致富，他发现近来用作礼品的红豆很受欢迎，就开始了卖红豆的生意。红豆又称相思豆，和玫瑰一样，都是爱情的象征。年轻人去了一趟红豆产地，进了大量红豆，回来以后才发现这些红豆大都有瑕疵。有的带着明显的疤痕，有的表皮皱巴巴的，有的颜色不正。怎么办？难不成就这样放弃了？经过一夜的思索，年轻人想出了一个好办法。他把这些红豆分了类，把颜色偏紫红的陈旧红豆制作成"红得发紫，爱到心痛"，把皱巴巴的红豆制作成"等你等到红颜老"，把一半黑一半白的红豆制作成"天亮了，我还是不是你的女人"。结果这些价格更高的红豆一下子引起了销售热潮，让他大赚了一笔。

这是一个非常简单的道理，生活中绝大多数人已经习惯了按部就班地生活和思考，这样就造成了思维的定式。其实，在商业活动中，只要打破常规，往往只需要一个好点子、一句广告词就能够达到预期的效果，根本不需要大费周折。

曾经有一段时间，法国男子追求美式潇洒，不时兴戴帽子。市场上男帽滞销，帽商一筹莫展。最后，帽商请出著名的服装设计大师做电视广告。他只说了一句话:“女人戴男帽,俏上加俏。”有的女郎一试戴,果然别有一番风韵。立时一股男帽风席卷法国妇女群,刮得她们晕乎乎的,一个劲地猛掏钞票购买。法国帽店因此而门庭若市,不论是牛仔帽、鸭舌帽还是老式毡帽,多年的积存全部一扫而空。各时装店不得不临时增设帽子专柜,以接待潮涌而来的顾客,巴黎百华公司则干脆把男帽并入女帽部。帽商们大发其财,抹掉一身冷汗后,喜不自禁。

在数学的逻辑推理中,有两种方法,一种是“顺向推理”,而另一种是“逆向推理”。通常在前一种不能够取得效果的时候,运用后一种往往能起到更好的效果。在上面的两个例子中,瑕疵的红豆卖出高价,男人的帽子卖给了女人,这正好证明了不按常理出牌的逆向思维的价值。在日常生活中,为什么非要坚持惯常思维,而不愿通过逆向思维去出奇制胜呢?

【国学精粹珍藏版】

鬼谷子

卷四

李志敏⊙主编

◎尽览中国古典文化的博大精深

◎读传世典籍，赢智慧人生

——受益终生的传世经典

民主与建设出版社

3. 道不同，不相为谋

“道不同，不相为谋。”这是孔夫子说的话，意思是志向不同的人，不能一起谋划共事。每个人的道德修养与后天的修为有关，也与外部环境的影响有关。重视朋友的选择，是我们成就事业所应该注意的事情。同样，《鬼谷子》也说：在为人谋事时，一定要考察彼此在各方面的异同。否则就会有害于双方。

有这样的一则寓言：青蛙爱上了老鼠，它想时时刻刻都和老鼠在一起。于是，它把老鼠的脚和自己的脚绑在了一起。刚开始，它们在地面上行走正常，还能吃到谷子。可后来，当它们来到池塘边时，青蛙一下就跳进了水里，把老鼠也拖下了水。青蛙在水里玩得高兴，而可怜的老鼠不会游泳，淹死了。最后，老鼠的尸体浮上水面，它的脚仍然和青蛙绑在一起。一只老鹰发现了老鼠，便冲向水面，抓起老鼠。而青蛙也被跟着提出水面，成了老鹰的美食。正如这则寓言中的青蛙和老鼠，不恰当的合作只会给双方带来损失。

通常人们愿意与品德高尚的人交往，远离那些品德低劣的人。管宁不愿与华歆为伍就是很好的例子。

管宁和华歆在年轻的时候，是一对非常要好的朋友。他俩整天形影不离，同桌吃饭、同榻读书、同床睡觉，相处得非常好。

有一次，他俩一块儿在菜地里锄草。只见管宁举起锄头，一锄下去，碰到了一个硬东西。黑黝黝的泥土中，有一个黄澄澄的东西闪闪发光。管宁定睛一看，是块金子，他就自言自语地说了句：“我当是什么东西呢，原来是锭金子。”接着，他不再理会了，继续锄草。

“什么？金子！”不远处的华歆听到这话，赶紧丢下锄头奔了过来，抓起金块捧在手里仔细端详。

管宁见状，边干活边责备华歆说：“一个有道德的人是不可以贪图不劳而获的财物的,钱财应该是靠自己的辛勤劳动去获得。"

华歆听了,口里说:"这个道理我也懂。"手里却还捧着金子舍不得放下。后来,他实在被管宁的目光盯得受不了了,才不情愿地丢下金子回去干活。但他心里还在惦记金子,所以干活也没有先前努力。管宁见他这个样子,暗暗地摇了摇头,没再说什么。

又有一次,他们两人坐在一张席子上读书。正看得入神,忽然外面传来一片鼓乐之声,中间夹杂着鸣锣开道的吆喝声和人们看热闹吵吵嚷嚷的声音。于是管宁和华歆就起身走到窗前去看究竟发生了什么事。

原来是一位达官显贵乘车从这里经过。一大队人马,威风凛凛。而他的车子更是豪华:车身雕刻着精巧美丽的图案,车上蒙着的车帘是用五彩绸缎制成,四周装饰着金线,车顶还镶了一大块翡翠,显得富贵逼人。

管宁看了看,又回到原处捧起书专心致志地读起来,对外面的喧闹好像没有听到一般,华歆却不是这样,他完全被这种浩大的声势和豪华的排场吸引住了。他嫌在屋里看不清,听不明,干脆放下书跑到街上,尾随着车队细看。

管宁目睹了华歆的所作所为,再也抑制不住心中的惋惜和失望。等到华歆回来以后,管宁就拿出刀当着华歆的面把席子从中间割成两半,痛心而决绝地宣布:"我们两人的志向和性情太不一样了。从今以后,我们就像这被割开的草席一样,不是朋友了。""割席断交"的故事一直流传到现在。它告诫告诉我们:真正的朋友,应该建立在共同的思想基础和奋斗目标上,一起追求、共同进步。如果没有内在的精神的默契,只有表面上的亲热,这样的朋友是无法真正沟通和理解的,充其量算个熟人,也就失去了做朋友的意义了。

有位心理学家曾做过这样一个实验,将十几个素不相识的人关在一间屋子里,与世隔绝。几天后他发现,有共同爱好和追求的人大都成为好朋友,而没有共同爱好和追求的人则形同陌路。

司马迁曾经说过："世上学老子的人不屑于儒学，学儒学的人也不屑于老子。道不同，不相为谋。"这是因为思想观念、学术主张不同，所以他们就不相为谋。

伯夷、叔齐，相传为殷代孤竹君的两个儿子。武王灭殷，天下宗周，伯夷叔齐义不食周粟，隐居首阳山，终于饿死。

司马迁由此而感叹说："道不同，不相为谋，真是各人追随各人的志向啊！"这是政治态度不同不相为谋的典型。

"道不同，不相为谋"是择友的一个重要原则。朋友是要志同道合的，志不同道不合就会南辕北辙，越走越远。

英国哲学家、经验主义哲学的奠基人弗半西斯·培根说："财富非永久的朋友，朋友才是永久的财富。"

真正的朋友不会把友谊挂在嘴上，他们并不会为了友谊而相互要求，而是彼此为对方做一切能办到的事。在我们的日常生活中，看得更多的则是人们为了一点点小事而斤斤计较，各自只为自己的利益，而不会想到别人的情景。

有一种朋友，就是酒桌上的酒肉朋友，这是最不可靠的朋友。有些人历来会做表面文章，在酒桌上觥筹交错，推杯换盏，似乎一个个都是铁哥们。其实是人一走，茶就凉。

有人说："生意场上没有真正的朋友。"这话的确有一定的道理。我们看到生意场上的朋友大多都是很虚伪的。一句"你好"，然后互相递上一张名片就成了朋友。为一点蝇头小利，商人们蝇营狗苟。一旦生意谈崩，甚至要到法庭见面。

人与人相交才会有真正的朋友。然而，不相信任何人和盲目相信任何人都是错的。古希腊哲学家德谟克里特说过："不要对一切人都以不信任的眼光看待，但要谨慎而坚定。"人与人的思想观念不同，因而做事的行为方式也就不同。如果坚持己见的话，可能会带来争执，甚至还会造成矛盾，使得朋友间闹得不和睦。有时候，退一步海阔天空，个人保留自己的想法，尊重他人的意见。所谓"道不同，不相为谋"，应该放弃和对方争执，先了解真正的原因所在，找到解决的办法,最后朋友间的意见也许就会变成一致。

4. 綦毋恢巧取温园

这一年,秦军进攻西周国,西周没有力量抵御,国君只好亲赴魏国求救。魏王见西周君来访,连忙以礼相待。西周君告诉魏王说:“秦王贪得无厌,得寸进尺,如今又来侵犯我国。我国危在旦夕,请大王出兵相救。”

魏王很为难,就回答说:“我也很难啊。秦军进攻上党,上党战事吃紧,我都自顾不暇,哪里还有力量来出兵救你国啊。”

西周君见魏王不肯出兵,就说要回国。魏王就挽留说:“大王既然远道而来,就先别急着回去,到梁园住几日,玩一玩散散心吧。”

西周君怕拂了魏王的意,就暂时留下。在魏王的陪同下,到梁园中游览一番。西周君回国后,对大臣们说:“魏国的梁园真好,寡人在那园中一游,就再也不想出来了。”

大臣綦(qí)毋恢听了这话,对西周君说:“魏国还有个温园,不比梁园差,而且离我们西周更近。如果主公有意,臣能把温园要来。”

西周君不相信这话,问道:“你凭什么把温园要来啊?”

綦毋恢说:“就凭口中的三寸舌啊。”

西周君见他信心十足,说得不像是假话,就给他准每好车罩,让他出使魏国。

綦毋恢到了魏都大梁,晋见魏王。魏王问他说:“西周君怨恨寡人吗?”

綦毋恢回答说:“他不怨恨,谁还能怨恨大王呢?臣为大王担忧啊!”

魏王问道:“担忧什么?”

綦毋恢回答说:“西周君曾是合纵伐秦的领袖,曾拿自己的国家捍卫过大王,而今大王却不肯援救西周。臣想,西周君必将归附秦国。秦王定会用塞外的全部兵力,会同西周军队进攻魏国的。到那时,魏国就危险了。”

魏王一听害怕了,忙问:“既然如此,先生看寡人如何是好呢?”

綦毋恢回答说:“西周君本不愿意归附秦国,他平时又好贪图小利。依臣之见,大王不如答应他派三万魏兵戍守西周,并以温园相赠。这样,西周君便有话对百姓交代了。他贪图温园可供游乐,一定不会归附秦国的。臣听说,温园一年的收入是八十镒金。西周君得到温园后,每年将向大王进献一百二十镒金。这就是说,将温园送给西周君之后,大王每年可赚四十镒金哩。”

魏王听罢大喜,忙派大臣孟卯把温园送给西周君,并派出魏兵戍守西周。秦军见魏王派来大军,便退回关中去了。

秦军大举进攻,求援又被婉言拒绝。对于西周来说,可谓是危在旦夕。而此时,如果没有人出谋筹划,恐怕西周真的要被秦国吞并了。綦毋恢的计谋真可谓一石二鸟。利用自己假投秦国来要挟魏国,而魏国怕西周真的投靠了秦国之后,威胁到自己的利益,所以就把温园送给了西周,而且还派兵援助了西周。

綦毋恢仅用三言两语就保全了西周,而且还得到了魏国赠送的园子。由此我们真的应该佩服綦毋恢的谋略之精细,游说技巧之高超了。

5. 郑板桥主动送画

鬼谷子在《谋篇》中曰："计谋之用，公不如私，私不如结。"意思是对于计谋来说，公开策划，不如密谋，私下密谋不如结成党羽。这里的党羽，就是团队和合作的意思。

作为计谋而言，不是一下子就能被人看出来的，如果被人一下子看破的话就不叫计谋了。即使叫的话也不够深，很难达到谋的作用。郑板桥主动送画，其实就是在他人密谋中而产生的行动结果。

清朝有位富商新盖了一处庭院，豪华富丽，美中不足的是缺少文化气息。有人建议富商在墙上挂上几幅郑板桥的字画衬托一些高雅气质。商人一听，觉得很有道理，于是就去求见郑板桥，却几次被挡在门外。

商人发誓要寻到郑板桥的几幅字画。他安排手下人四处打探郑板桥的生活习惯和各种爱好。手下人打听到郑板桥有爱吃狗肉的习惯，商人决定从这件事上入手，把郑板桥的字画搞到手。

这天，郑板桥出来散步，忽然听见远处传来悠扬的琴声，曲调甚是优雅，不觉感到好奇，这附近没听说有什么人会抚琴呀？于是循声而去，发现琴声出自一座宅院。

院门虚掩，郑板桥推门进入，眼前的情景让他大感惊讶：庭院内修竹叠翠，奇石林立，竹林内一位老者鹤发童颜，银髻飘逸，正在抚琴而鸣。哎呀，这不分明是一幅画吗？

老者看见他，立即戛然而止。郑板桥见自己坏了人家的兴致，有些不好意思。老者却毫不在意，热情地让他入座。两个人谈诗论琴，颇为投机。谈兴正浓，突然，飘来一股浓烈的狗肉香。郑板桥颇感诧异，口水禁不住要流下来。

一会儿，只见一个仆人捧着一壶酒，还有一大盆烂熟的狗肉，送到他们面前。

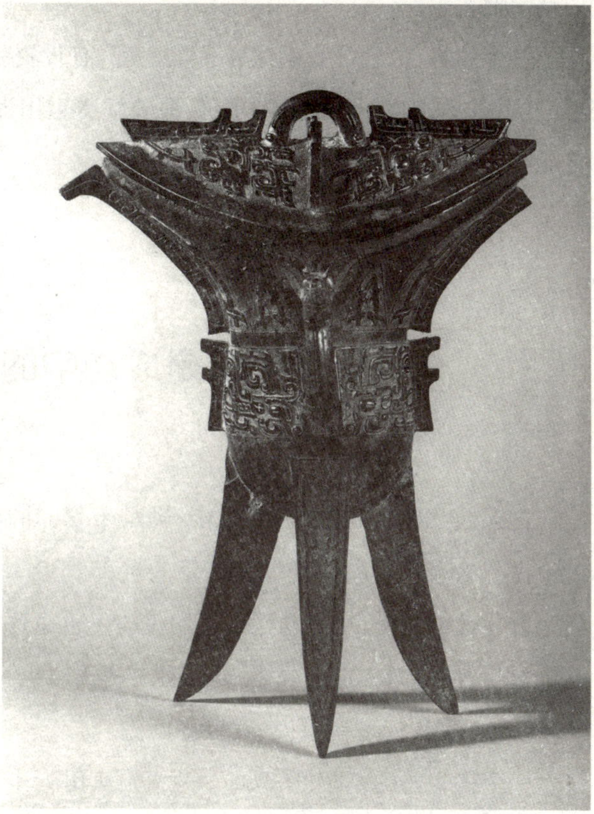

一见狗肉，郑板桥的眼睛就粘在了上面。老者刚说个"请"字，他连故作推辞的客套话都忘了，迫不及待地狂喝酒、猛吃肉。

风卷残云般吃完狗肉，郑板桥这才意识到，连人家尊姓大名还不晓得，就糊里糊涂在人家这里大吃了一通。现在酒足饭饱，总不能这么一甩袖子，说声"告辞"就走吧！

然而，又该怎么答谢人家呢？留点银子吗？不仅太俗，而且自己出来散步也没带钱呀。于是，他对老者说："今天能与您老邂逅，实在是幸会，感谢盛情款待，我无以为报，请您找些纸笔，我画几笔，也算留下纪念吧。"

老者似乎还有点儿不好意思，连声说："吃顿饭不过是小意思，何必在意！"

郑板桥以为他不稀罕书画，便自夸说："我的字画虽算不上极佳，但却是金钱买不到的。"老者这才找来纸笔。郑板桥画完，又问老者的名姓。老者报了一个，郑板桥觉的耳熟，但酒喝多了脑子发胀，却又想不起是怎么回事，便在落款处题上"敬赠某某某"。看着老者满意的笑容，这才告辞离去。

第二天，郑板桥亲笔画的几幅字画就被商人挂在自己家的客厅里，前来欣赏的宾馆客们原以为他是从别处高价购买来的，但一看到字画上都有他的大名，这才相信是郑板桥先生特意为他画的。消息传开后，郑板桥简直不敢相信自己的耳朵，可经过证实，只得发出一声长叹。由此来看，你不得不佩服富商谋事手段的高明吧。

这个故事,也告诉我们这样一个道理:有投资就会有收获,有付出就会有回报,办事也是如此。再难办的事情,只要懂得运用谋略,懂得欲取先予之道,就一定能够成功。

6. 循序渐进是成功中的重要力量

古人云:“骐骥一跃,不能十步;驽马十驾,功在不舍。”这句话很有道理,也就说做什么事都要有一个循序渐进的过程,千万不可急功近利,操之过急,否则就很容易忙中出错,从而功亏一篑。鬼谷子也是这样告诫我们:事物的变化都是有个过程,都遵循一定的规律,而各种心机谋略也只有一种法则。这个法则就是“进”,也就是我们现在所说的“循序渐进”。

一个挤牛奶的姑娘,头顶一桶牛奶,从田野走回农庄。她幻想着:“这桶牛奶卖了,至少可以买回 300 个鸡蛋。就算有些意外损失,那也能孵出 250 只小鸡。等到鸡价最贵的时候,就可以把小鸡拿到市场上卖。这样到了年底,我就可以得到很多赏钱,足可以买一条漂亮的裙子。到了圣诞节的晚宴,我穿上那条漂亮的裙子,于是年轻的小伙子都会向我求婚,但我却摇摇头拒绝他们。”想到这里,她非常得意,竟然真的摇起头来。结果,牛奶被她摇到了地上,她的美梦也被打碎了。

在第一步还没有迈出去的时候,不要幻想最后的结果。否则美梦破灭,甚至连迈出第一步的机会都会永远丧失。

战国时期,燕国封乐毅为帅,同时纠集韩、赵、秦、魏等国军队进攻齐国,攻克齐国七十余城,消灭了齐国的主力部队,占领了齐国都城,齐国只剩下莒城和即墨两个小城。乐毅深知“穷寇勿追”的道理,只是将即墨团团围住,使其不战自乱。这时,燕王中了齐将田单的反间计,用骑劫代替乐毅为帅。骑劫改变乐毅宽大的做法，他割去齐军俘虏的鼻子，把他们放在队伍前面，还挖去城外齐人的祖坟，以打击齐军的士气。孰料，这种残暴的做法反而激起了齐人的愤怒，使他们同仇敌忾，宁死不屈。田单见时机成熟，于是设下“火牛阵”，大败诸侯联军，杀死骑劫，并且乘胜收复了所有失地。

骑劫的失败得原因就在于他不明白凡事不要操之过急，应该遵循循序渐进的规律，一味地以残暴的手段对待齐军俘虏，并想当然地以为这是打击敌人士气，结果是适得其反，造成了一败涂地，前功尽弃！

为将帅者，急于求成是其大忌。三国时代，辽东太守公孙康依仗地势偏远，不肯归顺曹操。后来，袁尚和袁熙与曹操作对，带几千人马投奔了公孙康。曹操击败乌丸后，有人劝说曹操讨伐公孙康，擒拿袁尚、袁熙。曹操说：“我正要公孙康把袁尚、袁熙的首级送过来，不用麻烦出兵。”不久，公孙康斩杀了袁尚、袁熙，把首级送过来了。众将问这是为什么，曹操说：“公孙康一向防备袁尚等人，我威逼他，他们就合力回击；我不管他，他们就一定会自相残杀，这是理所当然的。”有时候，像曹操这样让自己冷静下来，静观局势的慢慢发展，反而能取得意想不到的效果。

在现代社会中，任何一个企业的发展壮大，都不是一蹴而就的。企业管理者也应该遵循循序渐进的规律，脚踏实地，持之以恒，不断积累经验，就一定能使企业的不断壮大。富商蒙德学生时代就读海德堡大学，在学习研究中，他发现了一种从废碱中提炼硫磺的方法。后来他移居英国，想找一家公司合作开发。但当时很多公司都认为这一方法没有什么实用价值。蒙德费劲周折，才找到一家愿意投资的公司。有了资金以后，蒙德开办了自己的化工企业，随后他买下了一项有用的专利技术。但这项技术当时还很不成熟，没有人愿意去投资。蒙德就自己建立厂房，反复研究解决了技术上的难题，终于投入生产。起初，生产情况并不理想，企业连续几年亏损。但蒙德一直不气馁，终于在 6 年后取得了重大突破，不仅弥补了亏损还大赚了一笔。蒙德的企业后来成为了全世界最大的碱生产企业。

蒙德的成功，得益于他循序渐进的严谨方式，虽然他的成功之路走得比较艰辛，但只有这样的企业才能经历真正的风雨。

一种新商品,如果它在市场上知名度并不高,消费者也很少,这时将它大批量投入市场,效果肯定不会好。这时就应该采取促销的手段,循序渐进地达到目的。

国际市场上曾有一种叫“万事发”的日本香烟,销售量在世界名列前茅。令人称奇的是,这种香烟是通过亏本经营逐渐打开销路的。为试销“万事发”香烟,这家卷烟厂首先在世界各国的大城市物色代理商,通过代理商向当地一些著名政客、作家、律师、艺人等按月寄赠香烟,并声明如果不够的话来函即寄。每隔一段时间,代理商还给他们寄去一份表格,征求对“万事发”香烟的意见。当然,厂家的“慷慨”是为了吊“瘾君子”的胃口。等到这些人抽“万事发”香烟上了瘾,代理商便不再寄赠。这些“瘾君子”只好自己掏腰包买“万事发”香烟。这样,“万事发”香烟很快在上流社会树立起形象,在各国的销路都很好,获得了巨额利润。

容易得到的东西,也是很容易失去。现代社会功利主义泛滥成灾,有许多的人梦想快速致富,一口吃个胖子,殊不知这只是自己的一厢情愿,是一堆漂亮的肥皂泡而已。唯有那些坚持循序渐进的人,才能获得最后的成功。

7. 抓住个人所独有的特点来控制他

鬼谷子告诫我们,社会上的人有仁人、勇士、智者、愚者、不肖者、贪者之分。要想笼络或利用一个人,首先应该分析其性格特征,采取相应的办法。若采取的方式方法不当,就不可能达到自己的目的,反而会引起别人的反感。

杨震是东汉时期的一个大官。有一次,他路过昌邑县。昌邑县的县官王密,是杨震向朝廷推荐的。这次杨震来了,王密自然很热情地招待他。两人一起吃晚饭,谈得很投机。晚饭过后,杨震就回到旅馆休息。半夜的时候,王密悄悄来到杨震的住处,带了一份厚礼给他。王密说:“我能当上县官,全靠大人您的提拔，这份薄礼请您收下。”杨震坚决不肯收礼物，他说：“我推荐你，是因为你有才华，而不是要你报答。”王密又说：“您收下吧，现在是半夜，这件事不会有人知道！”杨震生气地答道：“天知，地知，你知，我知，怎么说没有人知道？”王密听了很惭愧，连忙把礼物收回去，低着头走了。

王密送礼，或许出于真情，他不明白“仁人轻货，不可诱以利”，还有可能是送礼的方式方法不对，结果是碰了一鼻子灰，此外还为两人原本融洽的关系蒙上了阴影，影响了自己仕途。

“因人制宜”的原则不但能够运用在政治上，而且在军事上也具有同样的意义。在三国时代，这样的例子举不胜举。三国时代的所有枭雄中，袁绍的出身是最尊贵的，“四世三公”的家世与声望，在当时确实是一块响亮的招牌，相对能够获得更多人的拥戴。然而孔融和曹操都说袁绍是“冢中枯骨”。历史上的“官渡之战”，曹操就是利用了袁绍的“志大而智小，色厉而胆薄，忌克而少威”等弱点，引袁绍轻举冒进，曹军则后撤筑垒设防，集中兵力坚守要隘。结果在两军力量悬殊的情况下，对峙数月，曹操寻找到抄其后路、焚其粮草的机会，终于打败了袁军，创造了以少胜多的经典战例。而一度以织草鞋为生的刘备虽暂栖他人门下，却依然是曹操眼里的“英雄”。曹操的知人，是他取得巨大成功的一个重要因素。

但是，曹操本人也有弱点，那就是生性多疑。曹操的这一弱点也曾被他的敌人利用，结果吃了败仗。三国时代，蜀将黄忠在定军山一战杀死魏将夏侯渊，夺取了战略要地。曹操闻讯大怒，就亲自率领 20 万大军进攻黄忠，却被前去接应的赵云打败。曹操岂能善罢甘休，他指挥大军追杀赵云。赵云杀出重围，回到了蜀营。副将张翼见赵云已退回本寨，后面追兵来势汹汹，便要关闭寨门拒守。赵云却下令大开营门，偃旗息鼓，又命令弓弩手埋伏在寨内，自己则单枪匹马在营门等候敌军。不久魏军大兵压境，战云密布。曹操见赵云寨门大开，怀疑里面隐藏着伏兵,不敢轻易进攻,便下令撤兵。赵云见曹军退兵,立刻擂起战鼓,霎时杀声震天,飞箭如雨,魏军十分恐慌,自相践踏,死伤无数。赵云趁势夺了魏军的粮草,斩杀了曹操的大批人马,得胜回营。第二天,刘备亲自来到营地犒劳军士,感慨地说:"子龙一身都是胆咧!"

赵云深知曹操生性多疑,所以偃旗息鼓,诱敌深入,大获全胜。可见要想取胜,首先要掌握敌方主帅的性格特征和心理状态,才能在战斗中占据主动。

三国时代的军事奇才司马懿,以"料敌如神"而著称。他平定公孙渊叛乱一事,充分证实了这一点。当时,魏国的辽东太守公孙渊,于魏明帝景初元年(232年)自立为燕王,与曹魏分庭抗礼。景初二年春,魏明帝曹睿令司马懿领兵讨伐公孙渊。司马懿整装待发时,明帝问他如何打败公孙渊。司马懿回答说:"如果公孙渊明辨形势,就会断然割弃眼前利益,弃城出走,以此拖延时日,疲惫我军,待机而战,这是上策。可是公孙渊智浅寡断,上策难用。他必然会认为我军孤军深入,难以持久,定会依托辽河据守,一旦接战不利,就会退守襄平,这是下策。我军定能在襄平打败他。"曹睿听后,赞叹道:"看来讨伐公孙渊之战,都在将军心中了。"于是,司马懿进行了充分的准备,便率军渡过黄河,穿越华北平原,直捣公孙渊。结果,果然不出司马懿所料,公孙渊采取了下策,结果叛军大败,公孙渊被斩。

因人制宜的原则在现代商业活动中也是同样重要的。例如在谈判中,如果你了解了谈判对手的性格特征,就能够做到有的放矢,会收到意想不到的效果。

8. 主动权是取得成功的重要因素

鬼谷子强调施展谋略要得"势",即要善于根据对方的情况,随时调整自己的策略,将主动权牢牢抓在自己的手里。只有这样才能控制事态的发展,令自己获得利益。

宋雍熙三年(231 年),诸葛亮五出祁山,率军到达郡县,然后进驻五丈原。司马懿率军渡渭水,背靠渭水构筑营垒防守。魏蜀两军相持了百余天。诸葛亮多次挑战,甚至送给他一些妇女的衣服羞辱他,但司马懿仍不为之所动。他认为,蜀军远道而来,粮草运输困难,不能持久作战,这是其不"利"。而魏军粮草充足,以逸待劳,这是我之"利"。只要以"利"动之,坚守不战,以守为攻,就能牢牢抓住主动权,迫使蜀军不战自退。后来,蜀军果然渐不能支,被迫撤军。

我们平时常说"形势","形"与"势"连用,可见二者密不可分。"形"是静态,是力量尚未散发出来之前的状态;"势"是动态,是迅速运动造成的威力。积水本来呈现静止不动的状态,看似一种极其柔弱的"形",可是当堤防决口,或是水自高处飞流而下时,就形成威力无穷的"势";猛禽攻击前的准备工作是"形",一旦完成准备,奋力一击,就是"势"的运用。宋朝张齐贤守代州的战例,正是善于借势败敌的典型。

宋雍熙三年(986 年),辽军侵宋,与宋军相持于代州城外。知州张齐贤向潘美求救,潘美发兵驰援,但在途中又接皇帝之命撤回。张齐贤了解到辽只知潘发兵而不知其收兵,于是令 200 名士兵一人一旗,于城西 30 里外设置疑兵,又于辽军退路埋伏锐卒 2000 人。事后,辽军见火光突起,以为宋援兵已到,立时撤退。张齐贤开城出击,伏兵在路上截击,辽军大败,代州之围遂解。张齐贤利用潘美率军来援所造之势,诱使辽军退兵,然后迅速展开伏击与出击,以少胜多,力挽危局,其势险节短,可谓千钧一发。

在对立的各方之间,主动权是会不断转移的。一方运用计谋以争夺主动权,另一方看似处于被动,但若此时能够将计就计,利用对方的计谋而定计,则主动权不但不会丢失,反而能够更加牢固。明朝梅国桢将计就计开铁禁的故事,就是其中一例。

自汉代以来,北塞的少数民族经常南侵,他们勇猛剽悍,中原军队往往不是他们的对手。但是,塞外不会冶铁。因此,中原王朝就对向塞外供应的钢铁加以限制,以防他们用来打造兵器。明王朝时,边关铁禁也照样未开。明神宗万历年间,兵部右侍郎梅国桢总督西北边塞三镇军务。塞外边族久苦明朝铁禁,想出一条诱开边关铁禁的主意。这天,边族首领来拜见梅国桢,谎称塞外已发现铁矿,特来向梅将军报喜。梅国桢一眼看穿了敌人的诡计，马上传令边关："塞外已产铁，即日起断绝一切铁器供应。"边族首领原本是要让梅国桢做出铁禁已经失效的判断，不料连生活用铁也不供应了，不禁叫苦不迭，只好来求梅国桢。

在现代商业领域，竞争对手就如同拳击场上的拳击手一样，若双方实力相当，则主动、被动的转化都在转瞬之间，只要没有被彻底击垮，就绝不放弃对主动权的争夺。

1984 年的洛杉矶奥运会前，富士公司为了从柯达公司手中夺取更大的市场份额，花了几百万美元，获得了此届奥运会胶卷的指定产品资格。富士压根儿就没有想到柯达会采取反击行动，所以便高枕无忧地等待着奥运会的开幕。柯达发现，富士公司推出的所谓"指定产品"，仅在运动会举办的那两周时间和指定的体育场馆，在其他的时间和地点，富士并没有什么特殊的举动。于是，柯达公司将宣传的重点放在了奥运会举办前那狂热的 6 个月中。柯达公司赞助了美国田径队和奥运会田径预选赛，聘用有可能夺冠的几个热门运动员为其大力宣传，并且使整个洛杉矶充满了柯达的出版物、电视片和张贴广告。待到夏季奥运会来临时，很多人甚至没有注意到富士公司，反以为是柯达赞助了这届奥运会。在获取奥运会指定产品资格一战中，柯达输给了富士，好在柯达能痛定思痛，抓住富士公司的薄弱点进行猛攻，最终意外地夺取了主动权,在奥运会的整体战役中战胜了对手。

凡事掌握主动,是一种策略,也是一种精神。任何希望成功的企业和个人,都应该记住这一点。

9. 凡谋有道,必得其因

《鬼谷子》中曰:“为人凡谋有道,必得其所因,以求其情。”意思是对于一个人来说,凡是筹划计谋都要遵循一定的法则,一定要弄清原由,以便研究实情。

可以说,好的计谋可以令双方对峙的势力发生改变,并且可以在关键的时刻扭转时局,缓解危机。尤其对势力相对弱小的一方,在兵力财力等物质资料上无法抗衡的时候,用计谋应战的确能胜过千军万马,可以在无形之中消灭敌人很多力量,最后能达到以少胜多,以弱胜强。鉴于计谋有如此重要的作用,计谋的策划就不是一件随随便便的事情,其中是有规则和方法的。最重要的一点就是要有针对性,要先了解对方的情况,事情发展的原因,然后在这个基础上才能按照力量的对比、强弱等等情况制订计谋。这样才能保证计谋的成功。

公元208年,曹操挥师南下,准备统一全国。8月,原来占据荆州的东汉皇族刘表病故,其子刘琮继位。随后刘琮投降曹操。而暂时投靠刘表的刘备,则被迫带领2万人退守夏口(今湖北汉口)。曹操妄想一举消灭刘备,同时吞并孙权占据的江东地区,率大军直逼夏口。

刘备自知自身的力量抵挡不住曹军的进攻,危急之中派军师诸葛亮前往江东,以便联合吴主孙权共同抗曹。孙权深知,曹操的力量强大,如果荆州被曹操攻占,江东也难以保全,于是派大都督周瑜、老将程普、谋士鲁肃等率3万军队前去同刘备共御曹操。曹操自恃实力雄厚,率水军自东陵顺长江而下。

曹军在赤壁与孙刘联军相遇,初次交锋,曹军失败,退守江北,形成与孙刘联军隔江对峙的形势。曹军战船虽多,但多数船只小,为了防止船只遇风不稳,便用绳索把战船连锁在一起。正在加紧备战的孙刘联军见此情形,认为有机可乘。于是定下计策,要用火攻计打败曹操。

计议好之后,周瑜升帐令诸将各领3个月粮草,准备御敌。老将黄盖却说:“别说3个月,就是20个月也不济事,应弃甲倒戈,北面而降!”

周瑜听后勃然大怒:“我督军破曹,现在两军相敌,你竟敢出此言涣散军心。给我推出斩首!”黄盖也大怒骂道:“我是三世老臣,随主公纵横疆场,哪有你来!”周瑜气得连连喊叫速斩!

甘宁求情被乱棒打出,众官都跪下保黄盖。周瑜看在众官面上,免黄盖死罪,却将其拖翻在地,打了50脊仗,直打得皮开肉绽,昏厥多次,众将见此无不落泪。黄盖被抬回本寨休养,众将领纷纷前去来劝慰。黄盖长吁短叹,流露出对周瑜恨怨不平的样子。但当参谋阚泽来时,黄盖叱退左右,悄悄地将自己与周瑜密谋苦肉计之事告诉阚泽,并希望阚泽到曹营献上诈降书。

原来,周瑜早已知道自己军中有曹操派来的奸细,而他与黄盖订下的“苦肉计”也是为了利用曹操的奸细传与曹操知道,以便伺机诈降,火烧曹军。

阚泽能言善辨,胆识过人,且与黄盖交好,见黄盖对东吴如此忠诚,甚是感动,欣然答应。阚泽带着黄盖早已写好的诈降信,乔装改扮后连夜去见曹操。

曹操见信后不敢轻易相信,几经试探,均被阚泽巧妙应对过去。同时,曹操又接到吴国奸细的密信,告知黄盖与周瑜意见不和反遭毒打之事,曹操遂对此深信不疑。

不久,东南风刮起来了,黄盖急忙率领20只战船,内装干柴、火药等,船头高高挑着写有黄盖名字的青龙旗,趁傍晚月光明亮直向北岸曹营进发。此时北营将士及曹操均站在船头上,高兴地等待黄盖来降。谁知距北营不到2里处,前船忽然一齐发火,风助火势,20只火船如箭一般撞入曹军水寨,曹寨中船只一齐着火,又被连环铁锁连在一起,无法分开,加上四面吴军火船齐到,曹营顿时陷入一片火海,曹操号称80万大军,几乎全军覆没。

在计谋实施时,为了让对方相信,总是要付出相应的代价,令对方感到像真的一样,这其中是需要耐力和智慧的。因此,制订计谋与实施计谋并不是一件轻松的事情。

10. 结而无隙，顾全大局

鬼谷子告诫我们，作为朋友要“结而无隙”。也就说朋友之间一定要团结一致，共同对外，防止出现矛盾和隔阂，否则就可能导致事业不顺，给双方都带来利益上的损失，甚至会带来危机。

战国时候，蔺相如代表赵王出使秦国，完成了“完璧归赵”的壮举，又在渑池会上为国争光，立下大功，被赵王任命为上卿，职位比大将廉颇还要高。廉颇很不服气，私下对自己的门客说：“蔺相如爬到我头上来了。哼！我要给他点颜色看看。”一天，蔺相如坐车出门，瞧见廉颇的车马迎面过来，就叫车夫退到小巷里，让廉颇的车马先过去。蔺相如手下的门客气坏了，纷纷要求离开。蔺相如挽留他们，说：“你们说，秦王和廉将军谁更威风？”门客表示当然是秦王威风。蔺相如接着说：“秦王那么威风，可我就敢当面指责他，我又怎么会怕廉将军呢。我是怕我们两人不和，秦国就会来攻打我们。”廉颇听到这话后，感到十分惭愧。他光着上身，背上绑着荆条，到蔺相如家请罪。蔺相如连忙扶起廉颇，两人从此成为生死之交。

这则“将相和”的故事传颂千古。蔺相如面对不可一世的秦王，仗义执言，毫无惧色；而面对盛气凌人的廉颇，则为顾全大局，理智地选择了忍让。因为他清楚地知道，盟友间的不和，就会给敌人带来可乘之机，给自己招来灭亡的命运。当然，老将廉颇先矜后诲，“负荆请罪”，其胸怀之坦荡也同样令人敬仰。如果天下的同盟者都有蔺、廉二人这样的胸怀，又何愁不能同舟共济，共创一片天地？

荀子云：“蓬生麻中，不扶而直；白沙在涅，与之俱黑。”这就说明了朋友之间的影响是巨大的。因此，我们在交友之前，除了保持自身的中正品质之外，还要注意所交之人的品质。以防止所交非人，对自身造成某些潜移默化的不良影响，进而影响到自己的以后人生。

选择朋友，其实就是选择自己未来的人生！选择“益友”，就选择了人生路上在遇风雨的时候可以用来遮蔽风雨和歇脚的驿站；选择了“损友”，就选择了人生前进路上可能在你跌倒的时候落井下石的小人。孔子云：“君子喻于义，小人喻于利。”这就是说看重道义的就是有益的朋友，重视利益的就是有害的损友。选择朋友的时候应该以此为参照标准。遇到事情的时候，要留心观察，参照标准就可知道谁是“益友”，谁是“损友”了。

有两个朋友一起赶路，其中一个人拾到了一把斧头。另一个人对他说：“我们拾到了一把斧子。”那人回答说：“不是‘我们拾到了’，而是‘我拾到了’。”过了一会儿，斧头的主人追上了他们，要回了斧头。拾到斧子的人对同伴说：“唉，我们完了。”另一个说：“你不要说‘我们完了’，而要说‘我完了’，因为你一开始就没有把斧子当成共同的东西呀。”可见，为了利益而不顾朋友的人，在困难的时候也会被朋友抛弃。

如果是不同的集团结成联盟，就更需要加强团结，否则就难以发挥联盟的力量。春秋时期，诸侯割据。随着秦国的日渐强大，联合抗秦成为各国唯一的选择。有一年，晋将荀偃为统帅，率领鲁、齐、卫、郑等国联军向秦进发，在棫林与秦军僵持了很长时间。荀偃见联军以众击寡却难取胜，一时情急，没有和各国将领商议，就下达了一道命令：“明天早晨鸡一叫，全军就要驾马套车，拆掉炉灶，许进不许退，唯我马首是瞻！”魏国将领栾黡听到荀偃的命令，非常反感，气愤地对手下军士说：“荀偃的命令太过专权独断，根本不把魏国放在眼里！好，他的马头向西，我偏要向东，看他能怎样？”于是，他率领魏军回国去了。其他各国将领看到这种情况，谁也不跟荀偃进攻秦国了，全军顿时混乱起来。荀偃此时虽后悔不已，但军心已经涣散，只得沮丧地下令撤兵回国。

诸国军队联合作战，浩浩荡荡，貌似十分强大，可是秦国知道其他诸侯国都有私利之心，人心不齐。俗话说得好：人心齐，泰山移。但如果大家各怀私心，失败也就不足为奇了。荀偃破釜沉舟的勇气值得肯定，但他忽略了其他各国的将领和士兵都是胸怀私利，再加上他不善于收拢人心，忽视了联盟团结合作的重要性，最终导致了联合攻秦的失败。

“结而无隙”的四字原则，是我们交友的基本原则之，也是个人或者集团进行合作的原则之一,这个原则应该成为我们每一个人的座右铭。

11. 庞统巧授连环计

赤壁交战在即,周瑜派鲁肃去问庞统:"当以何策破曹操?"庞统回答说:"欲破曹兵,当行火攻。只是大江之上,一船着火,其余的船必然四处散开,难以收到预期的效果。除非献连环计给曹操,让他把所有的船连在一起,然后方可用火。"鲁肃回报周瑜,周瑜对庞统的看法深为佩服,便想派庞统去见曹操献计,又恐曹操狡猾,无故前往必然引起怀疑。正在沉吟未决之际,忽然接到报告,说蒋干再次来访。周瑜一听大喜,心想:你上次来时,我借你手杀了蔡瑁和张允。这次再来,必教你再次帮忙成我大计。他一面吩咐庞统如此如此,一面坐于帐内,派人请蒋干来见。

蒋干见周瑜没来亲自迎接,心中恐慌,急忙进帐相见。周瑜故意变脸说:"蒋兄为什么如此欺我?"蒋干对曰:"你我乃是旧日弟兄,这次特来说说心里话,你怎么说我欺你了呢?"周瑜说:"你上次前来,我请你痛饮,留你共榻,待你可谓不薄。你却偷我私信,不辞而别,回报曹操,使他杀了蔡瑁、张允,致使我大事未成。这次无故又来,显然没安什么好心,若不看在旧日的情份上,必要杀你。

"我本想立即送你回去,只是这一两天内便要破曹,没有闲空;想留你在军中,又怕你再次泄漏我的军情。只好把你送往西山庵上休息,等我破了曹操,再送你过江不迟。"蒋干还想再说,却见周瑜安排已毕,走入帐后去了。

蒋干无奈,只好随两个军兵来到了西山背后的小庵之中。这天晚上,蒋干在庵内心中烦闷,想起前次南来使曹操错杀了蔡、张二人,这次再来恐怕又将无功而返。一时难以入睡,便出庵散步。走出庵外,来到山崖之边,突见前面有几间草房,房内射出灯光,读书之声朗朗传来。蒋干走近,借窗缝望去,只见一人剑挂灯前,正在阅读《孙子兵法》。蒋干心想:“此位必是异人。”随即叩门请见,那人开门出来相迎。一问姓名,却原来是大名鼎鼎的凤雏先生庞统。蒋干大喜,问道:“久闻阁下大名,不期在此相遇。你何故居住在这偏僻之地呢?”庞统说:“周瑜自恃其才,不相容纳,所以我只好隐居于此。”二人于是进房畅谈。蒋干心想:庞统才高于世,名气不在诸葛亮之下。若能劝他归顺曹操,必是大功一件,也不枉这回再次南来。想罢便对庞统说:“以你的才干学识,如肯归顺曹操,必然为曹操重用。你如有此意,我可以替你引见。”庞统说:“我也早就想离开东吴了。你既然肯替我引见,我们最好今夜便走,否则被周瑜知道,他必然要害我。”蒋干大喜,二人于是立即下山,来到江边,找到船只,飞快驶往江北去了。

曹操久闻凤雏先生大名,听说他亲自前来,心中大喜,立即出帐相迎,并请他帮忙指点水、陆两寨的军事部署如何。庞统看完,赞誉不绝,说:“久闻丞相用兵如神,今日一见,果然名不虚传。”曹操大喜,安排酒宴款待庞统。酒到半酣,庞统装醉问道:“请问,你军中是否有良医呢?水兵容易生病,应有良医医治才是。”曹操这几天正因部队不服水土,多有病死者而焦急。见庞统如此相问,知他必有好办法,便赶紧请教。庞统回答说:“丞相你教练水军的方法非常好,只可惜还不全。我有一个好办法,可使大小水军不生疾病。”曹操听说庞统果然有办法,心中高兴万分,忙问是什么办法?庞统说:“大江之上,潮生潮落,风浪不息;北方之人对坐船不习惯,被风浪颠簸,便会生病。如果把大小各船搭配起来,以 30 为一排,或以 50 为一排,首尾用铁环连在一起,上面铺上宽木板,不要说走人,就是过马也完全可以。如这样行驶江中,不管风浪多大,保证安稳如陆地,还有什么好怕的呢?”曹操一听,果然是好办法,当即下席拜谢。立即命令军中铁匠,连夜打造铁环、钉子,锁起船只。曹军兵士听到此信,也都高兴万分,心想:总算可以摆脱风浪颠簸之苦了。

庞统见曹操已经中计,便说:“我看江东将士怨恨周瑜者极多,故想前去游说,凭我的辩才,肯定能说服他们前来投降。周瑜孤立无援了,必然会被丞相你所擒。”曹操见庞统还愿为自己出力,更是高兴,立即送庞统启程。庞统完成大计,径回东吴复命去了。

这一招连环计果然厉害。后来东吴黄盖诈降前来放火,只因曹操的战船都被连在了一起,无法四处散开,被烧得一干二净,曹军败得一塌糊涂。

从这个故事可以看出,谋略家们对鬼谷子谋术运用已经到了炉火纯青的地步,他们高超的谋划,卓越的智慧,在谈笑间就可以使敌军灰飞烟灭,其谋术之精妙实在是令人叹为观止。

12. 上兵伐谋,优势兼并

《谋篇》着重强调的就是"谋",谋是一种运筹帷幄的智慧,一种心气高远的境界。可以说,善谋者,则能善断。

1988~1998 年的十年内,海尔集团兼并了青岛电镀厂、空调器厂、冷柜厂、红星电器厂、武汉希岛公司等 15 家企业。1997 年是海尔在国内的兼并年,一年内,先后兼并了广东、贵州、安徽等省的六家企业。通过一系列兼并和收购,海尔盘活了近 20 亿元的存量资产,初步完成了集团的产业布局和区域布面,取得了明显的经济效益。近五年,海尔集团的工业销售额以年平均 69.1% 的速度递增,1999 年突破 198 亿元,为下世纪初进入世界 500 强的目标打下了良好的基础。

市场经济条件下,企业兼并是风险很大的资本动作,海尔人经过多年摸索,已总结形成了一套充分利用自身优势,以无形资产盘活有形资产,以海尔管理、文化模式救活亏损企业的兼并谋略,在历次兼并中,屡试不爽。

谋略之一:输入管理模式,催醒"休克鱼"

海尔选择的兼并目标很有特点:主要选择技术、设备、人才素质均优良,只是管理不善,处于休克亏损状态的企业,海尔人称之为"吃休克鱼"。海尔选择"休克鱼"是基于以下两个考虑:首先,体制不顺使效益好的企业没有被兼并的动力,真正以资本为纽带的强强联合,在国内条件尚不成熟;其次,资金匮乏,使优势企业无力兼并那些需要巨大投资的亏损企业。在我国,企业出现亏损的原因多种多样,但企业经营机制不健全、管理不善是普遍的根本原因。对被兼并的企业,注入资金、技术固然重要,但这只是外部条件的优化,可治标,却不能治本。因此,关键在于解决企业发展动力和经营机制问题,变输血为造血。海尔选择那些硬件不错,只是管理不善的企业,通过输入海尔的管理和文化模式,可以很快使它起死回生,从休克状态苏醒,变得很有活力。

顺德海尔电器有限公司是海尔1997年实施低成本扩张的成功之作,被兼并的顺德爱德洗衣机厂符合海尔"吃休克鱼"的兼并策略。该公司硬件设施良好,因管理不善造成企业停产一年多。合资后,海尔集团洗衣机本部仅派去了三名管理干部,但带去的却是海尔倾心培育多年的管理模式、企业文化及雄厚的科研开发能力。六周后,新公司第一台洗衣机诞生,随后大批高质量的洗衣机走下生产线,曾目睹"深圳速度"的顺德人不得不惊叹海尔集团的"海尔速度"。而值得一提的是,盘活这条"休克鱼"的洗衣机本部,正是两年前被海尔集团认作是"休克鱼"的红星电器厂。短短两年时间,在海尔管理文化模式浸润下,昔日"休克鱼"不仅自己苏醒,在市场中纵横驰骋,而且又催醒了另一条"休克鱼"。

谋略之二:品牌动作,低成本快速扩张

1998年,"海尔"的品牌价值达182亿元,居全国十大驰名商标第三位,是"中国最有价值的家电名牌"。"海尔"旗下,已形成了冰箱、空调、冷柜、洗衣机等系列产业,"海尔"系数的增值作用愈来愈明显。聪明的海尔决策者们认识到,此时依托"海尔"品牌,实行资本运营,发挥"海尔"系数的增值作用,正是大好时机。经过认真的市场调研,海尔利用品牌入股等方式,先后低成本收购了红星电器厂、武汉希岛公司。1997年一系列的兼并,更是毫不例外地借助品牌运作,在硬件上没花一分钱,对被兼并的企业进行控股。其中,对合肥黄山电视机厂实现零成本收购,百分之百控股。如海尔控股的杭州海尔电器有限公司生产的海尔彩电,面市仅三个月便跻身电视机类"1998购物首选品牌"前三强行列。贵州海尔电器有限公司从1997年9月初开始试运行三个月,就实现两个突破:首批产品即出口美国;专门为适应西南地区多雨潮湿气候设计的小王子178冰箱一上市便受到消费者欢迎,上市仅三天即预约超过100台。

充分利用"海尔"品牌优势,不仅有利于扩大海尔产品的市场份额,而且大大降低了海尔资本扩张的成本。“海尔”是海尔集团一笔无形的巨大财富，然而这不是从天上掉下来的，是海尔人多年抓质量、创名牌的结果。现在，海尔人真正体会到集团总裁张瑞敏“谁砸了产品的牌子，我就砸了谁的饭碗”这句话的含金量。海尔是中国唯一的一家四类主导产品（电冰箱、空调、冷柜、洗衣机）全部通过了IS09001认证的集团。目前，海尔已在128个国家和地区注册了516个商标，“海尔”正向世界知名品牌迈进。

谋略之三：混合兼并，完善集团产业布局

混合兼并是指在性质上既非横向、又非纵向的企业之间的兼并，通常的多角化经营即属此类。一般说来，在一国或地区经济发展前期，企业横向兼并是主要形式，待发展到一定程度后，混合兼并又成为主要形式。从海尔兼并的性质看，其一开始走的就是混合兼并的道路，如1988年兼并青岛电镀厂，改造为微波电器厂；1991年兼并青岛空调器厂、青岛冷柜厂；1992年兼并青岛冷凝器厂，改造为冷冻设备公司；1995年兼并青岛红星电器厂，生产洗衣机。混合兼并的策略，使海尔迅速走上了集团化、多角化经营的道路。借助管理、品牌、质量的优势，海尔旗下各主要产品均已形成经济规模。1997年，海尔电冰箱、冷柜、空调器、洗衣机市场占有率分别达36.9%、57.5%、29.6%、27.1%。为冲击世界500强，海尔在巩固其大家电市场份额的基础上，正大力向新行业和新领域发展：其一，信息产业：海尔通过跨行业购并的方式，先后兼并成立了杭州海尔电器有限公司和合肥黄山电视机厂，进入黑色家电领域，推出数字彩电，加上其在微电脑、企业信息化方面的研究，海尔开始进入信息产业；其二，生物工程领域：1997年，海尔控股兼并了青岛第三制药厂，开始生物医药方面研究，进入生物工程领域；其三，小家电行业：1997年海尔借助品牌动作，兼并成立了莱阳海尔电器有限公司，研制生产洗碗机、消毒柜等，进入小家电行业，专家们预计小家电行业将成为海尔集团下一个新的利润增长点。

谋略之四：跨地区兼并，优化集团区域布局在海尔创业初期，兼并活动主要在青岛地区。随着“海尔”系列产品的市场空间不断扩展，海尔决策者把眼光投向了国内其他地区的企业，寻求兼并机会，以扩大生产规模，贴近市场。以1995年购并武汉希岛公司为开端，海尔先后在湖北、广东、贵州、浙江、安徽等地建立起了海尔控股公司,实现了生产当地化、拓展产品市场空间的目的,初步形成了集团的区域布局。其中,购并武汉希岛股份有限公司是海尔逐鹿中原、挺进江南的重要举措。武汉希岛股份有限公司曾经辉煌过,在全国最早开发出“蓝波—希岛”节能型空调,生产的希岛牌冷柜在全国销售势头良好。但希岛的辉煌是短暂的,在残酷的市场竞争下,希岛公司节节败退,仅靠冷柜苦撑日子。此时,海尔为了更大地覆盖市场,正开展市场调研,寻求合作厂家。经过多种方案的比较和多方协商后,海尔以2400万元收购希岛60%股权,实现了控股兼并。入股武汉希岛公司,是海尔聪明之举,它实现了以最小的投入拓展自己产业空间的目的。短短数月,海尔就完成了对中原重镇武汉的部署,借武汉“九省通衢”的区域优势,提高了产品的市场覆盖面,优化了集团的区域布局。

13. 凡谋有道,必得其因

鬼谷子主张,凡事要运用谋略,有了谋略,就可以制定具体而详细的计策。可以说,好的计谋可以令双方对峙的势力发生改变,并且可以在关键的时刻扭转时局,缓解危机。尤其对势力相对弱小的一方,在兵力财力等物质资料上无法抗衡的时候,用计谋应战的确能胜过千军万马,可以在无形之中消灭敌人很多力量,最后能达到以少胜多,以弱胜强。

公元208年,曹操挥师南下,准备统一全国。8月,原来占据荆州的东汉皇族刘表病故,其子刘琮继位。随后刘琮投降曹操。而暂时投靠刘表的刘备,则被迫带领2万人退守夏口(湖北汉口)。曹操妄想一举消灭刘备,同时吞并孙权占据的江东地区,率大军直逼夏口。

刘备自知自身的力量抵挡不住曹军的进攻,危急之中派军师诸葛亮前往江东,以便联合吴主孙权共同抗曹。孙权深知,曹操的力量强大,如果荆州被曹操攻古,江东也难以保全,于是派大都督周瑜、老将程普、谋士鲁肃等率3万军队前去同刘备共御曹操。曹操自恃实力雄厚,率水军自东陵顺长江而下。

曹军在赤壁与孙刘联军相遇,初次交锋,曹军失败,退守江北,形成与孙刘联军隔江对峙的形势。曹军战船虽多,但多数船只小,为了防止船只遇风不稳,便用绳索把战船连锁在一起。正在加紧备战的孙刘联军见此情形,认为有机可乘。于是定下计策,要用火攻计打败曹操。

计议好之后,周瑜升帐令诸将各领3个月粮草,准备御敌。老将黄盖却说:“别说3个月,就是20个月也不济事,应弃甲倒戈,北面而降!”

周瑜听后勃然大怒:“我督军破曹,现在两军相敌,你竟敢出此言涣散军心。给我推出斩首!”黄盖也大怒骂道:“我是三世老臣,随主公纵横疆场,哪有你来!”周瑜气得连连喊叫速斩!

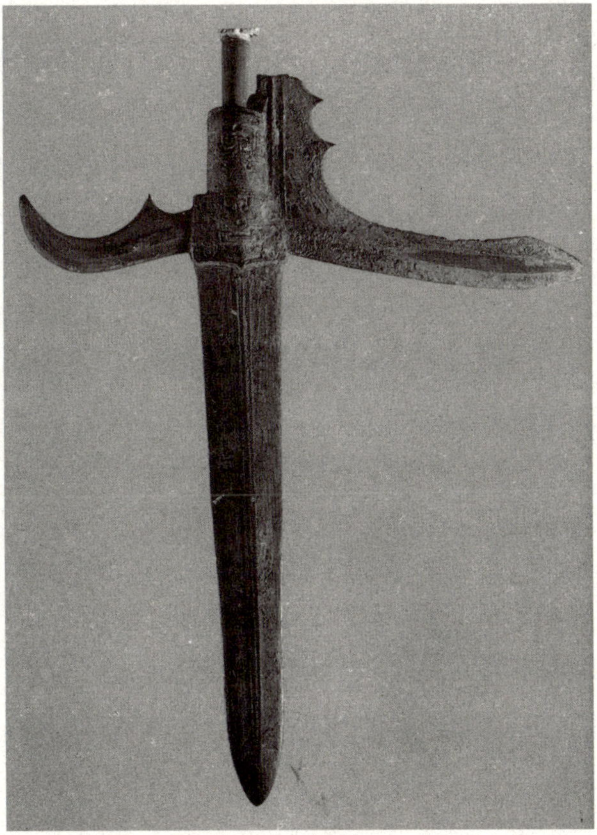

甘宁求情被乱棒打出,众官都跪下保黄盖。周瑜看在众官面上,免黄盖死罪,却将其拖翻在地,打了50脊杖,直打得皮开肉绽,昏厥多次,众将见此无不落泪。黄盖被抬回本寨休养,众将领纷纷前去来劝慰。黄盖长吁短叹,流露出对周瑜恨怨不平的样子。但当参谋阚泽来时,黄盖斥退左右,悄悄地将自己与周瑜密谋苦肉计之事告诉阚泽,并希望阚泽到曹营献上诈降书。

原来,周瑜早已知道自己军中有曹操派来的奸细,而他与黄盖订下的“苦肉计”也是为了利用曹操的奸细传与曹操知道,以便伺机诈降,火烧曹军。

阚泽能言善辩,胆识过人,且与黄盖交好,见黄盖对东吴如此忠诚,甚是感动,欣然答应。阚泽带着黄盖早已写好的诈降信,乔装改扮后连夜去见曹操。

曹操见信后不敢轻易相信,几经试探,均被阚泽巧妙应对过去。同时,曹操又接到吴国奸细的密信,告知黄盖与周瑜意见不和反遭毒打之事,曹操遂对此深信不疑。

不久,东南风刮起来了,黄盖急忙率领20只战船,内装干柴、火药等,船头高高挑写有黄盖名字的青龙旗,趁傍晚月光明亮直向北岸曹营进发。此时北营将士及曹操均站在船头上,高兴地等待黄盖来降。谁知距北营不到2里处,前船忽然一齐发火,风助火势,20只火船如箭一般撞入曹军水寨,曹寨中船只一齐着火,又被连环铁锁连在一起,无法分开,加上四面吴军火船齐到,曹营顿时陷入一片火海,曹操号称80万大军,几乎全军覆没。

鉴于计谋有如此重要的作用,计谋的策划就不是一件随随便便的事情,其中是有规则和方法的。最重要的一点就是要有针对性,要先了解对方的情况,事情发展的原因,然后在这个基础上才能按照力量的对比、强弱等等情况制订计谋。这样才能保证计谋的成功。这正是鬼谷子谋术的重要精髓所在。

第十一章 决①篇

本篇主要讲述的是关于事物决断的问题。决,就是指决策,决断。鬼谷子认为,善于判断情况,合理分析事物,是万事成败的关键。一个善于决断的人才能当机立断,不为迟疑而流失最佳的时机。

【原文】

为②人凡③决物,必托于疑者,善其用福,恶其有患④,善至于诱也,终无惑。偏有利焉,去其利则不受也⑤,奇之所托⑥。若有利于善者,隐托于恶,则不受矣,致疏远⑦。故其有使失利、有使离⑧害者,此事之失。

【注释】

①决:决断。《左传·桓公十一年》:"卜以决疑"。《史记·淮阴侯列传》:"成败在于决断"。这里指决情定疑,果断决策。

②为:给,替。

③凡:凡是,表示概括。

④善其用福,恶其有患:不论任何人得到福就高兴,而讨厌遇灾难。可见不论是福还是祸,都应慎重考虑之后,再决定办法。

⑤去其利则不受也:去,除去;去其利,将其利除去,即没有利。受,接受。没有利则不接受。

⑥奇之所托:奇,奇计;托:凭借。

⑦致疏远:致,导致,招致;疏远。

⑧离:古通"罹"。这里指遭受。

【译文】

凡为他人决断事情,都是受托于有疑难的人。一般说来,人们都希望遇到有利的事,不希望碰上祸患和被骗诱,希望最终能排除疑惑。在为人作决断时,如果只对一方有利,那么没有利的一方就不会接受,这是因为依托的基础不平衡。

任何决断本来都应有利于决断者的，但是如果在其中隐含着不利的因素，那么决断者就不会接受，彼此之间的关系也会疏远，这样对为人决断的人就不利了，甚至还会遭到灾难，这样决断是失误的。

【原文】

圣人所以能成其事①者有五：有以阳德之者，有以阴贼之②者，有以信诚之者，有以蔽匿之者，有以平素之者。阳励于一言，阴励于二言，平素枢机③以用四者④，微而施之。于是度以往事，验之来事⑤，参⑥之平素，可则决之。公王大人之事也，危⑦而美名者，可则决之；不用费力而易成者，可则决之；用力犯勤苦，然而不得已而为之者，可则决之；去患者，可则决之；从福者，可则决之。

【注释】

①圣人所以能成其事：圣人都能成事情的原因。

②以阴贼之：暗中治人。

③平素枢机：平素即平时，枢机是枢要。

④四者：指一言、二言、平素、枢机四项。

⑤验之来事：运用将来的事情进行判断。

⑥参：核对、查对。

⑦危：崇高之意。

【译文】

圣人所以能成就大事业，有五种因素：以公开的道德教化百姓；以谋略惩治坏人；以信义取信人民；以爱心庇护大众；以廉洁净化社会。实施公开的鼓励法，应坚持守常如一；用谋略控制百姓；要遵循矛盾法则，掌握事物的对立面；还要特别注意平常与关键时刻。如果能小心巧妙地 把握上述四个方面，那么推断以往的事情，预测未来的事情，再参照平日的情况，就可以决策了。王公大臣们，都享有高尚的美名，如果他们可以作出决断，那么不用费力就根容易获得成功，不用气力就能成事的可以作出决断。有些虽然费力勤苦，然而不能不作出决策，那么可以作出决断；如果能排除忧患，就可以作出决断；如果能带来幸运，就可以作出决断。

【原文】

故夫决情定疑万事之机①，以正乱治②决成败，难为者。故先王乃用蓍龟③

者,以自决也。

【注释】

①万事之机:万事的枢纽要害。

②乱治:指世间的治乱。

③蓍龟:占卜的意思。蓍是筮竹,龟是龟甲,都是占卜工具。

【译文】

因此说,解决事情,确定疑难,是万事的关键。澄清动乱,预知成败,这是一件很难做到的事。所以古代先王就用筮草和龟甲来决定一些大事。

纵横谋略

1. 敢于决断,快而敏捷

《决篇》是鬼谷子谋略的重要内容之一。所谓决,就是指决断,即能通过对事物的预测、分析、走向,作出合理的判断,以排除疑惑,果断拍板。可以说,决是成事的根基。

对一个人的成功来说,犹豫不决、优柔寡断是一个最大的仇敌。因为很多美好的想法都会在缺乏决断中破灭。要知道,决断能控制行动,只要敢于决断,你便可以创造出促使自己成就某事、获得某事的欲望,并载着你不断走向成功。

奥纳西斯是闻名于世的希腊船王,他的成功主要得益于敢于决断。年轻的时候,他流落在阿根廷街头,穷困潦倒。后来经过努力,发了点财。1929 年,在全世界范围发生了经济危机,当时的阿根廷也不能幸免:工厂倒闭,工人失业,百业萧条,海上运输业也在劫难逃,首当其冲。一天,他听说加拿大国营铁路公司为了度过危机,准备拍卖家当,其中有 6 艘货船,10 年前价值 200 万美元,如今仅以 2 万美元的价格拍卖。他得到这个消息后,决定买下这 6 艘船。同行们对奥纳西斯的想法嗤之以鼻。是呀,从当时看来,海上运输业实在是太不景气了,海运方面的生意只有经济危机之前的 1/3,这样的状况谁还会傻得去从事海运业呢?一些老牌的海运企业家都纷纷转行了。然而,奥纳西斯经过一番思考之后,果断决策:赶往加拿大,买下拍卖的船只。

人们对奥纳西斯的举动瞠目结舌。大家都觉得他太傻了,这不是白白把大把的钞票往海里扔吗？于是，有人偷偷笑奥纳西斯愚蠢至极，也有人悄悄议论说奥纳西斯的精神有点问题，一些亲朋好友则规劝他不要做赔本买卖。事实上，奥纳西斯有自己的主意，他是经过缜密的思考才做出决断的。他认为经济萧条只是暂时的现象，危机一旦过去，物价就会从暴跌变为暴涨，如果能趁着便宜的时候把船买下来，等价格回升的时候再卖出去，一定能够赚到可观的利润。

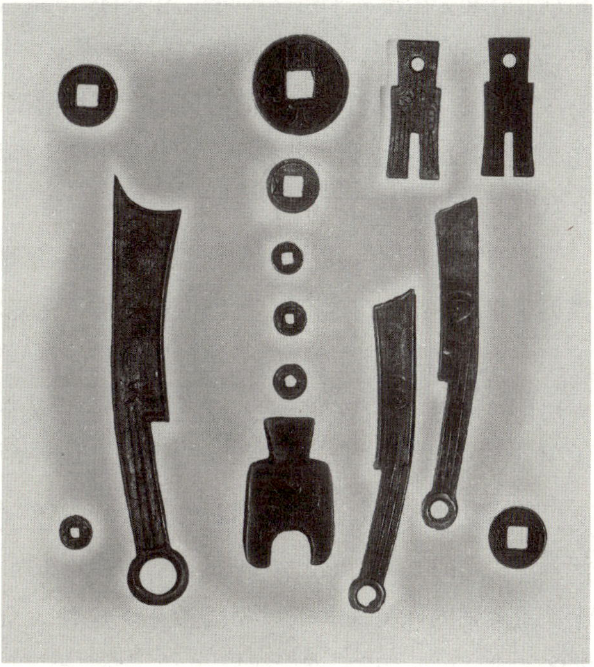

果然不出所料，经济危机过后，海运业迅速回升，奥纳西斯从加拿大买回来的那些船只，一夜之间身价陡增。他一跃成为海上霸主，大量财富源源不断地向他涌来，他的资产呈几十倍地激增。1945 年，奥纳西斯跨入希腊海运业巨头的行列。

有人说，奥纳西斯的成功是偶然的，但真正了解他的人却不这么认为。一位和奥纳西斯很要好的经济学家评价说："这位希腊人找到了成功的钥匙：勇于决断是谋事成功的正确道路。"还有一位经济学家说："他很会到其他人认为一无所获的地方去赚钱。"寥寥数语，道出了奥纳西斯成功的秘密。

任何人的成功都是离不开精明的思考和果断的决策的。当我们有了一个目标，当我们想做某一件具体的事情时，果敢决断是很关键的。

有一位哲人说过："当我们摆脱一切的羁绊、勇敢地探索神秘的未知世界时，我们就已经跨入成功之门。"

霍英东是香港著名的大富豪，他的成功之道就在于敢于决断先行。

他进入生意场的第一步是在香港鹅颈桥市场开的一家杂货铺。

第二次世界大战结束以后，他就卖掉了杂货铺，改做煤炭生意。不久，他又和别人一起去东沙岛采集一种可以用来制药的海草。当然，他每一次入道或出行，都不是亏本的生意，而是有钱可赚的。

20世纪50年代初期，香港的房地产市场刚刚兴起，霍英东慧眼顿开，事谋在心，立即设立了立信置业公司。同行之中的人都纷纷投来怀疑的目光，不知这个默默无闻的新手是不是神经错乱了。

他的第一招就令其他人刮目相看：在香港，房地产都是出售"整栋楼宇"，而霍英东使用的却是房地产工业化的办法，推行住宅与高层商厦结合的方式，并且采用"分层"销售、预定楼房、分期付款等新方法。同行一下子就觉得他的这种方法切实可行，纷纷效仿。只用了几年时间，霍英东就成为香港知名的房地产商人了。

正当其他房地产商人全力以赴进行"房地产"大战的时候，霍英东的心中又谋划出了新的主意。他想，大家都在全力修建房屋，一定急需大量的沙子。他马上花重金到国外买回来了大型挖沙船。这种大型挖沙船20分钟就可以挖出2000吨沙子，沙子进船就近卸货，白花花的"银子"就到手了。很多人看到霍英东"发"了，急忙奋起直追……可是，此刻霍英东已经取得香港海沙供应的专利权了。

后面追兵很紧，霍英东心生一计：众所周知，香港的土地寸土寸金，填海造地大有前途。他又果敢地作出了新的谋划。

他立即从荷兰、美国等地购买各种设备，放开手脚开始了香港规模最大的国际工程——海底水库淡水湖第一期工程。这一工程的开始，标志着外国垄断香港产业的格局被打破，霍英东也因此财源滚滚……

一般来说，一个人在做事前先要谋划决断，能否敢于决断将直接决定着胜败。从上述例子可以看出，霍英东的成功正是在善于谋划、敢于决断中而就的。

可以说，鬼谷子的决断术是谋事者必备的一种品质，它是气魄，是智慧，也是铸造卓越的宝贵资源。

2. 决断贵在于心

凡决断者，必在于心。正如荀子所说："心者，形之君也，而神明之主也。"意思就是说"心"是身体的主宰，是精神的领导，它决定着人的情绪和意志。内心奔发或涌动出热情的火焰，就会有积极的思考，缜密的谋划，不懈的追求，那么，岂愁事而无动乎！

有一个法国人，42 岁了仍一事无成，他自己也认为自己简直倒霉透了：离婚、破产、失业……不知道自己的生存价值和人生的意义。他对自己非常不满，变得古怪、易怒，同时又十分脆弱。有一天，一个吉普赛人在巴黎街头算命，他随意一试。

吉普赛人看过他的手相之后，说：

"您是一个伟人，您很了不起！"

"什么？"他大吃一惊，"我是个伟人，你不是在开玩笑吧？！"

吉普赛人平静地说：

"您知道您是谁吗？"

"我是谁？"他暗想，"是个倒霉鬼，是个穷光蛋，我是个被生活抛弃的人！"

但他仍然故作镇静地问：

"我是谁呢？"

"您是伟人，"吉普赛人说，"您知道吗，您是拿破仑转世！您身体里流的血、您的勇气和智慧，都是拿破仑的啊！如果先生您不相信，就不用给钱好了。不过，五年后，您将是法国最成功的人啊！因为您就是拿破仑的化身！"

他带着迟疑而不相信地离开了，但心里却有了一种从未有过的伟大感觉。他对拿破仑产生了浓厚的兴趣。回家后，就想方设法找与拿破仑有关的书籍著述来学习。渐渐地，他发现以往的一切有了许多改变，事情开始顺利起来。后来他才领悟到，其实一切都没有变，是他自己的内心变了：他的胆魄、思维模式较以前都有很大的变化。

13 年以后，也就是在他 55 岁的时候，他成了亿万富翁，法国赫赫有名的成功人士。

古人说："哀莫大于心死。"又说，"兵强于心而不强于力。"这些都说明一个人的内心力量是很强大的。具有良好的内心主宰，你就能激活自己奋斗的热情，从而在自信中敢谋善断。

下面这个故事也便是说明决断贵在于心的经典案例：

两个欧洲人谋划到非洲去推销皮鞋。由于炎热，非洲人向来都是光着脚。第一个推销员看到非洲人都光着脚，立刻失望起来，"这些人都光着脚，怎么会要我的鞋呢？"于是放弃努力，沮丧而回；另一个推销员看到非洲人都光着脚，惊喜万分："这些人都没有皮鞋穿，这皮鞋市场大得很呢。"于是他想方设法，引导非洲人购买皮鞋，最后发大财而回。

这就是一念之差导致的天壤之别。同样是非洲市场，同样面对光着脚的非洲人，由于一念之差，一个人灰心失望，不战而败，而另一个人满怀信心，大获全胜。可见，万事贵在于心的分量是多么巨大啊！

鬼谷子认为凡事必出于心。激活你的内心，你就容易从心中闪现出奇妙的火花，以至达到善于谋事决断的境界，从而将自己带入成功者的行列。

3. 决策要名实相符

鬼谷子告诫我们在进行决策的时候,要注意决策的合理性。我们不能够为了达到目的而不择手段,这种行为方式是令人不齿的。无论什么目标和动机,都离不开手段的合理性,如果不强调这一点,最终总是要失败的。

古代一则寓言说随侯之珠是一种非常珍贵的宝珠。有一个爱打鸟的人,却把随珠当作弹丸去打高空中的一只麻雀。人们看了这件事,都嘲笑他。因此,无论做什么事,都得讲究轻重得失。为了价值很小的目标而付出高昂的代价,是不值得的,也可以说是一种愚蠢的行为。

春秋时代的齐相管仲,对齐桓公成就霸业做出了巨大贡献,被尊称为"仲父"。一次,管仲为了扩大齐国的影响,建议齐桓公兴兵伐鲁,结果大获全胜,占领了鲁国的遂邑。鲁将曹沫趁鲁君和齐桓公签约时抓住齐桓公,威胁他退还占领的土地。齐桓公没办法,只得签约归还战争中夺取的土地。过后,齐桓公觉得受了侮辱,要再次率兵攻鲁,杀了曹沫。管仲立刻劝阻说:"不能这样,几座鲁城,只不过是一点小利;在诸侯中树立威望,才是大利。如果诸侯知道您连被胁迫订立的盟约都不肯背弃,那就一定会立大信于天下!"果然,经过这件事情之后,各诸侯都认为齐桓公是一个信守诺言的人,都愿意尊他为霸主。不久齐桓公就当了霸主,成为"春秋五霸"之一。

在现代社会中,人们都希望发财致富,过上小康富足的生活。但是,致富行为必须在道德准则和社会法律允许的范围内进行,这是一个最基本的要求。一切靠不正当手段获取社会或他人财富的人,最终必将失去这些财富。

在国内女富豪榜上,曾经有一个声名显赫的人物叫吴英,然而 2007 年 2 月,她的财富之路却走到了尽头。吴英出生在东阳市的一个农村,只有初中文化水平,却是敢想敢干。辍学后,在东阳市开了一家美容院。目光敏锐的她看到了中国美容市场的巨大潜力,凭借“羊胎素”赚到了第一桶金。可是,赚了钱的吴英嫌钱赚得太少、太慢,她开始以月息3分以上的高利率向社会公众借款,大量吸收公众存款,成立本色集团,名义上从事家电贸易,但是背地里却在用这些钱走私。就这样,吴英的财富迅速扩大,刚刚26岁就已经身家38亿。后来,许多债权人多次讨要本息未果,终于使她非法集资的事情浮出水面。紧接着,随着调查的不断深入,吴英的财富之梦也走向了破灭。

任何人都可以凭借多种方式获取财富,或者依靠体力,或者依靠大脑,或者依靠技术,或者依靠资金,但是无论运用何种手段,基本的前提就是要合理合法。在当今这个法制社会理,这一点是最重要的,每一个渴望成功的人都必须记住这一点。

4. 把握先机,占据主动

《鬼谷子·谋篇》中说:“事贵制人,而不贵见制于人。制人者,握权也;见制于人者,制命。”这句话的含义是:做什么事贵在主动,应该先发制人,而不能时时处于被动地位,被他人所制。所谓制人,就是占据事物的主动权。

在战争中,善于打仗的将领,总是设法去调动敌人,让敌人按照自己的计划进行调动,获得战场的主动权,而不是被敌人牵着鼻子走。所谓“制人”,就是掌握战争的主动权,从而能灵活地取得战争的胜利;所谓“制于人”就是失去了战争的主动权,被对方牵着鼻子走,到时候只有招架之功,而无还手之力,时时被动挨打。

一个唯有牢牢掌握“制人握权”的原则的人,才不会在现实生活中陷于被动的境地。

1944年,法西斯德国败局已定。美、苏、英各国军队在多条战线上取得重大战果。为了研究如何处理战后一系列的遗留问题,特别是如何处理战败国德国,苏、美、英三国首脑决定再次举行会晤。

最高首脑会晤时间、地点和会议程序的选择及决定,历来是一个重要的问题。当时,美国总统罗斯福身体状况已严重不佳。因此罗斯福提出,会晤是不是可以定在1945年春天,这时天气已暖,他的身体可以吃得消。

老谋深算的斯大林早已了解到罗斯福的病情,他知道,一个疲惫不堪、精力不支的首脑在谈判中是不会保持坚强的意志和耐力的,是无法与一个体魄强健的对手较量的。在罗斯福这种身体状态下,他很容易感到厌倦、焦躁、虚弱,从而轻而易举地向对手让步。于是斯大林电告罗斯福:由于形势发展急速,一系列问题迫切需要解决,因此最高首脑会晤不能拖延,最迟应该在1945年的2月份内举行。

罗斯福无可奈何,只好同意这个日期,但他提出,因为健康原因,他只能坐船去开会,这样旅途要花很长的时间,所以他希望会谈地点不要选得太远。另外,开会的地点最好气候暖和一些,对身体有利。

斯大林则拒绝去任何苏联控制以外的地方,而坚持会议必须在黑海地区举行。并且提出在黑海边上克里米亚半岛的雅尔塔小城镇举行。这样,斯大林可以以逸待劳,制人握权,并且随时与莫斯科保持联系。

罗斯福再没办法讨价还价,他只好拖着病躯,硬着头皮,前往冰天雪地的雅尔塔。当罗斯福经过几十天艰辛跋涉到达雅尔塔的时候,人们发现这位总统面色憔悴,几乎精疲力竭。

斯大林、罗斯福、丘吉尔到达雅尔塔后,无休无止地会晤、谈判开始了。日程安排得极为紧张。首脑会议多达20次,每次罗斯福都得参加。另外还有大量的宴会、酒会、晚会。这一切使罗斯福疲惫不堪。在谈判中,罗斯福强自打起精神,与斯大林讨价还价,但终因体力不支,注意力分散,争辩不过斯大林。最后不得不草草结束会议,按苏联的意思签订了协议。

罗斯福回到美国后几周,就逝世了。美国人强烈批评罗斯福与斯大林签订的《雅尔塔协定》,认为它对苏联做了大幅度的妥协,是对美国与西方利益的“背叛”。

一位著名的政治家曾经说过,政治的较量其实到了最关键的时候就是身体

的较量、意志的较量。优秀的政治家总是善于制人握权，充分利用和强化自己在身体上、意志上的优势，以确保在较量中轻易地击败对手。

1958年5月，法国在阿尔及利亚的殖民将领和极端分子发动了军事叛乱。接着法国内政部长向内阁提出报告说，叛乱行动有可能于5月27日至28日夜间在法国本土重演，首先是在各省，然后在巴黎发生叛乱。

这一消息不胫而走，政府束手无策，民众人心惶惶，就在这一片混乱的局势中，在政府中未担任重要职务，只有曾在第二次世界大战后组织过临时政府如今差不多早被人遗忘的戴高乐，却在3月21日下午12时半，用不明身份、含糊其辞的语言发表了下述声明：

"我已于昨日开始采取必要的正常步骤，来建立一个能够确保国家统一和独立的共和政府。……我希望驻在阿尔及利亚的陆海空三军做遵守纪律的模范，听从他们司令官萨朗将军、奥布瓦诺海军上将和儒奥将军的指挥。我向这些领导人表明，我信任他们，并愿与他们立即取得联系。"

当总理弗林姆兰看到戴高乐的上述声明时，对戴高乐这种未担任政府职位却以政府首脑的口气行使权力的做法，怒火万丈，他竭力想要揭穿戴高乐的这一花招，可共和国总统科蒂为了稳定局势，阻止了弗林姆兰的相应举动。

第二天，由于被戴高乐抢先一步行使了总理应该行使的权力，弗林姆兰在十分被动以至绝望中不得不向总统递交了辞呈。

戴高乐在混乱的局势中抢占了先机，占据了主动权，利用自己曾经担任过临时政府主席的身份，制人握权，及时稳定人心和社会的局势，从而获得了议会中大多数议员的信任，几天后，他便如愿以偿地坐上法国总理的宝座。

5. 危急处镇定从容

鬼谷子认为,在关键的时刻,对一件事情做出正确的估计和判断是非常困难的一件事。要做出正确决断就更加难上加难,所以一些古代圣贤就经常利用算卦和占卜帮助自己来决断。我们在遇到紧急事情或者重大事情的时候,越是在紧要关头,越要能够沉住气,让自己冷静下来,做到沉着、镇定,控制住自己的情绪,以免让事情陷入更为复杂困难的境地。

东汉光武帝时大司马吴汉奉命讨伐割据一方的公孙述,进入成都地区。结果一战下来吴汉大败,被敌军围困,而援兵也未到。一些部将要求率主力杀出重围。在这危急关头,吴汉丝毫不乱阵脚,召集各部将要他们稳住军心。之后,吴汉关门闭户三天坚持不再出战,同时以酒肉款待将士,喂足战马,以逸待劳。他还令人在寨中增设战旗,大放烟火以迷惑敌人,后乘敌军大意之时,夜间率精兵杀出重围,成功与援兵会合。沉着冷静、随机应变,让吴汉在险境中保存了再战的实力,最终反败为胜。

在危急时刻,我们如果也能做到如此,又何愁“难关”不过呢?

其实,在面临重大抉择的时候,每个人都会出现焦虑或紧张情绪,这就要看自己的控制和调节的能力了。淝水之战时,谢安和张玄下棋时神闲气定,而当时其实也是忐忑不安的。这一点在客人告辞后他的反应中便可看出:当后来知道胜利的消息,谢安抑制不住心头的喜悦,舞跃入室,把木屐底上的屐齿都碰断了。由此看来,面对危急,要强调自我调节,才能最终走出困境。

汉景帝即位后,鉴于藩王势力太大,采用了晁错的削藩良策,削夺藩王们的封地。吴王刘濞是刘邦的侄子,一直阴谋叛乱。景帝听从晁错的建议,决定先削夺吴的会稽和豫章两郡。刘濞不愿束手就擒,联合各地诸侯王,打着“诛晁错,清君侧”的旗号,揭开了“七国之乱”的序幕。叛军声势浩大,很快占领了大片土地。这时，平日和晁错有怨的大臣趁机劝说景帝杀掉晁错，以保国家安全，平息叛乱。景帝此时也乱了方寸，他竟听信谗言，将晁错腰斩于长安东市。同时，景帝下诏书招降吴王刘濞，刘濞笑道："我现在已经是东方的皇帝了，谁还有资格对我下诏书？"此时，景帝才对错杀晁错悔恨不已，赶忙调派周亚夫等将领率兵平定叛乱。周亚夫采用截断叛军的粮道然后坚守不出的战略，最终击溃了叛军，仅用三个月便将叛乱彻底平定。

汉景帝是缔造了"文景之治"盛世局面的一代明君。他在位期间平定"七国之乱"，在历史上写下光辉的一笔。但他错杀晁错一事，属于决断失误，留下了永远抹杀不去的污点。

东晋的时候，大将军王敦叛乱，打了败仗，不久就病死了。王敦的哥哥王含和儿子王应，也都跟着王敦一起谋反。王敦死后，王应想去投奔江州刺史王彬，王含不同意，他认为应该去投奔荆州刺史王舒。王含说："王彬平时总和大将军发生争执，你还想去投奔他！"王应说："这才是应该去的原因，父亲强盛的时候，王彬能够坚持己见，他才是真正的大丈夫。看到别人面临困境，他一定会表示同情。而王舒没有什么肚量，恐怕不会收留我们。"王含坚持要去投奔王舒，王应只好随他前往荆州。王舒果然把他们抓住，丢到江里去了。而王彬听说王应他们会来，已秘密准备好船只等候他们，他们竟然没能来，王彬感到非常遗憾。

在性命攸关的时刻，王应能做出如此准确的分析，确实是十分难得的，可惜最后他被王含连累，不幸死于非命。

重大关头做出决断，要求决断者要胆大心细，要能准确抓住对方的心理，有的放矢。朝鲜战争后期，在停战谈判过程中，面对美方从一开始就在谈判桌上提出无理要求、在军事上接连制造事端的行为，指导谈判工作的周恩来通观全局，精辟地分析道："美国在朝鲜问题上不能不谈判停战。由于内政外交原因，他不能不拖一下，但不能破裂，而只能破坏。""目前谈成的可能性增长，但拖的可能性还存在，全面破裂的可能性不大。"正是在这种科学判断形势的前提下，周恩来提出了正确的谈判方针——"不怕破裂，也不怕拖。愿和，但也不急。"正是在这一正确决策的指导之下，谈判最终取得了成功。

从上面的例子中可以看出，越是在重要关头，越要保持冷静沉着的原则，当然也要懂得变通，用灵活的方式来应对复杂变幻的环境和问题，这样，事情就会朝着有利于自己的方向发展。

6. 决策决定成败

决策是做任何事的第一步，无论它在军事上，还是企业管理中，都是最关键的一步。决策失误，是最大的失误。尤其是重大决策，一旦失误，会带来不可估量的损失，甚至还可能是灭顶之灾。就企业来说，据世界著名咨询公司美国兰德公司统计：世界上每1000家破产倒闭的大企业中，85%是因为企业管理者的决策不慎造成的。可以说，决策正确，企业蓬勃发展；决策错误，前景一片黯淡。

1992年，在事业上一帆风顺的史玉柱决定建造巨人大厦。当时他所在的巨人集团资产规模已经超过了一亿元，流动资金约数百万元，这在当时非常不错了。他最初的计划是盖一幢38层的巨人大厦，这其中大部分是自己用。当时史玉柱并没有搞房地产的设想。

这一年的下半年，巨人大厦正在设计建设之中，有一天，来了一位领导，到巨人集团参观视察。这位领导看到巨人集团发展得很好，随口说："这座楼的位置特别好、风水也好、交通便利，为什么不盖得更高一些呢？"这个领导也是好心，但是他不了解企业的具体情况。就这么一句话，让史玉柱改变了主意。

于是，史玉柱做了一个错误的决定：将巨人大厦的设计从38层增加到54层。这时候又传来一条消息说：广州准备盖全国第一高楼，定在63层。于是又有人建议史玉柱说：我们要为珠海争光，珠海也是改革开放的前沿城市，我们的巨人大厦要超过广州，盖到64层，要夺全国第一高楼，让巨人大厦成为珠海市的标志性建筑。史玉柱又采纳了，又是一个决策的失误。

1994年初，又有一位细心人说："64"这个数字不吉祥，应该回避。于是又将楼层增加到了70层。巨人大厦由38层增加到70层。大家想想：这里面的资金投入,这里面的资金需求量增加了多少?

就这样,1997 年,巨人集团因财务危机停止了施工,欠款 2.5 亿人民币,巨人大厦成了烂尾楼,也影响到了企业的资金运转,企业正常的经营也受到了极大的影响。

究其主要的原因,就是当时史玉柱没有认真地分析大家所提出的这些建议是否符合自己的能力,是否符合企业的经济实力,是否企业有这样的需求。这些都没有进行认真的权衡,决策太随意了,没有量力而行,导致企业倒闭。

痛定思痛。史玉柱是一个汉子,是一个企业家。他认真总结了自己决策的错误,离开了让他又爱又恨的珠海,在商场中消失了踪影。在这期间他开始静静反思,就是我们说的修身养性阶段。他开始周游神州大地,足迹踏遍祖国的大江南北。从我国的历史文化、名胜古迹、历史人文、天地之间的灵性中寻找答案,调整自己的思路,调整自己的思维,以便再寻商机,东山再起。在这期间,他曾经攀登过珠穆朗玛峰 6000 米的高度,差一点丧了性命。后来又来到内蒙古最西部的阿尔山。经过两年的时间,通过对市场的调查和个人的反思,沉寂了近三年的史玉柱,在新千年到来之际,也就是在 2000 年的时候,推出了他的一代保健新产品,叫做脑白金和黄金搭档。史玉柱通过痛定思痛的认真总结、分析和调查,做出了英明的决策。就凭着“今年爸妈不收礼,收礼只收脑白金”这一句广告词,让人们家喻户晓,了解了脑白金,使巨人集团起死回生。

当年的巨人,经过一段对症治疗,休养生息,又一次站立起来了。史玉柱就是这样由“巨人”到“残疾人”,又从“残疾人”到“智人”,这样起伏变化的过程,充分体现了一个领导者决断的正确与否。一个总裁、一个管理者在任何事物面前、在企业的管理中,只有正确决断,才能使企业兴旺发达,而错误的决断必将导致企业倒闭破产这其中的智慧所在。

由此可以得出:一个管理者在企业中所起到的作用,决策的正确和错误将直接决定了企业的命运,管理者的决策是多么重要啊!正确的决策可以让企业突飞猛进,错误的决策则可以让企业破产,跌入失败的深渊。

7. 大丈夫能屈能伸

俗话说：大丈夫能屈能伸。这其中的典型代表就是我们经常提到的韩信。昔日，韩信背水一战，大出风头，他善于用兵的故事，我们都已耳熟能详。可是，当他年轻寄居在别人家里时，曾受一个专门杀狗的流氓挑衅说：

“有种，你就刺我一刀，要不然就从我胯下爬过去！”

结果，韩信则心甘情愿选择“胯下之辱”。这则轶事是“忍一时之辱，保百年之身”的最佳例子。

后来，自从韩信臣事于汉高祖刘邦后，很快就崭露头角。屡建奇功，甚至有人认为“如果不是韩信，想必高祖是无法完成统一天下的霸业”。总之，高祖是因韩信的功劳而得以统一天下，韩信也因自己的功劳而受封为楚王。

故事若能在这里告一段落，那就能以喜剧收场了。然而，世上不如意事十之八九，世事往往并不单纯。不久，高祖对韩信势力的日益增大，开始恐惧，于是，有次找借口将韩信召来，趁机将之逮捕，罪名是企图谋反。此时，韩信并未为自己辩护，只是说：“果然像人家所告诉我的：‘狡兔死，走狗烹；飞鸟尽，良弓藏；敌国破，谋臣亡。我韩信在天下已定，只有被烹或被杀了。”

高祖虽然已把韩信逮捕，但无论怎么说，韩信总是众所公认的开国第一功臣，不能说要杀就杀。只好将他从楚王贬为侯，免其罪，暂且“留职察看”。韩信受了此次打击以后，从此每天都过着怏怏不乐的日子。

就在这一段期间，长久未谋面的高祖与韩信，终于有了一次见面闲聊的机会。韩信善于恭维别人的能力，也就在这次与高祖的闲聊中，发挥得淋漓尽致。

二人的话题在不知不觉中转入对于将军的人物评论，但却各持不同的见解。于是，高祖乃问道：

"你看我有率领几万大军的能力呢？"

"陛下最多只能率领十万左右吧！"

"那么，你呢？"

"在下当然是多多益善！"

高祖笑着问道："那你又为什么被我所用呢？"

这时，韩信回答非常妙：

"陛下虽然没有'将兵'的能力，却具有'将将'的能力。在下之所以被擒，道理就在于此。而且，陛下的那种才能是天生的，不是普通人所能具有的。"

韩信是明显在恭维刘邦。然而，这种恭维的才能也只有韩信才能说出来的，可以说是堪称一绝的。至于刘邦是如何回答的，《史记》虽无任何记载，但我们可以设想，刘邦一定被恭维得浑身舒坦。可以说，这种随机应变的能力确实表现出了高超的谋略和决断智慧。

8. 将计就计，奇正互用

决策时要讲究明暗结合，以及阴阳互通。这样，采用的方法就会随之变化多端。决策高明的人就是因为深谙其理，在实际的运用中善于变通，根据实际情况，灵活运用原则，对实际情况做出正确的判断，同时考虑到利害关系、接受能力、感情因素等各方面的因素，略施心机，因人而断，因事而断，因目标而断，从而做出正确的决断。

以统军打仗为例，遇到的对手、周围的环境总是不断地变化，一百个敌人或对手都是不一样的，所以要善于根据不同的对象改变自己的战术和策略。当然，变化是建立在对人情、形势有深透的了解基础之上的。李靖是唐代用兵的大师，长于奇正之变，在将奇计诡谋和正途常规结合方面，他自有心得。

李靖出身高门，少年时胸怀大志，苦读兵书。但他前半生并不顺，李渊准备在太原起兵时，李靖曾向隋朝告变，李渊对此一直铭记在心。后来，李靖投李唐后，李渊要杀了他，多亏李世民惜才，才保住他。但此后，李靖一直无施展的机会，直到统一战争尾声时，他带兵征萧铣，初露峥嵘；立国后，深入大漠剿灭东突厥主力，为唐朝除去心腹大患；在花甲之年，再披战袍，征战高原大非川，灭掉吐谷浑，打通河西走廊，功名卓著，肖像挂在凌烟阁上，为后世敬仰。李靖的敌手或在平原河网，舟步相杂；或在大漠腹地，骠骑驰突；或在高原冰川，行踪诡秘，但都被李靖打败。李靖用兵有两个特点：一是通，一是奇。所谓通，就是敌变我变，他总能根据变化了的情况，在充分了解人情、环境、形势的基础上改用正确的策略；所谓奇，是奇正互倚，在常规的基础上，大量运用奇思异谋，出敌意料。

何时用正谋，何时用奇谋呢？

李靖认为，在敌人力量充实，信息灵通，人心团结，己方难以施展巧计时，应用正兵，也就是以实力对实力。当敌人空虚时，一定要用奇兵。他也强调，奇正要互用。要先用正兵，后用奇兵。正奇的理解有多种：车步兵为正，骑兵为奇；先头部队为正，后援伏兵为奇，等等。在打败突厥的战争中，李靖的奇兵思想体现最充分。

突厥是唐初的劲敌。李渊起兵前后曾被迫向突厥称臣，唐太宗初期也受过突厥不少气，只是实力悬殊，隐忍不发。贞观四年，唐太宗觉得时机成熟，向突厥进攻，军队统由李靖节制。打突厥不同于讨东南，突厥全是骑兵，进攻凶猛，转移迅速，加上大漠战线长，气候恶劣，补给困难。

但敌人也有弱点，就是孤军作战又缺乏防备。于是李靖决定出奇制胜，以快打快。他挑选了三千精骑，疾驰二百多里，直逼敌人巢穴定襄，出现在城南山岭上。

突厥颉利可汗万没想到唐军来得这么快。他说：唐兵若非倾国而来，怎敢孤军深入?

李靖的奇谋不在攻地而在攻心,让突厥从内心感到震惊和恐惧。还未接战,就有突厥兵投降,颉利可汗不战而逃。在大非川之战中,李靖也是以奇制胜。大非川在今青海境内,由吐谷浑控制。

贞观八年(634年)唐吐双方爆发战争,唐太宗发兵五路,由李靖统帅,此时他已经63岁了。这一战的困难在于地势高,温度低,补给困难,而敌人又神出鬼没。双方在赤水源恶战一场,均伤亡惨重。吐谷浑首领伏允逃跑,并用火烧荒,让唐军的马匹无草。李靖命军队追入大非川。此时的唐军遇到空前的困难,粮草将尽,水源难找。到了人吃冰,马啃雪的地步。一些唐将认为,再这么下去将陷入绝境,应立即撤出大非川。李靖反对,他认为敌人也已将近绝路了,他们判断我军也该撤了。正因我军断饮乏资,才须迅速捉到敌人与之决战,而且越快越好。目下撤军,非但不能马上得到物质补充,且会被尾随之敌一口吃掉。他督促军队加快速度,寻找敌人残余力量。几天之后,终于找到并歼灭了他们。

奇兵,就是在敌人预料不到的时候,在突然的时间和突然的地点出现。有时,奇兵靠的是速度,有时奇兵靠的是意志、耐力。运用奇正之变原则要建立在通晓人情、形势的各种变化的基础上,对局势要做出准确的判断。

萧铣是南朝后裔,武德元年在江陵称帝,控兵40万。李靖平萧铣是初试牛刀的一战。李靖以几千奇兵一路掩杀,包围了江陵。唐军以为胜利在望,但李靖清楚,萧铣实行"寓兵于农"的制度,各地军队战时入伍,平时散于农田。唐军突袭得手,敌军还未来得及集结,如果久滞于城下,等敌援来到,就危险了。于是他向主帅建议,将所获敌船散弃于江中。众人不解:敌船正可装备我军,为何留给敌军?李靖说:"萧梁之地,南到岭表,东至洞庭,我们孤军深入。如果江陵未破而敌援兵四集,我军里外受敌,进退不得,就拥有再多舟楫,又有何用?现在将敌船丢弃使其顺水而下,如若沿江有援兵前来,铜陵到弃舟一定以为江陵已陷,不敢轻进,派人窥探,往来也得十日有余,那时我军已经将城攻破。"众人都服了他的心机。不但对敌人的心理要有准确把握,对己方的真实意图也要参透。大事业往往玄关重重,有时自己人之间也不能说明、说破,要靠对全局的体察去摸清真实意图,以免贻失机会,造成误会。

当颉利可汗被追到铁山后，才有机会稍稍喘息。他决定用缓兵之计，赢得时间，重整旗鼓。他派人去长安向太宗请罪，恳请举国内附。唐太宗不是东郭先生，决意将“狼”铲除。但他将计就计，为麻痹敌人假意允和，还派使者去安抚颉利。当时没有手机电报，太宗还无法将真实意图告诉前线的指挥官，全靠他们的悟性了。

李靖和另一大将接到的官方命令是停止进攻并迎颉利入朝。军中上下都以为战争已胜，可以班师。只有李靖和另一大将头脑清醒，他们揣知了太宗的意图。李靖等意识到：颉利虽遭败绩，其部属仍不失众多，若放纵其逃往漠北，那么，荒漠绝远，又地形不熟，恐怕就再也追不及了。现在使者带着诏书招降于彼，他们必然宽心无备，若选精骑一万携带20日粮，可以一战而擒颉利。部将张瑾反对：诏书已许其降，使者又要前往彼处，怎能再出兵袭击呢？李靖说：这是皇上的智谋！机不可失，韩信所以破齐，正是抓住了战机。

于是，李靖亲带士兵万人，悄悄地跟在了使者的后边。颉利见到使者，以为缓兵之计业已成功，十分欢喜。就在他松下了一口气的时候，李靖的大军已在眼前了。

李靖善于把握时机，对事物的判断总是那么正确，他总是能够在正确的时机,做出正确的判断。他注意观察事物的外部和内部条件,注重实际和环境的结合,因而他做出的决断总是符合实际。他的智慧善谋,奇诡用兵的确让后人景仰。

9. 谋划献策解围城

《鬼谷子》云:“度以往事,验之来事,参之平素,可则决之。”这句话的意思:在解决实际问题时,如果我们不能够做出准确的决断,我们可以参照历史,来验证将来。参验现今的形势条件和历史相对比,如果能够实施,就可以做出决断了。

魏孝昌三年,雍州刺史萧宝夤占据关中反叛,自称齐帝,尚书仆射长孙稚奉命前去征讨,华阴伯杨侃随军出征,被委任为镇远将军、谏议大夫、为长孙稚的行台左丞,不久又传任通直骑散常侍。

长孙稚率军队行至弘农安营扎寨,其后召集部属商讨作战事宜。杨侃知道叛军据险守关,强攻难以奏效,主张智取。他援引旧朝战例,并为长孙稚分析军事形势。

他说:“当年魏武帝曹操与韩遂、马超对阵,各自据守关隘,长期相持不下,难分胜负,这并非是他们各自的才智、勇气、谋略以及算度相类似,而是因为山河险峻,地形复杂,形成天然屏障,易守难攻,他们都无法施展自己的聪明才智去战胜对方。现在叛军固守潼关,占尽了地形险要的优势,即使当年能征惯战的曹操再世,也难以施展才华。”

杨侃建议:“我军必须向北攻取蒲坂,再飞舟渡河向西岸,这样兵士没有了退路,背水一战,只有拼死向前才能杀出生路,如此则士卒必然人人奋勇,争相搏杀。叛军见此奋勇之师,必然恐惧而不敢接战,那么华州的围困就可以不战而解。潼关守敌一旦听说华州之围已解,必会惊恐而望风逃散,溃不成军。如此,则各州城相继平定，而长安不久即可解围。如果我的计策可以采纳，请准我领兵为先驱，率先迎敌。”

长孙稚仔细地听过杨侃的建议，沉思了一阵，又犹豫起来，他说：“叛军薛脩义已围困了河东，薛风贤又保有安邑，我军前去平定叛军，受阻长期停驻在虞坂一带不能前进，你计策虽好，但我仍担心叛敌人多势众，相互呼应，你的计策难以奏效，故心存疑虑，难下决断。”

杨侃听长孙稚分析敌情，知道情势严峻，长孙稚的担心不无道理，但杨侃自有破敌良策。他说：“宗正珍孙本是军伍中的一个武夫，因巧遇机缘而得以晋升发达，其实并无德能，他只可被人驱使，而不能指挥驾驭他人，一旦被授予主帅的重任，去指挥三军作战，必然神迷意乱，不知所措。如此庸才，只知力拚，不善智取，哪能抵挡围城的贼军呢，不能克敌制胜，自在情理之中，不能以此推断敌军实力。另外，河东郡的治所在蒲坂，西面靠近黄河，郡中百姓多在东面。薛脩义驱赶壮勇西行围困郡城，父老妻儿都留在原址，如果我军逼临此地，必使叛军方寸大乱，他们挂念家室，人人思归，则郡城的围军自然散去，不战就能克敌解围，这岂不是明明白白的事情吗？”

长孙稚听杨侃讲得头头是道，分析得合情合理，于是采纳了他的计策，命令自己的儿子长孙彦率领骑兵与杨侃一道从弘农渡河北进。杨侃又出一计,命令手下四处张贴告示,向大家告示:“现在我军驻扎此地,等待步军到来后一起发动攻击,同时观察各村的人心向背,然后再决定采取何种行动。若肯于归顺的,待我军中点燃烽火,也马上举烽火响应,表示已经归降;若不举烽火响应,即为不肯归降,我军到后就要大开杀戒,荡平村庄,以犒赏三军。”各村百姓见到告示,互相转告,深夜,不管是真归顺还是假归顺,见军中点火,都纷纷点了起来。一夜之间,烽火绵延达几百里。围城的叛军见此壮观景象,不知究竟发生了什么事情,都怕生出意外,恐惧中四散逃归,各奔东西,薛脩义弹压不住,见军队溃散,只好只身逃走。

随后,长安之围顿解,杨侃的计策获得了成功。

杨侃正是借古鉴今,并结合当下的情况,作出了正确的决策。

10. 先声夺人,先发制人

鬼谷子历来被公认为是兵家之祖,从古代兵法来说,先战之术就是一种以先发制人的方法取得战争主动权的方法。当与敌人可能要产生对峙交战时,可采用先战术来取胜。先战术从战略上讲,可以争取时间,赢得主动;从战术上讲也可以先入为主,对敌人产生威慑作用。特别是在对方可能布下陷阱,要加害于你时,采用先战术一则可以揭露敌人的阴谋,破坏敌人计划;二则可以采取先发制人使敌人陷于被动局面;三则可以显示我方的光明磊落,赢得人们的同情和支持。

古代,有个专权的太监鱼朝恩要邀请郭子仪游章敬寺。当时的宰相元载,心中有鬼,怕他们联合起来攻击自己,就先进行离间。他暗中派人告诉郭子仪说:“鱼朝恩将要对您做不利的事。”言下之意是叫郭子仪不要去赴约。郭子仪不听,坚持要去,他手下的将士们要求全副武装随从,郭子仪也不答允。他说:“我是国家的大臣。他没有天子的命令，敢害我吗？若有天子的命令，那你们这样做是干什么，是想违抗圣旨造反吗？”

他只带了几个家童仆人去见鱼朝恩。鱼朝恩见他这样轻车简从，连警卫人员都没有，惊奇地问他为什么，郭子仪说：“外边有人告诉我，您要趁这机会干掉我，所以我特地不带警卫人员，免得您花费心思，等下动手时多添麻烦。”鱼朝恩感动得流着眼泪说：“像您这样一位忠厚长者，在面临这样的情况下，都能够不产生疑虑甚至也不准备武器刀枪进行自卫还击，确实是令我敬佩不已。”

在上面的故事中，宰相元载和郭子仪都采用了先战之术，元载采用的是先发制人的阴谋，郭子仪则采用的是先发制人的阳谋，事情发展的结果当然是阳谋战胜了阴谋，以诚待人者战胜了以计离间者。

历史总是有它相似的一幕，西汉文帝时，齐国丞相爰盈为人慷慨，识大体，在朝廷名声很好。宦官赵谈因为得到君主的宠幸，常想加害于他。爰盈为此很忧虑。

爰盈的哥哥爰子种对爰盈献计说：“对于赵谈，你应当先公开污辱他，这样他以后在皇上面前打小报告，皇上知道你们有过嫌隙，就不会再相信他了”。爰盈果然这样做了。

有一次，皇上到东宫去，赵谈与皇上共坐一辆马车。

瞅准这个机会，爰盈跪伏在车前说：“臣听说能够与陛下共同乘车的人都是英雄豪杰。现在汉朝虽然英雄很少，但无论如何也不至于让陛下单单只与被刀锯阉割过的人一同乘车吧？”

皇上听了，心里明白，微微一笑，立即把赵谈赶下车去。

从此以后，皇上每当听见赵谈说爰盈的坏话，便总以为是他为这件事对爰盈进行报复，便始终不听，小报告根本起不了作用。爰子种的先战之术终于获得了成功。

采用先战之术还常用来对付那种混乱的场合，使人们在熟视无睹中对你另眼相看，近代革命先驱者肖楚女就曾成功地采用了这一战术。

一次群众集会，轮到肖楚女演讲时，听众情绪很低，一个个昏昏欲睡。革命家肖楚女走上台，站定后，突然“哈哈”一声笑。昏昏然的听众本能地一愣，都从各自为梦的状态中惊醒过来。一个个交头接耳,互相打听,整个会场乱哄哄的。这时肖楚女对着交头接耳的听众又发出第二次"哈哈"大笑,台下不少人露出了会心的微笑。但大多数听众仍蒙头转向,怔怔地望着演讲者。略停片刻,肖楚女对听众第三次发出"哈哈"大笑时,顿时全场听众都跟着他轰然大笑。

就在这全场大笑声中,肖楚女开始了慷慨演说。顿时,台下笑声戛然而止,静静地听他的演说了。

肖楚女就是这样在短短的时间里采用先战术很快地调动了他人已经疲乏的精神,从而使自己的演讲获得了成功。

先战术还可以运用于现代商战之中,它可以帮助商家先下手为强,抢先占领商品市场。

1984 年,中国宣布参加洛杉矶奥运会之后,天津手表厂立即抢在其他厂家之前,将这个厂生产的"海鸥"表赠给我国赴美参加奥运会的全体运动员、教练员和工作人员每人一块,并特制上奥运标记,使"海鸥"表与中国首次参加奥运会这一大事件联系起来。这顶"冕"借得实在具有想象力。一时间,"国手进军奥运会,海鸥飞往洛杉矶"人人传诵。1988 年,汉城奥运会,天津手表厂再次出奇兵,使"海鸥"表成为中国代表团的礼品表。通过运动员之手,"海鸥"表又名扬海外。虽然后来又有许多企业将产品与奥运会联系在一起进行宣传,但人们对它的印象却远不如"海鸥"表那般深刻,这是因为"海鸥"表是首创的缘故。

11. 出其不意，攻其不备

鬼谷子所强调的“决”，就是在掌握一定情况之下果断拍板，果断决策。人生有无数个机遇，也有许多的困惑，面对这些，该怎么办呢？是等待观望，还是决意行动？对此，根据必要的情况，采用“决”的谋略，出其不意，攻其无备，就是竞争致胜的保证。

商业竞争中，策略和技术的运用是取胜的关键所在，而要在企业的竞争中立于不败，就要出其不意，攻其不备。在这一点上，李嘉诚与其他华资巨头有着同样的认识。特别是在李嘉诚为首的华资集团与英资怡和集团的谈判斗争中，李嘉诚对这一点运用得十分恰当。

当时，华资集团欲秘密收购英资置地，通过一段时间的筹备，已经胜券在握，因此决定在香港股市收市以后，以李嘉诚为首的华资财团，包括华资巨头郑裕彤、李兆基以及荣智健，邀请怡和高层人员西门·凯瑟克以及包伟仕进行谈判。

谈判尚未开始就已经显得硝烟弥漫，谈判双方竭力平静的面部表情里面，似乎都贮满烈性火药，一如短兵相接的浴血之战眼看就要一触即发。

首先，李嘉诚开诚布公说明来意，指明以长江实业为首的四个财团，都希望尽快解决置地控制权最终归属谁的问题。然后，李嘉诚发起进攻，单刀直入地说：

“西门·凯瑟克先生，我们四家财团已经决定，以每股 12 元的价格，购买怡和手中持有的 25.3% 置地股权。”

早已领教过李嘉诚深藏不露且极具威慑力的谈判术的西门·凯瑟克，这回吸取上次教训，不与李嘉诚作马拉松式的意志力的较量，马上反守为攻，加重否定语气说：

“不可能，每股必须 17 元。这也是你 10 月股灾前愿意支付的价格，而现在置地的资产和租金都不曾下跌，怎么可能以每股 12 元的价格成交给你呢？”

对于怡和意料之中的反应，李嘉诚听后轻轻一笑，但还是不给对方有喘息机会，紧压话头反驳道：

“西门·凯瑟克先生，你似乎在强人所难，而且你现在还有意忽略了一个关键问题，那就是市价。你和我都不是外行商家，按照商业惯例，只要收购方提出的价格高出对方市价的二至四成便可生效，更何况我们现在提出的价格，已高出置地目前市价的四成有余呢？”

西门·凯瑟克无言以对，但仍态度强硬地坚持要每股 17 元的收购价。谈判双方首肯的价钱相差太远，会谈开始陷入僵局。时间仍在不停地流逝，已经逐渐接近深夜，而会谈的空气仍旧空前紧张。

李嘉诚预感到双方如果继续这样僵持下去将十分不利，便使出“杀手锏”作最后的致命进攻——将四大财团于谈判前拟定的一份以每股 12 元全面收购置地股份的文件，出示给怡和主席西门·凯瑟克，并一字一顿地说：

“西门·凯瑟克先生，我必须很遗憾地告诉你，如果今天再谈不拢，明天上午四大财团将宣布以每股 12 元的价格全面收购置地。”

西门·凯瑟克大吃一惊，李嘉诚这一招是他不曾预料到的。而且从开始到现在，在他的心目中，中国人始终是逊色的。“什么时候中国人开始变得这么强大，这么有魄力的呢？”西门·凯瑟克无法回答自己心中的疑问，但是有一样是必须肯定的,如果明天上午四家财团的硬收购真的成功的话,那么接下来后果将不堪设想。

西门·凯瑟克强硬的态度不得不缓和下来,他马上要求暂停,并召集他的手下,紧急磋商起来。

不久,唯恐事态扩大的西门·凯瑟克迫于华资财团的压力,决定用议价购入四大财团手中所持有的置地股份。但是,老是处于被动地位的西门·凯瑟克这一次来了一个绝招,他提出了一个附带条件,华资财团七年内不得沾手怡和系股份。

由此一来,双方再一次展开了一场激烈的争论,直到最后,华资财团才让步同意忍受七年的"诱惑"之苦,不去侵扰怡和系股份。一场可能是有史以来最激烈的商场收购战,总算没有扩大并再次告一段落。而李嘉诚等人所采取的出其不意的战略是这场斗争中胜利的基础。

12. 将计就计,胜利夺"标"

将计就计是兵家常用战术,它是指在无计可施的情况下,可以巧借敌方的计谋,去对付敌方。运用此术同样需要决断的气度或勇气,它在商业竞争中同样奏效。20 世纪 70 年代中期的一场"世纪工程"夺标大战中,韩国企业家郑周永便是运用"将计就计"的谋略,战胜各个竞争对手,最后胜利夺"标"。

1975 年,石油富国沙特阿拉伯对外宣布要在本国东部杜拜兴建大型油港,预算总额为 10 ~ 15 亿美元,并向全世界各大承建公司公开招标。

这项工程十分庞大,堪称"本世纪最大的工程"。当这一消息通过电波传向全世界时,立即引起世界建筑商们的关注,其中跃跃欲试者有之,望而却步者有之。

1976 年 2 月,中东弹丸小国巴林,战云密布,大军压境。一场举世瞩目的

“世纪工程”夺标大战即将在这里展开。

欧洲五大建筑公司已早就踏上了这个海湾小国,企图先声夺人。另外,美国、法国、日本等国家的头号建筑公司也匆匆从远道赶来,决意参与这场大角逐。

最后一个到来的,是韩国郑周永率领的现代建设集团。

“世纪工程”的招标还没正式开始,各路豪杰已经在暗地里频频施展招数,互相斗法了。

一天,郑周永的好友、大韩航空公司社长赵重勋突然来找郑周永。老友异国相逢,显得格外亲切。赵重勋盛情邀请郑周永去喝酒叙旧,郑周永推辞不掉,只好从命。

他们找到一间幽静的小单间,边喝边聊起来。酒过三杯,赵重勋对郑周永说:

“郑兄,这桩工程可是块难啃的骨头呵!”

“就是再难啃,我也有信心将它抢到手!”郑周永胸有成竹地说。

“唉,你何苦非要冒这个险呢!”接着,赵重勋压低嗓门说,“只要你肯退出来,你还会得到一大笔补偿金,何乐而不为呢?”

郑周永暗吃一惊,方觉察到对方的来意,却不动声色地问:“有这样的好事?”

赵重勋以为对方动心,便干脆把话挑明:“不瞒老兄,是法国斯比塔诺尔公司委托我来劝你的。他们说,只要你宣布退出,他们立刻付给你1000万美金。”

郑周永暗暗冷笑:法国人也太小瞧我了,这点儿小钱就想打发我退出!他沉吟了一阵,想出了一条妙计。

“赵兄的好意,小弟心领了。但这桩工程我还是争定了。”

“唉——两头都是朋友,我也是为你们着想。”赵重勋不免有点儿失望。这时,郑周永举杯一饮而尽,抱歉地说:“赵兄,失陪了。我还有件紧急的事要办。”

“什么紧急的事?我能帮你吗?”

“唉,还是不为那1 000万美元保证金……”郑周永故意把话搁住,站起身来匆匆与对方握手告辞。

法国人得知这一“情报”后,便开始推测郑周永的投标报价,按照投标规定,中标者需要预交工程投标价格的2%的保证金。由此,他们便判定郑周永的现代建设集团的投标报价可能在20亿美元左右,最少也在16亿美元以上。

然而,这正是郑周永的良苦用心,他也想通过朋友的嘴给对方一个“回报”。在此期间,郑周永频频利用“假情报”向其他竞争者施放烟幕弹,以虚假的投标情报扰乱对手的阵脚。

在郑周永的那间封闭保密的会议室,灯火通明,气氛紧张。郑周永正和助手们为决战作最后的准备。

在报价问题上,郑周永甚是煞费心机,他仗着自己旗下的现代重工业及造船厂等大企业能够提供前线大量廉价的装备和建材,仗着自己在巴林建立起来的“桥头堡”,决心使出杀手锏“倾销价格”,以过低的标价击败所有的对手。

起初,他经过分析和借鉴国外建设工程价目表,初步拟定了总体工程报价为12亿美元。这个数码立即得到所有随从高级职员的赞同。

尔后,经过再三思虑后,郑周永对初始报价12亿美元先后进行了25%和5%的两次削减,最后定为8.7亿美元。

对此,他的高级助手田甲源持反对态度,认为削减到25%,即9.3114亿美元就可以了。但是郑周永却一意孤行,他认为在投标报价问题上,不同于比赛,它只有第一名,没有第二名,要想取胜,报价一定要有充分的竞争力,尤其是在大型项目上,更要有十拿九稳的把握性。

1976年2月16日,这是决定郑周永与他的现代建设集团走向世界的关键一刻。

投标开始了,郑周永一行来到会议厅,同其他对手一样,怀着忐忑不安的心情焦急地等待着这最后的一刻。

现代建设集团的投标代表是田甲源,然而这位肩负重担的田甲源先生却在关键性的最后一刻钟里自行其是,在投标价格表上填上9.3114亿美元。填完报价数目后,田甲源便悄悄地溜进了工程投标最高审决机构办公室。

那里的工作人员紧张地忙碌着,整个办公室里就像一张巨大的针毡,田甲源坐也不是,站也不是,当他听到主持人说美国布朗埃德鲁特公司报价9.0444亿美元时,他刹那间脸色苍白,踉跄地出来走到郑周永面前,嘴里嘟嘟囔囔地说:

“郑董事长的决定是对的，我……我没有按你的办，结果比美国人多……多了300万美元。我……”

见到田甲源半死不活的样子，郑周永感到大势已去，他真想给田甲源一记响亮的耳光，然而这里毕竟不是韩国，而是“世纪工程”的招标会议室。

正当他拔腿想要离开会议室的一瞬间，另一个助手郑文涛右手高举着“V”字手势，激动万分地从仲裁室跑到郑周永面前大声地喊道：

“董事长，我们胜利了！我们成功了！”

郑文涛的消息使现代建设集团的所有在场人员都惊呆了。他们不知所措，到底是田甲源错了，还是郑文涛错了？真是丈二和尚摸不着头脑。

原来，美国布朗埃德鲁特公司的报价是分两部分进行的，仅水上部分就是9.0444亿美元。相比之下，田甲源填的9.3114亿美元的报价是最低报价。

当沙特阿拉伯杜拜海湾油港招标仲裁委员会最后宣布现代建设集团以9.3114亿美元的报价摘取这项本世纪最大工程的招标桂冠时，在场者无不目瞪口呆，就连郑周永也不敢相信自己的耳朵，更不用说是田甲源先生了。

对于这个报价，西方的所有强劲对手都惊愕不已，他们都觉得被郑周永戏弄了。尤其是那些法国佬，他们老羞成怒地骂他是“骗子”、“土匪”。

然而，在这一片叫骂声中，郑周永却兴奋地和他的助手们互相拥抱庆贺。

在这场智慧的角逐中，这位黄皮肤黑头发的韩国人战胜了所有的欧美对手。

13. 以硬对硬时决不手软

在关键时刻，决不手软，以硬对硬，这是鬼谷子在《决篇》中所阐述的重要内涵之一，它表明了在一定的情况下采取果断策略的必要性。

武则天当上女皇之后以说一不二、十分强硬的手段培植亲信、排斥异己。在唐代皇帝中，她是诛杀大臣最多的一个，就连自己的亲生儿女也敢杀敢罚，从不手软;而对自己的宗戚亲信,则往往给以一步到位的提拔重用。尤其是对与自己有暧昧关系的大臣张易之、张昌宗兄弟,不仅任其势倾朝野,为所欲为,就是在违法当斩时,武则天也敢拼了老脸从公堂、从监狱把他们特赦出来,日夜相伴。

面对武则天的强硬政策,李家宗戚显得软弱退让,毫无反抗的勇气和决心,结果屡屡成为刀下之鬼。武则天的儿子李显、李旦,更是懦弱柔顺,即使已登皇帝之位,也甘愿让出皇权由武则天执掌,不敢出一声为自己辩白。一批效忠于李唐的大臣们,其中虽也偶有个把敢说敢为的人,然而独木难支,无不死于武则天的硬手腕和众大臣的软功夫之中。这样,本来只想稍稍尝一尝女皇滋味的武则天,以硬对软,一屁股坐在龙椅上面,竟一坐就是15年稳如泰山。而且她为所欲为、言出必行,其权威更胜于大部分男性皇帝。

武则天嗣圣二十二年(705年),以宰相张柬之为首的强硬派,决定以强对强,用强硬的手段逼迫武则天让位给太子李显,重新恢复李姓天下。

张柬之沉稳有谋,果断敢行。年已八十有余,但复唐雄心须臾不忘。早年任合州刺史时,便与荆州长史杨元琰一同泛舟,相互有约:"他日你我得志,当彼此相助,同图匡复。"不久张柬之入朝为相,立即推荐杨元琰为御林军将军,控制京城军权。同时又阴结一些要害部门,伺机起事。

当时武则天生病甚笃,张易之、张昌宗两兄弟怕武则天去世,自己无法图存,所以也在居中用事,暗蓄异谋。张柬之以为时机已至,不能再缓,于是又把同道桓彦范等都安插在御林军中当将军,直接控制保卫皇宫的禁军。

诸事安排停当,张柬之便率左右御林军五百余人,直入玄武门,并派人强行从东宫找来胆怯疑惧的太子李显,一起突入内殿。二张听到风声,慌忙从武则天房里跑出来探听情况,恰被张柬之碰上。张柬之毫不迟疑,即令就地处斩。然后直奔武则天的寝室长生殿。殿前侍卫环立拒进,张柬之须眉倒竖,大喝一声"退下",大踏步带兵敲响了武则天卧室的大门。

武则天听到人声杂沓,料知有变,便竭力支撑起身子,厉声问道:"何人胆敢作乱?"张柬之带着太子已拥兵到了床前,齐声道:"张易之、张昌宗谋反,臣等奉太子令,入诛二逆,恐致漏泄,故不敢与闻……"

武则天仍以一贯的强硬态度,对太子怒目而吼:"汝敢为此么?但二子既诛,可速还东宫!"

张柬之等以硬对硬,大声道:"太子不可再返东宫,以前天皇唐高宗以爱子托给陛下,现太子年齿已长,天意人心,久归太子,臣等不忘太宗、天皇厚恩,故奉太子诛贼,愿陛下即传位太子,上顺天心,下孚民望。"

武则天实不甘心女皇的威风就此熄灭,当然不愿马上传位,没料到自己强硬,对手却更加强硬,大有不成功便成仁之势。又见人势汹汹,刀光闪闪,她也只能一下子软瘫下来,口中说:"罢罢!"身子已重新缩进床里边去了。

第二天,张柬之等毫不偷闲,把异己分子或捕或杀,干净利落消除后患,然后让太平公主直接找武则天,劝其传位。不多时,唐中宗李显复位,真正掌握了国政。

显然,对于像武则天这样敢作敢为、言出不二,尤其是在十五年之中以强硬态度控制朝政而得心应手的人,如采用软弱退让的手法,只能使武则天更加强硬,更加为所欲为。在这场争取皇位的权力斗争中,以张柬之为首的一帮人,一改太子等一味妥协忍让的做法,果断用强,决不手软,决不讲情面,从而一步到位,取得了复唐的成功。应该说,张柬之"以硬对硬,一步到位"的做法在当时是最为明智的。

第十二章　符言①

《符言》篇是鬼谷子的又一重要篇章，其思想主题和语言风格与上述的11篇有所不同，但从谋略文化的角度看，该篇对纵横家的谋略思想做出了贡献，很值得重视。《符言》讲君道修养，阐明君主治理天下应遵循的要领。作者以“符言”为篇名，要旨在于表明篇中所言犹如符节，至关重要。

【原文】

安、徐②、正、静，其柔节③先定。善予而不争，虚心平意④，以待倾⑤。右主位⑥。

【注释】

①符言：符是符契、符节。我国早在汉代就把有节的竹片加以中分，由两人各持一片，日后各拿这一片竹的人，只要能把两片竹完全合在一起，连竹节都能像原来那样吻合，那就证明是他本人或其代理人。到后来，改竹片而用木片或纸片等，并在上面加盖印记，而且是从印的中间切断使用，这种印就叫“骑缝印”。这里指言词与事实像符契一样吻合。还有人认为“符言”乃是“阴符之言”的简称。

②徐：徐，静的意思。

③节：节度，法度。

④虚心平意：使内心很谦虚，使意念很开朗。

⑤以待倾：以备倾覆。

⑥主位：主要讲善守其位。

【译文】

身居君位的人，如果能做到安详、从容、必志、沉稳，既会怀柔又能节制，愿意给予并与世无争，这样就可以心平气和地面对天下纷争。以上讲善守其位。

【原文】

目贵明，耳贵聪①，心贵智。以天下之目视者，则无不见；以天下之耳听者，则无不闻；以天下之心虑者，则无不知。辐辏并进[2]，则明不可塞。右主明[3]。

【注释】

①聪：灵敏。

②辐辏并进：辐辏，指车轮的辐条向车毂集中。比喻目、耳、心一起使用。

③主明：主要讲察人之明。

【译文】

眼睛最重要的就是明亮，耳朵最重要的就是灵敏，心灵最重要的就是智慧，人君如能用全天下的眼睛去观看，就不会有什么看不见的；如果用全天下的耳朵去听，就不会有什么听不到的；如果用全天下的心去思考，就不会有什么不知道的。如将这些集于一身，那么君主就可明察一切，无可闭塞。以上讲察人之明。

【原文】

听之术曰："勿望而许之，勿望而拒之[1]。"许之则防守[2]，拒之则闭塞[3]。高山仰之可极，深渊度之可测。神明之位术，正静其莫之极欤[4]！右主听[5]。

【注释】

①忽望而拒之：远远看见了就拒绝。

②许之则防守：听信他人之言，众人就会归服而保卫君主，也就是能转危为安。

③拒之则闭塞：拒绝采纳进言，就使自己受到封闭。

④高山仰之可极……正静其莫之极欤：山的高度和渊的深度固然能测量，但是神明的位术却是正静的，绝对无法像测山河一般来测量。

⑤主听：主要讲虚心纳谏。

【译文】

听取情况的方法是：不要远远看见了就随便答应，也不要远远看见了就随便拒绝。假如答应别人，就要守信从而会多一层保护；假如随便拒绝了就会封闭君主的言路。仰望高山是可以望见顶的；测量深渊是可以测到底的；而圣人处事方法，其端正沉稳是无法测其高深的。以上虚心纳谏。

【原文】

用赏贵信，用刑贵必[1]。刑赏信必，验[2]于耳目之所见闻。其所不见闻者，莫不暗化[3]矣。诚畅于天下神明,而况奸者干[4]君?右主赏[5]。

【注释】

①必:公正。

②验:和证据互相对照,以便明白真相。

③暗化:潜移默化的意思。

④干:冒犯之意。

⑤主赏:主要讲罚赏必信。

【译文】

奖赏时,最重要的是守信用。刑罚时,最重要的是公正。处罚与赏赐的信守和公正,必须让臣民亲身见闻,这样对于那些没有亲眼看到和亲耳听到的人也有潜移默化的作用。君主的诚信如果能畅达天下,那么连神明也会来佑护,又何惧那些奸邪之徒冒犯主君呢?以上讲赏罚必信。

【原文】

一曰天之,二曰地之,三曰人之。四方、上下、左右、前后,荧惑[1]之处安在?右主问[2]。

【注释】

①荧惑:不明亮,不清楚。

②主问:多方咨询。

【译文】

一叫作天时,二叫作地利,三叫作人和。四面八方,上下、左右、前后不清楚的地方在哪?以上讲多方咨询。

【原文】

心为九窍[1]之治,君为五官[2]之长。为善者君与之赏,为非者君与之罚。君因其所以来,因而与之,则不劳。圣人用之,故能掌之。因之循理,固能久长。右主因[3]。

【注释】

①九窍:窍是出入空气的小穴。人体上共有九个小穴,就是口、两耳、两眼,两鼻孔、二便孔等,但是通常都除掉二便孔而称为“七窍”。

②五官：中国古代五种重要官职。即司徒、司马、司空、司土、司寇。

③主因：主要讲遵规循理。

【译文】

心是九窍的统治者，君是五官的首长。做好事的臣民，君主会给他们赏赐；做坏事的臣民，君主会给他们惩罚，君主根据臣民的政绩来任用，斟酌实际情况给予赏赐，这样就不会劳民伤财。圣人这样做了，所以能很好地掌握他们。遵循事物的客观规律，才能长久。以上讲遵规循理。

【原文】

人主不可不周[①]；人主不周，则群臣生乱。寂乎[②]其无常也，内外不通，安知所开？开闭不善，不见原也[③]。右主周[④]。

【注释】

①不可不周：周，周密、细密。意思是君主必须广泛知道世间一切道理。

②寂乎：没有声响，很安静。

③不见原也：不知道为善的源头。

④主周：主要讲遍通事理。

【译文】

作为人主必须广泛了解外界事物，如不能这样，那么就容易发生社会骚乱，世间鸦雀无声是不正常的，内外没有交往，怎么能知道世界的变化！开放与封闭不适当，就无法发现事物的善恶。以上讲遍通事理。

【原文】

一曰长目[①]，二曰飞耳[②]，三曰树明[③]。千里之外，隐微之中，是谓“洞”。天下奸，莫不暗变更。右主参[④]。

【注释】

①长目：能看到很远的事物，犹如千里眼。

②飞耳：能听到很遥远的声音，犹如顺风耳。

③树明：明察一切事物的能力。

④主参：主要讲洞察奸邪。

【译文】

一个叫作“长目”，一个叫作“飞耳”，一个叫作“树明”。在一千里之外的地方，隐隐约约、渺渺茫茫之处就叫作“洞”。天下的奸邪在黑暗中也是不变的。以上讲洞察奸邪。

【原文】

循名而为[①]，按实而定[②]，名实相生，反相为情。名实当则治，不当则乱。实生于德、德生于理，理生于智，智生于当。右主名[③]。

【注释】

①循名而为：采取符合名分的行动。

②定：决定，决断。

③主名：名实相符。

【译文】

按照名分去做事，按着事实来决断。名分与实际互为产生的条件，反过来又互相表现。名分与实际相符就能得以治理，不相符则易产生动乱。名分产生于客观事物，而客观事物产生于有关道理，道理产生于决定事物的法则，法则产生于大地之间的智慧，智慧则产生于万物之协调。以上讲名实相符。

纵横谋略

1. 兼听广蓄,励精图治

《符言篇》中曰:“目贵明,耳贵聪,心贵智。”意思是说眼睛最重要的是明亮,耳朵最重要的是灵敏,心灵最重要的是智慧。鬼谷子主张,统治者在位,必须信守诺言,善于倾听,耳聪目明,洞察隐微。认为,只有仰望才能窥到山顶,只有到深渊测量才能测到谷底。遇事要多听取他人的意见,并且要认真地听,认真地分析和研究,然后再做出决定。兼听广蓄,励精图治,就是鬼谷子符言术的重要内涵之一。

唐太宗李世民即位之初,励精图治,很想听到一些有关治国安民方面的建议和评论朝政得失方面的话。他说:“人要知道自己的形体,必靠明镜;君主要知自己的过失,必靠忠臣。”因此,他常对那些直言敢谏的大臣,优礼相待。元律师犯法,太宗要杀他,大臣孙伏伽认为,按照律法不该处死。太宗赞扬孙伏伽敢于直言,便将价值百万的兰陵公主园赏赐给他。有人说:“赏赐太厚了吧!”太宗说:“从我即位以来,还没有这样的进谏者,所以才这样重赏。”

谏议大夫魏征,性情亢直,敢于犯颜极谏,有时搞得太宗下不了台。但由于他的意见或建议都十分正确,而态度又坚决,敢于抗争,置个人得失于度外,所以最后都能使李世民不得不接受。

贞观六年(632年),唐太宗在政治、军事、经济、外交等方面都取得了较大成绩,开始出现了所谓的“贞观之治”。在一片歌功颂德声中,他确实有点昏昏然、飘飘然,生活也逐渐奢侈腐化起来。就纳谏而言,也不像过去那样“寻之使言”、“悦而从之”,而是先有“难色”而后“勉从”,不像建国初期那样谦逊纳谏了。此时他听颂歌听得心中舒服,对于逆耳之言很有些反感,也不再提什么兼听则明了,有时兴致所至,则任性而行事。

一天,太宗早朝,文武大臣们高呼万岁已毕,恳请太宗到泰山封禅,以显扬太宗的文治武功。国舅长孙无忌说:“封禅是历代帝王的盛事,秦始皇统一天下后,遍封名山,在泰山、碣石山等处都勒碑刻石以纪念他的巍巍功德。汉武帝也曾封禅泰山。如今陛下德行可以和尧舜媲美;功劳比秦始皇、汉武帝还要大,应该封禅泰山,以显扬功德。”群臣一致赞成。群臣的封禅建议,正好对上了太宗好大喜功的心理,但他表面上还是笑着说:“封禅不封禅,有什么关系,重要的是把国家治理好。”大臣们再一次敦促请求,太宗一拍玉如意说:“封就封呗!”于是任命大常韦挺为封禅使,令诸儒详细拟定有关封禅的礼仪、规模、费用及日程安排等。

这时,魏征站起来,果断而坚决地反对说:“封禅不封禅,并不妨碍陛下的功德和政绩。如果天下安定,国家富强,人民乐业,即使不封禅,又有何妨呢?过去秦始皇封禅而汉文帝不封禅,难道后世认为汉文帝的贤能不如秦始皇吗?再说,祈天祭地,难道只有登上泰山之巅,封几尺土,才能表达诚敬的心意吗?”一席话,仿佛在李世民和大臣们发热的头上,泼了一瓢冷水。

李世民一听,非常不高兴,便质问魏征说:“你反对我封禅,难道是因为我功劳不高吗？”魏征说：“很高！”李世民说：“难道是因为我恩德不厚吗？”魏征说：“很厚！”李世民说：

“难道是因为国家不安吗？”魏征说：“安定！”李世民说：“难道是因为四夷不服吗？”魏征说：“臣服呀！”李世民说：“难道是因为年岁不丰吗？”魏征说：“丰实呀！”李世民说“难道是因为祥瑞不来吗？”魏征说“祥瑞来了呀！”李世民一连问了六个关于能否封禅的条件，魏征都应声说条件达到了。李世民最后将脸一沉，大怒说道：“那我为什么不能封禅？”

魏征毫不畏惧，据理力争，回答说：“陛下功劳虽高，而人民还没有得到实惠；恩德虽厚，而泽惠还没有广泛施行；国家虽安，而百姓还不算富裕；四夷虽服，而他们的要求还不能满足；祥瑞虽来，而不好的当头还很多；年岁虽丰，而仓库还很空虚。这就是我认为不能封禅的原因。”

太宗憋了一肚子气，脸上也感到非常为难，宣布退朝。群臣们也认为魏征这个人不知道进退。

魏征心想，太宗一走，事情就不好办了，于是，立即站起来拽住太宗的衣襟说：“陛下请留步，让我把话说完。”魏征考虑，这样的进谏，效果不会好，要下决心阻止这件事，必须另换一个角度来说。于是，魏征说：“愿陛下让我做良臣，不要让我做忠臣。”李世民问道：“良臣与忠臣怎么区别？”魏征说：“良臣身获美誉，君有令名，子孙传世，福禄无疆，如稷、契等人；忠臣身受诛杀，君陷恶名，家国遭难，如比干、关龙逢等人。”李世民说：“那让你做良臣！”魏征说：“事实上，现在陛下盛怒，臣冒死进谏，这是让我做忠臣啊！”太宗的气色缓和了一些。

魏征继续进谏说：“陛下虽有这六个方面的优越条件，但我认为泰山封禅劳民伤财，于国家人民都没有益处。就拿隋炀帝杨广的巡幸江都（今江苏扬州）的事情来说吧，他三次坐着长达200尺、高4层的龙舟水殿到江都游玩。王公、妃子、僧尼、道士乘坐几千艘豪华富丽的大船，首尾相连200多里，随从10万人，光拉纤的壮丁就有8万多人，还有大队骑兵夹岸护送，船上的人纵酒寻乐，声闻数十里。沿途500里内的老百姓，都要贡献美食。巡游和队伍像蝗虫一样，把沿途农民弄得倾家荡产，啃树皮，嚼草根，甚至被逼得吃人。于是，王薄振臂一呼，响应者数10万，起义的烽火迅速燃遍大江南北。试问这样的巡幸有什么好处？”

魏征又打了比方说:“比如有个人患了10年的长病,瘦得仅存皮骨。刚治好,便要他挑一石米,日行百里,一定不可能。而隋朝混乱,不止10年,陛下好像是个良医,人民的病苦虽然在你手中解除了,但身体还没有恢复。现在国家初定,就要告天祝地,这不是自欺欺人吗?陛下到泰山封禅,车驾东巡,千乘万骑,国内的王公大臣,四夷的君长都要护从,单就饮食供给这一项来说,就不易置办,更不用说其他费用开支了。”

他喘喘气又说:“如今伊水、洛水以东,一直到渤海、泰山一带,莽川巨泽,茫茫千里,人烟断绝,鸡犬不闻,不说饮食供应不上,连举步都艰难。再说,竭尽财力用在这无偿的消费上,还不一定能达到要求;要保障丰盛的供给,一定要加重百姓的负担。崇尚虚名而深受实害,我想这样的事情,陛下是不会做的。”

魏征可以说是有理有据有节,或迂回,或单刀直入,占尽道理,唐太宗无言以对,但是仍然不愿放弃封泰山的念头。魏征见状,言词转而激烈地说;“这样劳民伤财,天怒人怒,一旦有水旱天灾,风云变幻,匹夫百姓,则揭竿而起,到那时追悔莫及了呀!”唐太宗此时才省悟其中的道理,强忍心中的不快,最后还是下令停止封禅。

上述故事告诉我们,要善于广泛地听取他人的意见,听得越多我们了解的就越多;听得越多我们用于分析整理的信息就越全面。即要做到兼听广蓄,如此才能获得良好而理想的结果。

2. 明辨是非,不为所惑

鬼谷子认为,作为领导者要善于视、听、思。他在《符言篇》中曰:“以天下之目视者,则无不见;以天下之耳听者,则无不闻;以天下之心思虑者,则无不知;辐辏并进,则明不可塞。”用“天下”的目、耳、心去视、听、思,才能做到明察一切,不会让人蒙蔽。下列汉昭帝明辨是非,不为所惑便是典型的一例。

汉武帝去世的时候，汉昭帝才不过8岁，还是个孩童。汉武帝放心不下，把他托付给霍光和上官桀、桑弘羊等四位大臣。四人之中，霍光是大司马、大将军，地位最高，掌握着朝廷大权。

霍光忠心耿耿辅佐汉昭帝，把国家大事处理得井井有条，因此威望日益增高。但是霍光为人耿直，做事不讲情面，得罪了上官桀、桑弘羊、盖长公主(汉昭帝的大姐)等一批人。这些人本来就妒忌霍光，这时因为自己的私欲没有得到满足，更是恨透了他。正好当时汉王刘旦(汉昭帝的哥哥)因为自己没有做成皇帝，也对霍光极为不满，上官桀等人就和刘旦勾结起来，想设计除掉心头患霍光。

汉昭帝14岁那年，上官桀一伙趁着朝廷让霍光休假，伪造了一封刘旦的书信，派人冒充刘旦的使者，把信送到汉昭帝手里。汉昭帝接到信一看，上面说："大将军霍光出去检阅羽林军，居然擅自摆上皇上专用的仪仗，吃皇上才能享用的饭菜，不守法度，耀武扬威。他还不经皇上批准，擅自往大将军府增调武官，这简直是独断专行，没把皇上放在眼里！我担心他有阴谋，对皇上不利。我愿辞去王位，到宫里保卫皇上，提防奸臣作乱。"上官桀、桑弘羊等人做好一切准备，只等汉昭帝一声令下，就把霍光逮起来。谁知昭帝却没有动静。

第二天清早，霍光去上朝，听说了这件事，就待在偏殿中等候发落。汉昭帝不见霍光，问道："大将军在哪儿?"上官桀回答："大将军因为被燕王告发，所以不敢进来。"霍光进去，自己摘掉帽子，跪下磕头请罪。汉昭帝说："大将军只管戴上帽子。我知道那封信是假的，你没有罪。"霍光又高兴又纳闷，问："皇上怎么知道的?"汉昭帝说："大将军检阅羽林军就是最近的事，增调校尉到现在也不到十天，燕王远在北方，他怎能这么快就知道?再说，将军如果要作乱，也不必依靠校尉呀?"上官桀一伙和文武百官听了都大吃一惊，觉得这小皇帝年纪不大，却真不简单。

汉昭帝又说："这事只问送信人就可以弄明白，不过要是其中有鬼，他肯定逃跑了。"左右连忙去找送信人，果然跑了。汉昭帝马上下令捉拿，还连连催问捉到了没有。上官桀他们吓得要死，就劝汉昭帝："这小事一桩，皇上就不必追究了。"汉昭帝说："这事还小吗?"从此他就更加信任霍光，怀疑起上官桀一伙来了。

后来上官桀他们又在汉昭帝面前说霍光的坏话,汉昭帝发火了,说:“大将军是位忠臣,先帝嘱咐他辅佐我,谁敢再诬蔑大将军,我就办谁的罪!”上官桀他们看这办法行不通,就商量着让盖长公主出面请霍光喝酒,埋伏下士兵把霍光杀了,然后废掉汉昭帝,立燕王刘旦为帝。这阴谋还没来得及施行,就被汉昭帝和霍光发觉了。上官桀一伙全被杀了,燕王刘旦和盖长公主也只好自杀了。

不信谗言,不听诽谤之辞,是信任他人,消除无端猜疑的重要表现。聪慧明智的汉昭帝能够精于分析,冷静思考,明辨是非,使诽谤霍光的人的阴谋没有得逞。也算是一位英明的君主了。

3. 正确地看待手中的权力

在人世间,每个人或许都想拥有至高无上的权力。而对于“权力”,真是仁者见仁,智者见智,论述很多,也很复杂。我们可以设想一下, 如果你掌握了很大的权利,那么如何运用了? 对于这一点,鬼谷子倡导的方法是:摆正自己的位置。

其实,权力是一柄双刃剑。运用得好,可以造福于别人和自己;运用得不好,不但对他人无益,还可能伤及自身。

有这样的一个寓言:老鼠和黄鼠狼的战争,总是以老鼠的失败告终。老鼠们在一起商量,认为它们的失败是因为没有将帅,于是它们举手表决,选出了几只老鼠做将帅。为了显示自己与众不同,这些将帅便在自己的头上绑一个犄角。战争又开始了,老鼠又输。别的老鼠钻进老鼠洞,而那些将帅因为头上有犄角,卡到洞外,钻不进去,结果全部被黄鼠狼吃掉了。那些将你拖入危险境地的东西,就是那些当初你梦想将你推向巅峰的东西。权力就是这样一种东西,就如故事中老鼠头上的犄角。

统治者若贪得无厌、目光短浅,对民众只是一味地侵略和剥削,民众就会起

而反抗,甚至爆发起义。隋文帝深深懂得这个道理,所以当他建立隋朝后,一面躬行俭朴,一面采取了许多有利于巩固政权的措施,与民休息,给民以惠。文帝的这些做法,使社会风气得到了净化,使民众的负担得到了减轻。新建的隋王朝迅速得到了民众的拥护,很快就稳定了下来。但是,隋炀帝杨广继承皇位后,荒淫奢华,急功近利,残酷猜忌,先后三征高丽、开凿运河、赋税繁苛,频频激起民怨,百姓怨声载道。隋炀帝为一己享受,以天下民众为己私有,对其横征暴敛,使民众起来反抗他的统治,最终导致了隋朝的灭亡。

虽然权力能给人带来诸多好处,但它最让人神往之处,莫过于它给予人的那份被众人拥捧的感受。人是虚荣的动物,当条件适合时,这种劣根性往往就会暴露无遗。秦朝农民起义的领袖陈胜年轻时是个雇工,经常和伙伴一起给别人家锄地。他经常对朋友们说:"苟富贵,毋相忘。"陈胜得富贵后,就开始骄横起来,逐渐丢掉了谦逊的品格。后来一个曾经和陈胜一起给地主种田的同乡听说他做了王,特意从登封阳城老家来陈县找他,敲了半天门也没人搭理。直到陈胜外出,拦路呼喊其小名,才被召见,一起乘车回宫。因他是陈胜的故友,所以进进出出比较随便,有时也不免讲讲陈胜在家乡的一些旧事。不久有人对陈胜说:"客愚无知,颛妄言,轻威。"陈胜便十分羞恼,竟然把"妄言"的伙伴杀了。当年所说的"苟富贵,毋相忘"的话早抛到了九霄云外。自此以后,"诸陈王故人皆自引去,由是无亲王者"。最后陈胜失败被杀。

可见,权力能满足人们的虚荣,让人感到幸福。但是,权利的保护伞绝不是虚荣,而是谦逊。古语云:"江海之所以能成百谷之王者,以其善下。"一个居高位者比平常人更需要谦逊这种美德。穷汉在别人面前怎样摆弄自己的家具都不会有事，而一个百万富翁如果总是在广场上晾晒自己仓库里的珠宝，那就很危险。谦虚是会防止你身上的光彩刺痛名利之徒的眼睛，也就等于使你躲过了许多黑暗中的攻击。

居上位者的谦虚若发自内心，一言一行不必作修饰，就自然而然地合乎谦退之道，这是一种很高的境界。如此，不用刻意争取，其谦虚的名声也会自然地由近而闻于远，就如"兰在林中，其香自远"一般。明朝有个叫张英的人在京城做大官。有一年，在他的家乡安徽桐城，他的家人建造新房时，与邻居发生了争执。两家都说对方侵占了自家的地基，吵得不可开交。家人给张英写了封信，请他出面解决这件事。张英看完信后，大笔一挥，写了一封回信。家人拆开书信一看，只见信上写着四句诗："千里修书只为墙，让他三尺又何妨。长城万里今犹在，不见当年秦始皇。"意思很明白：张英让家人退让三尺。家人看了信以后，觉得很惭愧，于是将自家的院墙向里移了三尺。邻居本以为张家有贵人撑腰，一定会仗势欺人，没想到张家主动让步。邻居深受感动，于是也让出了三尺，三加三等于六，两家之间出现了一条六尺宽的小巷子。从此，"六尺巷"的故事在当地传为美谈。

反之，谦虚若是装出来的，而非发自内心的，必定不会坚持长久。有许多人的"美名远扬"不是从正道而来，最后一定会被人们所识破。如历史上著名的伪君子王莽，是个老奸巨猾的人。为了篡夺西汉政权，捞取政治资本，他干了不少笼络人心的事，其中之一是表现得特别谦恭下士。当他的丑恶面目未暴露之前，确实是"美名远扬"，人人传诵，俨然是一个十足的"正人君子"。当他的真实嘴脸暴露以后，人们才大吃一惊。唐代诗人白居易读了这一段历史，从伪君子王莽一度得到美名，联想到真正的君子周公被流言中伤，一度得到恶名，写诗感叹道："周公恐惧流言反，王莽谦恭未篡时。倘若当时身便死，一生真伪有谁知？"

从上述的事例中我们可以悟出这样的道理：任何一个人在手握权利的时候，应该明白不要因为自己拥有了权力就不顾一切，盲目自大，要把正义装在心中，做到谦虚谨慎，以免从高空中跌落，落得个身败名裂的下场。

4. 要集思广益，忌闭目塞听

俗话说，三个臭皮匠，赛过一个诸葛亮。这句话的意思就是要发挥集体智慧的力量。作为统帅者，不能够做一个孤家寡人，不能闭目塞听，要集思广益，善于听取别人的意见。对此，鬼谷子告诫我们：居上位者，“目贵明，耳贵聪，心贵智。”

力拔山兮气盖世的霸王项羽，有万夫不敌之勇，最终却命丧乌江，其致命错误就是因为刚愎自用。在鸿门宴的时候，亚父范增屡屡示意项羽下决心杀掉刘邦，可项羽却认为刘邦势孤力单，不足为虑，结果就为自己的刚愎自用付出了生命的代价。

齐国大夫邹忌身材挺拔，容貌俊美。一天早晨，他穿戴整齐，照着镜子，突然问他的妻子：“我跟城北徐公比，谁美？”他妻子说：“您美呀，徐公怎么能比得上您啊！”城北的徐公，是齐国有名的美男子。邹忌不太相信，又问他的小妾：“我跟徐公哪个美？”侍妾说：“徐公哪能比得上您啊！”第二天来了一位客人，邹忌又问客人：“我跟徐公谁美？”客人说：“徐公不如您美。”过了一天，徐公来访。邹忌仔细看了看他，再照照镜子，觉得自己差得远了。晚上睡觉前，他才恍然大悟：“妻子说我美，是偏爱我；小妾说我美，是害怕我；客人说我美，是有求于我！”所以，邹忌被蒙蔽。邹忌因此规劝齐威王奖励进言者。没有人不愿意听到赞美之词，所以很容易被过多的赞美所蒙蔽，看不到隐藏的真相。所以一个富有智慧的领导者，要善于听取各方面的意见和建议。

战国时代，秦王嬴政即位以后，有些大臣向他建议说，现在有很多外来人才在秦国当官，他们会对秦国不利，请大王把这些人统统赶走。秦王接受了这个建议，下了一道逐客令：大小官员，凡不是秦国人的，都必须离开秦国。有个楚国来的李斯，给秦王上了一份奏章，说：“泰山不拒绝小石头，所以才成了泰山；大海

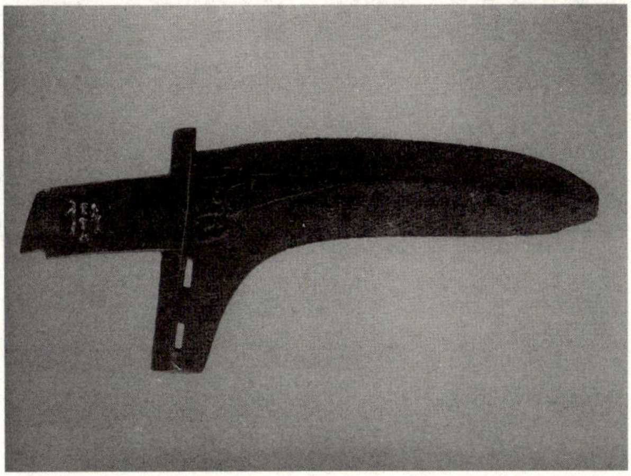

不拒绝小溪流，所以才成了大海。从前秦穆公重用百里奚、蹇叔，当了霸主；秦孝公重用商鞅，变法图强；惠文王重用张仪，拆散了六国联盟；昭襄王重用范雎，提高了朝廷的威望。这四位君主，都是依靠外来人才建立了功业。现在到大王手里，却把外来人才都赶走，这不是帮助敌国增加实力吗?”秦王觉得李斯说得很有道理，连忙派人把李斯从半路上追回来，恢复他的官职，并取消了逐客令。

李斯的这篇《谏逐客疏》，是一篇著名的政论散文，其中的名句“泰山不让土壤，故能成其大。江海不择细流，故能就其深”，至今发人深省。

唐朝初年，出现了著名的“贞观之治”。这不是偶然的，是唐太宗李世民在认真总结隋亡经验的基础上出现的。隋朝本是一个强盛的王朝，但短短数十年就灭亡了，唐太宗李世民认为是其统治者不懂得“水可载舟，亦可覆舟”的道理所致，于是勤躬自省，为避免“偏信则暗”，他多次鼓励大臣上书指出其不足之处，做到了“兼听则明”。他的直谏大臣魏征曾数十次上疏直陈其过，劝太宗居安思危，察纳雅言，择善而从。后魏征病死，太宗亲临吊唁，痛哭失声，叹息说：“以铜为镜，可以正衣冠；以史为镜，可以知兴替；以人为镜，可以明得失。今魏征已死，吾亡一镜矣。”

大到一个国家，小到一个企业，在做一件事情，需要决断的时候，都必须充分发挥成员的能量，集思广益。中国的三峡工程就是一个很好的例子。三峡工程规模巨大，对于这样一个大型的工程，负责三峡工程的领导层并不是简单拍板，而是广泛地听取各方面的意见。建国之初，三峡工程就被提上议事日程，但是很多人从技术和财力等方面提出意见，认为刚刚建国不久，国家还没有足够的财力修建这样巨大的工程，在技术上也存在着很多困难。于是，这项工程就暂时搁置下来。20世纪末的时候，三峡工程再次提上议事日程。虽然大部分代表都表示赞同，但是对"反对派"所提出的技术、安全等方方面面的问题，政府并不是简单地否定，而是组织专家逐一地去调查、核实、评估、论证，使设计和施工工作做得更深更细，确保了工程的顺利建设。最终三峡工程得到了顺利实施，三峡总公司技术委员会主任潘家铮在谈到三峡工程时，曾说过一句意味深长的话："'反对派'对三峡工程也做出了很大的贡献。"

在西方有一句俗语：三人智慧胜一人。在任何时候，集体的智慧总是胜于个人智慧的，这是个永恒不变的真理。

5. 四两拨千斤，杯酒释兵权

聪明的君王会谨守本位，在处理棘手的问题的时候也不会采用残暴的手段，而是在稳重安详、和缓从容、沉静平和中就将问题简单地化解了。"狡兔死，走狗烹"的例子在历史中屡见不鲜，对于下属的"功高盖主"如何解决？真正能以"柔"的方式解决这个问题的人真不多。宋太祖赵匡胤就很好地为那些君王做出了榜样。

如何使新建的宋王朝不重蹈覆辙，不成为继后周之后的第六个短命王朝？如何革除藩镇专横骄恣的习性？如何实现宋王朝的长治久安？这些问题时刻萦绕在宋太祖的心头，使他食不甘味，睡不安枕。节度使李筠和李重进的相继叛乱，进一步证实了危及宋王朝及皇位安稳的危险因素——藩镇势力必须及时清除。

怎样清除呢？平定李筠、李重进叛乱之后不久，宋太祖召来赵普商议此事。赵普听到太祖提出这个问题，显得十分高兴，他说："陛下考虑到这个问题，真是国家和人民的福气。那些战争和动乱的发生没有其他原因，主要是由于藩镇权势太重，君弱臣强造成的。今天要想解决这个问题，也没有什么奇巧之谋，只需要削夺他们拥有的权力，控制他们拥有的钱粮，收夺他们拥有的精兵。做到了这几点，天下自然就安定了。”还没有等赵普把话说完，宋太祖就连忙接过话茬，说：“你不必再往下讲了，我完全明白了。”

作为宋太祖的股肱大臣，赵普思考问题更深入更透彻。宋太祖之所以转瞬之间夺取了政权，靠的正是自己一帮亲信兄弟的拥戴。登上皇帝宝座的宋太祖一方面不能亏待了这帮兄弟，另一方面也不能不时刻提防着他们。怎样安排，才能既使他们心悦诚服地拥护太祖加强集权，又不至于引起怀疑而发生意外和变乱呢？赵普曾一再就这些问题提醒宋太祖，建议采取必要措施解决这些问题，以免重蹈前代“兴亡以兵”的覆辙。

一开始，颇重义气的宋太祖一直认为掌管禁军的功臣宿将如石守信、王审琦等人不会威胁自己的统治。所以赵普多次建议将石守信、王审琦等人调离禁军，改授其他官职，宋太祖始终没有同意。他向赵普解释说：“石守信、王审琦这些人一定不会背叛我！”

这次，赵普再也沉不住气了，他就此话题开导宋太祖说：“我的意思并不是害怕他们本人会背叛你。然而，我仔细观察过，这几个人都缺乏统御部下的才能，恐怕不能有力地制服所率军队，万一他们手下的士兵作乱生事，率意拥立，那时候就由不得他们自己了。”经赵普这样直接的点拨和提醒，宋太祖终于联想起五代以来以兵权夺取天下的事例，尤其是不久前自己亲身经历的那场陈桥兵变，从而逐渐意识到这个问题的严重性，解除禁军统帅的兵权不能再拖延下去了。

这年七月初的一天，宋太祖如同往常一样，召来石守信、王审琦等高级将领聚会饮酒。酒酣耳热之际，宋太祖打发走侍从人员，无限深情地对功臣宿将们说：“我如果没有诸位的竭力拥戴，绝不会有今天。对于你们的功德，我一辈子也不能忘记。”说到这儿，宋太祖口气一转，感慨万端，说：“然而做天子也太艰难了，真不如做个节度使快乐，我长年累月夜里都不能安安稳稳睡觉啊！”

众将领不知宋太祖的意图，就问：“陛下遇到什么难事睡不好觉呢？”宋太祖平静地回答说：“其实个中缘由不难知晓，你们想想看，天子这个宝位，谁不想坐一坐呢？”

石守信等人听到这番话来，不禁惶恐万分，冒出一身冷汗，宴会的气氛立即紧张起来，他们赶紧叩头说："陛下怎么说出这样的话呢？如今天命已定，谁还敢再有异心！"

宋太祖接过话头，笑着说："不能这样看，诸位虽然没有异心，然而你们的部下如果出现一些贪图富贵的人，一旦把黄袍加盖在你们身上，你们虽然不想做皇帝，能办得到吗？"

石守信等人这才转过弯来，终于明白了宋太祖的真实意图，于是一边涕泣大哭，一边叩头跪拜，说："我们大家愚笨，没有想到这一层上来，请陛下可怜我们，给我们指出一条生路。"

宋太祖见状，知道时机成熟，趁势说出了自己经过深思熟虑的想法，又笑曰："人生短暂，转瞬即逝，诸位何不放弃兵权，到地方上去当个大官，挑选好的田地和房屋买下来，为子孙后代留下一份永远不可动摇的基业，再多多置弄一些歌儿舞女，天天饮酒欢乐，与之一起愉快地欢度晚年。这样不是很好吗？"

石守信等人听太祖这样一说，惊慌恐惧之态逐渐消失，感恩戴德之情油然而生，于是再次叩头拜谢说："陛下为我们考虑得如此周全，真可谓生死之情，骨肉之亲啊！"

第二天，石守信等功臣宿将，纷纷上书称身体患病，不适宜领兵作战，请求解除军权。宋太祖十分高兴，立即同意他们的请求，解除了他们统率禁军的权力，同时赏赐给他们大量金银财宝。

在赵普的谋划下，宋太祖赵匡胤成功地实施了解除禁军将领的兵权——史称"杯酒释兵权"。宋太祖没有像历代君王那样，在成功之后，为了江山的稳固而对一些功臣进行屠杀。这是由于宋太祖对于同自己一道出生入死、患难与共的将领们友情尚存在，不好骤然对他们大开杀戒。另一方面，由于赵匡胤和赵普具有超人的智慧，采用和平方式让他们交出兵权，在感情上对各位将领来说也是一种安慰。这样做既有利于安定人心，巩固统治秩序，又有利于进一步强化军权的集中，推进军事改革的深入，从而创新了一种"文官治军"的制度。

从目前流行的成功学角度看，赵匡胤"杯酒释兵权"的这一招可谓四两拨千斤，不见刀剑，却远比刀剑更厉害！

6. 赏必信罚必正

大家都知道,在现代社会中讲究的是赏罚分明。有功不赏,则人们的积极性不高,人们就会不思进取;有过不罚,则人们就会放纵自己的行为,坏人就会越来越多。作为统治者,赏、罚都要取信于民,这样才会形成良好的社会风气。所以,鬼谷子认为,赏与罚的关键在于“信”与“正”。

战国时期秦国的商鞅变法,就是从立木树信开始的。当法令已详细制订但尚未公布之时,商鞅怕百姓不信任,于是就在国都的集市南门立下一根长三丈的木杆,下令说有人能把它搬到北门去就赏给十金。百姓们感到此事很古怪,没人动手去搬。商鞅将赏金增加到五十金。于是有一个人半信半疑地将木杆扛到了北门,结果立刻获得了五十金的重赏。人们这才开始相信商鞅。这时,商鞅下令颁布变法法令。变法令颁布了一年,秦国百姓前往国都控诉新法使民不便的数以千计。这时太子也触犯了法律,商鞅说:新法不能顺利施行,就在于上层人士带头违犯。太子是国君的继承人,不能施以刑罚,便对他的老师公子虔处刑,在另一个老师公孙贾脸上刺字,以示惩戒。第二天,秦国人听说此事,都遵从了法令。新法施行十年,秦国出现路不拾遗、山无盗贼的太平景象,百姓勇于为国作战,不敢再行私斗,乡野城镇都得到了治理。商鞅变法使秦国成为战国七雄中最为强盛的国家,为后来秦王嬴政“扫六合、四海一”奠定了坚实的基础。

“赏”也是一门艺术。其实,“赏”也不仅仅是论功行赏那样简单。在某些特殊的时候,为了鼓舞士气,即使无功也要行赏。

战国时期,燕昭王任乐毅为大将,联合秦、韩、魏、赵军队,合五国之力一起进攻齐国。齐滑王闻讯,急忙调兵遣将,令触子为先锋官在济水迎战。触子采取了避其锋芒的做法,坚守壁垒不战,乐毅也没有好的对策。此时,糊涂的齐滑王却帮了联军的大忙。他见触子只守不攻,觉得有损齐国的威风,命他立即出兵。触

子只得被迫迎敌，结果被打得大败，触子也不知所终。幸亏齐将达子引领残军且战且退，一直退到齐都临淄以西的一个叫秦周的地方才停下来，准备死守临淄城。达子想犒赏士卒以振奋士气，于是就去求齐湣王，希望他能发放城内国库的金币犒赏三军。齐湣王拍案大骂道："达子你打了败仗，还妄想要我的赏赐！你马上给我死战，否则提头来见！"达子一听这话，仰天长叹，心想：昏君不知审时度势，必然没有好下场，齐国没希望了。无奈之下，他只能率残部冲进敌阵，奋力拼杀，结果战死沙场。达子一死，五国联军长驱直入，杀进临淄，抢走了齐国宗庙里的重器，还将齐国的金银珠宝洗劫一空。齐湣王昏庸无道，贪小失大，结果将整个国家都拱手送给了别人。

"罚"更是一种艺术，基本的原则是强调有过必罚。在某些时候，有的人总想用道德来感化教育人，来解决现实中的一些问题。但是，有些事情如犯罪，只靠说服教育是解决不了的，就很有必要给予惩罚，做到惩教结合，双管齐下，才能取得预期的效果。因此，执法者审讯治狱，不要一味用柔，否则就很容易优柔寡断。法律是无情的，不管面对的是谁，只要犯了法，那就没必要讲什么情面。在执法严明方面，东汉时期的"强项令"董宣为我们树立了榜样。

汉光武帝的时候,洛阳令董宣办事果断而公允。有一次,公主家的家奴仗势杀人,躲在公主府不出来。董宣派人在公主府门口守着,等凶手跟着公主出来时当场处死。公主去找光武帝,哭着说董宣欺负她,光武帝把董宣叫去,要他给公主磕头赔罪,可董宣怎么也不肯。内侍把他的脑袋往地下摁,可是董宣用两手使劲撑住地,挺着脖子,不肯低下头去。内侍知道光武帝不想治董宣的罪,又想给光武帝台阶下,就大声说道:“回陛下的话,董宣的脖子太硬,摁不下去。”光武帝一听这话就笑了,他不但没治董宣的罪,还夸奖了他。

作为执法者,对罪犯一味地迁就和宽容是行不通的,必须要压住他们的嚣张气焰,把执法者的正义的气势要凌于罪犯之上。其实,在现实中,最难处理的就是那些居功自傲的人。他们自认为自己劳苦功高,于是就把自己凌驾于法律之上,恣意妄为。这些人不受到惩处,社会风气就得不到根本的好转。所以,严明之君进行赏罚的原则是:功是功,过是过,今天犯的罪行不能被往日的功劳所抵消。执法严明,宽严相济,才能制服罪犯,同时也维护了法律的肃穆与尊严。

7. 慧眼识人,各取所长

人们常说“知识就是财富”。在所有的资源中,人力资源是最宝贵的一种资源。作为领导者,如果能做到“人尽其才”,那么他的事业才有希望。但是,人力资源的整合是一项艰难的工作,需要花费很多的精力去研究。如何进行人事安排呢?鬼谷子告诉我们:“君因其政所以求,因而与之,则不劳。圣人用之,故能赏之。”

春秋时期,伯乐是著名的相马专家。一天,伯乐受楚王的委托去买千里马。他跑了很多国家,都没有发现好马。

这一天,他无意中看到一匹骨瘦如柴的马拉着盐车,很吃力地在陡坡上前进。伯乐走到跟前,只见马突然昂起头,瞪大眼睛,大声嘶鸣。伯乐立刻从这马的声音中判断出这是一匹难得的骏马。于是,伯乐对驾车人说:“这匹马如果在战场上驰骋,没有任何马能比过它;但你用它来拉车,它却不如普通的马。你还是将它卖给我吧!”驾车人觉得自己的马不像是好马,就把马卖给了伯乐。

伯乐把马牵到楚王的宫殿,楚王一看马瘦得不成样子,便认为伯乐愚弄他,很不高兴地说:“这马连走路都困难,能上战场吗?”伯乐说:“大王,这匹马只要精心喂养,不出半月,一定会恢复它本来的样子的。”果然,这匹马后来跟随楚王征战沙场,立下很多功劳。

自古以来,许多人就像千里马一样,默默无闻地生活在社会的最底层,必须遇到伯乐的赏识才会发挥它拥有的才能。有的人怀才不遇,无法遇到圣明君王致使空有满腹经纶,也不能发挥作用。才能不被明君赏识,这是让天下英才扼腕叹息的事!有才之人不被选用和任用,不能发挥应有作用,这是王之不明。实际上,有才之人一旦被任用,所发挥出的功用不是他一人之幸,而是整个社会之幸。君王启用人才一定要善始善终,唯有这样,国家民众才能深受其益。

春秋五霸之一的齐桓公不计前嫌,任用管仲为相。管仲认为君主要创建霸业,首先要能识贤、用贤,要防止小人对君主的蛊惑。他建议齐桓公起用隰朋、宁越等五个人,同时悬榜国门,号召各国人献计献策,招纳四方志士。在管仲的协助下,齐桓公在政治、经济、军事各方面进行了一系列的改革,因地制宜,发展农业、商业,逐渐使齐国富强起来,为称霸诸侯奠定了基础。

相反,战国有个楚怀王,起初任用屈原这样的忠臣,国家治理得很好,但他未能善始善终,后来信任奸

臣,国家一天不如一天,正如屈原在《离骚》中说的:"初既与予成言兮,后悔遁而有他。"《史记》中司马迁感慨道:"怀王以不知忠臣之分,故内惑于郑袖,外欺于张仪,疏屈平而信上官大夫、令尹子兰,兵挫地削,亡其六郡,身客死于秦,为天下笑,此不知人之祸也。"

管仲、屈原都是旷世济时的良才,但由于遇到不同的君主,命运也有天壤之别。人处于世,免不了要和其他人接触。优秀的人懂得辨识英才,与他们接近,向他们学习,从而提升自己。作为领导者、统帅,识人辨人、因才授职的能力尤为重要。

如果领导者不能合理安排人事,事事亲临,难免分身乏术,穷于应付,这样也不利于最大限度地调动众人的积极性。诸葛亮为蜀汉政权鞠躬尽瘁,死而后已,受到后人的敬仰,但他"事必躬亲"的做事方法,也曾遭到后人的批评。刘备托孤时,交代诸葛亮在成都辅佐刘禅主政务,让李严屯永安拒吴并主军务。诸葛亮秉政,本应充分发挥好李严等人的作用,然而"事无巨细,必躬亲之"。惹得李严不高兴,两人矛盾日益加深。后来还亲自抓起了运粮事宜,耗费了无数精力。不善授权,终将累及自我。五丈原对峙,旷日持久,士兵中有些松懈,确需整顿军纪,本应授权众将管理部属,可诸葛亮却是罚20杖以上,皆亲自处理,忙得没日没夜。司马懿听说这些情况后,断言:"亮将死矣。"果如其言,不久,诸葛亮就累死在阵前。

领导者应该选贤任能,适当授权。以众智为己智,善取下级之智慧以临天下,这才是以智慧临下的"智临"。既不是事必躬亲,又并不脱离民众,这才是无过无不及的"中道"。汉高祖刘邦总结自己的成功经验时说:"夫运筹帷幄之中,决胜千里之外,吾不如子房;镇国家,抚百姓,给馈饷,不绝粮道,吾不如萧何;连百万之军,战必胜,攻必取,吾不如韩信。此三者,皆人杰也,吾能用之,此吾所以取天下也。"刘邦可以说是善取臣下之智以临众的"大君"了。善于任用刚健能为的大臣,辅助自己君临天下,这正是"大君"的明智之处。

一个优秀的君主或统帅,他们的才能主要体现在对于人才的运用上,他们能够做到在对人才委以重任的同时,又适当加以控制。从中国传统的官文化来看,一个人如果拥有了权力,假如其道德修为比较低下,在制度上又缺乏监督和管理,那么,这个人就很容易受到不良环境的影响,从而堕落为危害国家和民众的“硕鼠”。

8. 策略地应对小人

在现代社会,作为一个管理者应该做到心胸宽广,不拘小节。这是一个有成就、有作为的人所必须具备的基本素质之一。但是,我们不能够幻想着每个人都能宽宏大度。无论大到国家,小到企业和组织,一切都是一样,其中是鱼龙混杂,处处有宵小之徒。如果管理者一味地宽宏大量,对小人们掉以轻心,不加防范,那么在阴沟里翻船的结果就会等着你。

一般看来,小人祸害别人的方法不外乎有以下几种,供你参考,及早做好防范。

栽诬。即把自己的过失转嫁给他人,诬陷他人。武则天得宠于唐高宗李治,被立为昭仪,便暗结内外,潜斥皇后。皇后虽然上了年纪,但皇上还没有废除她的意思。刚好武则天生下一女,皇后怜悯她便去看看,皇后出门后,武则天偷偷掐死女孩,再用被子盖上。皇上来看时昭仪表示欢笑,打开被子发现女孩已死,昭仪装出惊恐万状,啼哭不已。问左右可有人来过,左右说皇后才来过。皇上大怒说:“皇后杀死我女儿!”昭仪乘机哭诉皇后的罪状。皇后有口难言,无以自明。皇上便有废除皇后的意思。

造怨。即假借其人怨恨,挑其与他人矛盾,假他人之手以去我之政敌。唐高宗时,高力士得宠,王毛仲对之却十分鄙视,稍不如意,便破口大骂。高力士对他颇为不满,屡进谗言。刚好毛仲妻生一男孩,三日后,皇上命高力士代表皇上赐毛仲酒馔、金帛等物,并授予毛仲刚生的孩子五品官。高力士回来后,皇上问:“毛仲喜欢吗?”高力士说:“毛仲抱着儿子对我说:‘我孩子能作三品官!’”皇上大怒说:“过去诛杀韦民时,他就心持两端,我都没有追究,今日还拿毛孩怨我!”

于是,将王毛仲贬为兖州别驾。

怵患。即伪造某人之阴谋,挑起人主的猜忌,谓其隐患而加害之。明朝初年刘基(即刘伯温)曾上书说瓯、括之间有块地叫谈洋,南与福建交界,盐盗盛行,社会混乱,要求在这里设巡检司把守,以治其乱。胡惟庸当时以左丞掌省事,他却说谈洋之地有王气,刘基想霸占作为自己的基地,但当时臣民不同意,刘基便请求设立巡检司将臣民赶走。明太祖朱元璋听信谗言,虽然没有怪罪刘基,但内心却颇存疑忌,解除了刘基的职务。之后,胡惟庸当了宰相,刘基气得生病,到家后,病得更重,最后不治而亡。

买毁。即用金钱来收买敌人,使其诋毁上级将领,然后再行反间计。战国时,秦国派王翦与端和共同率兵攻赵国。赵国派李牧和司马尚抵抗。秦国方面则派人与赵王嬖臣郭开金接触,使郭开金攻击李牧和司马尚,讲他俩的坏话,说他俩打算谋反。赵王知道后,便派赵葱和齐将颜聚去取而代之,李牧拒不听命,赵王便派人将李牧逮捕杀害,同时也废除司马尚的职位。后来,秦国军队大破赵军,赵王也做了俘虏。

阴陷。即暗地教人写匿名信,罗列罪状,揭露当权者及其至亲,以激起当权者的愤怒,然后旁敲侧击,嫁祸于竞争对手。唐时,武三思为离间中宗与张柬之等五王关系,便暗地教人上奏皇上,诉说皇后秽行于天津桥,请皇上废黜皇后。皇上十分气愤,命御史大夫李承嘉要将此事查个水落石出。承嘉奏道:“此事乃敬辉、桓彦范、张柬之、袁恕已、崔玄韦教人所为,他们虽称为黜皇后,实际上是要谋反,我建议将他们诛灭九族。”三思还派人暗地做工作,教侍御史郑音加以宣扬。皇上命司法部门审理。最后,将敬辉、张柬之等五王长期流放边疆。为避免后患,武三思还先后派人刺杀五王。

由此可见,小人们为了自己不可告人的目的向来是不择手段的。所以,为了自己的前途和利益,处处必须小心谨慎,处理好和“小人”的关系。

聪明的人总是能够妥善处理和“小人”的关系,他们主要有以下几种方法:

不得罪他们。一般来说,“小人”比“君子”敏感,心里也常常比较自卑,因此你不要在言语上刺激他们,也不要在利益上得罪他们,尤其不要为了“正义”而去揭发他们,那只会伤害了你自己!自古以来,君子常常斗不过小人,让有力量的人去处理吧！

保持距离。别和小人过度亲近，保持淡淡的上下关系就可以了，但也不要太过疏远，好像不把他们放在眼里似的，否则他们会这样想："你有什么了不起？"于是你就要倒霉了。

小心说话。说些"今天天气很好"的话就可以了，如果谈了别人的隐私，谈了某人的不是，或是发了某些牢骚不平，这些话很可能会变成他们兴风作浪和整你的资料。

不要有利益瓜葛。小人常成群结党，霸占利益，形成势力，你如果功夫还没练到家，就千万不要想靠近他们来获得利益，因为你一旦得到利益，他们必会要求相当的回报，甚至黏着你不放，想脱身都不可能！

吃些小亏无妨。"小人"有时也会因无心之过而伤害了你。如果是小亏，就算了，因为你找他们不但讨不到公道，反而会结下更大的仇。所以，原谅他们吧！

一般说来，如果小人们的行为到了忍无可忍的地步，或者铲除他们的时机已经成熟，这时就要毫不犹豫，当机立断予以铲除。特别是当你有实力、有能力去铲除对方，而且有把握不留下后患的时候，就不要心慈手软了。要记住，以君子之心度小人之腹在任何时候都是行不通的。唯有正视小人，并且将他们干净利落地铲除，才能够避免阴沟里翻船的悲剧发生。

9. 遵规循理，得饶人处且饶人

符言术是鬼谷子智慧的体现，它同时也是君王治国平天下的重要谋略。其中，有一种重要的手段或方法就是——得饶人处且饶人。俗话说：人非圣贤，孰能无过？过而改之，善莫大焉。有的人即使是犯过错误，但他未必就是不可使用之人。关键在于你能不能够科学合理地使用他们，让他们发挥自己的才能和智慧。如果你想获得事业的成功，那么你就应该做到得饶人处且饶人，对于别人的小错误或者小失误不斤斤计较，把那些因犯过错误感到自卑或者平常不把你放在眼里的人大胆地加以利用，让他们各尽其能，各展所长。这时，你就会发现他们发挥出来的作用将是你意想不到的。

建武元年(25 年)，刘秀在荥阳称帝时，只拥有黄河以北的部分土地，攻占的多是些中小城市。刘秀有远大的政治抱负，不会满足于一隅偏安。即位不久，他亲率大军由黄河北岸的怀县(河南武涉县附近)出发，沿河而上，包围了黄河南岸的洛阳。光武帝刘秀坐镇与洛阳一河之隔的河阳(河南孟县西)，指挥围攻洛阳的战斗。

洛阳地处中原，在西汉时期就在政治上和经济上有着重要地位，是兵家必争之地。洛阳守将朱鲔，原是绿林起义军的将军，更始皇帝刘玄称帝时，拜为大司马。此时刘玄已投降赤眉军，但朱鲔仍然坚守此地。洛阳城高墙坚，粮草充足，加上朱鲔固守，刘秀大军围攻三个月终不能破城，不免心中着急。到了十月，一天，刘秀正为洛阳久攻不下而烦躁，突然想起了大将岑彭。这岑彭在王莽新朝时是棘阳县令，刘縯攻克宛城时被俘。当时刘玄主张杀掉他，被刘縯说情救下。后一直在刘縯手下。不久，刘縯被刘玄杀害，岑彭就当了朱鲔的校尉，曾在战斗中杀死王莽的扬州牧李圣，占领了淮阴(江苏淮阴县)城，被朱鲔推荐为淮阴都尉，因此，岑彭和朱鲔之间有过一段交情。

刘秀将岑彭招来皇帝行辕，将意欲派他去劝降朱鲔的意图说完，岑彭欣然接受了任务。他来到洛阳城下，高声叫道："请禀告朱将军，故人岑彭求见!"守城小校立即通报了朱鲔。朱鲔心想，岑彭现为刘秀大将，这时候到此，莫非是劝降吗？便身着战袍，站在城头之正。两人互道别情以后，岑彭接着说："过去，我有幸追随麾下，又承蒙将军提拔，常思报恩。如今赤眉已下长安，更始刘玄败亡。光武皇帝陛下受天之命，平定燕赵，尽有幽燕，百姓归心，有识之士纷纷来投。今陛下兵临洛阳城下，正是将军建功之时。天下重归于汉乃大势所趋，将军为什么还坚守这座孤城呢?"朱鲔俯下身，十分恳切地说："足下所说的道理，我自然领悟。只是 3 年前大司徒刘縯被害，我也曾参与谋划；后来刘玄遣萧王(刘秀)北伐，我又出面谏止。所以，在萧王面前，我是个有罪的人，怎能奢望萧王的宽恕呢?"

岑彭返回河阳，把朱鲔的顾虑告诉刘秀。刘秀听后笑了笑说："欲建大事者，岂能记人小怨？朱将军若肯献城来降，官爵均可保留，何谈诛罚？"然后，刘秀又手指黄河诚恳地说："我以河水为誓，绝不食言！"岑彭上马重回城下，把刘秀的话转告朱鲔。朱鲔从城上缒下一条绳索，说："你讲的若是真话，就请顺此绳爬上城来。"岑彭毫不迟疑地抓住绳子，才爬了一段，朱鲔就在城上说："足下勿登，我信服就是！容我准备一下。"

5 天以后，朱鲔对守城的部下说："我先去探望虚实，你等仍旧守城，如我不归，尔等率军南下，投奔郾王尹尊。"尹尊是刘玄所封的郾王，同时受封的还有朱鲔。但朱鲔反对刘玄封异姓王，自己也曾拒而不受，才改为大司马，可见朱鲔对汉朝是十分忠诚的。他安排好之后，单骑来至汉营，先见岑彭，并自缚其身，由岑彭带至刘秀行辕。刘秀正坐在榻上，见两人来到，急忙起身迎接，并亲去其缚，朱鲔跪在地上，说道："臣知有罪，望陛下宽恕。"刘秀忙把朱鲔扶起，并为他掸去膝上的尘土，宽容地说道："为主尽忠，何罪之有？请将军再勿这样说，今能与将军共同匡复汉室，真是社稷之幸，天下之幸。"

刘秀忙命准备酒宴，赐朱鲔同饮。席间，谈笑甚欢，不知不觉中，朱鲔的顾虑全部消除了。宴罢，刘秀命令岑彭，"请延尉送朱将军过河，然后请朱将军自归洛阳。"朱鲔回到洛阳，与诸将言刘秀不记旧怨，宽厚大度是位圣明的英主。诸将都十分高兴。第二天，朱鲔率全体守城将士向刘秀投降，被刘秀封为平狄将军，扶汉侯。刘秀曾说："我治理天下，想行以柔术。"他是这么说的，也是这么做的。他对下属很少以刑杀立威。

柔术，用现在话说就是得饶人处且饶人，何必念念不忘别人曾经的过失，使自己成为心灵的囚徒呢？这样既让自己内心狭隘，又断绝了他人改过自新、将功补过的机会，这样做的后果只能得不偿失。纵观古今，像刘秀这样优秀的政治家有很多：如刘备、曹操、李世民等，他们都是因为大度，能容才，使得天下归心，因此他们的身边聚集了一大批文武盖世的人物，从而成就自己的千秋霸业。

世上没有绝对完美的人，能谅解别人的错误，能以宽广的胸怀待人，必能赢取肝胆之心。这也是符言术中遵规循理的重要智慧所在。

10. 循名而为，名符其实

《鬼谷子·符言篇》中谈到了如何把握名分："循名而为，实安而完；名实相生，反相为情。故日：名当则生于实，实生于理，理生于名实之德。"

鬼谷子的"循名而为"谋略思想在企业经营中同样具有指导意义。无论产品生产、推销，还是广告宣传，企业管理者要善于"循名而为"，抓住产品质量不放，保证广告宣传的真实性，这样才能做到名符其实，让消费者信任自己的产品。相反，如果产品质量较差，广告宣传不真实，企业就会失去信誉，最终失去市场。

产品的质量是一个企业的形象，因为最终赢得顾客信任还是靠产品的质量。企业的信誉，是它在市场上立足的关键之所在，作为经营者，必须循名而为，名符其实，力保产品的信誉。对此，胡雪岩就深谙此道。

在胡庆余堂开办之初，就遇到了杭州城里"叶仲德堂"药号明里暗里与他展开的竞争。

这叶仲德堂是由曾在户部任过职的宁波人叶谱山离职定居于杭州后，于1808年在望仙桥直街吉祥巷口购地7亩多创设的，由于前店后场，规模大、设备全、资金雄厚，在清朝道光、咸丰年间，与许广和、碧苏斋为杭州城药店中"生意极盛者"，同业无人敢与它竞争。

然而，自从胡庆余堂崛起后，叶仲德堂真是棋逢对手。由于胡庆余堂以"戒欺"立业，特别是开办伊始胡雪岩采取的那些组织送药、修合公开、养鹿取茸等招式，很快就收到了极好的效果，以至于马上就显出了极旺的势头，每日里顾客盈门，并且杭州附近州县的百姓也都慕名专门来胡庆余堂买药，大有雄霸杭州一方的气势。

胡庆余堂的生意好了，叶仲德堂的生意自然也就冷清了许多。叶仲德堂的老板看着顾客纷纷往胡庆余堂跑，心里甭提多着急，他左思右想，准备联合许广和药店，与胡庆余堂好好斗一斗。这两家药店自恃自己历史长，实力也不弱，便决定与胡庆余堂打一场价格战，希望通过压价销售“挤”垮胡庆余堂。叶仲德的老板率先降价，胡庆余堂的高丽参每两二钱银子，他们只卖一钱七，胡庆余堂的淮山药每两五厘纹银，他们只卖四厘，如此等等。顾客自然是捡便宜的买，于是叶仲德药号确实又拉回了很大一批顾客。

按照一般的做法，胡雪岩大约是应该以牙还牙，与许、叶两家打一场价格战的，而且，此时的胡雪岩其实也有能力和他们拼价格，由于胡庆余堂药店真正开办起来的时候，他已经有钱庄、典当做后盾，如果他要与许、叶两家打价格战，甚至有可能一举挤垮他们。但是胡雪岩却没有采取这种普通的做法。在胡庆余堂的“阿大”向他报告了由于许、叶两家故意压价而使胡庆余堂营业额下降情况的第二天，他不仅没有将自己的药材降价，反而在大堂上挂出了上书“真不二价”四个烫金大字的牌匾。

胡雪岩的做法显然是受了“韩康不二价”故事的启发。相传韩康是古代一位深谙医道、遍识百草的采药人。这韩康以采药、卖药为生，每日里上山采药，然后把采得的药材挑到集市上出售。集市之上自然少不了讨价还价，而有些心术不正的卖药人更是常常以次充好，根本就不是货真价实，因而也允许顾客讨价还价。唯独韩康不准还价。他对与他还价的顾客说：“我的药值这个价，我也只卖这个价。这就叫‘真不二价’。”那些买药人吃那种讨价还价买来的药数剂不能见效，而吃了韩康的药，一两剂就能除病，自然也就相信了这“真不二价”的实在，“韩康不二价”的故事也便传扬开来，于是韩康的生意也越来越好。

面对竞争对手的价格战，胡雪岩挂出“真不二价”的牌匾，也就是要向顾客做出承诺：胡庆余堂卖出的药绝没有半点掺假。而他心里也十分清楚，压价销售，实际上只是权宜之计，根本不可能持久，因为药材的价格是明摆着的，做生意总不能为了挤垮对方而让自己一直亏本经营，这样下去，不等挤垮别人，自己就先垮掉了。而要想自己不压价亏本，唯一的办法就是以次充好，以劣代优，这就必然导致卖出的药品质量下降。

“顾客心里一杆秤”。药是治病的，卖出的药药效不好甚至根本不能治病，那么药号名声跟着也就垮掉了，最后吃亏的还是自己。“我就是要告诉顾客，我胡庆余堂卖的就是韩康的'方子',货真价实——这才是做生意的长远之计。"

"真不二价"主要是在"真"上做文章。胡庆余堂除了严把进货和加工两个关口,真正做到"采办务真,修制务精"外,还足秤足量。譬如,当时别的药店出售的人参即使不短斤缺两,也会因人参中含水分而使顾客感到有损耗,而胡庆余堂购进人参后,必先在生石灰中放一下,让石灰吸干参中的水分,这样做对胡庆余堂来说,虽然损失了一部分利润,但这种参出售时分量足、成色好,顾客买的是"干货",回去放几天,吸收了空气中的水分,重量还会"增加"呢!这么一来,顾客开心,胡庆余堂便赢得人心。不久,营业额又开始了直线上升。

胡雪岩确实深谙商业竞争之道。在商业竞争过程中,价格竞争自然也是一种可用,而且也的确可以收到相当效果的方式。同样品质的商品,如果价格上占有优势,在市场竞争中也必然会占有相应的优势。但是,这里关键还是在一个"真"字,价廉的同时必须物美,必须货真。如果在价廉的同时降低商品品质,甚至以假冒伪劣蒙骗顾客,虽然可以收效一时,但绝不可能长久。而且,价廉还必须以不损害自己的商业利润为前提,即可以通过薄利多销去争取市场占有率,但不能以加大亏空的方式去占有市场,因为这样做,本身就违背了商业目的,因而也是不可能长久的。这就是说,如果没有物实这个前提,价廉是没有意义的。只有当性能相同、质量相等时,价格低的商品才能在竞争中占优势。实际上真正物美的商品,本身成本就比较高,不可能以低于成本的价格销售。所谓"好货不便宜,便宜没好货"讲的就是这个道理。当然,通过大力提高劳动生产率、降低生产成本而实现产品的薄利多销，那又另当别论。关键是竞争必须优质，只有优质才能竞争。

而叶仲德堂恰恰就在这方面跌了跟头，它压价销售，时间一长，次等药因药效不好而无人问津，优质药又因花了不少成本，减价势必亏本，所以不久，也只好恢复原价，只能干看着顾客往胡庆余堂跑。

胡雪岩胡庆余堂的实力远在叶仲德堂之上，叶仲德堂降价，胡庆余堂完全可以陪它玩，但胡雪岩却不这么做，而是反其道而行之，比平时更注重药品质量与分量，终于巩固、提升了消费者对胡庆余堂的更佳认识。

信用是一条没有间断的线，而不是一个一个的点，它不容许你任意从中断开。一个成功的人，一个具有眼光的人，他们之所以在事业取得成功，绝不是靠坑蒙拐骗等歪门邪道，而是靠信誉来赢取顾客的信任的。诚信与信誉是商业活动的立足之本，在商场上，信誉是事业的生命之魂，也是在激烈的市场竞争中获取胜利重要砝码。

11. 坚守信用，保持热情

鬼谷子在《符言篇》中共讲述了九条立身行事的原则，其中讲求信用、保持热情就是重要的一条。所谓“守信誉”，就是说到一定要做到。这听起来既简单又合理，但是绝大部分人就是做不到。假如一个人兑现了他曾经许过的所有诺言，他一定会成为一位鹤立鸡群般的杰出人物。

实际行动与言辞相背是一种极糟糕的形象，你一定要像避瘟疫一样避免它。假如你想要创立一项长久而富效益的事业，就必须准备长期与别人合作。你的产品，加上你执行守信用原则的能力，将决定着你能否在长期的经营中取得成功。如果你想要事业长盛不衰，就必须塑造这样的成功形象。

你从来没想过宠物是唯一的养活自己而不需要劳动的动物？鸡要下蛋，牛要产奶，金丝雀要唱歌，狗靠对人的爱来使自己有食吃。

是的,一个对周围的人真诚感兴趣的人两个月结交的朋友,比另一个力求使周围的人对他感兴趣的人两年结交的朋友还要多。

不过,我们知道有一些人一生都在努力使别人对他感兴趣,而他们自己对谁也没表示过任何兴趣。当然,这不会有什么结果。人们对他人都不感兴趣,他们首先对他们自己感兴趣。

纽约电话公司为调查人在通话中使用次数最多的是哪个词,详细调查了人们的通话。你猜对了,这个词是人称代词"我"。"我"字在500次电话通话中使用了3990次。

在你看你与别人的合影照的时候,你首先看的是哪个人?

如果你认为人们对你感兴趣,那你回答下面这个问题:"假如你今天晚上死掉,有几个人来参加你的葬礼?"

如果你对别人不感兴趣,为什么别人要对你感兴趣?如果我们只努力使人们对我们感兴趣,那我们任何时候也找不到真正真诚的朋友。真正的朋友不是这样找到的。

著名的魔术师霍瓦特·土斯顿,40年里他走遍了全球。他的魔术令观众目瞪口呆,6000万观众看过他的表演,他挣了近200万美元。

当有人请求土斯顿披露他成功的秘密时,他说,魔术书有上百种,人们读的书并不比他少。但是,土斯顿有两个常人没有的优势:第一,他善于在台上表演。他是一个技艺非凡的演员,深知人的本性。每一个手势、语调、微笑都经过了详细的研究;第二,土斯顿对人们真正感兴趣。很多魔术师看着观众,心里自言自语:"来的都是些头脑简单的人,我随便玩弄他们。"土斯顿完全持另一种观点。他每次出场,用他自己的话讲,都这样对自己说:"我感谢这些来看我演出的人,靠他们的帮助,我的生活才有了保障,我应尽量为他们表演好。"

罗斯福不当总统以后,一次来到白宫,当时塔夫脱总统和他的夫人都不在家。罗斯福对普通人的爱表现在他尊重白宫的仆人,他亲切地称呼他们所有的人,其中包括洗碗女工的名字。"他看见厨师助手艾丽斯",阿尔奇·巴特写道,"问她烤没烤原先的玉米面面包。艾丽斯说有时给仆人们烤,上层人谁也不吃。罗斯福说:'他们的口味不好,我见到总统时要把这件事告诉他。'艾丽斯用盘子给他端来了一块玉米面面包,然后他向办公室走去,嘴里一边吃着面包,一边向园丁和工人们问好。他像以前那样对待每一个人。仆人们至今还互相传颂着这些事。阿克·胡佛含着泪水说:‘这是我们两年来最幸福的一天,我们谁也不会为100美元而失掉今天见到他的机会。’”

为了交朋友,不能自私,要努力关心他人,为此需要时间和热情。有一位亲王为周游南美洲,曾花几个月的时间学习西班牙语,以便用于出访时进行公开讲演。这使他博得了南美洲居民的热爱。

如果你想引起人们的欣羡,你应遵循的第一条准则是:“对人们表示出真诚的兴趣。”

12. 善结人缘,财源广进

鬼谷子的《符言篇》强调了一种正直、从容的修养,在这个内涵中寓意着“符言”才能善结人缘,从而在商场上财源广进。

俗话说“广撒网才能多捕鱼”,商界也常言:“一流人才最注重人缘。”又说:“擦肩而过也有前世姻缘。”说明商界中最重人际关系。

“一流人才最注重人缘”,其实这句话的反面应该说:“最注重人缘的人,才能成一流人才。”

确实,人缘是很微妙的东西。我们在世间的一举一动,所接触的大人物或小人物都很可能变成日后成败的因素。而世间,密密麻麻地结着人缘的网,我们每一个人都生活在一个个的网目之中,攀缘着网丝可以和许多人拉上关系。假如我们能和这么多人建立良好的人际关系,使他们成为在事业上帮助你的朋友,在生意上照顾你的顾客,我相信你的生意一定非常成功。

因此,你结的网丝越多、越坚固,就等于你有一个无形的巨大的财产。不用说,以此为资本,不管在买卖上或金融上都将为你开拓一条康庄大道。

因之,我希望做生意一定要尽快建立人际关系。

人际关系亦即人缘,这种东西是要自己去创造的,并不会从天上掉下来的。如果太客气,太内向,将失去许多和人接触的机会。

还有,有了一点儿人缘,仍要努力加以扩大、加以活用,使得生意着实地向前发展。

当你在公司上班的时候,只要运用组织的力量,扩大、运用公司的人际关系就可以使业务进展。公司有公司整体的信用和实力,干部有干部之间的人际关系,并不需要中级以下职员的人际关系,公司的业务就可以推展。至于劳动者,更可以说完全不需要他们的人际关系,只要努力做工作便好。

这些中级以下的员工,一旦自立开业,就变成商店或业务所的代表者、经营者,如果不赶紧改掉那种无所谓的、吊儿郎当的习性,建立、运用自己的人际关系,那么在事业进展的路途上,将会到处碰壁。

公司职员在公司上班等于是在母亲怀中的婴儿,处处在父母的爱护下成长。等到长大成人要自立门户的时候,就再也不能依赖父母。父母亲若有遗下一些人际关系让你运用当然更好,如果没有,那就得重新创造自己的人际关系才能在社会上生存下去。

因此,人际关系是自立开业者重要的课题,生意能否成功,人际关系的好坏,很可能是决定的关键。

那么如何建立人际关系呢?敢于和人接触,当然是最基本的,但并不是只要能说善道就够了,最重要的是要在朋友之间,在此后所交往的人之间,在所有认识的人之间,建立一个“信用可靠”的印象。

如前面所叮咛的:“信者得赚。”不但要让朋友信任你,而且要让客户依赖你。

在这方面,李嘉诚先生就做得很好。李先生深知与人为信、与人合作的重要性,他常对别人讲:“要照顾对方的利益,这样人家才愿与你合作,并希望下一次合作。”追随李嘉诚二十多年的洪小莲,谈到李嘉诚的合作风格时说:“凡与李先生合作过的人,哪个不是赚得盘满钵满!”

香港广告界著名人士林燕妮对此更有深切体会。她曾主持广告公司，而与长实有业务往来。广告市场是买方市场，只有广告商有求于客户，而客户丝毫不用担心有广告无人做。这样，自然会滋长客户尤其是像长实这样的大客户颐指气使、盛气凌人的气焰。

林燕妮回忆道："头一遭去长江总部商谈，李嘉诚十分客气，预先派了穿长江制服的男服务员在地下电梯门口等我们，招呼我们上去。"电梯上不了顶楼，踏进了长江大厦办公厅，更换了个穿着制服的服务员陪着我们拾级步上顶楼，李先生在那儿等我们。

"那天下雨，我的一身雨水湿淋淋的，李先生见了，便帮我脱下外衣，他亲手接过，亲手替我挂上，不劳服务员之手。"

双方做了第一单广告业务后，彼此信任，李嘉诚便减少参与广告事宜，由洪小莲出面商谈下一步的售楼广告。

"有时开会，李先生偶尔会探头进来，客气地说：'不要烦人太多呀！'"

"我们当然说：'愈烦得多愈好啦，不烦我们的话，不是没生意做？'……"

加拿大名记者 John Demont 对李嘉诚的为人赞叹不已：

"李嘉诚这个人不简单。如果有摄影师想为他造型摄像，他是乐于听任摆布的。他会把手放在大地球模型上，侧身向前摆个姿势……"

李嘉诚的"与人为善"，更多的是他所受的传统文化的熏陶，以及父母对他的谆谆教诲。而重要的是，李嘉诚将他与人为善的哲学真正落实下来，并坚持下来了。

作为商人，善于广结人缘、树立可靠信用的一个妙招是"夹着尾巴做人"。

什么是夹着尾巴做人呢？就是要以一种谦虚和合作的态度去与人打交道，谈生意也是一样。正如李嘉诚自己公布的生意秘诀一样："最简单地讲，人要去求生意就比较难，生意跑来找你，你就容易做。一个人最要紧的是，要有中国人的勤劳、节俭的美德。最要紧的是节省你自己，对人却要慷慨，这是我的想法。顾信用，够朋友，这么多年来，差不多到今天为止，任何一个国家的人，任何一个不同省份的中国人，跟我做伙伴的，合作之后都能成为好朋友，从来没有一件事闹过不开心，这一点是我引以为荣的事。"

13. 追求利润最大化

鬼谷子所强调的“谋”是一种精明,它不仅适用于兵家之争,也普遍适用于商场等领域。我们常说的“谦受益,满招损。”就是一种睿智,就是在实践中总结出经验的宝贵智慧。可以说,只有认真吸取别人的经验教训,才能保证自己的事业顺利发展。我们从沃尔玛的经验中可以得出非常有价值的经营智慧。

沃尔玛有着悠久的成功史。它是美国第一家杂货连锁商店,也是目前最大的杂货连锁商店。20 世纪 60 年代初期,随着折扣商店的日趋流行,设立一个经营折扣销售的沃尔玛子公司确是一个明智之举,可是到了 1982 年,沃尔玛对各种耗资巨大的折扣经营彻底失望了。它何以败得那么惨呢?

弗兰克说沃尔玛早在 19 世纪 70 年代内战结束时,就萌发了一个令人兴奋的念头:创建一个售价单一的零售商店。当时,他是纽约的一个零售店的职员,在那里,他也曾帮助设立了“五美元柜台”。这一柜台经营的成功使他更加确信,经营一个五美元商店照样能生意兴隆。

1879 年,他在纽约州的由提卡城开设了一家开创性的商店,先是销售五美分的火铲。但由于地点选择不当,不到四个月,企业就倒闭了。然而,沃尔玛又毫不迟疑地在宾夕法尼亚州的兰卡斯特开设了另一家同样的商店,头一天下来就小有成功,他又开始筹划着创办新的商店。

只经营 5 美元商品似乎有些局限。一年后,他又增添了一个 10 美元的产品系列,此后,一直持续了 52 年。这种以固定的低价格提供各种商品公开陈列的经营思想,逐渐被一些早期商人所采纳和接受。由于在当时大多数零售商店都是不加修饰的,商品都是放在高高的货架上或柜台底下,只有当顾客提出购买商品的要求时,才将商品拿出来。

沃尔玛不断地开办新商店,也兼并或购买其他一些小型连锁店。1909 年,他又在英格兰的利物浦开设了一家商店，五年内，他在英格兰开设了44家商店，到1955年折扣之风开始盛行时，沃尔玛已有2 064家商店，销售额达8亿美元左右；克莱斯基有673家商店，销售额达3.5亿美元；W. T. 格兰特有572家商店，销售额达3.5亿美元。到1974年，沃尔玛公司已成为一个拥有2 058家杂货商店、283家伍尔科商店、1 481家鞋店和266家富豪商店的巨型联合企业。1973年，销售额达37亿美元，比十年前增加了两倍，但利润只有十年前的一半。与其他大零售相比，沃尔玛的利润太低了，其市场地位受到了某种程度的威胁。

沃尔玛的利润率太低了，以致收回的资金难以满足扩张的需要。20世纪70年代中期，沃尔玛的经营额继续上升，但利润率一直没有提高，不久公司销售额下降。设在国外(特别是英国)的子公司也存在类似的问题，即销售上升，利润下降。也正是在这个时候，竞争者凯玛特却攀登了一个又一个的销售和利润高峰，这使得沃尔玛商店进入了一个困难时期，而其根源则是由于扩张过于迅猛，发展太快，而使效率降低的缘故。

其实，企业的本质就是最大限度地创造利润，从某种角度讲，它应该是一台赚钱的机器，更准确一点儿说，它应该是一台知道赚什么钱的机器。沃顿认为，沃尔玛应该是一台知道怎样赚钱的机器，企业要想获得发展就必须合理地使利润最大化。

这个公司的历史，尤其是自从沃顿去世以后，提供了足够的证据，证明了沃尔玛像任何公司一样，只不过是一台机器，一个不属于道德范畴的产物，它只有一个必须履行的责任：追逐利润。但是那些利润应该是正当取得的，公司必须遵循社会所建立的法律法规。

一个公司的创始人可以凭借某种远景的召唤或者人格的力量，表现出一种强烈反对公司架构的行为。但是，要是哪怕只是部分地把这些与公司的首要目标——赚取利润——相冲突的远景或者那些价值观制度化，看起来也是非常艰难的。从沃顿的情况看来，沃尔玛好像理想地反映了他的最终意图，即创造一个独一无二的、能永久存在的零售机器。

起初，沃顿的出发点就是要使沃尔玛的规模尽可能地扩大，提供最低的价格，销售更多的商品。当他的继承者把方向引到了它合乎逻辑的终点时，他们只不过是追随着沃顿的引领，把目光如此狭隘地集中在获取利润方面，以至于发生了雇佣童工事件，但是后来沃尔玛改正了这一不当的做法。

沃尔玛是那个社会领域的中心，是顾客在廉价消费选择方向的终极庙宇。它是早期大零售商的承袭者，就像它的前辈们一样，它既促进消费也被消费所推动。

沃顿的思维方式也在渗透进社会的每个角落。当独立的书商为连锁超级商店让路时，它在那里；当像莎拉·李这样的一个公司宣布它即将关闭或者卖掉在全美大部分工厂而节约资金并把包装食品和消费品承包给海外生产时，它在那里。

当然，小沃尔玛的概念还可以被看成是公司终于有了选择余地的证明，因为很多城镇都在回避它诱发无计划扩展的标准模式。

沃顿的思维方式意义非凡——如果一个人的价值观能与山姆·沃顿一致，那么就能走到一起来。

山姆·沃顿不止一次地指出，一个商店店主的成功完全取决于顾客。一个商店的成功就是要在合情合理合法的前提下实现利润的最大化。对于单独的小镇广场上的小店和有着数千个商店的跨国连锁公司来说，这都是同样适用的。

第二部分

外篇

《鬼谷子》是战国纵横家唯一流传至今的著作，它开创了中国游说修辞的先河，提出了不同于儒、道、法等其它学派的哲学政治思想，曾经被人们从不同角度去理解和运用，对宗教家、军事家、术数家都发生过重大影响。外篇共九篇。

第十三章 本经[①]阴符[②]七篇

"本经"强调的是以人的内心修养为根本去治理外物，将修养的原则作为治理外物的经典、标准，《道藏》本《鬼谷子注》曰："阴符者，私志于内，物应于外，若合符契，故曰阴符。由本以经末，故曰本经。""七篇"分别讲"盛神"、"养志"、"实意"、"分威"、"散势"、"转圆"、"损兑"七种修养的方法。文中有明显与道教相通的说法。

一、盛神

【原文】

盛神[③]法五龙[④]。盛神中有五气[⑤]，神为之长，心为之舍[⑥]，德为之人[⑦]。养神之所，归诸道[⑧]。道者，天地之始[⑨]，一其纪也[⑩]。物之所造，天之所生。包宏无形化气，先天地而成，莫见其形，莫知其名，谓之"神灵"。故道者，神明之源，一其化端[⑪]。是以德养五气[⑫]，心能得一，乃有其术。术者，心气之道[⑬]所由；舍者，神乃为之使。九窍、十二舍[⑭]者，气之门户，心之总摄[⑮]也。

【注释】

①本经：本，本源、根本；经，经典。这里指基本经典。

②阴符：阴，暗；符，符契。这里指客观事实与主观谋划暗合。

③盛神：精神旺盛。

④五龙：指五行之仙。所谓"五行"，是中国说明宇宙万物变化的传统学说，即金、木、水、火、土，万物就是根据这五种元素而产生，龙是古代想象中的灵兽，

具有超人能力。

⑤五气：指心、肝、脾、肺、肾等五脏之气。这里认为气是万物生成的根源，形成风雨、寒暑、阴晴等天地间现象之源。

⑥心为之舍：舍，住所。心是五气所住宿的地方。

⑦德为之人：德是使人成为人的本源。

⑧养神之所，归诸道：根据道来养神，道是万物的根源，也是养神的根本。

⑨天地之始：天地的开始，指"道"。

⑩一其纪：一是一切的纲纪。

⑪化端：变化的开始。

⑫德养五气：用道德涵养五气。五气各有循理，则成功可致，故曰德养五气也。

⑬心气之道：心气的活动规律。

⑭十二舍：是指目、耳、鼻、舌、身、意、色、声、香、味、触、事等。

⑮摄：提起，执持。

【译文】

要使人的精力充沛，就要效法五行之龙。旺盛的精神中包含着五脏的精气，精神是五气的总帅，心灵是精神的依托之所。只有道德才能使精神充实伟大，所以，培养精神的地方都归于"道"。"道"是天地的本源，是天地的纲纪。创造万物的地方，就是天产生的地方。化育万物的气，在天地之前就形成了，可是没有人见过它的形状，也没有人知道它的名称。于是称之为"神灵"。所以说，"道"是神明的源泉，而"一"是变化的开端。

品德可养五气，心能总揽五气，于是产生了“术”。“术”是心气的通道，是魂魄的使者。人体上的九个孔和十二舍是气进出人体的门户，都是由心所统领总管。

【原文】

生受之天①，谓之真人②。真人者，与天为一③。而知之④者，内修炼⑤而知之，谓之圣人。圣人⑥者，以类⑦知之。故人与生一，出于化物⑧。知类在窍⑨，有所疑惑，通于心术，术必有不通。其通也，五气得养，务在舍神⑩。此之谓化。化有五气⑪者：志也、思也、神也、心也、德也，神其一长也。静和者养气，养气得其和。四者不衰，四边威势⑫，无不为，存而舍之⑬，是谓神化归于身，谓之真人。真人者，同天而合道⑭，执一⑮而养产万类，怀天心、施德养，无为以包志虑、思意，而行威势者也。士者⑯，通达之，神盛乃能养志。

【注释】

①受之天：由上天传授到人间。

②真人：道教中所推崇的修炼得道的理想人物。《淮南子·本经训》：“莫生莫死，莫虚莫盈，是谓真人。”

③与天为一：与上天结成一体。

④知之：了解道，掌握道。

⑤内修炼：修身养性。

⑥圣人：即智通万事，而品德绝高的人。

⑦类：种类。

⑨ 化物：变化。

⑨知类在窍：通过感官了解事物。

⑩舍神：使精神得道归宿保持镇静与专一。

⑪化有五气：由五气变化产生。

⑫四边威势：向四方发出威势。

⑬舍之：住在这里。

⑭同天而合道：跟天与道合一。

⑮执一：即坚守自然之道。

⑯士者：指游说之士。

【译文】

直接从上天得到生命的人是真人，真人与天结为一体。明白这些道数的人，是通过内心的修炼才明白的，这就叫作"圣人"，圣人能触类旁通地明白一切道理，人与万物一起生成，都是事物变化的结果。人所以能知晓事物，都是通过"窍"进行的。如果对事物有所疑惑，就要采取一定的方法去排除，如果仍然不通，那就是方法不当。当九窍畅通之时，五气就会得到滋养，滋养五气就要使精气住下，这就是所说的"化"。所谓化，必须有五气，主要是指志、思、神、心、德而言，其中"神"是五气的总帅。如果宁静、祥和就能养气，养气就能得到祥和。这四个方面都不衰弱，周围就构不成威胁，对这种情况可以用"无为"来处之。把五气寓于自身，就是所谓神化，当这种神化归于自身时，那就是真人了。真人，是跟天与道合一的，与大道完全符合，坚守无为法则来化育万物，他们怀着上天之心，广施善德来滋养五气，本着无为法则，包容智虑、思意，施展神威。游说之人通晓了这一点，精神旺盛升华，就能修养自己的心志。

二、养志

【原文】

养志法灵龟①。养志者，则心气②之思不达③也。有所欲，志存而思之。志者，欲之使也。欲多则心散，心散④则志衰，志衰则思不达也。故心气一则欲不徨⑤，欲不徨则志意不衰，志意不衰则思理达矣。理达则和通，和通则乱气不烦于胸中。故内以养志，外以知人⑥；养志则心通矣，知人则分职明矣。将欲用之于人，必先知其养气志。知人气盛衰，而养其气志；察其所安⑦，以知其所能⑧。

【注释】

①养志法灵龟：养志，培养志向、意志；灵龟：一种长寿而通灵的动物。

②心气：指神。

③达：畅通之意。

④心散：思想分散。

⑤欲不徨：徨，彷徨，徘徊不定。指欲望不能过多。

⑥知人：了解人，处理好人际关系。

⑦所安：所安心的事情，即兴趣、爱好。

⑧所能：所能做的事情，即能力、才干。

【译文】

修养心志的办法是效法灵龟。修养心志是由于思虑还没有通达。如果一个人有什么欲望，就会在心中想着去满足欲望。所以说心志不过是欲望的使者。欲望多了，心神就会涣散，意志就会消沉。意志消沉，思虑就无法通达。因此，心神专一，欲望就不会过多；欲望不多，意志就不会消沉；意志不消沉，思想脉络就会畅通；思想脉络畅通，就能心气和顺；心气和通就没有乱气郁积于心中。因此，对内要以修养自己的五气为主。对外，要明察各种人物。修养自己可以使心情舒畅；了解他人可以知人善任。如果想重用一个人，应先知道他的养气功夫，因为只有了解了一个人的五气和心志的盛衰之后，才能继续修养他的五气和心志，然后再观察他的心志是否安稳，了解他的才能到底有多大。

【原文】

志不养，心气不固[①]；心气不固，则思虑不达；思虑不达，则志意不实；志意不实，则应对不猛；应对不猛，则志失而心气虚；志失而心气虚，则丧其神矣；神丧则仿佛[②]，仿佛则参会[③]不一。养志之始，务在安己[④]；己安则志意实坚；志意实坚则威势不分。神明常固守，乃能分之。

【注释】

①不固：不稳固，不坚定。

②仿佛：模糊，辨别不清。

③参会：参，通叁。指志、心、神三者交会。

④安己：使自己安定。

【译文】

如果一个人的心志都得不到修养，那么五气就不会稳固；五气不稳固，思想就不会舒畅；思想不舒畅，意志就不会坚定；意志不坚定，应付外界的能力就不强；应付外界能力不强，就容易丧失意志，心里空虚；丧失意志，心里空虚，就丧失了神智；人一旦丧失了神智，他的精神就会陷入恍惚的状态；精神一旦陷入恍惚状态，那么他的意志、心气、精神三者就不会协调一致。所以修养意志的首要前提是安定自己。自己镇定了意志才能坚定；意志坚定了，威势才不分散，精神才能固守。只有这样，才能够震慑对手，以达到分而治之。

三、实意

【原文】

实意法螣蛇[①]。实意[②]者，气之虑[③]也。心欲安静，虑欲深远；心安静则神明荣[④]，虑深远则计谋成；神明荣则志不可乱，计谋成则功不可间。意虑定则心遂安，心遂安则所行不错[⑤]，神自得[⑥]矣。神得则凝[⑦]。识气寄，奸邪得而倚之[⑧]，诈谋得而惑之，言无由心矣。故信心术[⑨]，守真一而不化，待人意虑之交会，听之候之也。计谋者，存亡枢机[⑩]。虑不会，则听不审[⑪]矣，候之不得。计谋失矣，则意无所信，虚而无实。

【注释】

①螣蛇：类似龙的神蛇，能腾云驾雾在云中飞舞。

②实意：实，充实，充满；意，意思，思虑。

③气之虑：气所进行的思考活动。道藏本注："意实则气平，气平则虑审，故曰实意者，气之虑也。"

④神明荣：神，精神，神志；明，聪明；荣，繁茂、旺盛。指精神爽朗充沛。

⑤心遂安则所行不错：如果内心平安，就不会有错误。

⑥神自得：指精神得道满足。

⑦凝：凝结、安定。

⑧识气寄，奸邪得而倚之：指思想活动不安定而游离在外。

⑨ 信心术：使心术真诚。

⑩枢机：关键之意。

⑪审：详细、周密。

【译文】

要坚定意志，就要效法螣蛇。坚定意志就是要在五气和思想上下功夫。心情要安详宁静，思虑要周到深远。只有心情安详宁静，精神就会愉快；只有思虑深远，计谋才能成功。精神愉快，心志就不会紊乱；计谋成功，功业就不可抹杀。意志和思虑能安定，心情就能安详，其行为没有差错，精神就能宁静。如果人的胆识、心气只是暂时寄住在那里，那么奸邪就可能乘机而入，诈谋也可以乘机而行，所说的话也不会是用心思考的。所以说坚守心灵的术法，在于信守纯真而不变化，等待机会，待时机成熟，就可以根据上下交合的判断来解决问题。所谓“计谋”，是国家存亡的关键。思虑不周，则听得不明，即使等待时机，其机会也不会来到。计谋失效则意志不坚定，就会变得虚幻而不切实。

【原文】

故计谋之虑务在实意，实意必从心术始。无为而求安静，五脏①和通六腑②。精神魂魄固守不动，乃能内视③、反听④、定志，思之太虚，待神往来，以观天地开闭，知万物所造化，见阴阳之终始，原人事之政理。不出户而知天下，不窥牖⑤而见天道。不见而命，不行而至，是谓“道”。知以通神明，应于无方而神宿矣。

【注释】

①五脏：指心、肝、肺、脾、肾。

②六腑：人体中消化、吸收、排泄的脏器总称，包括胆、胃、小肠、大肠、三焦（胸膈、上腹和脐腹的三部分脏器，又分上焦、中焦、下焦）和膀胱。

③能内视：指不使心外散而言。

④反听：听取他人的意见。

⑤牖：窗户。

【译文】

所以考虑计谋贵在切实可行，必须用心周密思考。作为“无为”思虑，要求人静思，五脏六腑都通畅，精神魂魄固守纯真，能够自我反省，听取外界消息，凝神安志，神游太虚，待神明往来归己。以此观天地之变化，悟解万物造化的规律，知阴阳之交替，懂得人间之政理。这样，不出门就可以知晓天下大事，不开窗就可以看见日月星辰等天体变化之道，不必见到民众，民众就能听命而行；不必推行政令，天下就可以大治。这就是所谓“道”。以此可以与神明交往，与无限的世界相应和，并能使神明长存世间。

四、分威

【原文】

分威[①]法伏熊[②]。分威者，神之覆[③]也。故静固志意，神归其舍[④]，则威覆盛矣。威覆盛，则内实坚；内实坚，则莫当；莫当，则能以分人之威，而动其势，如其天。以实取虚[⑤]，以有取无，若以镒称铢[⑥]。

【注释】

①分威：发挥出威力。

②伏熊：准备进行偷袭的熊，首先要把身体伏在地上，然后才采取行动。

③覆：覆盖，笼罩。

④神归其舍：指精神集中而不分散。

⑤虚：空虚，弱小。

⑥以镒称铢：容易移动的意思。镒是重量单位，相当于二十四两；铢，二十四铢为一两。

【译文】

要想发挥威力，就要效法伏熊。所谓分威，就是把威风一部分掩蔽起来。要平心静气地坚持志向，使精神归于心舍，那么威风就因为阻碍而更加强劲。威风因隐伏而强劲，内心就更坚定有底。内心坚定，就所向无敌。所向无敌，就可用分布隐伏威风来壮大气势。使其像天一样壮阔。用实来取虚，用有来取无，就像用镒来称珠一样轻而易举。

【原文】

故动者必随，唱者必和，挠[①]其一指，观其余次，动变见形，无能间者。审于唱和，以间[②]见间，动变明，而威可分。将欲动变，必先养志，伏意以视间[③]。知其固实[④]者，自养也。让己[⑤]者，养人也。故神存兵亡，乃为之形势。

【注释】

①挠：弯曲。

②间:间隙。

③视间:观察对方的间隙。

④固实:使思想意志坚定而充实。

⑤让己:自己退让。

【译文】

因此,只要行动,就会有人跟随;只要呐喊,就会有人附和。只要屈起一个指头,就可以观察其余各指,只要能见到各指活动的情形,就说明外人无法离间他们。如果通晓唱和的道理,就可用离间的方法去加大敌人的裂痕。如果审察透彻,就可使敌人的弱点暴露出来。这样行动就不会盲目,威势也可以分散一些。将要有所行动必须先修养心志,并把意图隐蔽起来,暗中观察对手的漏洞。凡是懂得坚持自己意志的人,就是能自我养气的人。凡是知道谦让的人,就是能替人养气的人。因此要设法让精神的交往发展下去,让武力争斗得以化解。这就是所要实现的形势。

五、散势

【原文】

散势法鸷鸟[①]。散势者，神之使[②]也。用之，必循间[③]而动。威肃[④]内盛，推间而行之，则势散。夫散势者，心虚志溢[⑤]。意衰威失[⑥]，精神不专，其言外而多变[⑦]。故观其志意，为度数，乃以揣说图事，尽圆方、齐长短。无间则不散势[⑧]；散势者，待间而动，动而势分矣[⑨]。故善思间[⑩]者，必内精五气，外视虚实，动而不失分散之实；动则随其志意，知其计谋。势者，利害之决，权变之威。势败[⑪]者，不以神肃察也。

【注释】

①散势法鸷鸟：散势，散发势力；鸷鸟，很凶猛的鸟，《孙子》中有“鸷鸟之去，至于毁折者，节也。”

②使：指派。

③间：间隙，时机。

④肃：收敛，集中。

⑤心虚志溢：心虚，思想虚静；志溢，意志充沛，能够决断。

⑥意衰威失：意志衰退，威势消失。

⑦言外而多变：言语不中肯，前后不一。

⑧无间则不散势：没有以上讲的主客观条件，就不随便散势。

⑨动而势分矣：一旦行动，威势就能发挥出去。

⑩思间：通过思考发现间隙。

⑪势败：气势衰败。

【译文】

散开舒展气势就要效法鸷鸟。散开气势是由精神支配，实行时必须沿着空隙运行，才能威风壮大、内力强盛。如果寻找缝隙运行，那么气势就可以散开。

散开气势的人，能包容一切和决定一切。意念一旦丧失威势，精神就会陷于涣散，言语就会外露无常。为此，要考察对方意志的度数，以便用揣摩之术来图谋大事，比较方圆，衡量长短。如果没有间隙就不分散气势。所谓散势，就是等待适当时机而行动。一旦采取行动，气势就会分散。因此，善于研究用间的人，一定要对内精通五气，对外观察虚实。即使行动，也不使自己失之于分散。行动起来以后就要跟踪对方的思路，并掌握对方的计谋。有气势，就可以决定利弊得失，就可以威胁权变的结局；气势一旦衰落，就没有必要再费心去认真研究了。

六、转圆

【原文】

转圆法猛兽[①]。转圆者,无穷[②]之计也。无穷者,必有圣人之心,以原不测之智。以不测[③]之智而通心术,而神道混沌为一[④],以变论万类,说义无穷。智略计谋,各有形容[⑤],或圆或方、或阴或阳、或吉或凶、事类不同[⑥]。故圣人怀此之用[⑦]。转圆而求其合。故与造化者为始,动作无不包大道,以观神明之域[⑧]。

【注释】

①转圆法猛兽:圣人的智慧就像转动中的圆珠,所以才能操纵自如无所停滞,这很类似猛兽的动作。转圆,转动圆体的器物,比喻便易迅疾。

②无穷:没有穷尽。

③不测:无法测量。

④混沌为一:处于一种原始的统一状态。

⑤形容:形态。

⑥事类不同:因事物的性质不同而采取不同的谋略。

⑦怀此之用:即根据目前情况运用智谋。

⑧神明之域:神妙的领域。

【译文】

要将智谋像转动圆球一样运用的自如,就要效法猛兽。所谓转圆,是一种变化无穷的计谋。要有无穷的计谋,必须有圣人的胸怀,以施展深不可测的智慧,再使用深不可测的智慧来沟通心术。哪怕在神明与天道混为一体之时,也可以推测出事物变化的道理,可以解释宇宙无穷无尽的奥秘。不论是智慧韬略还是奇计良谋,都各有各的形式和内容。或是圆略,或是方略,有阴谋、有阳谋、有吉智,有凶智,都因事物的不同而不同。圣人凭借这些智谋的运用,转圆变化以求得与道相合。谋略开始后的一切举动无不包容自然造化之道,从而能观察研究神妙莫测的领域。

【原文】

天地无极，人事无穷[①]，各以成其类。见其计谋，必知其吉凶、成败之所终[②]也。转圆者，或转而吉，或转而凶。圣人以道先知存亡，乃知转圆而从方。圆者，所以合语[③]；方者，所以错事[④]；转化者，所以观计谋；接物者，所以观进退之意。皆见其会[⑤]。乃为要结，以接其说也。

【注释】

①天地无极，人事无穷：天地永远无边无际，人间也有无穷的吉凶循环。

②所终：结果之意。

③合语：语言融洽，说话相投。

④错事：错，通“措”。措事，安置事物。

⑤其会：指事物或思想的关键。

【译文】

天地没有终极的，人事是变化无穷的。所有这些又各以其特点分成不同的类别。考察其中的计谋，就可以知道成败的结果。所谓转圆，或转而吉，或转而凶。圣人凭借道来预测存亡大事，于是也知道了转圆是为了就方。所谓圆，就是为了便于语言合转；所谓方，就是为使事物稳定；所谓转化，是为了观察计谋；所谓接物，是考察进退的想法。对这四种办法要融会贯通，然后归纳出要点和结论，以发展圣人的学说。

七、损兑

【原文】

损兑法灵蓍[①]。损兑者,机危[②]之决也。事有适然[③],物有成败。机危之动,不可不察。故圣人以无为待有德[④],言察辞合于事[⑤]。兑者,知之也[⑥]。损者,行之也。损之说之,物有不可[⑦]者,圣人不为辞也。故智者不以言失人之言。故辞不烦[⑧],而心不虚;志不乱,而意不邪[⑨]。

【注释】

①损兑法灵蓍:损兑:减少杂念,思想集中;灵蓍:占卜吉凶的蓍草。

②机危:同"机微"。微弱的意思。

③适然:偶然,不时发生。

④有德:所获得的情况。"德"通"得"。

⑤合于事:核对某种事物。

⑥兑者,知之也:兑能增长知识,加深认识。

⑦不可:不适合。

⑧辞不烦:辞要简单而得要领。

⑨邪:偏颇,不正确。

【译文】

要预测事物的损益就要心神合一,这样才能如同效法灵验的蓍草。所谓损益,取决于事物刚刚有征兆的时候。事情的发展有是否适时的问题,也有成败的问题,即使是很轻微的变化,也不可不细心观察。所以,圣人用无为来对待有德之人,当对方说话时就观察他的言辞,并考核对方所做的事。"兑",是要了解的对象。"损",是要实施的行动。无论是损还是兑都有行不通的时候。圣人对此并不勉强辩说。所以,聪明人不因自己的主张而一味排斥掉别人的观点,因而能够做到语言扼要而不啰嗦,心里虚静而不模糊,志向坚定而不被动摇,意志正当而不偏颇。

【原文】

当[①]其难易，而后为之谋，因自然之道，以为实[②]。圆者不行，方者不止，是谓“大功”。益之损之[③]，皆为之辞。用分威散势之权，以见其兑威其机危，乃为之决。故善损兑者，譬若决水[④]于千仞之堤，转圆石于万仞[⑤]之溪。而能行此者，形势不得不然也。

【注释】

①当：适合，适当。

②实：指实际行动。

③益之损之：即增减变化之意。

④决水：挖开堤坝放水。

⑤仞：古代长度单位，相当于八尺。

【译文】

当事情遇到麻烦时，就为之谋划，把自然的规律作为内容。圆的计谋不擅自运行，方的计谋不随便停止，这就叫作“大功”。不论是益是损，都是借助语言工具进行的。运用分威散势的方法来处理政界斗争，以体现“兑”的威力。事情刚刚出现征兆时，就要及时为之决断。所以，善于减损杂念而心神专一的人，他们处理问题，就好像在千仞的大堤上决口放水，又好像在万丈的高山上向下滚动圆石。只要如此行事，没有什么目的达不到的。

第十四章 持枢

《持枢》的基本意思是把持枢纽、掌握关键，强调人道与天道的统一。春天万物萌生，夏天万物成长，秋天是收获的季节，冬天是收藏的时机，这是自然的正常法则，不可违背的，如果违背，虽暂时成功终究也会失败。人间的君主也治理有天下的法则，要关心民众生息、养育民众，教化民众，蓄养民力，这是顺应自然的为政之道，不可违反，如果违背，即便暂时兴盛，最终仍要衰败。

【原文】

持枢[①]，谓春生、夏长、秋收、冬藏，天之正[②]也，不可干[③]而逆[④]之。逆之者，虽成必败。故人君亦有天枢，生养成藏[⑤]，亦不可干而逆之。逆之，虽盛必衰。此天道，人君之大纲也。

【注释】

①持枢：持，掌管、执掌；枢，关键。洞察事物生成发展的根本原则，以便采取能适应的行动。

②天之正：自然的正道。

③不可干：干：触犯。指不可触犯。

④逆：违反。

⑤生养成藏：生：万物萌长，比喻百姓富庶。养：养育。成：通过教育使其成才。藏：保藏，比喻保护民力，不过度使用。

【译文】

所谓持枢，是指春季的耕种、夏季的生长、秋季的收割、冬季的储藏，乃是天时的正常运行。决不可企图改变和违背这些规律，违背者即使暂时成功最后也要失败。所以为人君者，也应有天枢，负责生聚、教养、收成、储藏等重任。在社会生活中，尤其不可改变和抗拒这些规律。如果违背基本规律，虽然暂时兴盛起来，最后还要衰落。这是天道，也是人君治国的基本纲领。

第十五章　中经

《中经》讲制人心法。道藏本题解说："谓由中以经外，发于心本，以弥缝于物者也，故曰中经。"也就是通过内心的精神活动去治理外部的事物，弥补事物的不足之处。实际上是讲纵横家处世决事的心法。

【原文】

中经[1]，谓振穷趋急[2]，施之能言厚德之人。救拘执穷者，不忘恩也。能言者[3]，俦善博惠[4]；施德者，依道[5]；而救拘执者，养使小人[6]。盖士[7]，当世异时，或当因免阗坑，或当伐害能言，或当破德为雄，或当抑拘成罪，或当戚戚自善，或当败败自立。故道贵制人，不贵制于人也；制人者握权，制于人[8]者失命。是以见形为容，象体为貌[9]，闻声和音，解仇斗郄[10]，缀去却语，摄心守义。本经纪事者纪道数，其变要在《持枢》、《中经》。

【注释】

①中经：中，内心，经，经营。中经，指以内心去经营外物。

②振穷趋急：当别人遇到穷困危难之时出手救济。

③能言者：善于言辞的人。

④俦善博惠：成为善人的好友而广施恩惠。俦，同类、伴侣。

⑤依道：道，道德、道义。依道，遵循道法。

⑥养使小人：帮助、护养地位低贱的人，使他听从召唤。

⑦士：各种人才。

⑧制于人：被别人掌控。

⑨见形为容，象体为貌：根据和模仿对方的表情举止而表现出相同的神色。

⑩郄：缝隙。

【译文】

所谓"中经"，就是说当别人穷困危难之时要奔去救济，而且这种德行要施之于能言善辩、品德淳厚的人。如果解救了极度困境中的人,那么这个人一定不会忘记对方的恩惠。巧于雄辩的人,多心地善良,又能广施恩惠。那些对人施行德义的人,都依道行事。而能救人于牢狱的人,能收养平民并加以利用。士大夫常常生不逢时,或者侥幸免于深陷兵乱,或者因能言善辩而遭谗害,或者被迫放弃德行铤而走险;或者遭到拘捕成为囚犯;或者想戚戚独善其身;或者反败为胜而独立于世。所以处世之道贵在能够制服人,而不能受制于人。能制服别人的人可以掌握权力,受制于人的人就会丢掉性命。所以,看见外形要能判断面容,估量身材要能推知相貌,听到声音要能随声唱合,要善于解除仇恨和与敌斗争,要善于挽留想要离去的人和对付前来游说的人,要善于摄取真情和恪守正义。《本经》所记载的是各种道术,它的变化要点,则都在《持枢》和《中经》的篇目之中。

【原文】

见形为容,象体为貌者,谓交为之主也①,可以影响、形容、象貌而得之也②。有守之人,目不视非,耳不听邪,言必《诗》、《书》,行不僻淫③,以道为形,以德为容,貌庄色温④,不可象貌而得也。如是隐情塞郄⑤而去之。

【注释】

①交为之主也:“交为”通“矫伪”,做作之人。指游说矫情做作的君主时,可采用模仿对方举止表情的办法,以博取欢心。

②可以影响、形容、象貌而得之也:影,阴影;响,回响。该句指可以通过阴影、回声、举止、容貌来了解矫伪之主的内心,获取他的信任。

③僻淫:邪恶淫乱。

④貌庄色温:表情端庄,神态温和。

⑤隐情塞郄:隐情,隐藏真相;塞郄,堵塞缝隙。比喻隐瞒真情,不留下痕迹。

【译文】

“见形为容,象体为貌”,就是善于仿效对方的表情举止而做出相同的神态,这是为了游说矫情做作的君主,以获得他的欢心。其仿效的方法,可以从影子和回音方面,可以从形体和姿容方面,可以从形象和面貌方面来掌握对方。而那些有操守的人,眼睛不看非礼之物,耳朵不听邪恶之言,言必称《诗》、《书》,行为端正，道貌岸然，以德为容，庄严而又温顺。这样的人就难地从外形把握他们。遇到这种对手，就应深隐真情，堵塞漏洞，然后悄悄地离去。

【原文】

闻声和音，谓声气不同，则恩受不接①。故商、角不二合，徵、羽不相配②。能为四声主者，其唯宫③乎？故音不和则不悲④，是以声散伤丑害者，言必逆于耳。虽有美行盛誉，不可比目⑤，合翼⑥相须也，此乃气不合、音不调⑦者也。

【注释】

①接：连接，接通。

②商、角不二合，徵、羽不相配：宫商角徵羽都是五音的名称，商属金，角属木，徵属火羽属水。由于金木水火土五行相克而不相合，所以才有乐声不调和的现象。

③宫：为五音之主，宫音雄浑平和，就五行来说，宫属土。

④不悲：指不感动人。

⑤比目：即比目鱼，只有一只眼睛的鱼，总是两条并游。

⑥合翼：即比翼鸟。传说只有一只眼睛，总是两只并羽齐飞。

⑦气不合、音不调：意思是性质不合，音便不会协调。

【译文】

所谓"闻声和音"，是指声气不同，感情上难于接受，所以在五音中，商音与角音合不到一起，徵音与羽音不协调，能调和四声的只有宫音。所以五音不协调就不悲壮，那些散、伤、丑、害等不和之音，更不成声调，用这些音来游说必然难于入耳。虽然有高雅的行为和美好的名声，也不可能与别人像比目鱼和比翼鸟那样亲密无间和谐相处。这都是因为彼此气质不合、语言不协调的缘故。

【原文】

解仇斗郄，谓解赢微之仇①。斗郄者，斗强也。强郄既斗，称胜者②，高其功，盛其势③。弱者哀其负④，伤其卑，污其名，耻其宗⑤。故胜者，斗其功势⑥，苟进而不知退。弱者闻哀其负，见其伤则强大力倍，死而是也。郄无极大，御无强大⑦，则皆可胁而并⑧。

【注释】

①谓解赢微之仇：意思是说使弱小者解除对自己的仇隙。

②称胜者：以胜利自许的人。

③盛其势：摆出盛大的威势。

④哀其负：因失败而悲哀。

⑤耻其宗：为自己的宗族感到羞耻。

⑥斗其功势：宣扬自己的威势。

⑦郄无极大，御无强大：指双方不和，互相对抗争斗，就不可能强大。

⑧并：吞并。

【译文】

所谓“解仇斗郄”，是说要调解两个弱者之间的敌对关系，所谓“斗郄”就是使两个强者相斗。两个强者既然斗起来，就必然有一胜一负。胜利的一方会夸耀战功，炫耀气势；败北的一方，就要哀叹失败，自卑伤感，觉得丢了面子，对不起祖宗。所以胜利的一方只知道夸耀成功和气势，只要能前进就决不后退；弱的一方知道自己为什么失败，不忘战争创伤，努力使自己强大，加强力量，为此而拼命。哪怕没有多少可乘之机，只要敌方防御不够强，就可以威胁它，以至吞并它。

【原文】

缀[①]去者，谓缀己之系言，使有余思[②]也。故接贞信[③]者，称其行、厉其志[④]，言可为可复，会之期喜[⑤]。以他人之庶，引验以结往，明疑疑而去之[⑥]。却语者，察伺短也[⑦]。故言多必有数短之处，识其短验之，动以忌讳，示以时禁[⑧]，其人因以怀惧，然后结信以安其心，收语盖藏而隙之，无见己之所不能于多方之人。

【注释】

①缀：连接，联络之意。

②余思：想念不止。

③贞信：诚信。

④称其行、厉其志：称赞他的德行，鼓励他的志向。

⑤会之期喜：对方领会后一定会满怀期望和喜悦。

⑥明疑疑而去之：阐明疑虑，疑虑最终会排除。

⑦却语者，察伺短也：要说出对方的短处，必先观察出其短处之所在。

⑧时禁：除规定时间以外禁止出入的禁令。

【译文】

所谓“缀去”，就是指说出自己挽留的话，让对方再慎重考虑。在与对方接触时，要称赞他的品行，鼓励他的志气。讲出哪些事可以重新做，哪些事可以继续做，与他一同期待成功的喜悦。利用别人的教训来验证自己以往的行动，以便排疑解惑。所谓“却语”，就是要侦察对手的弱点。因为对手的话说多了，必然会有失言的地方，抓住对手的某些失实的言辞，并把它与事实相验证。用对手最忌讳的问题去动摇它，让对手产生一种拘束感。然后再争取和安抚对手的惶恐之心。最后再把以前的话拉回来，委婉地反驳对方，又不要把他的无能暴露给更多的人。

【原文】

摄心者，谓逢好学伎术①者，则为之称远②；方验之，警以奇怪，人系其心于己③。效④之于人，验去乱其前，吾归于诚己。遭淫色酒者，为之术，音乐动之⑤，以为必死，生日少之忧。喜以自所不见之事，终可以观漫澜⑥之命，使有后会。

【注释】

①伎术：喜欢学习，富有才气的人。

②为之称远：为他宣传，使其名声远扬。

③心于己：心向着自己。

④效：供献、效劳。

⑤音乐动之：以音乐的快乐节奏来感动人。

⑥漫澜：无边无际的样子。

【译文】

“摄心”，就是收服人心，如果遇到爱好学习，富有才艺的人，就会为他们广泛宣传，使他的名声传到远近各地。一旦他的才艺得到验证，并使之受宠若惊，那么，这个人一定会把心交给自己。让他的智慧为民众效力，利用以前的经验来治理混乱局面，使老百姓也能心悦诚服地归顺我们。一旦遇到沉湎酒色的人，就要采取一定的方法，用音乐来打动他们，再用酒色会影响寿命的道理来提醒他们，使他们萌生生命会日益缩短的忧患意识，再用那些他们所不曾见过的美好景象来刺激他们的情绪，使他们看到人生的道路是丰富多彩的，对未来充满信心。

【原文】

守义者，谓守以人义[①]，探心在内以合者也。探心[②]，深得其主也。从外制内，事有系由而随也。故小人比[③]人则左道[④]，而用之至能败家夺国。非贤智，不能守家[⑤]以义，不能守国以道。圣人所贵道微妙者[⑥]，诚以其可以转危为安，救亡使存也。

【注释】

①守以人义：把握别人的思想倾向。"义"是适宜的意思。"人义"，即别人认为适宜的东西，代表其人的思想爱好。

②探心：深入探讨内心。

③比：勾结。

④左道：歪门邪道。

⑤家：指大夫的领地。

⑥圣人所贵道微妙者：圣人推崇微妙之道的原因。

【译文】

所谓"守义"，是说要守持义理，就是要探寻人们内心的想法，以求得判断与事实相符合。如能了解人的内心，就可以掌握人的真正想法。从外到内来控制他们的内心。任何事物都是有联系的，都会由一定原因引起，按一定逻辑发展。如果小人紧密勾结，就会走向歪门邪道，这样的人被任用就会导致国破家亡。如果不是圣人和智者就不能用义理来治理国家、不能用道德来保卫国家。圣人之所以推崇微妙之道的原因，就是因为道可以转危为安、进而救亡图存。